2023年度国家出版基金资助项目
"十四五"时期国家重点出版物出版专项规划项目
中国建材工业智能制造研究与实践丛书

中国水泥行业
智能制造研究与实践

主　编　王孝红

中国建设科技出版社有限责任公司
China Construction Science and Technology Press Co., Ltd.
北　京

图书在版编目（CIP）数据

中国水泥行业智能制造研究与实践/王孝红主编. —北京：中国建设科技出版社有限责任公司，2024.11. —（中国建材工业智能制造研究与实践丛书/江源主编）. —ISBN 978-7-5160-3716-4

Ⅰ.F426.7

中国国家版本馆CIP数据核字第20245GM167号

中国水泥行业智能制造研究与实践
ZHONGGUO SHUINI HANGYE ZHINENG ZHIZAO YANJIU YU SHIJIAN
主　　编　王孝红

出版发行	中国建设科技出版社有限责任公司
地　　址	北京市西城区白纸坊东街2号院6号楼
邮　　编	100054
经　　销	全国各地新华书店
印　　刷	北京印刷集团有限责任公司
开　　本	787mm×1092mm　1/16
印　　张	18.5
字　　数	400千字
版　　次	2024年11月第1版
印　　次	2024年11月第1次
定　　价	98.00元

本社网址：www.jccbs.com，微信公众号：zgjskjcbs
请选用正版图书，采购、销售盗版图书属违法行为
版权专有，盗版必究。本社法律顾问：北京天驰君泰律师事务所，张杰律师
举报信箱：zhangjie@tiantailaw.com　　举报电话：（010）63567684
本书如有印装质量问题，由我社事业发展中心负责调换，联系电话：（010）63567692

《中国建材工业智能制造研究与实践丛书》

总 策 划：佟令玫（经济日报出版社社长、中国建设科技出版社社长）

顾问委员会

顾　　　问：杜善义（中国工程院院士）
　　　　　　柴天佑（中国工程院院士）
　　　　　　缪昌文（中国工程院院士）
　　　　　　瞿金平（中国工程院院士）
　　　　　　张联盟（中国工程院院士）
　　　　　　彭　寿（中国工程院院士）
　　　　　　董绍明（中国工程院院士）
　　　　　　钟义信（发展中世界工程技术科学院院士）

主任委员会

主 任 委 员：张广沛（中国建筑材料联合会监事长）
　　　　　　孔祥忠（中国水泥协会执行会长）
　　　　　　张佰恒（中国建筑玻璃与工业玻璃协会会长）
　　　　　　齐子刚（中国石材协会常务副会长）
　　　　　　徐熙武（中国建筑卫生陶瓷协会副会长）
　　　　　　胡幼奕（中国砂石协会会长）
　　　　　　李卫国（中国建筑防水协会会长）
　　　　　　王　兵（中国绝热节能材料协会会长）
　　　　　　刘能文（中国木材保护工业协会会长）
副主任委员：曾令荣（中国建筑材料工业规划研究院院长/
　　　　　　　　　　建筑材料工业信息中心主任）
　　　　　　叶德林（中国建筑卫生陶瓷协会副会长）

王郁涛（中国水泥协会秘书长）
杨晓东（中国砂石协会副秘书长）
胡希宝（中国建筑防水协会副秘书长）
邓惠青（中国石材协会原副秘书长）
何　进（广东省玻璃行业协会会长）
万永宁（广东省玻璃行业协会原会长）
陈　林（广东省玻璃行业协会秘书长）
刘长雷（中国玻璃纤维工业协会秘书长）
韩继先（中国绝热节能材料协会常务副会长兼秘书长）
韩玉杰（中国木材保护工业协会执行秘书长）

丛书编委会

主　　编：江　源（国家智能制造专家委员会委员/中国建筑材料工业规划研究院副院长/建筑材料工业信息中心常务副主任）

编　　委：王孝红（济南大学自动化研究所所长）
曾令可（华南理工大学材料科学与工程学院教授）
李如燕（中国物资再生协会墙材革新与再生建材工作委员会主任）
何　成（上海第二工业大学智能制造与控制工程学院教授）
胡立志（中建西部建设股份有限公司副总经理）
刘华东（四川华西绿舍建材有限公司党委书记、董事长）
师海霞（中国混凝土与水泥制品协会副秘书长）
方立波（世邦工业科技集团股份有限公司总经理）
许武毅（中国南玻集团股份有限公司工程玻璃事业部原应用技术总监）
刘起英（中国玻璃控股有限公司总工程师）
陆思远（广东高力威机械科技有限公司总经理）
吴士慧（北京东方雨虹防水技术股份有限公司副总裁）
李　萍（新明珠集团股份有限公司智能制造与能源总监）
韩　文（景德镇陶瓷大学机械电子工程学院院长）
张进生（山东大学日照研究院院长）
张文进（中材科技股份有限公司副总裁）
于亚东（中国巨石股份有限公司信息技术中心主任）
王　屹（南京玻璃纤维研究设计院有限公司院长、党委副书记）

本书编委会

顾　　　问：柴天佑（中国工程院院士）

主 任 委 员：孔祥忠（中国水泥协会执行会长）

副主任委员：王郁涛（中国水泥协会秘书长、总工程师）

主　　　编：王孝红（俄罗斯自然科学院信息和控制科学学部外籍院士/
　　　　　　　　　　济南大学自动化研究所所长）

副　主　编：于宏亮（济南大学教授）

　　　　　　张　强（济南大学教授）

　　　　　　刘　钊（济南大学副教授）

　　　　　　路士增（济南大学副教授）

　　　　　　曹志俊（武汉港迪智能技术有限公司总经理）

　　　　　　范永斌（中国水泥协会副秘书长）

　　　　　　张继武（山东山水水泥集团有限公司总裁）

　　　　　　陈仲圣（山东山水水泥集团有限公司副总裁）

参　　　编：孟庆金（济南大学教授）

　　　　　　袁铸钢（济南大学教授）

　　　　　　景绍洪（济南大学教授）

　　　　　　赵东伟（山东山水水泥集团有限公司副总裁）

　　　　　　王金祥（山东山水水泥集团有限公司副总裁）

　　　　　　白代生（山东山水水泥集团有限公司鲁南运营区副总经理）

　　　　　　丁宗新（平阴山水水泥有限公司总经理）

　　　　　　冯存伟（山东省水泥行业协会会长）

尹群豪（中国联合水泥集团有限公司副总裁）
郭晓斌（中国联合水泥集团有限公司数据中心主任）
王新路（临沂中联水泥有限公司总经理助理）
刘化果（山东恒拓科技发展有限公司技术中心主任）
常晓阳（山东恒拓科技发展有限公司）
张　涛（武汉港迪智能技术有限公司总工程师）
高旭东（中国水泥协会智能制造专委会秘书长）
郭　彪（中国水泥协会智能制造专委会副秘书长）
赵旭东（中国水泥协会智能制造专委会副秘书长）
黄　冰（济南大学博士后）
张荣丰（济南大学博士后）
蔡永琦（济南大学博士研究生）
马骁雨（济南大学博士研究生）
鞠殿元（济南大学博士研究生）

参编单位：济南大学自动化研究所
中国水泥协会
武汉港迪智能技术有限公司
山东山水水泥集团有限公司

出版者的话

实现中国式现代化需要出版出力发力

如果你不是在工厂里工作，就会觉得制造业离我们很远，厂房里那些巨型的机器设备和复杂的工艺流程是我们普通人无法想象的。但其实制造业又离我们很近，我们居住的空间内，看得见的门窗、地板、吊顶、瓷砖、卫生洁具，等等；看不见的混凝土、水泥、砂石、保温材料、防水材料……这些无处不在、数不清的建筑材料正是由大量的生产加工企业经过各种不同工艺流程制造完成的，并被用于社会生活中的各类场景中，构成了可以给我们带来安全舒适体验的生活和工作空间。由此可见，社会生活与制造业的发展息息相关，而作为制造业重要组成部分的建材行业的高质量发展，也必将助力人民实现对美好生活的向往。

我国制造业的基础很好，是世界上唯一一个拥有联合国产业分类当中全部工业门类的国家，拥有 41 个工业大类、207 个工业中类、666 个工业小类，形成了比较独立完整的产业链体系。我国已成为世界第二大经济体、第一工业大国、第一制造大国，在国际分工的格局中，成为全球产业链中不可或缺的重要环节。

从制造大国向制造强国迈进离不开智能化。我国拥有支撑智能化的巨大互联网基本盘，截至 2022 年，我国网民人数已达 10.67 亿，成为全球规模最大的网络社会。从 2012 年到 2021 年，我国数字经济年复合增速达 15.9%。移动物联网发展已经实现了"物超人"，物联网连接数量超过人联网数量，已建成全球规模最大、技术领先的光纤宽带和 5G 网络，形成全球规模最大、应用广泛、创新活跃、生机勃勃的网络社会。这些阶段性成果是我国推动网络应用从虚拟到实体、从生活向生产跨越的重要基础。

建材行业作为我国传统制造业的重要组成部分，进行智能制造数字化转型十分迫切。通过出版相关图书，实现建材行业最新成果转化，促进建材工业与信息化、智能化技术在更广范围、更深程度、更高水平上实现高质量融合发展，是我们策划《中国建材工业智能制造研究与实践丛书》的初衷。

"明者远见于未萌，知者避危于无形"。智能化的书最令人担心的就是"一旦出版就已落伍"，因此我们对这套丛书的前瞻性或者说超前性提出了特别要求，希望这套书可以帮您预见未来，可以带领您前行几步，可以告诉您一些您不知道的，达到"启发"的目的，所以我们在丛书名里加上了"研究"两个字，希望本书可以收录一些在实验室阶段的研究工作成果，这些成果虽然充满未知，但是有方向感。丛书名里的"实践"二字，则希望通过这套书充分展示行业成功的智能化案例，让这些"干货"可以再次用于指导实践，让更多企业照着做就可以，最终协助更多企业创造更多社会价值。

《中国建材工业智能制造研究与实践丛书》有幸入选"十四五"时期国家重点出版物出版专项规划项目和2023年度国家出版基金资助项目。在立项之初，我们提出了"坚持正确导向，代表国家水平，体现创新创造"的目标要求、坚持"一主线、两延伸、三融合"的编写原则。"一主线"指的是要以智能制造工艺过程中关键核心技术为主；"两延伸"指的是我们对于智能制造的理解要往前端和后端适度延伸，并且应该包括机器智能和平台智能两部分，既要牢牢把握住关键技术这个核心，也要向前端的需求分析、客户信息、订单处理、原材料采购和后端的营销、仓储、物流、服务等环节延伸，以体现机器智能和平台智能的完整性；"三融合"指的是工艺技术与新发展理念的融合、工艺技术和智能技术的融合、工艺技术与先进案例的融合。

如今，这套丛书在众多院士、专家、教授、专业技术人员和行业协会、建材企业的共同努力下陆续出版面世，作为服务建材行业的专业出版机构，我们深感欣慰。欣慰的是，丛书的出版适逢党的二十大胜利召开后的春天，也正是全国上下深入学习贯彻习近平新时代中国特色社会主义思想和党的二十大精神，并以中国式现代化全面推进中华民族伟大复兴的重要历史时期。出版的意义格外重大。

中国式现代化离不开建材产业的现代化，建材产业的现代化更离不开每一个企业的现代化，而智能化又是当下每一个企业实现现代化的重要路径之一。

实现中国式现代化需要出版出力发力。希望《中国建材工业智能制造研究与实践丛书》能够发挥好"十四五"时期国家重点出版物出版专项规划项目的优势，让专业图书更好发挥产业价值，真正惠泽行业企业，助力建材行业在实现中国式现代化的道路上行稳致远。

经济日报出版社社长、中国建设科技出版社社长

《中国建材工业智能制造研究与实践丛书》总策划

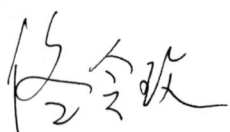

丛书序言

随着新一轮科技革命和产业变革深入发展，智能制造正引领全球制造业发展变革的方向，成为全球制造业科技创新制高点和全球经济发展新引擎。党的二十大报告提出，"推动制造业高端化、智能化、绿色化发展"，并将其作为建设现代化产业体系的一个重要着力点。作为制造强国建设主攻方向，智能制造是制造业实现质的有效提升和量的合理增长的有效途径，能够推动制造业产业模式和企业形态根本性转变，对于加快建设现代化产业体系、巩固壮大实体经济、促进我国产业迈向全球价值链中高端具有重要意义。

建材行业是支撑国民经济发展的重要基础原材料产业，发展智能制造是实现建材行业"宜业尚品，造福人类"发展战略的重要举措。近年来，我国建材行业智能制造取得了积极进展和明显成效，通过开展试点示范、培育系统解决方案供应商、探索建立标准体系等方式在智能制造领域取得了快速发展及明显成效，智能制造装备和先进工艺在建材行业不断普及，关键工艺流程数控化率大大提高。一是智能制造数字化转型政策不断完善，工业和信息化部发布了《原材料工业数字化转型工作方案（2024—2026年）》《建材工业智能制造数字转型三年行动计划（2020—2022年）》《建材行业数字化转型实施指南》等文件，对推动建材行业智能制造的发展起到了积极作用。二是智能制造标准成为建材行业推动智能制造的主要抓手，工业和信息化部发布了《建材行业智能制造标准体系建设指南》，成立了建材行业智能制造标准工作组，制定了一批建材行业智能制造标准。三是探索出一些具有代表性和示范效应的智能工厂，有多家建材企业入选智能制造试点示范项目。四是智能制造关键共性技术上取得了一定的创新突破，先进控制系统、工艺仿真优化等技术的应用逐步普及，工业互联网、人工智能、5G、云计算、大数据等新一代信息技术与建材制造技术的融合逐渐显露。

同声相应，同气相求。中国建设科技出版社联合众多院士、专家、教授、专业技术人员和行业协会、科研院所、建材企业，编写了《中国建材工业智能制造研究与实践丛书》，涵盖水泥、玻璃、建筑卫生陶瓷、混凝土、防水、机制砂石、玻璃纤维、石材、绝热节能材料等分册，对建材行业各细分领域智能制造发展现状、智能制造关键核心技术、生产工艺智能化应用、典型案例等展开系统地分析和阐释，针对建材工业各细分领域智能制造的发展路径提出许多前沿观点和建设性参考，并提出需要学界和业界进一步探索的问题，为建材行业智能制造发展贡献智慧力量。

独木不林，单弦不音。本丛书付梓面世凝聚了各方心血，是众多作者多年研究成果与工作经验的总结，充分展示了各领域关于智能制造研究与应用的最新成果和前沿进展，具有很高的学术前瞻性与工程实践性。丛书入选"十四五"时期国家重点出版物出版专项规划项目，并获得2023年度国家出版基金资助，不仅体现了国家对建材行业科技创新的高度重视，也彰显了建材行业有识之士的责任和担当。中国建设科技出版社为编辑出版精心谋划、鼎力投入，各位作者凝心聚力进行高水平创作，在此谨致谢忱。

期待《中国建材工业智能制造研究与实践丛书》的编撰、发布和应用，能够为从事建材工业智能制造的理论研究者、政策制定者和实践探索者提供良好的借鉴，促进行业管理部门、科研院所、广大企业之间的交流，助力智能制造人才培养，引领广大科技工作者协力推动智能制造重大科技创新和推广应用，为发展新质生产力，推进新型工业化，实施网络强国、数字中国、人才强国战略作出贡献。

国家智能制造专家委员会委员

序　言

随着时代的进步和科技的发展，智能制造已成为全球工业发展的必然趋势。对传统制造业而言，智能制造更是推动其转型升级、实现高质量发展的关键所在。水泥行业作为我国国民经济的支柱产业之一，其智能制造的发展现状与未来趋势自然成为业界关注的焦点。

《中国水泥行业智能制造研究与实践》一书，正是在这样的背景下应运而生。本书不仅系统梳理了水泥行业智能制造的理论框架和实践案例，还深入剖析了国家政策对水泥行业智能制造的扶持与引导。

回顾过去几年，水泥行业在智能制造的道路上不断探索与实践，取得了显著的成果。众多水泥企业积极响应国家号召，加大投入力度，引进先进技术，推动生产方式的转型升级。这些努力不仅提高了生产效率，降低了能耗和排放，还提升了产品质量和市场竞争力。

智能制造在水泥行业的应用，可谓是多点开花、成效显著。在生产环节，引入自动化控制系统和智能化设备，实现了生产过程的精准控制；在管理层面，借助大数据、云计算等技术，实现了信息的实时传递和高效利用；在市场服务方面，利用物联网、移动互联等手段，提升了客户服务的便捷性和满意度。

水泥行业智能制造的发展离不开国家政策的大力支持。近年来，国家出台了一系列政策措施，鼓励和支持传统制造业向智能制造转型升级，为水泥行业智能制造的发展指明了方向，提供了有力的政策保障。

在国家政策的推动下，水泥行业智能制造的发展步伐明显加快。众多企业开始重视智能化技术的研发和应用，积极引进和培养智能制造人才，加强与高校、科研机构的合作与交流。这些举措不仅推动了水泥行业智能制造技术的创新与发展，还促进了整个行业的转型升级和高质量发展。

本书的出版，对推动水泥行业智能制造的发展具有重要的意义。它不仅可以为政府决策提供参考依据，还可以为企业实践提供指导帮助，同时也为学术界研究提供了丰富的素材和案例。这本书的出版发行，必将进一步激发水泥行业智能制造的创新活力，推动整个行业向更高的水平发展。

此外，本书还特别强调了智能制造在促进水泥行业绿色发展、节能减排等方面的重要作用。随着全球气候变化问题的日益严峻，绿色发展和节能减排已成为各行各业必须面对的重要课题。水泥行业作为高能耗、高排放的行业之一，其绿色发展显得尤为重要。智能制造技术的应用，不仅可以有效降低水泥生产的能耗和排放，还可以提高资源利用效率，推动水泥行业的绿色可持续发展。

总之，《中国水泥行业智能制造研究与实践》一书的出版，无疑是对水泥行业智能制造发展历程的一次全面梳理和总结，也是对未来发展趋势的一次深入探索和展望。我相信，在大家的共同努力下，水泥行业的智能制造之路一定会越走越宽广，为我国乃至全球工业的发展做出更大的贡献。

在此，我要向所有参与本书编写和审校工作的专家学者表示衷心的感谢。同时，也希望广大读者能够从中受益，共同推动水泥行业智能制造的发展进步。

中国水泥协会执行会长

2024 年 9 月

前　言

作为基础工业的支柱，中国水泥行业在推动国家基础设施建设和经济发展的过程中，发挥了不可或缺的作用。在当今全球经济转型的浪潮中，制造业正经历着一场深刻的变革。随着市场竞争的加剧、环保政策的日益严格以及资源的日渐稀缺，传统的水泥生产模式已经难以满足可持续发展的要求。如何在保持行业增长的同时，实现绿色、智能、高效的生产方式，成为亟待解决的重要课题。

智能制造作为新一轮科技革命和产业变革的重要方向，以其数字化、网络化和智能化的特征，为各行各业的转型升级提供了新的机遇。水泥行业的智能制造不仅能够提升生产效率、降低成本，还能在资源管理、环境保护和产品质量等方面带来显著的改善。通过引入物联网、工业大数据和人工智能等技术，水泥企业能够实现生产过程的实时监控与优化，进而推动整个行业向数字化、智能化的方向发展。

本书中的技术成果是济南大学自动化研究所在水泥行业自动化、智能化方向近四十年的技术积累。本书的编写，旨在系统梳理中国水泥行业智能制造的现状、挑战与趋势，深入探讨智能制造技术在水泥生产各环节的具体应用与实践案例。

全书共分9章，重点介绍了水泥行业智能制造的技术基础、总体架构、智能控制、信息管理系统。在实际应用方面，本书特别关注几个典型的水泥企业通过智能制造实现转型升级的成功案例。这些案例不仅展示了智能制造的具体实施过程，还总结了在实施过程中所遇到的困难和解决方案，为其他企业提供了宝贵的借鉴经验。此外，本书还探讨了智能制造在水泥行业未来发展的愿景、挑战和建议。

本书由王孝红主编，于宏亮、张强、刘钊、路士增、曹志俊、范永斌、张继武、陈仲圣副主编，孟庆金、袁铸钢、景绍洪、赵东伟、王金祥、白代生、丁宗新、冯存伟、尹群豪、郭晓斌、王新路、刘化果、常晓阳、张涛、高旭东、郭彪、赵旭东、黄冰、张荣丰、蔡永琦、马骁雨、鞠殿元参与了编写。在编写本书的过程中，我们得到了众多行业专家、学者和企业实践者的支持。他们的经验和见解为本书的内容增加了深度和广度。在此，向所有为本书付出心血的人士表示衷心的感谢。

希望本书能够为水泥行业的从业者、研究者以及相关决策者提供有益的参考和启示，助力中国水泥行业在智能制造的浪潮中不断前行。面对未来，我们相信，智能制造将为水泥行业的可持续发展注入新的活力,推动行业在高质量发展道路上不断迈进。

由于时间仓促、水平有限,书中难免存在不足之处,希望广大读者和水泥行业的专家、同仁提出宝贵的批评和改进建议。

编 者

2024 年 10 月

关于作者

王孝红，教授，博士生导师，国务院政府特殊津贴专家，俄罗斯自然科学院院士，山东省泰山学者，山东省智库高端专家，首届山东省有突出贡献中青年专家，济南大学自动化研究所所长、自动化与电气工程学院教授，中国建筑材料联合会专家委员会数字化与智能化学部主任，中国建材行业智能制造标准化工作组委会副主任委员，中国建筑材料行业水泥生产智能化研发重点实验室主任，山东省建材工业综合自动化工程技术研究中心主任，山东省自动化学会副理事长。

王孝红教授多年来一直致力于先进控制理论和综合自动化领域的科学研究工作，在水泥工业综合自动化系统的理论研究及成果转化方面取得了丰硕成果。作为项目负责人主持了科技部"863"（重大）目标导向计划、国家发展改革委高技术产业化重大专项计划、工业和信息化部智能制造专项等二十余项科研项目；实现了以节能降耗为目标的水泥生产优化控制及全流程协调控制，并构建了水泥生产过程集成控制系统产业化平台。研究成果应用于国内外400多家水泥企业，为水泥工业自动化水平的提升及节能减排做出突出贡献。

目 录

1 水泥行业智能制造概述 /1

1.1 水泥行业现状 /1
1.2 水泥行业生产制造现状 /2
1.3 水泥行业智能制造发展现状与趋势 /7
参考文献 /10

2 水泥生产智能制造技术基础 /11

2.1 水泥生产工艺技术 /11
2.2 水泥生产装备技术 /18
2.3 水泥生产检测技术 /36
2.4 水泥生产控制技术 /48
参考文献 /57

3 水泥生产智能制造总体架构 /60

3.1 技术标准 /60
3.2 系统架构 /64
3.3 系统安全 /67
参考文献 /70

4 水泥生料制备环节的智能控制 /71

4.1 生料制备智能控制系统概述 /71
4.2 生料制备过程控制专家知识库 /73
4.3 生料制备过程智能控制方法 /79
参考文献 /84

5 水泥熟料煅烧环节的智能控制 /85

5.1 水泥熟料煅烧过程核心工艺参数检测技术 /86
5.2 水泥熟料煅烧过程工况识别技术 /92
5.3 水泥熟料煅烧过程智能控制方法 /101
5.4 水泥熟料煅烧过程优化控制方法 /112
5.5 水泥熟料煅烧过程智能控制系统 /115
5.6 总结 /117
参考文献 /118

6 水泥粉磨过程的智能控制 /119

6.1 水泥粉磨生产过程典型工况确定 /120
6.2 基于工况的水泥工业粉磨操作指导系统 /122
6.3 水泥粉磨生产过程模型 /129
6.4 水泥工业粉磨过程智能控制方法 /147
6.5 层次化构建优化控制系统 /169
6.6 水泥工业粉磨优化系统构建与应用 /170
6.7 总结 /175
参考文献 /175

7 水泥生产智能信息管理系统（IIMS） /177

7.1 水泥生产智能信息管理系统体系结构 /177
7.2 数据采集子系统 /184
7.3 生产监控子系统 /193
7.4 生产管理子系统 /201
7.5 设备管理子系统 /211
7.6 能源管理子系统 /213
7.7 质量管理子系统 /229
7.8 水泥生产智能信息管理系统工程实例 /237

8 水泥生产智能制造案例 /245

8.1 临沂中联水泥有限公司 /245
8.2 平阴山水水泥有限公司 /251
8.3 南方水泥有限公司 /256
8.4 吴忠赛马新型建材有限公司 /260

8.5	武汉港迪智能技术有限公司	/266

9 水泥生产智能制造技术发展与展望　　　　　/271

9.1	水泥生产智能制造前沿技术	/271
9.2	水泥生产智能制造展望	/274

1 水泥行业智能制造概述

1.1 水泥行业现状

水泥工业是我国国民经济发展的重要基础原材料产业，是改善人居条件和发展循环经济的重要支撑。我国目前是世界上最大的水泥制品生产国和消费国。经过数十年的发展，中国水泥工业的生产工艺、装备及自动化水平都得到了大幅度提升，且部分工业装置的装备水平与发达国家的装备相当，甚至更先进。近几十年来中国水泥工业虽然有了长足发展和进步，但总体生产制造效能与国际先进水平相比还有一定差距，智能制造在水泥行业的应用还处于探索阶段。

围绕水泥工业关键技术及应用，水泥工业智能制造总体目标应主要表现在以下几个方面：科学目标是为水泥工业智能制造提供科学理论支撑；技术目标包括研发水泥生产智能化控制技术，实现单机设备智能化，构建水泥智能制造与决策支持平台；行业标准目标为研制行业智能制造标准体系，构建行业公共服务平台；产业化示范目标为实现水泥煅烧、粉磨、包装、余热利用系统或单元的智能化控制示范、水泥制造全流程信息化管控一体化技术示范。以基础研究→关键技术研发→行业标准研制→企业示范应用为路线，形成具有自主知识产权的适合我国国情的水泥工业智能制造行业解决方案，建设智能、绿色的智能制造与决策平台，引领我国水泥工业智能制造技术的发展，加快我国水泥工业由大到强的建设进程。水泥工业智能制造总体目标如图1.1所示。

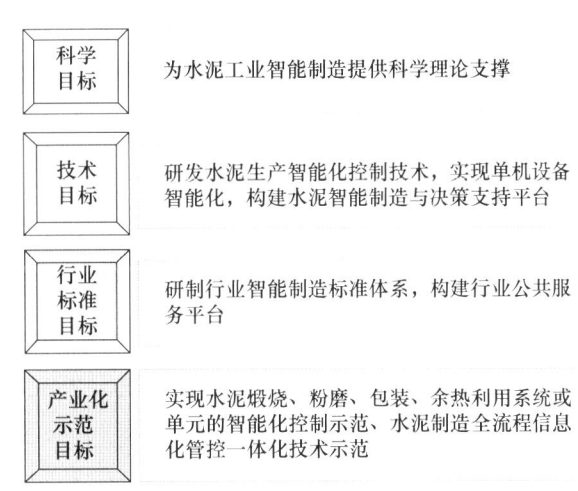

图1.1 水泥工业智能制造总体目标

1.2 水泥行业生产制造现状

水泥工业生产制造系统主要针对水泥生产的特点,围绕生产管控、设备管理、安全环保、能源管理、辅助决策等方面开展应用研究,建设信息物理融合系统,综合利用智能传感技术、计算机网络技术、自动控制技术、人工智能技术、现代管理技术,实现工厂生产自动化、网络化、数字化和智能化,实现企业生产运营的自动化、数字化、模型化、可视化、集成化,提高企业劳动生产率、安全运行能力、应急响应能力、风险防范能力和科学决策能力,建成生产装备智能、生产过程智能、生产经营智能的智能化工厂。目前,亟待解决的问题如下:

1. 研究水泥生产过程的知识获取方法及实现技术,实现信息可视化

根据水泥工业生产特点,综合利用智能传感技术、计算机网络技术、物联网技术、人工智能技术,研究参数智能检测方法,实现企业的各类信息的获取、处理及整合,研究知识抽取方法,抽取水泥智能制造所需的知识,得到一种结构化的数据,构建知识模型,实现知识转换。为了保证知识库中知识的一致性、完整性进行知识检测,进行知识的维护与知识的组织,以及重组知识库,确保管理系统运行和知识库安全,保证智能化生产所需的数据、知识可靠。

2. 原料制备智能化生产与生料质量控制

水泥生料制备主要有原料配料、粉磨等过程。影响生料质量和易烧性的因素很多,如生料矿物组成、化学成分、生料细度等。如何保证原料各成分稳定、原料细度和粉磨效率是生料制备智能化生产重要的研究内容。原料制备工艺流程及质量检测装置如图1.2所示。

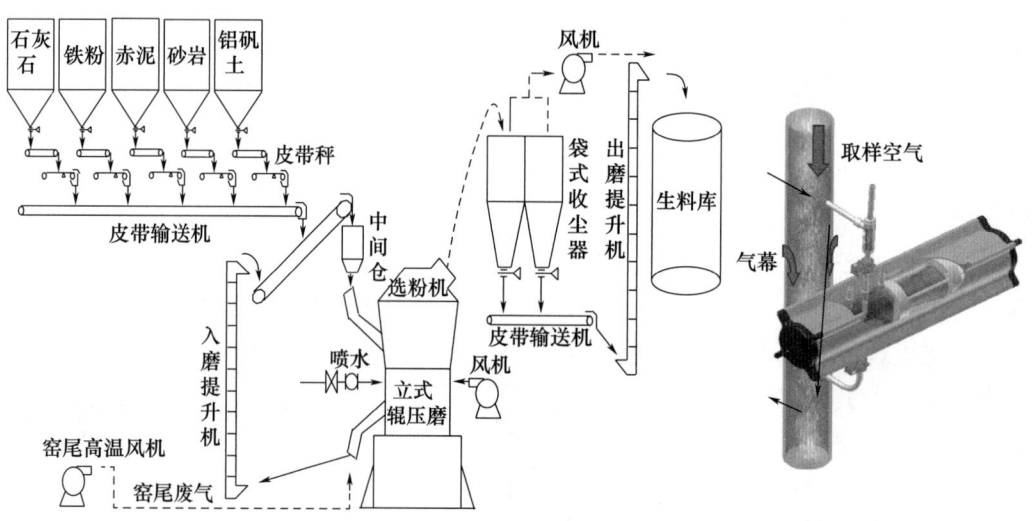

(a) 工艺流程

(b) 质量检测装置

图 1.2　原料制备工艺流程及质量检测装置

1) 生料质量智能控制

率值对易烧性影响最大，当 Fe_2O_3 含量及铝率控制适当时可提高熟料的 KH 值（水泥熟料中的总 CaO 含量扣除饱和酸性氧化物所需要的 CaO 后，剩下的与 SiO_2 化合的 CaO 的含量与理论上 SiO_2 全部化合成 Ca_3SiO_5 所需要的 CaO 含量的比值）和硅率控制值，从而提高熟料的质量。基于光谱检测技术的成分检测，实现对钢渣、砂岩、石灰石、粉煤灰以及硅、铝、铁、钙的配料控制，因系统检测成分和喂料点有 15min 以上的纯滞后，每种物料含有多种成分，系统是大滞后、强耦合、非线性系统，必须研究数据驱动技术、统计控制技术、广义预测控制技术，组成组合控制器，根据当前的石灰石饱和度、硅率、铁率以及预测约束、组件限制，计算获得最优的配料比，在线即时调整控制，实现生料质量控制，为水泥的烧成过程打好基础，能源消耗减小 3%~5%。

2) 生料细度智能控制

控制生料合适的细度，能给窑的熟料生产带来增产降耗的好处，生料的细度主要取决于原料的易烧性、工艺流程、窑型、烧成温度及水泥品种等。过粗会降低生料易烧性，影响熟料质量，容易使熟料 f-CaO 含量偏高；生料过细对熟料质量改善有限，但会降低生料产量和大幅增加生料粉磨系统电耗。在水泥生产中，生料细度一般用 80μm 筛筛余来表示，其目标控制值一般为 16%~18%。基于激光粒度监测技术，实时监测生料粒度分布曲线，建立粒度分布趋势和选粉机转速和风机转速的数学模型，采用自适应模糊控制算法，实现生料粒度分布控制。

3) 粉磨效率智能控制

粉磨效率的高低和粉磨质量的好坏直接影响水泥生料生产的成本和品质。立磨作为生料粉磨生产过程的核心设备，集细碎、粉磨、提升、烘干、选粉等一系列工序于一体，是一个多变量、强耦合、时变、非线性系统。应分析立磨的工作机理，结合实际生料粉磨生产工艺特点，保证水泥生料比表面积合格、稳定矿渣立磨料层、降低立磨振动值的优化控制目标，选取矿渣喂料量和入磨冷风调节阀开度作为控制量，立磨料层厚度和磨机进出口压差作为被控量，采用"专家规则"的立磨料层设定、基于量化因子自校正模糊控制算法的料层控制和磨机进出风口压差模糊控制。

3. 回转窑智能煅烧和熟料质量控制

水泥熟料生产过程主要由喂料、五级旋风预热、生料分解、回转窑煅烧和篦冷机冷却组成。水泥熟料质量主要由 f-CaO 含量和烧失量来间接衡量。水泥煅烧过程伴随物理化学反应，水泥生产系统非常复杂，且有时变和不确定性，难以（甚至不可能）用已有的数学解析方法描述被控对象，即使能用数学描述的，也非常复杂。实现分解率、煅烧带温度以及篦冷机的稳定控制，实现风、料、煤、窑转速合理匹配，对生产过程进行不断优化，实现全自动智能煅烧，保证全窑系统的最佳且稳定的热工制度，才能保证生产合格的水泥熟料。

水泥烧成智能化控制主要包括分解炉温度预测控制、烧成带温度预测控制，进而实现窑头、窑尾两个热力学系统的协调优化，以及两个燃烧系统的风煤比优化。其中，风煤比优化技术将显著降低熟料烧成热耗。熟料煅烧工艺流程如图 1.3 所示。

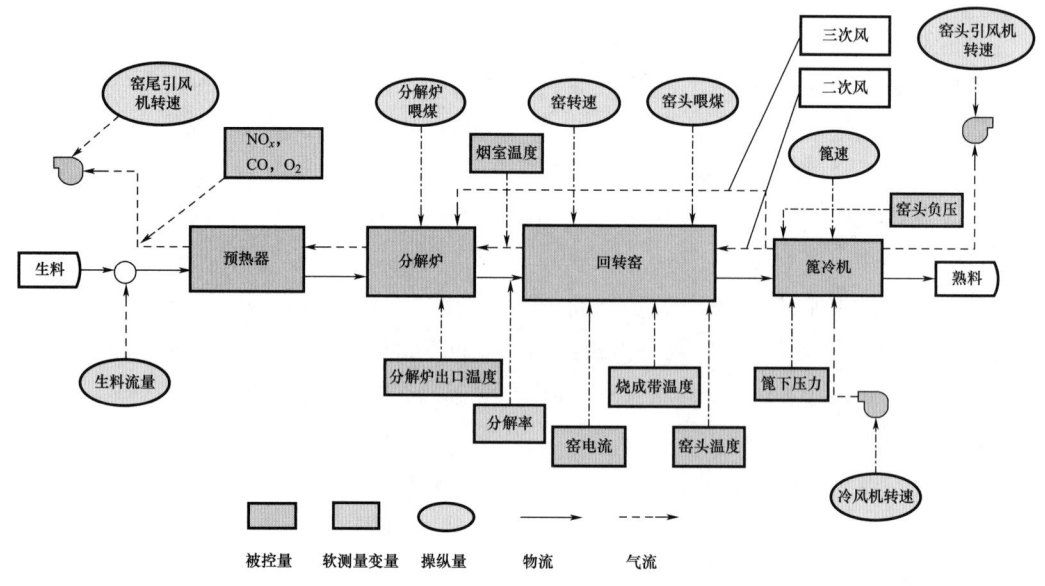

图 1.3　熟料煅烧工艺流程

利用软测量技术获取分解率参数，利用热像仪技术获取煅烧温度，根据水泥煅烧机理、传热理论，通过与专家不同形式的交互来抽取水泥智能制造所需的煅烧知识，构建知识模型，实现烧成系统的工况在线感知。利用模糊神经控制技术、预测控制技术、优化控制技术，构建组合智能决策与控制器，实现分解炉温度、煅烧温度、篦速、风量和窑转速等参数的控制，实现窑系统的智能煅烧。

4. 水泥制备智能化生产与水泥质量控制

水泥制备主要有辊压机、球磨机、收尘器等，水泥联合粉磨工艺流程如图 1.4 所示。

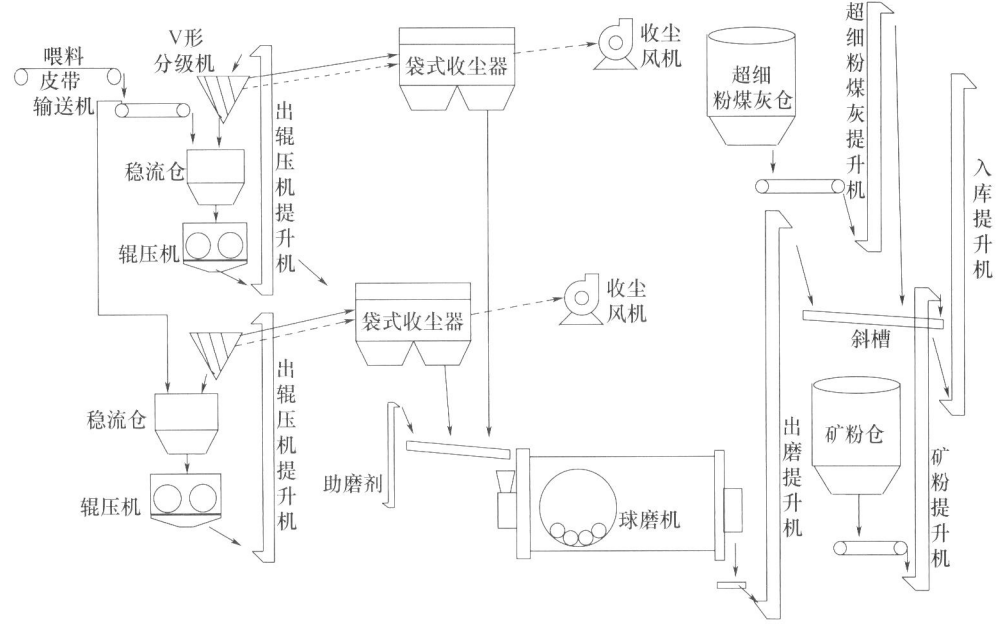

图 1.4 水泥联合粉磨工艺流程

1）辊压机系统智能控制

要使粉磨系统稳定运行，首先要保证稳流仓料位在合理的范围内，调节喂料量可以控制稳流仓料位。研究粉磨工况和仓位的关系，在线感知运行工况，建立模糊控制规则，实现辊压机系统的稳定高效运行。

2）水泥粉磨的最佳负荷智能控制

生料磨负荷优化控制的目标是在保证出磨生料质量和设备安全前提下，实现生料磨负荷的优化控制，充分发挥生料磨的设备能力，尽最大可能提高生料磨的台时产量，从而降低生料磨的单产能耗。球磨机功率与料位之间的关系如图 1.5 所示。曲线 1 反映的是球磨机的总功率，空载时料位为零，功率达到最大功率的 90% 左右，随着料位的提高，总功率先升后降；曲线 2 表示钢球碰撞功率，即无效功率，它与钢球损耗的大小成正比；曲线 3 反映的是粉磨功率，为有效功率，与磨机出力成正比；球磨机总功率是钢球碰撞功率与粉磨功率之和。

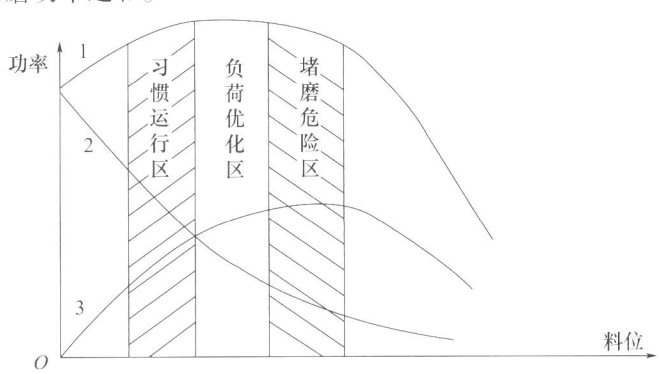

图 1.5 球磨机功率与料位关系

负荷优化控制的目标是通过料位测量或估计,控制喂料量,保持料位为优化值,则此时粉磨功率比习惯运行区大,钢球碰撞比习惯运行区小,可以大大提高球磨机台时产量,降低粉磨系统的单位粉磨电耗,实现运行的经济性。

生料磨负荷优化控制通常采用增量寻优的方法。此方法中寻优变量为喂料量,目标是通过调节喂料量,使磨机电流的增量逐渐减小,直至达到最优点,即磨机电流的增量为零。随着各种因素的变化,最优负荷点会发生变化,因此可以定期或根据需要不定期重新寻优。

3)水泥粒度智能控制(细度、比表面积)

水泥细度直接影响水泥的凝结、水化、硬化和强度等一系列物理性能。水泥粒度分布和水泥强度的关系如图 1.6 所示。

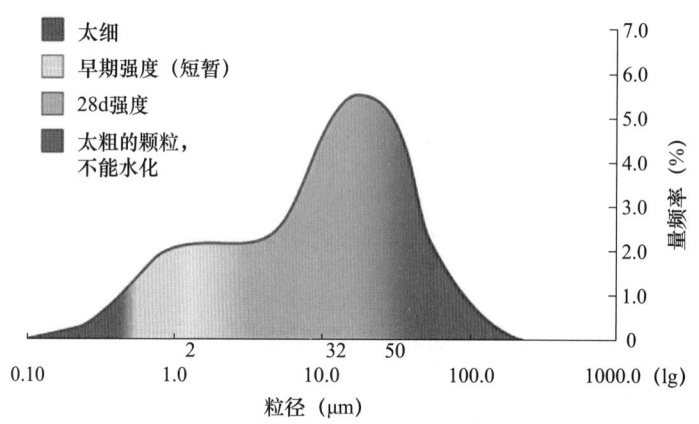

图 1.6 水泥粒度分布和水泥强度的关系

在线获得水泥细度分布参数,定义关键质量属性和关键控制参数。建立一个预测产品属性的知识模型,预测产品质量属性或工艺结束点。建立一个有效的控制工艺的模型,研究智能决策控制器,通过调节选粉机转速和风机转速,实时调整颗粒级配,实现水泥质量控制。

5. 完善水泥工业过程智能化生产理论体系,建立水泥智能化生产软件平台,实现增效和节能降耗

水泥生产属流程行业,建立以统一数据模型为基础的核心生产数据库,基于实时数据库、应用数据模型、静态数据模型、动态数据模型,根据获取的水泥生产知识,应用数据融合技术、数据挖掘技术、数据驱动技术,完善水泥智能化生产理论体系,形成水泥生产自动化、数字化、模型化、可视化、集成化,智能化生产工厂的生产智能制造与决策支持信息化平台,实现水泥的生产管理监控,专家优化控制、能源管理及能效分析、设备监控与故障诊断,形成从原料配备、窑炉控制和熟料粉磨的水泥智能化生产工厂。水泥智能化生产平台结构如图 1.7 所示。

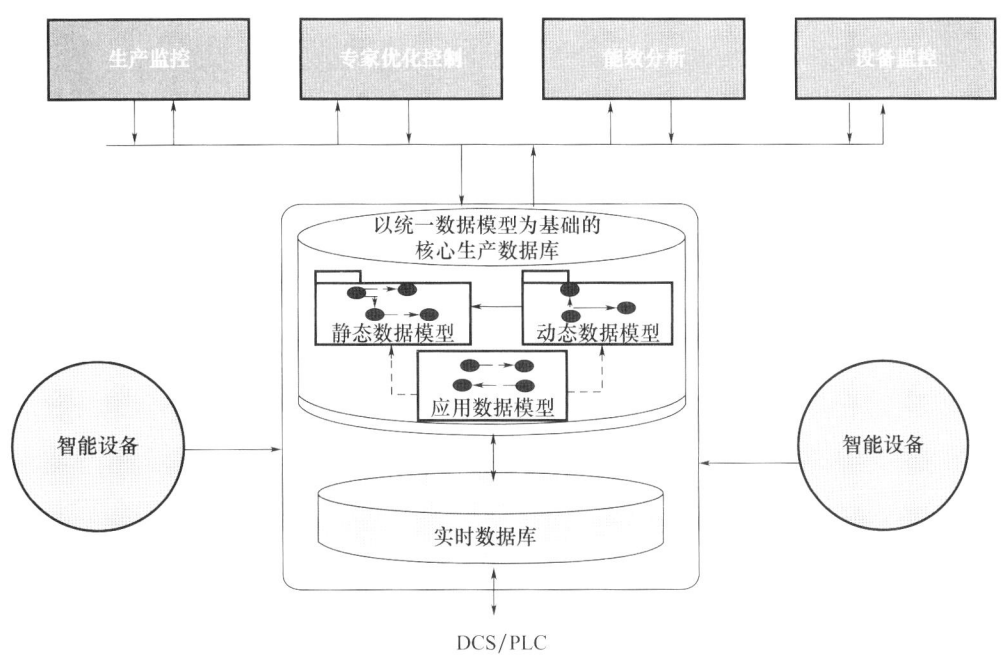

图 1.7　水泥智能化生产平台结构

1.3　水泥行业智能制造发展现状与趋势

目前，水泥工业智能制造存在如下问题：

1. 区域发展不均衡，推广难度大

虽然我国水泥行业智能制造进展顺利，但总体尚处于探索阶段，各地区间发展程度不均衡，处于机械化、电气化、自动化、数字化并存的阶段。智能制造是一项整体性工作，复杂程度高，系统整体解决方案供给能力不足，不同的企业差异又比较大。目前国家虽然也在积极推动试点示范，试图积累成功的经验并加以推广应用，但由于目前国内水泥企业对智能制造建设的认知程度不同、建设水平参差不齐、技术参数及来源厂商也不尽相同，很多方案推广起来存在一定难度。

2. 缺乏专业的系统解决方案供应商

不同企业的工艺路线、生产模式均不同，对智能制造的需求也存在很大的差异，即使是同一工艺，不同企业的需求也不尽相同，这就要求智能制造供应商按照行业和企业的需求提供个性化的产品和服务。但在实际的推进过程中，水泥企业虽然多应用国内外知名企业的信息技术产品，但多为通用技术，针对企业实际开展定制化智能制造改造的能力尚不足，后期的技术维护也存在短板。

3. 智能制造专业人才缺乏

水泥企业智能制造的建设实施需要既掌握供应、销售、生产运营等业务知识，又具备软件、网络、数据库等专业技术和项目管理的复合型人才，目前这方面人才比较匮乏。再加上水泥行业作为传统产业资源密集型产业，信息化技术本身就是短板，而且水泥产业在快速发展的过程中更关注市场和产能，因此更加注重生产型人才和销售型人才的培养，且部分企业管理者由于认知的差距，对智能制造的相关人才重视程度不够。部分企业还存在从事智能制造相关的工作人员待遇比其他岗位低的情况。

新一代信息技术与制造业的深度融合，为制造业发展带来了巨大变革，推动新一代信息技术融入水泥生产制造的各环节，是水泥行业全新发展和智能化转型的重要机遇。近年来，国家各部门不断加大对智能制造的扶持力度，企业对智能化建设和改造的积极性日益提高，智能制造数字转型的生态氛围日益浓厚，大量智能部件、智能控制系统、智能装备应用于企业的关键生产环节，智能化应用领域不断拓宽，智能实验室、智能工厂建设投入不断加大，水泥行业智能制造技术水平不断提升，建材企业竞争优势进一步提高。

为了解决水泥生产智能制造的难题，许多学者进行了大量相关研究。传统水泥先进控制与优化以基于操作员模型的模糊控制和专家系统为主，其结果是自动化优秀操作工和水泥工艺专家的经验，本身并不具有优化功能。目前国外水泥自动化正在由专家系统向基于模型的控制方向发展，不仅要实现操作自动化，更希望实现操作的优化。目前世界上比较知名的水泥窑优化控制系统见表1-1。

表1-1 典型水泥窑优化控制系统

优化系统	供应商	模型	控制方法	提供商类型
ECS/ProcessExpert	FL Smidth	模糊模型	模糊控制	设备制造商
CEMAT/KCS	Siemens	—	专家系统	DCS提供商
LinkMan	ABB	—	专家系统	DCS提供商
Pavilion8	Pavilion	机理模型结合神经网络	模型预测控制	先进控制软件提供商

注：DCS即集散控制系统。

国外水泥优化系统一方面价格昂贵，价格达十万到数十万美元，国内水泥企业难以接受；另一方面，其难以适应我国设备不稳定、测点不足、燃料与原材料质量和成分波动大的实际情况，应用效果不佳。

国内水泥生产智能化生产处于起步阶段，对水泥工业生产，各种原燃材料以及各工序工况的波动是难以避免的，各项生产控制参数的稳定，以及过程产品和成品性能指标的稳定，都需要通过及时的操作调整才能得以实现。目前，在整个水泥的生产控制中，从原料开采直到水泥出厂，基本实现了自动化生产。我国水泥工业在几十年的产业升级过程中，大多采用新型干法生产工艺，实现了中央控制室的DCS集散系统操控、生产线全程流水生产作业，与其他很多行业的工业相比，自动化水平在工业领域居于前列。但是应该看到，虽然我们装备了几十个自动调节回路，努力提高我们的自动化水平，但实际生产中仍多依靠人工经验。在国内的上千条生产线上，每条线的几十个控制回路中，仍无法做到智能化控制和生产。

《原材料工业两化深度融合推进计划（2015—2018年）》基本给出了一个智能水泥厂的发展趋势。智能水泥厂的内容应包括：

（1）基于自适应控制、模糊控制、专家控制等先进技术，利用智能仪器仪表、工业机器人、计算机仿真、移动应用等信息系统与专用装备，进一步突出实时控制、运行优化和综合集成，基本实现矿山开采、配料管控、窑炉烧成、水泥粉磨全系统全过程的智能优化。

（2）应用机器人等技术，在矿山爆破排险、窑炉运行维护、投料装车作业、高温高尘抢修等危害、危险、重复作业的环节，基本实现无人值守或机器人替代人工作业。

（3）建设信息物理融合系统（CPS），实现企业生产运营的自动化、数字化、模型化、可视化、集成化，提高企业劳动生产率、安全运行能力、应急响应能力、风险防范能力和科学决策能力。

（4）在生产管控和经营决策中，通过大数据平台建设，应用商业智能系统（BI）和产品生命周期管理（PLM），建立对采购、生产、仓储、销售、运输、质量、资源、能源和财务等全方位的智能管控平台，实现产品、市场和效益的动态监控、预测预警，提升各环节的资源优化配置能力和智能决策水平。

（5）建立与供应商和用户的上下游协作管理系统，按照供应商提前介入技术（EVI）、准时生产技术（JIT）等模式，统一企业资源计划（ERP）等企业业务系统间信息交换接口、标准和规范，通过信息共享和实时交互，实现物料协同、储运协同、订货业务协同以及财务结算协同。

（6）建设基于自适应控制、模糊控制、专家控制等先进技术的智能水泥生产线，实现原料配备、窑炉控制和熟料粉磨的全系统智能优化，智能制造不仅要具有机械化、自动化、信息化功能和海量数据的分析能力，更要有针对具体问题的自我判断和对症自我纠错能力。

（7）在工业窑炉、投料装车等危险、重复作业环节应用机器人智能操作。

（8）开展具有采购、生产、仓储、销售、运输、质量、能源和财务管理等功能的商业智能系统应用。

加快推进我国水泥行业智能制造的相关建议如下：

(1) 发挥政策引领作用

积极争取工业转型升级资金、智能制造专项、工业互联网基金等资金渠道，加大对水泥行业智能制造发展的支持。完善政府指导、行业组织、相关联盟、生产企业、系统解决方案供应商等共同推进机制，统筹资源，组织开展行业智能制造标准体系建设、行业关键技术研发等，加快水泥领域信息化智能制造系统解决方案供应商的培育。将企业智能制造水平作为行业规范条件的考核指标，提高行业准入门槛。

(2) 强化试点示范

选择有代表性且处于不同发展阶段的水泥企业或产业园区，以产品设计信息化、生产管理信息化、信息化集成、市场营销网络化、大数据平台建设、智能工厂建设等新一代信息化技术应用为重点，培育试点示范，总结推广创新能力强、经济收益好的两化融合示范标杆企业的适用案例和典型经验，通过开展现场交流、培训等专题活动，以点带面，促进水泥行业智能制造的推广普及。

（3）加强人才培养

鼓励水泥企业加强内部智能制造相关人才培养的力度，建立人才实训基地，组织开展各项培训课程，制定相关激励措施，全面加强企业智能制造管理人才、技术人才等培养。同时加大复合型高层次人才的引进力度，积极引进领军人才和紧缺人才。完善企业首席信息官制度，建立人才激励机制，设立向智能制造优秀人才和关键岗位倾斜的分配激励机制，确保各项人才政策落实到位。

参考文献

［1］张曙．工业4.0和智能制造［J］．机械设计与制造工程，2014，43（8）：1-5.

［2］周济．智能制造："中国制造2025"的主攻方向［J］．中国机械工程，2015，26（17）：2273-2284.

［3］侯瑞春，丁香乾，陶冶，等．制造物联及相关技术架构研究［J］．计算机集成制造系统，2014，20（1）：11-20.

［4］中国水泥协会．水泥工业"十三五"发展规划［J］．中国水泥，2017（7）：7-17.

2 水泥生产智能制造技术基础

随着物联网技术、信息技术、智能传感技术、装备技术和先进制造技术的快速发展，水泥智能制造的广度和深度在不断提升，我国已经取得了一大批基础研究成果。智能制造装备是传统产业升级改造，实现生产过程自动化、智能化、精密化、绿色化的基本工具，是培育和发展战略性新兴产业的支撑，是实现生产过程和产品使用过程节能减排的重要手段。作为高端装备制造业的重点发展方向和信息化与产业化的深度融合的重要体现，大力培育和发展智能制造装备产业对加快产业升级、提升生产效率、技术水平和产品质量，降低能源资源消耗，实现制造过程的智能化和绿色化发展具有重要的意义。智能装备将解放更多的人力资源，操作更加安全可靠，为水泥行业提供高效、优质、环保的技术装备，从而推动水泥行业装备向高端方向发展。

2.1 水泥生产工艺技术

2.1.1 水泥生产工艺

水泥生产工艺技术主要是两磨一烧，即生料粉磨、熟料煅烧、水泥粉磨。水泥生产工艺按照生料制备的方法主要分为四种工艺，即干法、半干法、半湿法以及湿法。

(1) 在干法工艺中，原料在运动床中被粉碎烘干，制备好的干生料被送入预热器、煅烧窑，少数被送入一个干法长窑。

(2) 在半干法工艺中，干生料粉和水混合形成料球，先进入预热器中，再进入窑炉或者直接进入安装有十字格换热器的长窑中。

(3) 在半湿法工艺中，泥浆首先在压滤机中脱水，滤饼压缩成球，并且进入炉箅子预热器或者作为生料直接进入专门滤饼干燥器。

(4) 在湿法工艺中，原料（经常带有高含水成分）在水中研磨形成可泵送的泥浆，泥浆直接进入窑炉或者首先进入泥浆干燥器。

半湿法生产可以归类为湿法生产，半干法生产又可以归类为湿法生产，所以水泥生产工艺可以简单归类为湿法生产工艺和干法生产工艺。湿法生产具有操作简单、生料成分容易控制、产品质量好、料浆输送方便、车间扬尘少等优点，缺点是电耗高。干法生产主要优点是热耗低，缺点是生料成分不均、车间扬尘大、电耗较低。

近年来，由于在原料预均化、生料粉的均化输送和除尘方面采用了新设备和新技术，尤其是窑外分解技术的出现，一种新型干法水泥生产工艺流程随之产生。新型干法水泥指采用窑外分解新工艺生产的水泥，其生产以悬浮预热器和窑外分解技术为核心，采用新型原料、燃料预均化技术和节能粉磨技术及装备，全线采用计算机集散控制，实现水泥生产过程自动化和高效、优质、低耗、环保。

2.1.2 新型干法水泥生产工艺

新型干法技术主要是将预热分解和悬浮预热作为重点，在实际生产中对其他相应技术进行综合的一种技术。在生产中能够实现自动化与科学管理，并且有着高效、环保等特点，已经成为世界上最重要的水泥生产技术之一。新型干法水泥生产主要分为生料制备、熟料煅烧和水泥粉磨三个阶段。

1. 生料制备

石灰石经过破碎，与砂石、炉灰等原材料按比例混合，进入生料磨，磨成符合要求的生料颗粒，储存在生料库中。破碎的目的在于提高烘干和粉磨的效率，同时便于物料的运输和存储。常见的制备工艺有立磨系统、辊压机生料终粉磨系统。

1）立磨系统

立磨又称辊式磨，是风扫磨的一种，集烘干、粉磨和产品分级于一体。立式生料磨具有系统设备少、流程简单、土建费用低、电耗低、噪声小、允许入磨物料粒度大等特点。随着科学技术的进步，当初困扰推广应用的磨损、振动和本身的结构等问题已取得了突破。立式生料磨在新型干法水泥厂中得到了广泛的应用。生料立磨工艺流程如图2.1所示。

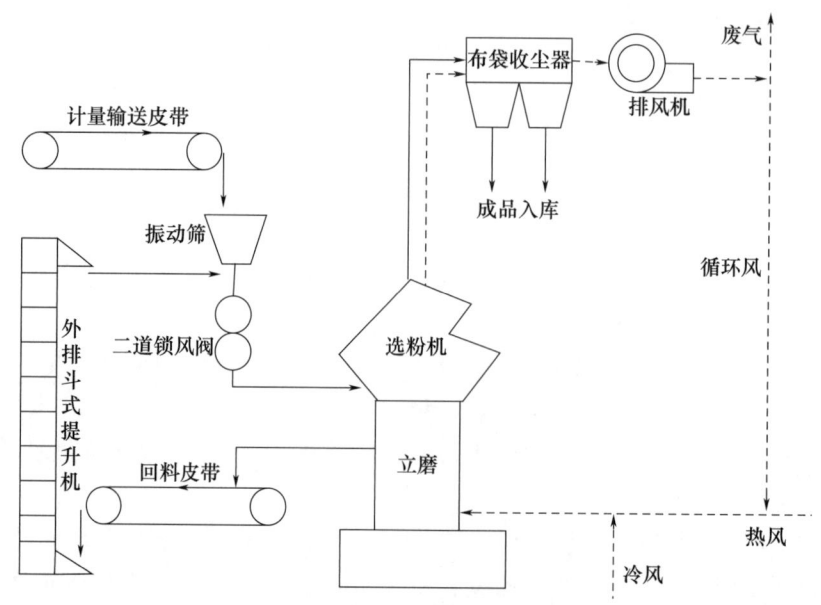

图 2.1　生料立磨工艺流程

水泥生料立磨粉磨系统主要设备有喂料皮带秤、立磨设备组、物料输送皮带、振动筛、布袋收尘器、斗式提升机和风机等。原料在配料站通过预均化处理，由喂料皮带秤进行计量下料，通过计量输送皮带经二道锁风阀落入磨盘中心，物料依靠自身重力和磨盘的旋转被甩至粉磨区域，在磨盘和磨辊之间的研磨压力作用下形成料床。来自沸腾炉的热风将物料吹起烘干，同时进行物料的提送，之后经磨内选粉机进行分级处理，符合生产要求的物料就随气流被抽出磨机，在收尘器的作用下进入生料储存库，不合格物料落回磨盘再次受到粉磨直至合格。磨内不能被热风带走的大块物料或异物，通过喷嘴环的空隙落入刮板腔内由刮板刮出磨。大块物料会经过吐渣卸料口和斗式提升机重新喂入磨机内，再次进行粉磨。

2）辊压机生料终粉磨系统

辊压机生料终粉磨系统在生料制备上的应用已有很长历史，其工作原理主要依靠两个水平安装且同步相向旋转的挤压辊子，将物料在封闭空间内相互挤压形成高压料层使其粉碎，或被挤压成含有大量细粉的密实料饼，通过烘干气流经选粉设备进行循环分选，成品率较高。当前在新建工厂和技术改造中，辊压机生料终粉磨系统的应用越来越多，其主要优势有粉碎效率高和选粉效率高，对系统阻力小、风量需求小，采用维护周期长的耐磨柱钉辊面，节电效果较立磨终粉磨系统更明显。但其也有对综合水分大的物料适应性差、对物料最大粒度限制要求高的缺点[1-2]，辊压机生料终粉磨系统如图2.2所示。

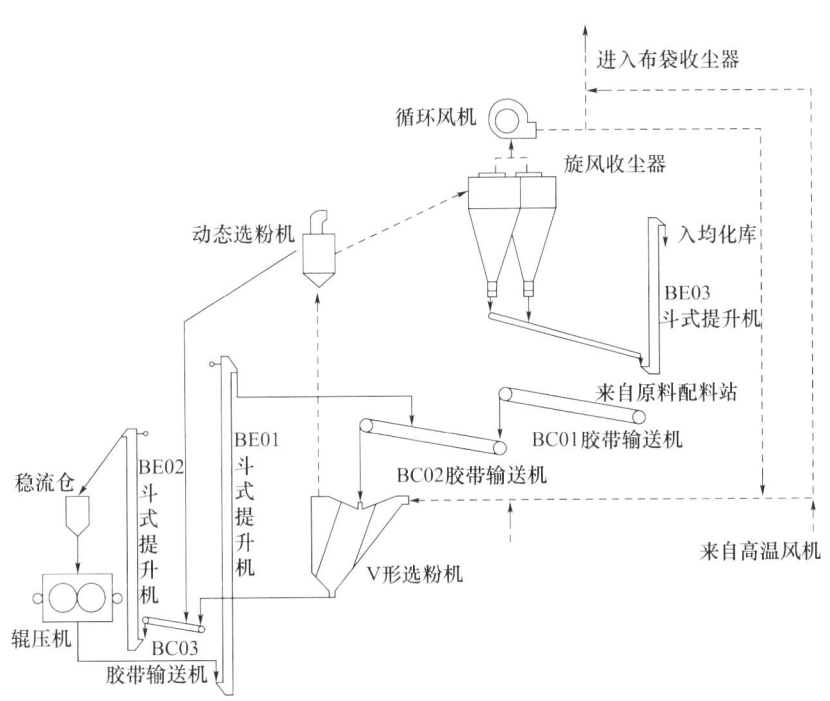

图 2.2 辊压机生料终粉磨系统

物料流程：从生料配料站出来的物料经 BC01 胶带输送机送至 BC02 胶带输送机，而后进入 V 形选粉机。在 V 形选粉机内，风选出的细粉经风力输送至动态选粉机后进行二次选粉，选出的成品经旋风收尘器收集后经过空气输送斜槽和 BE03 斗式提升机送入生料均化库；V 形选粉机筛选出的粗颗粒和动态选粉机筛余的细碎颗粒一起经 BC03 胶带输送机、BE02 斗式提升机进入辊压机稳流仓。进入辊压机重复进行挤压粉磨，挤压后的料饼经 BE01 斗式提升机送至 BC02 胶带输送机上，进入 V 形选粉机，进而进入动态选粉机进行选粉，形成一个循环挤压流程。

风路流程：来自窑尾高温风机的高温烟气依次经过 V 形选粉机、动态选粉机、旋风收尘器后进入循环风机，出循环风机的低温烟气，一部分进入布袋收尘器尾排风机排出，另一部分回到 V 形选粉机作为循环风形成一个风路循环。

2. 熟料煅烧

1）预分解

预分解技术是新型干法水泥和其他传统水泥之间最大的区别。生料被储存在生料罐中，通过管道输送到预热器的顶端进入旋风预热器进行预分解（图 2.3）。煤粉通过喷嘴从窑头被喷入，并在窑内燃烧产生大量热量，使窑内温度达到煅烧所需的温度，高温气体在回转窑内从窑头流动到窑尾，进入分解炉内，同时还有煤粉喷入分解炉的燃烧室中，主要起到对生料进行预加热分解的作用，废气再经过旋风预热器排到大气中。只有在窑头温度、窑尾温度、旋风预热器 C5 口的温度、窑尾压力等参数达到要求后，生料才会从顶端输送到五级旋风预热器的入口，也就是 C1 号预热器，经旋风加热器加热后，在分解炉中进行预分解。在预热器中主要进行的是生料的预先加热，以及其中的微量碳酸盐的分解，因此需要满足气体从固体中分离挥发的功能，而且要能完成加热气体与生料分离的工艺，因此需要考虑到气体在管道内的阻力，优化设计，从而减小风机的功率，降低能耗。所以在设计上，最上一级的旋风器，因为气体直接排入大气，也是生料的入口，因此分离效率是最重要的指标，决定了废气中的颗粒物浓度，在设计上采用的方法是将其做成双筒形式的；中部的旋风器设计上主要考虑管道内的阻力以及热交换效率问题；尾部的 C5 因为前部加热的主要工作已经完成，因此需要解决的就是原料堆积的问题，使先加热的生料能顺利进入窑尾，减小堆积堵塞造成的热量浪费以及原料再碳酸化。经过预分解的原料进入窑尾后，就进入煅烧的工艺，预分解技术是新型干法水泥与传统干法水泥生产方法最大的不同。

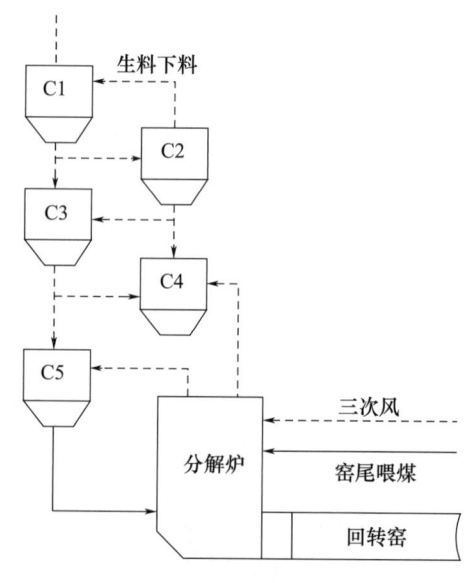

图 2.3　预分解示意图

2）熟料煅烧

煅烧是水泥生产中的重要环节。煅烧工艺中需要的设备包括：罗茨鼓风机；收尘设备;均化库气动阀、固体流量计;高温风机;回转窑电机;回转窑风机,篦冷机及其冷却系统;熟料输送及收尘设备。回转窑内的风机,主要使窑尾保持负压,保证空气流动方向的正确性,篦冷机主要完成熟料的冷却功能,按熟料冷却程度的不同,分为高温、中温、低温三个部分,靠近窑头的部分为高温部分。窑是进行烧制的场所,窑的放置与运转方式也是区分立式与旋转烧制水泥生产技术的一种方式,新型干法水泥采用的是回转窑作为煅烧设备,与预分解的旋风筒 C5 相连的为回转窑的窑尾,窑尾的高度高于窑头,倾斜度一般为 3%~4%,窑体是可以旋转的。回转窑主要进行的工作就是将预分解后的原料进行搅拌煅烧,发生一系列的化学反应,煅烧的热量主要来自窑头的喷嘴喷出的煤,通过风机将煤粉吹向窑尾,在窑内燃烧所产生的热量。窑内的空气通常来源于三个部分,一部分为对煤粉起运输作用的空气,另一部分为冷却篦冷机熟料的空气,其温度要高于正常空气气温,起到节约燃料的作用,剩下一部分则来自分解炉。因为窑体带有一定的倾斜度并且能不断旋转,因此原料可以在重力的作用下从窑尾运动到窑头。原料在回转窑内的运动方向与加热烟气的运动方向是相反的,这样就能保证系统较高的热效率,达到节能且烧制效果好的目的。生料经过煅烧之后成为熟料,并不是通常意义上的水泥,煅烧之后的熟料并不是与生料相似的粉状,而是呈球状的。球状的熟料从窑头掉落到篦冷机的篦板上,之后随篦板以一定的速度向前运动,风机将冷却熟料的空气从篦板下由下至上吹动,冷却熟料。熟料在高温部分时需要迅速冷却,使熟料中的矿物质迅速冷却结晶保持稳定,因为风量大,此时熟料在这段篦冷机上呈悬浮状态,篦冷机还起到分类大小料的作用。篦冷机冷却使用后的空气,经收尘设备收尘后,一部分会被输送到窑内供燃烧使用,一部分被送进分解炉供燃烧使用,余下部分被送入余热发电设备进行发电,或经收尘设备处理后排入大气。篦冷机冷却后的熟料,因为其大小不一,还需要被输送到磨粉设备中,磨成大小合适的粉状。

3. 水泥粉磨

就目前水泥粉磨技术的发展趋势来看,单独的球磨机粉磨系统因粉磨效率低、电耗高,已经基本被淘汰,而料床粉磨装置因粉磨效率较高,得到了普遍应用。料床粉磨的代表性装备为辊磨和辊压机,其中辊压机联合粉磨系统得到了普遍应用,辊压机半终粉磨系统也有部分应用。

1) 半终粉磨系统

半终粉磨系统是指在粉磨系统的预粉磨阶段,提前选出一部分细度符合水泥粒度要求的成品,与球磨机的成品混合成最终成品。预粉磨阶段提前选出的成品没有经过球磨机,对预粉磨设备而言是部分终粉磨制备,因此称为半终粉磨系统。半终粉磨系统让细度合格的产品提前离开粉磨系统,不再粉磨,从而提高了后续粉磨设备的研磨物料量,同时又减少了物料的过粉磨,使系统产量提高,粉磨电耗降低[3-4]。

熟料、石膏、混合材经带式输送机、提升机送至稳流仓由辊压机进行预粉磨,被挤压后的物料经循环通过提升机进入 V 形选粉机,选出的粉料由循环风机带入组合式选粉机继续分选,细粉送至成品斜槽,粗粉经收集之后送至水泥磨进行粉磨,未被循环风机带出的粗颗粒落入稳流仓与稳流仓提升机的物料混合进入辊压机进行再次粉磨,出磨物料经空气输送斜槽、出磨提升机送至 O-Sepa 高效选粉机进行分选，细粉经过收尘器与组合选粉机的成品汇入成品斜槽、由入库提升机输送入水泥库，粗粉返回水泥磨重新粉磨，生产工艺流程如图 2.4 所示。

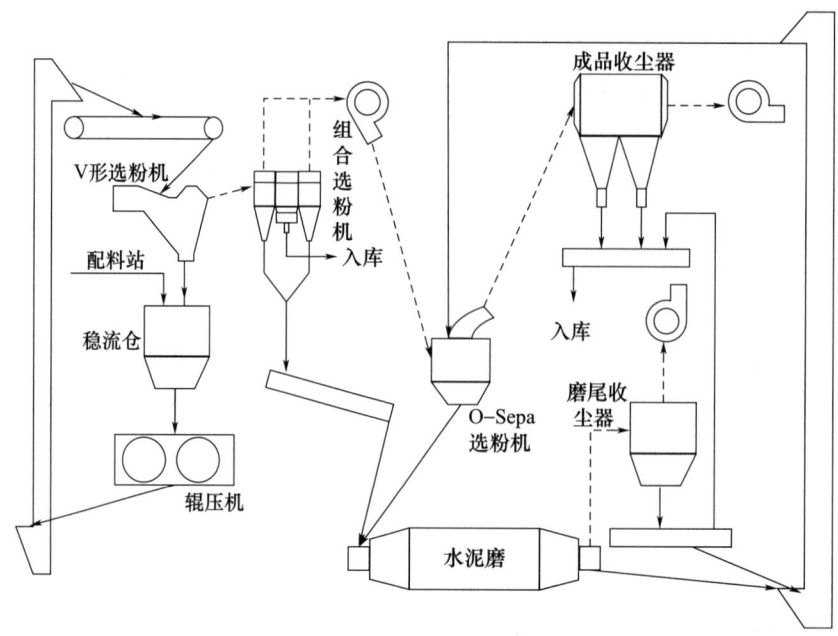

图 2.4　半终粉磨系统

2）水泥联合粉磨

水泥联合粉磨由两个紧密联系的粉磨回路组成，分别被称为预粉磨回路和终粉磨回路。而水泥联合粉磨过程又分为开路联合粉磨和闭路联合粉磨[5]，两种粉磨工艺都是由辊压机进行初步研磨，通过辊压机双辊的压力作用，使大块物料内部产生大量的裂纹，改善了物料的易磨性，从而为后续的水泥终粉磨降低能耗。经辊压机作用后，不合格的颗粒重新经过辊压机的预粉磨作用进行二次粉磨，合格的颗粒进入水泥的终粉磨环节进行研磨。水泥联合粉磨过程由于终粉磨系统的不同，可以分为开路联合粉磨系统和闭路联合粉磨系统，如图 2.5 和图 2.6 所示。

对比图 2-5 和图 2-6 可见，相对于开路联合粉磨系统，闭路联合粉磨系统除增加选粉机的控制点外，还增加了相应的收尘器、收尘风机、提升机及输送等设备的料、气控制点。开路联合粉磨经过球磨机的粉磨之后直接经过提升机进入成品水泥。闭路联合粉磨过程中球磨机粉磨之后的物料，经过高效选粉机的选粉作用，颗粒合格的作为成品水泥进入水泥库，颗粒不合格的物料重新进入球磨机进行二次研磨。

一般认为，普通球磨机开路系统，由于磨内过粉磨现象严重，物料流速难以控制，在很大程度上起到弱化粉磨效率的作用，故而产能较低、能耗较大；而带有选粉机的闭路粉磨系统可以及时选出合格成品，对改善磨内工况、遏制过粉磨现象十分有效，因而粉磨效率相对更高。

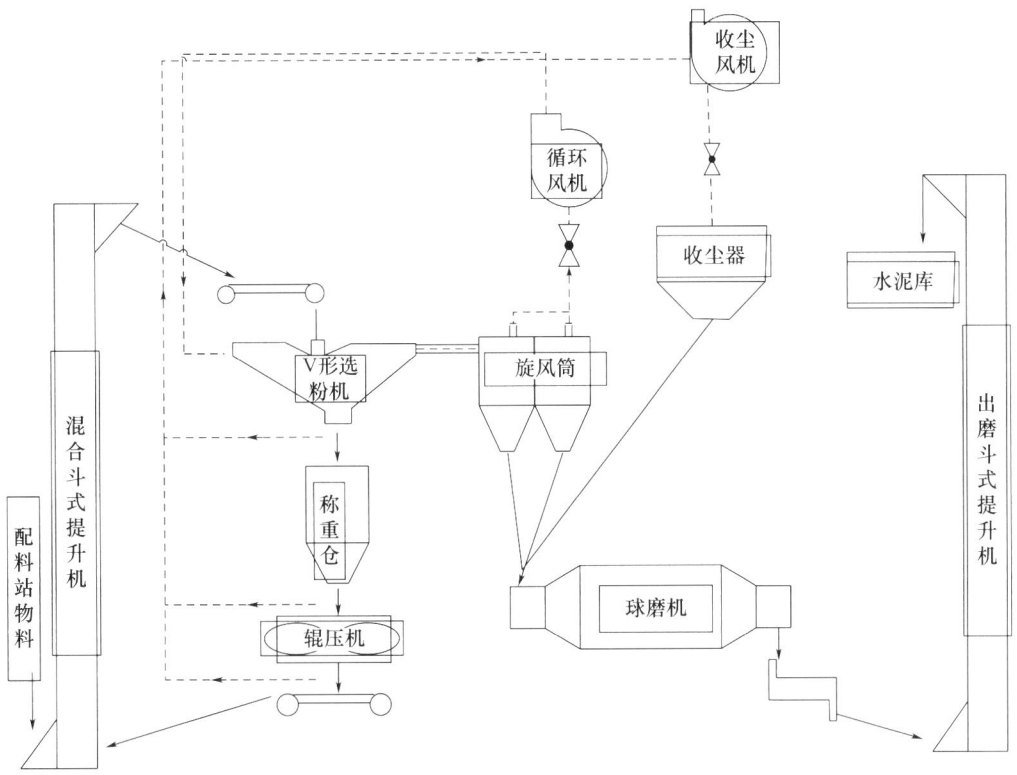

图 2.5　开路联合粉磨系统

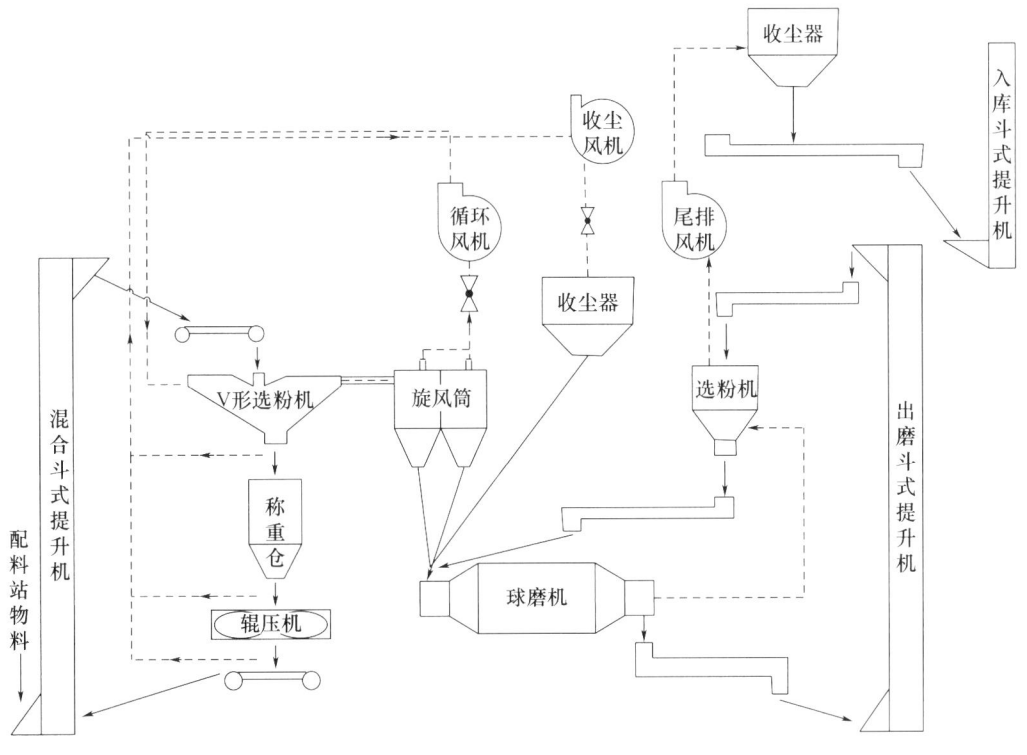

图 2.6　闭路联合粉磨系统

2.2 水泥生产装备技术

2.2.1 生料粉磨主要设备

生料粉磨主要设备有石灰石破碎机（锤破、颚破等），石灰石预均化用的堆取料机、生料磨机等。

1. 石灰石破碎机

石灰石主要成分是碳酸钙（$CaCO_3$）。石灰和石灰石被大量用作建筑材料，也是许多工业的重要原料。石灰石破碎机是一种破碎机器，运行性能稳定、可靠，工艺简化，结构简单，维修方便。专业生产厂家提供石灰石破碎机，在石灰石破碎机生产方面已经有多年的制造经验，目前已经成功用于多条石灰石生产线，有经验丰富的破碎工程师，可以根据用户的要求设计成套的石灰石破碎系统，提供该系统的前期设计咨询以及设计安装和石灰石破碎系统调试、试产，以及工人的培训一整套完善的售前、售中、售后流程。石灰石锤式破碎机参数见表2-1。

表2-1 石灰石锤式破碎机参数

型号	转子直径×长度（mm）	进料口（长×宽）（mm）	最佳进料粒度（mm）	处理能力（t/h）	电机功率（kW）	外形尺寸 长×宽×高（mm）
PCZ1308	$\phi1330 \times 790$	870×780	≤380	60~160	132	2880×2130×2390
PCZ1410	$\phi1400 \times 1000$	1060×740	≤450	80~210	2×90	2830×2100×2485
PCZ1610	$\phi1600 \times 1000$	1090×930	≤480	100~230	2×132	3370×2415×2750
PCZ1612	$\phi1600 \times 1200$	1340×1140	≤500	120~350	2×160	3370×2613×2750
PCZ1615	$\phi1600 \times 1500$	1570×1140	≤550	200~550	2×200	3370×2925×2750
PCZ1716	$\phi1700 \times 1600$	1420×1200	≤600	400~850	2×250	3520×3000×3210
PCZ1720	$\phi1700 \times 2000$	2030×1200	≤650	500~1000	2×400	3670×3390×3330
PCZ1920	$\phi1900 \times 2000$	1980×1210	≤750	800~1500	2×500	4490×3910×3600
PCZ2225	$\phi2200 \times 2500$	2530×1610	≤1000	1500~3000	1250	4890×5010×4560

1）产品特点

①成品粒度可调，一次成型，破碎之后无须二次破碎，有效降低资金投入。

②结构紧凑，设计合理，遵从以人为本的理念，在安装过程中操作简便；后期维护更省时、省力。

③破碎比大，产能高，机器处理能力强，时产量大。破碎比不仅大，而且成品粒度均匀，卖相好。

④运行稳定，故障率低，设备各个易损部件均采用特殊材质制成，保障了设备生产工作的平稳进行，有效降低故障率，从而提高整机寿命，为客户带来更大收益。

2）工作原理

石灰石锤式破碎机主要是依靠高速旋转的锤头与物料产生强大的冲击作用来完成物料的破碎过程的。设备运转时，物料通过进料装置自由下落进入破碎腔内，高速旋转的锤头与物料不断发生猛烈撞击而将其破碎成小块，物料与锤头撞击并被反弹到机体内的反击板继续被冲击破碎，或者被反弹到筛条上，小于筛条间隙的物料被排出，较大的物料继续留在破碎腔内再次经高速旋转的锤头撞击破碎。同时高速运动的物料之间也会产生碰撞破碎作用，最终物料经过多次破碎合格后从排料口排出，物料完成破碎后达到所需粒度要求。

2. 斗轮堆取料机

斗轮堆取料机是指一种用于大型干散货堆场的既能堆料又能取料的连续输送的高效装卸机械，由可俯仰和水平摆动的胶带输送臂及其前端的斗轮、机架、运行机构组成，胶带可双向运行，取料时由斗轮取料经输送臂送出，堆料时则由主输送机运来的货物经由输送臂投向堆场[6]。

国内斗轮堆取料机的发展基本经历了三个阶段：①20世纪60—70年代，国内开始设计小型斗轮堆取料机，典型机型有3025、8030等，取料出力分别为300t/h、800t/h，回转半径分别为25m和30m。②20世纪80—90年代，是斗轮堆取料机发展的第二阶段，钢厂、电厂等新建设的散料堆场逐步采用了大型斗轮堆取料机，用于散料的堆取和转运，例如上海宝钢、秦皇岛码头料场，斗轮堆取料机取料出力达到2000t/h，回转半径达到40m。受当时国内条件的限制，这些料场输送设备的建设多是合作制造或者整机进口的，甚至整套散料输送系统都是引进国外的。③2000年后，国内斗轮堆取料机发展到了一个新阶段。迄今为止，国内厂家具备300~6000t/h生产能力、25~60m回转半径斗轮堆取料机系列产品的设计和制造能力。这一阶段，国外厂商仍占据一定份额，但国内厂家掌握相当的技术、生产能力，并凭借服务、价格优势占据国内市场的主流地位，并逐渐走向国际市场。

利用斗轮连续取料，用机上的带式输送机连续堆料的有轨式装卸机械，是散状物料（散料）储料场内的专用机械，是在斗轮挖掘机的基础上演变而来的，可与卸车（船）机、带式输送机、装船（车）机组成储料场运输机械化系统，生产能力可超过 1×10^4t/h。斗轮堆取料机的作业有很强的规律性，易实现自动化，控制方式有手动、半自动和自动等。

斗轮堆取料机按结构分为臂架型和桥架型两类，有的设备只具有取料一种功能，被称为斗轮取料机。

1）臂架型

臂架型有堆料和取料两种作业方式。堆料由带式输送机运来的散料经尾车卸至臂架上的带式输送机，从臂架前端抛卸至料场；通过整机的运行，臂架的回转、俯仰，可使料堆形成梯形断面的整齐形状；取料是通过臂架回转和斗轮旋转实现的，物料经卸料板卸至反向运行的臂架带式输送机上，再经机器中心处下面的漏斗卸至料场带式输送机运走；通过整机的运行，臂架的回转、俯仰，可使斗轮将储料堆的物料取尽。臂架型斗轮堆取料机由斗轮机构、回转机构、带式输送机、尾车、俯仰与运行机构组成。

2）桥架型

桥架型斗轮堆取料机按桥架形式又分为门式和桥式两种。

门式斗轮堆取料机有一个门形的金属构架和一个可升降的桥架。门架横梁上有一条固定的和一条可移动且可双向运行的堆料带式输送机,在门架一侧的料场带式输送机线上设有随门架运行的尾车。无格式斗轮通过圆形滚道、支承轮、挡轮套装在可沿升降桥架运行的小车上,桥架内装有带式输送机。堆料时,物料经料场带式输送机、尾车转至堆料带式输送机上,最后抛卸至料场。门架的移动及其上堆料带式输送机的运行,使物料形成一定形状的料堆。取料时,由横向运行的小车及其上旋转的斗轮连续取料,物料在卸料区卸到桥架带式输送机上,最后转卸到料场带式输送机运走。桥架的升降和门架的运行可将料堆取尽。

桥式斗轮取料机与门式斗轮堆取料机在结构上的主要区别是:它没有高大的门架,桥架是固定不升降的,而且处于较低位置;没有堆料带式输送机和尾车;在斗轮的前方有固定在小车上的料耙,小车运行时带动料耙沿料堆端面运动,使上面的散料下滑,以便斗轮取料。料耙还能使由堆料机按不同物料分层堆放的物料在下滑时混匀,因此往往又被称为桥式斗轮混匀取料机。

以太原重工股份有限公司的臂式斗轮堆取料机为例,型号参数见表2-2。

表2-2 臂式斗轮堆取料机型号参数

额定生产率(t/h)	堆料	5000	7500	速度参数	斗轮转速(r/min)	5	
	取料	3500	3600		回转速度(r/min)	0~0.11	0~45m/min
堆料高度(m)	轨上	14			悬臂皮带机速度(m/s)	3.15	
	轨下	12			尾车皮带机速度(m/s)	3.15	
斗轮直径(m)		8	8		大车行走速度(m/min)	4~30	
斗轮容积(m³)斗轮数量(个)		0.77,9	0.75,9	斗轮电机	功率(kW)	185	
回转半径(m)		45	55		转速(r/min)	1500	
回转角度(°)	堆料	±105	±110	回转电机	功率(kW)	22×2	—
	取料	±105	±110		转速(r/min)	1500	
变幅角度(°)	堆料	-11~+10	-10~+15	变幅电机	功率(kW)	30	
	取料	-11~+10	-10~+15		转速(r/min)	750	
轨距(m)		10	10	悬臂皮带机电机	功率(kW)	250	
基距(m)		10	10		转速(r/min)	1500	
回转支承形式		回转轴承		尾车皮带机电机	功率(kW)	—	
最大轮压(kN)		400	250		转速(r/min)	—	
外形尺寸(m×m×m)		101.76×11.08×30.208		大车电机	功率(kW)	7.5×18	
物料种类		铁矿石			转速(r/min)	1000	

3. 生料磨机

水泥生料粉磨系统按粉磨设备的不同主要分为立磨系统、辊压磨系统等。

1）立式辊磨机

立式辊磨机简称立磨，是利用大型的辊压系统实现对物料的大批量粉磨处理设备。其与普通粉磨机相比的优越之处就在于设备的大型化和操作的自动化，用于水泥生料、水泥熟料、矿渣及煤渣粉磨加工，具有结构简单、制造和使用成本低的特点。它包括机体、磨盘装置和传动装置，机体与磨盘装置之间设置有确定回转中心的定心结构，磨盘装置的底部固定设置回转导轨，磨盘装置通过回转导轨可回转支撑在机体上，磨盘装置与传动装置传动连接。由于传动装置不承受磨盘的质量及碾磨压力等高轴向负荷，因此传动装置可采用通用减速机，从而具有结构配置紧凑、工作可靠的优点，可缩短停磨时间，降低设备的使用和维护成本。常用的立磨规格参数见表2-3。

表2-3 常用的立磨规格参数

立磨机规格	产量（t/h）	细度（80μm筛筛余）	水分	功率（kW）
ZJTL2820	82~115			1000
ZJTL3030	100~120			1120
ZJTL3230	120~130			1250
ZJTL3440	140~160			1600
ZJTL3640	160~210			1800
ZJTL3840	200~230			2000
ZJTL4040	220~250			2240
ZJTL4240	250~290	$R \leq 12\%$	$\leq 0.5\%$	2500
ZJTL4540	290~330			3150
ZJTL4840	350~380			3600
ZJTL5040	380~410			4000
ZJTL5240	410~440			4200
ZJTL5440	450~480			4500
ZJTL5640	480~550			4800
ZJTL6040	580~620			5300

（1）技术优势

①能耗低：采用磨辊在磨盘上直接碾压磨碎物料，能耗低，与球磨系统相比节约能耗30%~40%。

②磨损少：由于工作中磨辊并不与磨盘直接接触，且磨辊与衬板采用优质材料制作，因此使用寿命长、磨损少。

③粉磨效率高：通过液压增压的方式可以增大碾磨力，从而可以增大产量，提高磨粉效率；同时设有限位器装置，只对物料进行碾磨，防止磨辊磨环意外接触，造成设备的振动甚至磨损。

④维修方便：更换辊套、衬板方便快捷，减小停机损失，并且节约劳动力。

（2）结构原理

电机的扭矩通过减速器传递给磨机的磨盘。减速器是 FLS 或其他制造商的直角减速器，减速器上的推力瓦支撑着磨盘和磨辊。研磨部件的重力和研磨压力通过推力瓦传递给减速器，并从减速器再传递到辊磨的基础。

①在原料立磨中，原料通过下料溜槽喂入磨中，并落到磨盘上。原料进而流动到研磨轨道上，并在这里被研磨后，在离心力的作用下运动到磨盘的外缘。

②粉碎的物料在自环形喷嘴而出的热风的作用下沿辊磨壳体而上。粗粒回到研磨轨道上进行再研磨，细粒则直达选粉机。

③细碎的物料通过选粉机的静叶片进入转子。静叶片使物料沿转子的高度方向均匀分布，同时使物料与空气的混合物旋转，使物料得到有效的预分离。

④当细颗粒物料通过转子进而被排出选粉机时，粗颗粒与转子撞击后沿静叶片方向抛出，落进转子下方的锥体，由此回到磨盘进行再研磨。

⑤原料立磨产品的细度可以通过改变转子转速的方式进行调节。

⑥静叶片的位置在调试阶段进行调整以优化运行状态。

（3）工作原理

电动机通过减速机带动磨盘转动，物料经锁风喂料器从进料口落在磨盘中央，同时热风从进风口进入磨内。随着磨盘转动，物料在离心力作用下向磨盘边缘移动，经过磨盘上环形槽时受到磨辊碾压而粉碎，粉碎后的物料在磨盘边缘被高速气流带起，大颗粒直接落到磨盘上重新粉磨。气流中物料经过上部分离器时，在旋转转子作用下，粗粉从锥斗落到磨盘重新粉磨，合格细粉随气流一起出磨，通过收尘装置收集，即为产品。含有水分物料在与热气流接触过程中被烘干，通过调节热风温度，能满足不同湿度物料要求，达到产品水分要求。调整分离器，可达到不同产品所需粗细度。

（4）工艺流程

立磨根据增湿塔和除尘器的位置，有两种不同的布置方案，即三风机系统和双风机系统。采用旋风收尘器进行产品收集，可降低系统的工作负压和通过收尘器的气体量。采用的收尘装置可以是电收尘器或袋收尘器，出磨气体直接进入收尘器。该系统减少了设备台数，简化了系统配置。

2）辊压机

在水泥生产过程中，粉磨电耗占生产总能耗的 60%～70%，粉磨的高电耗是水泥行业的老大难问题，严重制约着水泥企业的经济效益提升和水泥生产规模的大型化。由合肥水泥研究设计院有限公司研制的辊压机及挤压粉磨技术经过国家"七五""八五""九五"近二十年的重大科技攻关，可以说其工艺装备技术已取得突破性进展，设备的运行可靠性、辊面的耐磨设计与修复、工艺与装备参数的优化以及水泥颗粒形态与分布的分析等一系列关键技术日趋成熟，主机系统运转率已达到球磨系统的水平，工艺系统吸收了打散分级机、高细高产磨、高效选粉机等多种先进技术，使挤压粉磨的高效节能特点得到了更充分的发挥，已经被广泛应用于水泥生产线，对水泥企业的节能降耗、提高产品质量和实施水泥新标准起到了显著的促进作用。

国内早期的辊压机在体现高效节能特点的同时，由于设备的不成熟而存在使用和维护上的许多不足。其中辊压机装备的振动控制、辊面耐磨设计与修复方法、工艺流程及其操作参数的选择等，都是挤压粉磨技术急待解决的问题。辊压机问世以来，由于它的显著增产和节能效果，引起各国粉磨工作者的极大兴趣，很多生产厂家竞相研制开发，使其发展迅速而且在各方面得到不断的完善，辊压机的结构同样在不断改进之中。

各厂家或公司的产品结构各不相同，构造千差万别，形状不一，但是其工作原理基本保持一致。辊压机工作原理如图2.7所示。

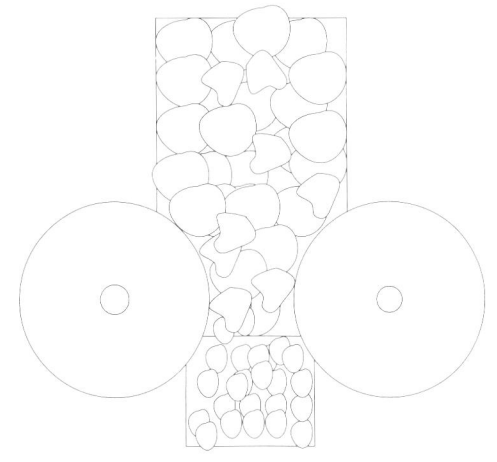

图2.7　辊压机工作原理

辊压机通常是由两个速度相同、彼此平行而相对向内转动的辊子，通过四个重型滚动轴承安装在一个机架上，其中一个是固定辊，另一个是由油缸施加较大压力的活动辊。活动辊的轴承在机架上可以前后移动，机架由纵梁和横梁组成，它是由铸钢件通过螺栓连接而成的。辊压机工作时，当活动辊被电动机带动转动时，松散的物料由上方喂入两辊的间隙中，并向下运动，到下面受到破碎和挤压，形成密实的料床，经150~200MPa的高压处理后，物料颗粒内部都产生强大的应力。当应力达到颗粒的破碎应力时，这些颗粒就相继被粉碎，或粒径变小，或成粉状，或部分颗粒产生微小裂纹，增大了物料的易磨性，从辊压机卸出的物料成片状料饼，但强度很低，经打散机打散后的颗粒物料中，有70%~80%小于2mm，有20%~30%小于0.05mm。两辊之间的缝隙为15~35mm。物料从被辊面咬住时开始，受到辊子的作用力逐渐增加。物料在两辊间以一个料层或一个料床得到破碎压实，料床在高压下形成，压力导致一部分颗粒挤压其他邻近的颗粒，直至其主要部分破碎、断裂、产生裂缝或劈开。所在双辊之间必须有一层相适应的物料，否则就成为一台辊式破碎机了。粉碎作用主要取决于料粒间的压力，而不是间隙。

2.2.2 熟料烧成主要设备

水泥熟料烧成过程是水泥生产中的核心过程，烧成过程的稳定运行决定着水泥熟料的产量和质量。熟料烧成主要设备如下：

1. 磨煤机

磨煤机是将煤块破碎并磨成煤粉的机械，是煤粉炉的重要辅助设备。有立式磨粉机、高压悬辊磨、中速微粉磨、超压梯形磨、雷蒙磨等型号。

磨煤过程是煤被破碎及其表面积不断增加的过程。要增加新的表面积，必须克服固体分子间的结合力，因而需消耗能量。煤在磨煤机中被磨制成煤粉，主要是通过压碎、击碎和研碎三种方式进行。其中压碎过程消耗的能量最省，研碎过程最费能量。各种磨煤机在制粉过程中都兼有上述的两种或三种方式，但以何种为主则视磨煤机的类型而定。

1) 分类

磨煤机的形式很多，按磨煤工作部件的转速可分为三种类型，即低速磨煤机、中速磨煤机和高速磨煤机[7]。

低速磨煤机主要为滚筒式钢球磨煤机，一般简称钢球磨或球磨机。它是一个转动的圆柱形或两端为锥形的滚筒，滚筒内装有钢球。滚筒的转速为15~25r/min。工作时筒内的钢球不断地撞击和挤压煤块，将煤块磨成煤粉。然后由通入滚筒内的热风将煤粉烘干并将煤粉送出，经分离器分离后，一定粒度的煤粉被送入煤粉仓或直接送入煤粉燃烧器。钢球磨笨重、庞大、电耗高、噪声大，但对煤种的适应范围广，运行可靠，特别适于磨制硬质无烟煤。

中速磨煤机转速为50~300r/min，种类较多。常见的有平盘磨、碗式磨、E型磨和辊式磨。它们的共同特点是碾磨部件由两组相对运动的碾磨体构成。煤块在这两组碾磨体表面之间受到挤压、碾磨而被粉碎。同时，通入磨煤机的热风将煤烘干，并将煤粉送到碾磨区上部的分离器中。经分离后，一定粒度的煤粉随气流带出磨外，粗颗粒的煤粉返回碾磨区重磨。中速磨煤机具有设备紧凑、占地小、电耗省（为钢球磨煤机的50%~75%）、噪声小、运行控制比较轻便、灵敏等显著优点，缺点是结构和制造较复杂，维修费用较高，而且不适宜磨制较硬的煤。在大容量燃煤锅炉中碗式中速磨用得较多。

高速磨煤机转速为500~1500r/min，主要由高速转子和磨壳组成，常见的有风扇磨和锤击磨等。在风扇磨中煤块受到高速转子的高速冲击与磨壳碰撞，以及煤块之间互相撞击而被磨碎。这种磨煤机与煤粉分离器组成一个整体，结构简单、紧凑、初投资省，特别适用于磨制高水分褐煤和挥发分高、容易磨制的烟煤。风扇磨由于磨损大，连续运行时间较其他磨煤机短，不适于磨制硬质煤种[8]。

2) 工作原理

(1) 球磨机

本机为卧式筒形旋转装置，外沿齿轮传动，两仓，格子型球磨机。物料由进料装置经入料中空轴螺旋、均匀地进入磨机第一仓。该仓内有阶梯衬板或波纹衬板，内装不同规格钢球，筒体转动产生离心力，将钢球带到一定高度后落下，对物料产生重击和研磨作用。物料在第一仓达到粗磨后，经单层隔仓板进入第二仓。该仓内镶有平衬板，内有钢球，将物料进一步研磨。粉状物通过卸料篦板排出，完成粉磨作业。

（2）辊式磨

电动机通过减速机带动磨盘转动，物料经锁风喂料器从进料口落在磨盘中央，同时热风从进风口进入磨内。随着磨盘的转动，物料在离心力的作用下，向磨盘边缘移动，经过磨盘上的环形槽时受到磨辊的碾压而粉碎，粉碎后的物料在磨盘边缘被风环高速气流带起，大颗粒直接落到磨盘上重新粉磨，气流中的物料经过上部分离器时，在旋转转子的作用下，粗粉从锥斗落到磨盘重新粉磨，合格细粉随气流一起出磨，通过收尘装置收集，即为产品，含有水分的物料在与热气流的接触过程中被烘干，通过调节热风温度，能满足不同湿度物料要求，达到产品所要求的水分。调整分离器，可达到不同产品所需的粗细度。

3）主要部位

（1）轴承部位

针对轴承衬冷却系统开展水压试验，将试验水压设置为 0.6MPa，维持该水压 1h，过程中不存在渗漏现象视为检验合格。对高压油腔通道进行冲洗，之后将通入油压设置为 25MPa，维持该油压 20min，不存在渗漏现象则视为合格。主轴承底板需要吊装至方箱位置，磨煤机有两个轴承底板，其加工面需要保持在同一水平面，选择水平仪进行校准，将水平度控制在 0.1mm/m。在两个轴承底板中心线的检验方面，可以采用拉线法进行，将误差控制在 1mm 以内。将主轴承吊装至轴承底板，保证轴承与底板之间均匀接触，每隔一段位置用 0.1mm 塞尺检查接触间隙，发现存在较大间隙的位置，进行适当的调整。做好轴承衬、鞍形座等部位的清洁，刷涂润滑剂，将轴承衬放入鞍形座。

（2）转动部位

将左螺旋管旋转至固定端盖，将右螺旋管旋转至移动端盖，在配合间隙的检查方面，选择 0.55cm 塞尺。在进行端盖与筒体法兰的安装时，为了便于安装，可以在其配合面刷涂铅油，提高配合面的接触效果。之后在筒体上安装固定端盖和移动端盖，用 M30 螺栓固定。然后确定圆周止口配合间隙，进行适当的调整，保证十字两点相等，之后拧紧螺栓，打入销钉。在完成筒体和端盖的组装之后，整体吊装全主轴承衬，保证主轴承内孔与端盖轴颈刮研后顺畅配合。在完成传动部位安装之后，需要做好移动端盖轴颈甩油环与轴承衬间隙的校准工作，其间隙需要超过 20mm，使用静水平仪检验转动部位安装的水平性。

（3）传动部位

一方面，检查小齿轮与大齿轮啮合侧向间隙，根据大齿轮的位置，选择合适的中心距进行小齿轮的安装，对小齿轮与大齿轮中心轴线平行度偏差进行检验，保证误差在 0.15mm/m 以内，另外，还需要结合侧向间隙对大小齿轮的啮合情况进行详细的检查，检核间隙在 1.24～2.19mm。齿侧间隙的检查有以下几种检查方法。

①使用塞尺进行齿间间隙的测量：转动小齿轮，保证小齿轮与大齿轮有一个驱动齿面接触，之后将塞尺塞入从动齿面，测量齿侧间隙，之后在齿面两端再次测量齿侧间隙。如果大小齿轮安装正确，那么两个测量值相同。

②选择铅丝进行测量：将铅丝放在两个齿轮齿面宽度两端区域，齿轮在缓慢转动过程中，铅丝可以通过啮合，之后使用千分尺测量被压平部位铅丝厚度。

③部分设备大小齿轮轴承座附近没有足够的空间，塞尺很难顺利塞入齿轮面，可以将百分表安装在小齿轮齿面顶部，之后正反两个方向转动小齿轮。采用这种方式测量齿轮间隙，间隙值为百分表读数之和。另外，检验小齿轮和大齿轮啮合接触率。在啮合接触率的检验方面，可以使用涂色法进行，即将颜料涂抹在大齿轮齿面，连续涂抹10个左右齿面，之后转动两个齿轮，转回涂色位置之后，观察另一个齿轮齿面被染色的位置。如果两个齿轮啮合正确，那么被染色部位染色点会在齿轮齿面中间位置均匀分布；如果被染色部位染色点在齿轮面中间偏上位置，说明中心距过大；如果被染色部位染色点在齿轮面中间偏下位置，说明两个齿轮之间的中心距过小；如果染色部位染色点在齿轮面边缘位置，就必须对两个齿轮进行调整和校准。

2. 转子秤

转子秤由粉体定量喂料机、环状天平转子秤、锁风装置和微机控制部分组成。

1）工作原理

粉体物料由粉体定量喂料机送入环状天平转子秤，转子秤叶轮旋转，使物料在进料口至出料口半圆周内均匀流动。由于秤体采用天平结构，此时圆盘形秤体一半有物料，另一半没有物料，使秤体失去平衡，物料的重力经称重传感器检测送入控制仪表，同时把检测到的速度信号送入仪表，经处理后得到瞬时流量及累计量，控制喂料转速即可调节流量。

2）结构特点

①粉体定量喂料机采用多层式密封结构，保证粉体连续输送，喂料均匀稳定，不结拱、喷流、堵塞等，喂料精度高。

②由于采用了柔性密封，解决了喷流、磨损及温度变化等所产生的问题。

③转子秤采用天平结构，天平体两侧平衡，传感器只检测粉体质量。

④进出料口和支点在同一轴线上，物料冲击对天平平衡不产生影响。

⑤受控性能好，流量调节范围广，计量精度高。

⑥结构简单、紧凑、全密封、安装维护方便。

⑦采用申克仪表或西门子PLC（可编程逻辑控制器）控制系统，功能强大，性能稳定。

3. 悬浮预热器

悬浮预热技术是指低温粉体物料均匀分散在高温气流之中，在悬浮状态下进行热交换，使物料得到迅速加热升温的技术。悬浮预热器的主要功能在于充分利用回转窑及分解炉内排出的炽热气流中所具有的热量来加热生料，使之进行预热及部分碳酸盐分解，然后进入分解炉或回转窑内继续加热分解，完成生料烧成任务，因此它必须具备使气、固两相能充分分散、迅速换热、高效分离的功能。只有兼具这三个功能，并且尽力使之高效化，方可最大限度地提高换热效率，为全窑系统优质、高效、低耗和稳定生产创造条件。从历史的角度看，悬浮预热器曾经有旋风悬浮预热器和立筒悬浮预热器。随着时代的发展，实践证明旋风预热器在很多方面都体现出很大的优越性，所以在水泥行业已经取得了优势地位，而立筒预热器在技术上已经被淘汰。

设置旋风预热器是为了实现气（废气）、固（生料粉）之间的高效换热，从而达到提高生料温度、降低排出废气温度的目的。旋风预热器由若干个换热单元组成（早期的旋风预热器为4级，现在一般为5级，个别窑为6级）。每一个换热单元都由旋风筒及其连接的管道所构成，如图2.8所示。

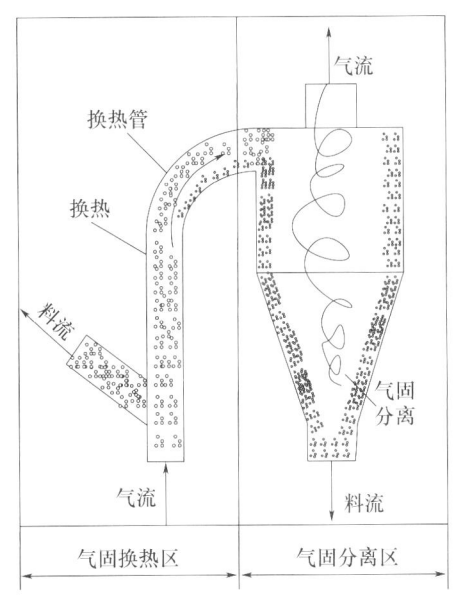

图2.8 旋风预热器一个换热单元的功能

一个换热单元必需同时具备以下三个功能才能够完成其任务：第一，生料粉在废气中的分散与悬浮；第二，气、固相之间的换热；第三，气、固相之间的分离，即气流被排走，生料粉被收集。

实际生产中，生料粉进入连接管道后，随即便被上升气流冲散，均匀地悬浮于气流中。由于悬浮态时气、固相之间的接触面积极大（是回转窑内的几千倍），对流传热系数也较高（是回转窑内的几十倍），因此换热速度极快，完成有效换热的时间只需要0.02~0.04s。这样，当气料流到达旋风筒时，气、固相之间的温度差已经很小，所以气、固相之间的换热主要是在连接各个旋风筒的管道中进行。根据国内外的有关研究成果，每个换热单元可传递热量的80%以上是在连接管道中完成的，只有小于20%的传热量是在旋风筒内完成的。由此可见，各个旋风筒之间的连接管道在换热方面起着主要作用，所以有人干脆将其称为"换热管道"。旋风筒的主要功能则是完成气、固相的分离和固相生料粉的收集。

旋风筒的工作原理是：气流携带生料粉沿切线方向高速进入旋风筒从而被迫在圆筒体与排气管之间的圆环柱内呈旋转运动状态，而且是一边旋转，一边向下运动，从圆筒体到锥体，一直延伸到锥体的端部，并反射向上旋转，最后从排气管排出。向下旋转的气流被称为外旋流，向上旋转的气流被称为内旋流。旋风筒内的流场是一个三维流场，根据旋风筒的几何特征通常选用柱坐标系对其进行描述。这样，速度矢量就有三个分量，即切向分速度、径向分速度和轴向分速度。人们对旋风筒冷态流场的测定研究结果显示，对粉料颗料从气相中分离出来起主导作用的是切向分速度。它使粉料受到离心力作用。由于粉料的密度大，在离心力作用下粉料向边壁运动并沿边壁下滑后经锥体端部排出。为了避免排出的粉料被下一级管道内逆流上升的气流吹起而造成"二次飞扬"，从而降低气、固相分离效率，所以在其下料管上要设置由重锤控制的锁风阀（也称翻板阀、闪动阀），以防止上升气流进入下料管。

旋风式悬浮预热器具有以下优点：

1）旋风预热器利用窑内堆积翻滚的高温气流，采用多级循环悬浮预热方式，使生料粉与炽热气流进行充分的热交换，工作效率较高。

2）旋风预热器由于结构合理，设备的使用故障率低、经济耐用，可以说投资少、利润高。

3）旋风预热器在悬浮状态下工作，使生料能够同窑内排除的炙热气体充分混合，增大了气料接触面积，传热速度快，热交换效率高。

4）旋风预热器充分利用窑内热量，降低熟料烧成热耗，能耗较低，并可减小烧成设备占地面积。

正是这些优点，使旋风式悬浮预热器窑得到广泛应用，发展十分迅速。旋风式悬浮预热器窑有以下一些缺点：

1）流体阻力较大，一般为 6000Pa 左右，从而使风机电耗增大，单位熟料的电耗增大。

2）对原料、燃料适应性较差，原料和燃料中的碱、气、硫等含量超标时，易造成结皮、堵塞，影响系统的正常运转。

3）建筑框架高，土建投资大。

悬浮预热器的种类较多，其分类形式见表 2-4。

表 2-4 悬浮预热器

按制造厂商命名分类	按热交换方式分类	按预热器组成分类
洪堡（KHD）型	以同流热交换为主	数级旋风筒组合
史密斯（F. L. Smidyh）型		
EVS/SVS 型		
维达格（Wedag）型		

续表

按制造厂商命名分类	按热交换方式分类	按预热器组成分类
盖波尔（Gepol）型	以逆流热交换为主	以立筒组合为主
ZAB 型		
普列洛夫（Prepov）型		
多波尔（Dopol）型	混流热交换型	旋风筒与立筒（或涡室）混合组合
米亚格（Miag）型		

4. 回转窑

转床窑[9]是指旋转煅烧窑（俗称旋窑），外形类似转床，也叫转床窑，属于建材设备类。回转窑按处理物料不同可分为水泥窑、冶金化工窑和石灰窑。水泥窑主要用于煅烧水泥熟料，分干法生产水泥窑和湿法生产水泥窑两大类。冶金化工窑则主要用于冶金行业钢铁厂贫铁矿磁化焙烧；铬、镍铁矿氧化焙烧；耐火材料厂焙烧高铝矾土矿和铝厂焙烧熟料、氢氧化铝；化工厂焙烧铬矿砂和铬矿粉等类矿物。石灰窑（活性石灰窑）用于焙烧钢铁厂、铁合金厂用的活性石灰和轻烧白云石。回转窑的规格及相关参数见表 2-5。

表 2-5 回转窑规格和参数

规格（m）	生产能力（t/d）	窑体转速（r/min）	主电动机型号		主减速器（型号）	质量（t）
			型号	功率（kW）		
φ3.2×50	1000	0.36~3.57	ZSN4-280-091B	160	NZS995-40	259
φ3.3×50	1200	0.36~3.57	ZSN4-280-091B	160	NZS995-40	266
φ3.5×52	1500	0.36~3.51	ZSN4-315-082	190	NZS995-25	318
φ3.5×54	1500	0.41~4.06	ZSN4-315-072	250	ZSY560-40	327
φ4.0×60	2500	0.41~4.07	ZSN4-355-092	315	YNS1110-22.4V	446
φ4.2×60	3000	0.4~3.98	ZSN4-355-12	375	JH560-SW-28	491
φ4.3×60	3200	0.4~4.0	ZSN4-355-12	400	YNS1400-31.5	536
φ4.3×62	3200	0.4~4.0	ZSN4-355-12	420	YNS1400-31.5VIBL	547.5
φ4.3×64	3500	0.4~4.0	ZSN4-355-12	420	YNS1400-31.5VIL	552
φ4.3×66	3500	0.4~4.0	ZSN4-355-12	450	YNS1400-31.5VIBL	560
φ4.8×74	5000	0.35~4.0	ZSN4-400-092	630	JH710c-SW305-40	859
φ5.0×74	6000	0.35~4.0	ZSN4-450-092	710	JH800-SW306.28	877
φ5.6×87	8000	0.35~4.0	ZSN4-450-12	800	JH900c-SW305-25	1201
φ6.0×95	10000	0.35~4.0	ZSN4-500-092	950×2	JH900c-SW305-28	1580
φ6.2×96	12000	0.35~4.0	ZSN4-560-092	1100×2	JH900c-SW305-28	1730

5. 熟料冷却机

熟料冷却机是一种将高温熟料向低温气体传热的热交换装置。作为一种工艺装备，它承担着对高温熟料的骤冷任务；作为热工装备，在对熟料骤冷的同时，它承担着对入回转窑二次风及入分解炉三次风的加热升温任务；作为热回收装置，它承担着对出窑熟料携出的大量热焓的回收任务；作为熟料输送装置，它承担着对高温熟料的输送任务。

熟料冷却机主要分为筒式冷却机、篦式冷却机和其他冷却机。筒式冷却机是最早的一种熟料冷却机，但是窑外分解窑出现以后，尽管还有应用和研究，但是由于其本身结构上无法避免的缺陷，所以很少见。关于篦冷机，由于振动式篦冷机已经被淘汰，所以目前新型干法水泥工业领域，应用最广泛的是推动式篦冷机。

篦式冷却机是一种骤冷式冷却机。熟料由窑进入冷却机后，在篦板上铺成一定厚度的料层，鼓入的冷空气以相垂直的方向穿过篦床上运动着的料层使熟料得以骤冷，可在数分钟内将熟料由 1300～1400℃ 骤冷到 100℃ 以下。现在使用最广泛的是推动式篦冷机。篦式冷却机与回转窑配套布置也有逆流和顺流之分，大多数情况下都是顺流设置。

德国伯力休斯公司根据篦冷机的功能，将全机分为三个区域，如图 2.9 所示。最前端是骤冷（Quenching Recuperation Cooling，QRC）区。在 QRC 区骤冷是为了确保熟料的高质量：熟料刚进入篦冷机就被快速冷却［简称骤冷（Quenching）］。这样可以阻止熟料中矿物长大（特别是阻止 C_3S 晶体长大）。骤冷还使液相快速凝固成固相（玻璃体），使大部分 MgO 及 C_3A 固化在玻璃体内，从而提高熟料的活性，也可以防止 $\beta\text{-}C_2S$ 向 $\gamma\text{-}C_2S$ 转变。骤冷区的后面是热回收（Recuperation Cooling，RC）区。该区的作用是在熟料快速、有效冷却的同时，高效地回收出窑熟料放出的热量来加热入窑二次风和入炉三次风。RC 区后面是冷却（Cooling，C）区。该区的作用是充分地冷却熟料，从而最大限度地降低出料温度。C 区内的热空气（200～300℃）大部分作为余风，小部分作为煤磨干燥风（俗称热抽风）。在 RC 区内由于以热量回收为主，所以需要采用厚料层操作；而在 C 区则以充分地冷却熟料为主，因此可以采用薄料层操作。

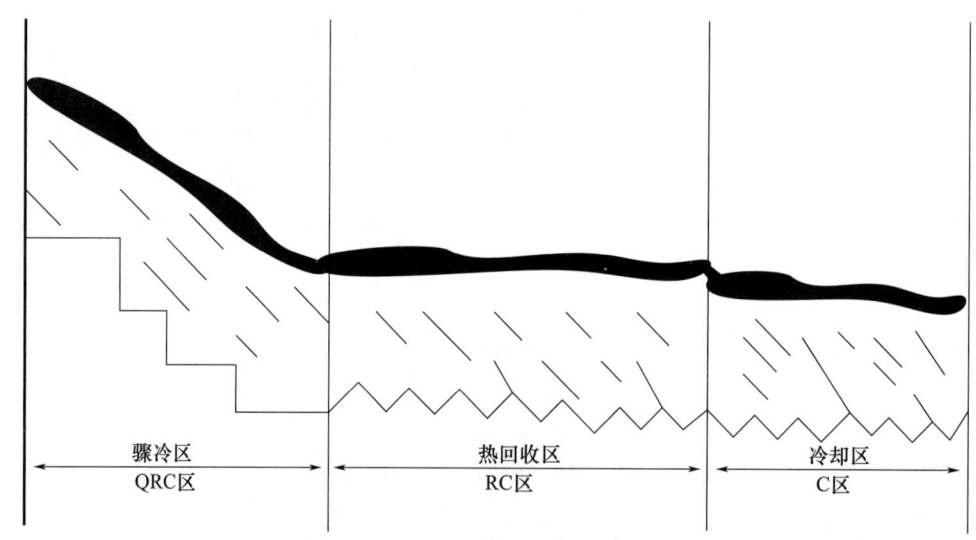

图 2.9　篦式冷却机内的分区

6. 分解炉

对传统的干法、湿法、半干法水泥回转窑以及 SP 窑（悬浮预热器窑）来说，水泥熟料烧成过程中耗热量最大的过程——"$CaCO_3$ 的分解反应"全部或者大部分是在回转窑内进行的。由于物料在回转窑内呈现堆积状态，气流与物料的接触面积非常有限，所以传热速率低、传质过程（分解产物向主气流扩散过程）较慢。尽管 20 世纪 30 年代出现的半干法立波尔窑以及 50 年代出现的 SP 窑较好地解决了生料的预热问题，使水泥生料预热过程的传热速率（出窑废气向生料的传热速率）大大提高，而且使小部分碳酸盐的分解过程在窑外完成，入窑生料的表观分解率达到约 35%（真实分解率只有约 15%）。但是 $CaCO_3$ 分解过程速度过慢的问题仍没有从根本上得到解决，这就制约了回转窑产量的大幅度提高。因为这时，如果想用增大回转窑规格尺寸的方法来提高回转窑的单机产量，则由于回转窑内燃烧带的截面热力强度随窑径的增大而急剧增加，因而会导致回转窑的窑龄（正常运转周期）大大缩短。简而言之，就是"窑径过大，则无法保证回转窑的长期、稳定、正常生产"。此外，回转窑运行的电耗会随着窑径的增大而急剧增加。同样，如果试图用出窑废气来对入窑生料进一步加热以提高入窑生料的分解率，从而提高回转窑产量的话，则人们发现出窑废气中所含有的热量（热焓量）不足以供给生料中碳酸钙大量分解所需要的热量。简而言之，就是"对碳酸钙大量分解，出窑废气中的热焓不够"。鉴于此，人们借鉴了悬浮态传热快，而石灰配料（用熟石灰 CaO 代替石灰石 $CaCO_3$ 配制水泥生料）产量高以及含油页岩作为水泥生料的原料可以增产的成功经验，便在 SP 窑（悬浮预热器窑）的悬浮预热器（SP）与回转窑之间增设了一个新热源——"分解炉（Calcier、Precalciner 或 Furnace，欧洲一些国家还将分解炉称为 Reactor）"，在分解炉内喷入相当数量的燃料以弥补窑尾废气中含热量（热焓量）的不足，使分解炉内燃料燃烧的放热过程与生料中 $CaCO_3$ 分解的吸热过程同时在同一空间内高效而迅速地进行，这样，不仅大大提高了传热速率，而且大大地加快了分解产物 CO_2 向主气流的扩散速度，从而使 $CaCO_3$ 分解速度大大加快，入窑生料的表观分解率则可以提高到 85%～95%（为了避免过分追求入窑生料分解率而使窑尾温度过高以及为了适应生产过程中一些不可避免的波动，生产中入窑生料的表观分解率一般控制在 100% 以下）。这从根本上解决了"传统水泥回转窑的预烧能力低、回转窑的产量受制于生料预烧效果"的问题，其结果是回转窑的单机产量大幅度提高。这就是所谓的"窑外预分解窑"，简称窑外分解窑或预分解窑，国外称之为 NSP（NewSP）窑或 PC（Precalcining）窑。新建窑外分解窑的产量可以提高一倍以上，被称为倍增型窑。普遍公认的世界上第一台窑外分解窑于 1971 年在日本研制成功，具体由日本石川岛-播磨重工业株式会社（简称 IHI，现称株式会社 IHI）和当时的日本秩父水泥株式会社（现合并到日本太平洋水泥株式会社 Taiheiyo Cement Corp）联合研制开发，并在秩父一厂投产成功。随后，各种类型的分解炉及窑外分解窑像雨后春笋一般涌现出来而加入这场技术竞争的行列。后来经过"相互学习、互相借鉴、取长补短、优胜劣汰"，目前世界上有一批在技术上较为成熟的分解炉炉型和窑外分解窑存在。窑外分解窑技术也因此在水泥生产技术中占据了统治地位。

与其他类型水泥回转窑相比，窑外预分解窑的优点主要体现在以下三个方面：一是在流程结构方面，它在 SP 窑的悬浮预热器与回转窑之间增设了一个分解炉。分解炉高效地承担了原来主要在回转窑内进行的大量 $CaCO_3$ 分解任务,这样可以缩短回转窑长度,从而减小生产线占地面积以及降低窑体的设备费用。二是在热工过程方面,分解炉是预分解窑系统的"第二热源",将传统上燃料全部加入窑头的做法改为小部分燃料加入窑头、大部分燃料加入分解炉。这就有效地改善了整个窑系统的热力布局,从而大大减轻了窑内耐火衬料的热负荷,延长了窑龄。另外,该热力布局有助于降低只有很高温度才能产生的 NO(有害成分)含量,这有利于环境保护。三是在工艺过程方面,将熟料煅烧过程中耗热量最大的 $CaCO_3$ 分解过程移至分解炉内进行后,由于燃料与生料粉处于同一空间且高度分散,所以燃料燃烧所产生的热量能够及时、高效地传递给预热后的生料,于是燃烧、换热及 $CaCO_3$ 分解过程都得到优化,水泥熟料煅烧工艺更加完善,熟料质量、回转窑的单位容积产量、单机产量因而得到大幅提高,烧成热耗也因此有所降低,也能够利用低质燃料。窑外预分解窑系统的流动阻力大、电耗高、基建投资大,对于原料与燃料中的有害成分有一定的限制,是该窑型的不利方面。

分解炉是把生料粉分散悬浮在气流中,使燃料燃烧和碳酸钙分解过程在很短时间(一般 1.5~3s)内发生的装置,是一种高效率的直接燃烧式固相-气相热交换装置。在分解炉内,由于燃料的燃烧是在激烈的紊流状态下与物料的吸热反应同时进行的,燃料的细小颗粒一面浮游、一面燃烧,使整个炉内几乎变成了燃烧区。所以其不能形成可见辉焰,而是处于 820~900℃ 低温无焰燃烧的状态。

分解炉自 20 世纪 70 年代问世以来,得到了迅速的发展,到目前为止已经出现了很多种形式,根据其结构与工作原理的不同,大致可以分为以下四种。

1)旋流式分解炉

这种分解炉的特点是炉内的气体与物料做旋流运动。如我国的四平型和日本的 SF 型、NSF 型分解炉属于这一类型。NSF 型分解炉主要由上部反应室和下部涡流室所组成。三次风与窑气在涡旋室内混合后形成"喷旋叠加"的湍流运动,而后进入反应室;煤粉分别通过几个燃烧器自涡旋室顶部向下倾斜喷入三次风气流中,于是煤粉边燃烧边随气流进入反应室,反应室的底部是主燃烧区。预热生料从两个部位加入:一部分从反应室锥体上加入;另一部分加到上升烟道中。加到上升烟道内的生料通过消耗此处气流的部分动能起到调整回转窑与三次风管之间"阻力平衡"的作用。除此以外,这部分生料还能调节与均化炉温。该炉型的主要特点是:气固之间的混合得到了改善,燃料燃烧完全,$CaCO_3$ 的分解程度高,热耗低。

2)喷腾式分解炉

这种分解炉内物料的悬浮和运动,是靠气体的喷吹而形成的。我国的本溪型、日本的 N-KSV 型、丹麦的史密斯型等分解炉属于这一类型。

N-KSV 型分解炉的主要特点是:第一,由喷腾床、涡流室、辅助喷腾床和混合室四部分组成。炉内有缩口产生二次喷腾,这有利于完全燃烧及气、料间热交换。第二,窑气从炉底喷入,入炉风速为 35~40m/s。三次风由涡流室下部对称地切向旋流入炉,入炉风速为 18~20m/s。该入炉方式不仅可以降低三次风的入炉阻力,也使窑气产生喷腾。上升烟道内无缩口,这有利于通风调节与减小压损。第三,主燃烧器在三次风管入炉处的上方,这有利于煤粉的着火燃烧和完全燃烧。在炉底还增设了辅助燃烧器,由此喷入的燃料在低氧气浓度下燃烧,可以使窑气中的 NO 还原成 N_2。第四,预热生料分两部分入炉,一部分从三次风管上部加入,另一部分由涡流室上部加入。

3) 沸腾式分解炉

这种炉的特点是物料在流化床上处于沸腾状态。日本的 N-MFC 型分解炉属于这一类型。

N-MFC 型分解炉由四个区域组成:①流化床区(Fluided Bed Zone)。该区位于最下部,在炉底装有均匀布风的喷嘴。可以使最大直径为 1mm 的煤粒约有 1min 的停留时间,从而保证其充分燃烧。流化风(占总风量 8%~10%,为炉用燃料燃烧理论空气量的 10%~15%)用 10~15kPa 的高压鼓风机鼓入(流化风压强为 3~5kPa)②供气区(Blow-Up Zone)。三次风通过收尘器后切向进入供气区,入炉风速约为 10m/s。供气区在有的资料上也被称为涡流床区。③稀薄流化区(Dilute Fluided Zone)。该区位于供气区之上。因倒锥形结构使流通面积逐渐扩大,所以此区内窑气流速由约 10m/s 降为约 4m/s。然而由于三次风的加入,气流速度又会从约 4m/s 迅速上升到 10m/s。又因粗颗粒煤在此区内连续上下循环运动,因此形成稀薄流化区。当煤粒尺寸减小时,才被气流带至上部直筒内。稀薄流化区在有的资料上也被称为混合区。④悬浮区(Suspension Zone)。该区为细长的圆筒形。煤粒在此区继续燃烧,高温气流及生料粉进一步均化,生料进一步分解,从而形成约 4m/s 的稀相悬浮态流动。气料流从炉顶排出后与窑气在上升烟道中汇合,进一步燃烧与分解。因悬浮区的高径比很大,物料及气流会在此区形成阻流塞,可防止短路循环。

4) 带预热室的分解炉

我国太原型分解炉和日本的 RSP 型分解炉属于这一类型。RSP 分解炉由旋流预燃室(Swirl Burner, SB)、旋流分解室(Swirl Calciner, SC)、斜烟道和混合室(Mixing Chamber, MC)这四部分所组成。后来出现的烧煤型 RSP 分解炉扩大了 MC 室,并在 MC 室中部增加了缩口,将它分为下部还原区和上部氧化区。还原区的作用是将窑气中的 NO 部分还原为 N_2 以降低 NO 的排放浓度。另外在 MC 室以下与窑尾烟室之间还有一个缩口,该处装有可调闸板,以平衡回转窑与三次风管之间的阻力。缩口处的风速为 50~60m/s。

2.2.3 水泥粉磨主要设备

1. 辊压机

辊压机又名挤压磨、辊压磨,是 20 世纪 80 年代中期发展起来的新型水泥节能粉磨设备。它可替代能耗高、效率低的球磨机预粉磨系统,并且能够降低钢材消耗及噪声,适用于新厂建设,也可用于老厂技术改造,使球磨机系统产量提高 30%~50%。经过挤压后的物料料饼中 0.08mm 细料占 20%~35%,小于 2mm 细料占 65%~85%。小颗粒的内部结构因受挤压而充满许多微小裂纹,易磨性大为改善。辊面采用热堆焊,耐磨层维修更为方便。

1）工作原理

辊压机是根据料床粉磨原理设计而成的，其主要特征是高压、满速、满料、料床粉碎。辊压机由两个相向同步转动的挤压辊组成，一个为固定辊，另一个为活动辊。

物料从两辊上方给入，被挤压辊连续带入辊间，受到 100～150MPa 的高压作用后，变成密实的料饼从机下排出。排出的料饼除含有一定比例的细粒成品外，在非成品颗粒的内部产生大量裂纹，改善了物料的易磨性，且在进一步粉碎过程中可较大地降低粉磨能耗。

物料通过磨辊主要分为三个阶段，即满料密集、层压粉碎、结团排料阶段。

2）主要优点

根据辊压机在水泥工业的实际应用结果，人们总结出如下最主要的优点：

（1）提高产量

在粉磨系统中安装辊压机，其高压负荷通过双辊直径传递到被粉磨的物料层，大部分能量被用于物料之间的相互挤压，物料摩擦产生的声能、热能被转化为物料的变形能，使其变形、撕裂、粉碎，可以使粉磨设备的潜在能力得以充分发挥，增加产量达 50%～100%，总能耗可降低 20%～30%，提高了整个系统的生产效率。

（2）降低电耗

用辊压机粉磨物料，辊压后的物料不仅粒度大幅度减小，邦德功指数也明显降低，从而大大改善了后续磨机的粉磨状况，使整个粉磨系统的单位电耗明显下降。可以使粉磨系统的总电耗显著降低，比传统粉磨方式节能 25%～50%，每年节电效益相当可观。

（3）节省投资

与同样生产能力要求的辊压机与管磨机相比，辊压机结构简单、体积小、质量轻，占用厂房空间小，可以节省土建投资，同时便于对原有粉磨系统进行改造。此外，辊压机的操作、维修也非常简便。

（4）工作环境好

物料在挤压辊罩内，被连续、稳定地挤压粉碎，有害粉尘不易扩散，同时，由于近乎无冲击发生，故辊压机的噪声比管磨机小得多。

（5）易于发展

传统管磨机受到加工、运输、热处理等条件的限制，管磨机大型化受到很大的制约。辊压机粉磨系统很好地解决了这个问题，使粉磨系统向大型化发展变成了现实。

3）构成

（1）稳流称重仓

辊压机必须满料操作，运行过程中两辊之间必须保证充满物料，不能间断，因此在辊压机进料口上部设置稳流作用的称重仓是必要的。称重仓的容量不能太小，否则缓冲余地太小，影响辊压机的正常运行，造成辊压后料饼质量的较大波动。另外要控制好称重仓的料位，如果料位过低，辊压机上方不能形成稳定的料柱，使称重仓失去靠物料重力强制喂料的功能，且容易形成物料偏流入辊现象，引起辊压机振动或跳停。

(2) 除铁装置

辊压机辊面耐磨层容易磨损，尤其对金属异物反应敏感，因此喂入辊压机的物料应尽可能地除铁。系统中除了在进料皮带上设置除铁器，还有必要在进料皮带上设置金属探测仪，而且在生产过程中应确保金属探测仪与进料系统连锁畅通，反应快捷，以便及时排除物料中混杂的金属异物，避免金属异物在辊压机与打散分级机组成的闭路系统中不断循环而反复损伤辊面层。

(3) 斜插板

辊压机斜插板位置不当，会造成辊压机入口内料柱压力过大或过小，对形成的稳定料床有影响。位置过高，料柱压力过大，入辊压机物料多，辊缝大，物料会冲过辊压机或形成过厚的料饼，增大下道工序负荷，挤压效果变差，成品含量低；位置过低，料柱压力小，入辊压机物料少，难以形成稳定厚实的料床，产量降低，严重时还可能造成设备振动，无法运行。

(4) 打散分级机

打散分级机是一种集物料打散与分级于一体的新型设备。挤压过的物料进入打散分级机后首先被充分打散。打散利用离心冲击破碎的原理。物料接触到高速旋转的打散盘后被加速，加速后的物料在离心力的作用下脱离打散盘，冲击在反击板上而被粉碎。粉碎后的物料进入风力选粉区内，粗粉运动状态改变较小，而细粉运动状态改变较大，从而使粗、细粉分离。如打散效果降低，可考虑反击衬板磨损、打散机传动皮带打滑、物料水分偏高以及分级环形通道堵塞等原因。

(5) V形选粉机

V形选粉机是专为辊压机配套使用的一种静态分级打散设备，左进右出，将从辊压机里出来的饼状物料打散，然后将打散后物料中的合格细粉分离出来，有利于辊压机的平稳运行，提高系统产量，并具有烘干功能。其结构简单，耐磨部件使用寿命长，使用风量小，压差损失小，成品细度可以通过调节风速来控制。其功能与打散分级机基本一致，多使用其与辊压机配套。

2. 水泥磨

水泥磨是物料被破碎之后进行粉碎的关键设备，主要包括水泥立磨与水泥球磨机两种。

1) 水泥立磨

水泥立磨主要用于水泥熟料的粉磨生产。近年来，随着立磨设计、制造技术的提高，粉磨工艺的革新，立磨作为水泥终粉磨设备，在国外已得到成功的应用。它被用在水泥行业年产量分别为30万t、60万t、100万t、120万t、150万t及其他行业，以满足用户对不同产量及不同物料的粉磨要求。

(1) 工作原理

气流中的物料经过分离器时，在导向叶片和转子的作用下，粗料从锥斗到磨盘上，细粉随气流一起出磨，在系统的收尘装置中收集，即为产品。物料在与气体接触过程中被烘干，达到产品所要求的水分，通过调节导风叶片的角度和分离器转子转速，便可得到不同细度的产品。

电动机通过减速机带动磨盘转动,现时热风从进风口进入磨内,物料从下料口落在磨盘中央;由于离心力的作用,物料向磨盘边缘移动,经过磨盘上的环形槽时受到的磨辊的碾压而粉碎,继续向磨盘边缘移动,直到被气流带起,大颗粒直接落回到磨盘上重新粉磨。

(2) 主要结构

磨辊是对物料进行碾压粉磨的主要部件。磨内装有两对磨辊,每对磨辊装在同一轴上,以不同的转速转动。磨盘固定在减速机的输出轴上,磨盘上部为料床,料床上有环形槽。PRM 型立磨主要由分离器、磨辊、磨盘、加压装置、减速机、电动机、壳体等部分组成。分离器是决定细度的重要部件,由可调速的传动装置、转子、导风叶、壳体、粗粉落料锥斗、出风口等组成,与选粉机的工作原理类似。加压装置是提供碾磨压力的部件,由高压油站、液压缸、拉杆、蓄能器等组成,能向磨辊施加足够的压力使物料粉碎。

2) 水泥球磨机

水泥球磨机指应用于水泥成品制成工序的球磨机。

(1) 工作原理

水泥球磨机基本工作原理跟本章所述及用于煤粉制备的球磨机工作原理相同,不再赘述。

(2) 主要结构

球磨机由进料装置、支撑装置、回转部分、卸料装置、传动装置和润滑及冷却装置六大部分组成。球磨机主机包括筒体,筒体内镶有用耐磨材料制成的衬,有承载筒体并维系其旋转的轴承,还要有驱动部分,如电动机、传动齿轮、皮带轮、三角带等。叶片一般不是主要部件,在进料端的部件进料口内有内螺旋叶片,在出料端的部件出料口内有内螺旋叶片;另外在出料端的辅助设备中如果用螺旋运输机,在该设备里会有叫螺旋叶片的零件,但是严格地说,它已经不算球磨机的零件了。

根据物料及排矿方式,可选择干式球磨机和湿式格子型球磨机。节能球磨机采用自动调心双列向心球面滚子轴承,其运转阻力小、节能效果显著。筒体部分,在原有筒体出料端增加了一段圆锥筒体,既增加了磨机的有效容积,又使筒内介质分配更加合理。本产品广泛用于有色金属、黑色金属、非金属选矿场及化工、建材行业,供物料研磨使用。

2.3 水泥生产检测技术

2.3.1 在线成分分析技术

1. X 射线荧光光谱法

在水泥生料的质量控制中,X 射线荧光光谱技术是一种非常成熟的分析技术,其基本原理是使用初级 X 射线（X 射线管发射）、γ 射线（放射性同位素源发射）等的高能电子照射分析样品，样品中各元素的原子将分别发出带各自特征的荧光 X 射线，之后通过 X 射线荧光光谱仪的探测器检测，最后到 X 射线荧光光谱图，再通过对 X 射线荧光光谱图中的特征 X 射线的波长（或能量）和强度进行分析，就可以得到待测样中的组成元素和含量信息[10]。X 射线荧光分析仪器有很多型号，具体分类见表 2-6。

表 2-6 X 射线荧光分析仪分类

分类方式	类型	特点
激发源	X 射线管	发射初级 X 射线
	放射性同位素源	发射高能射线
可同时分析的元素数	单通道式	一次只能测定一种元素
	多通道式	同时测定多种给定的元素
分光方式	波长色散型	依据布拉格方程式，使用晶体对 X 射线的衍射作用分光
	能量色散型	使用多通道脉冲高度分析仪和较高分辨率的探测器，将不同能量的 X 射线分开
安装位置	离线式	仪器位于生产线外
	在线式	仪器位于生产线上，闭环控制

介绍三种常见类型的 X 射线荧光分析仪及其工作原理，分别是波长色散型、放射性同位素型和多通道式型。

1）波长色散型

波长色散型 X 射线荧光分析仪的基本结构分为四部分：第一部分是激发系统，第二部分是分光系统，第三部分是探测系统，第四部分是记录系统。

在激发系统中，X 射线管是一个带有阴、阳极的真空管，其中阴极由钨丝制作而成。X 射线管被加热到白炽，可发出电子。在高压作用下，电子轰击阳极靶，速度极快，会产生一次 X 射线，包括连续的 X 射线和阳极靶材元素的特征 X 射线。一次 X 射线成一定夹角入射至试样表面，样品中各种元素发射自身特征的荧光 X 射线混合，一起进入分光系统。

分光系统有准直器、色散元件等。通常使用平面晶体或凹面晶体作为色散元件。采用平面晶体进行分光时，光路中需要放置相互平行的小间隔的一系列金属管或金属板的准直器。采用具有色散和聚焦功能的凹面晶体进行分光，则不需要上述的准直器，减小了辐射损失。

在探测系统中，将入射的 X 射线转化为信号的装置为电脉冲能量转换装置。正比计数管和闪烁计数器是两种常用的探测系统。正比计数管依据的原理是在入射的 X 射线光子的作用下，氪气和氩气发生电离，并产生"雪崩"现象，从而形成电脉冲信号的计数器。闪烁计数器中包括闪烁晶体和光电倍增管。其工作原理是闪烁晶体通过吸收 X 射线发出可见光光子，随之被光电倍增管检测，转化为电脉冲信号。

记录系统组成包括放大、脉冲高度分析和读示部分。其原理是记录探测系统中的电脉冲信号，基本要求是响应时间要小于探测器能分辨两个相邻电脉冲信号的时间，这样才能准确记录光子数。

2）放射性同位素型

放射性同位素型 X 射线荧光分析仪是使用放射性同位素激发方法，根据 X 射线荧光能量色散的原理，对不同元素发出的 X 射线强度进行比较，同时对 Ca、Fe 两种元素或 Ca、Fe、Si、Al 等多种元素成分进行分析的仪器，也称为多元素分析仪。其基本工作原理与波长色散型 X 射线荧光分析仪大致相同，区别在于：

①激发源采用放射性同位素辐射源，Ca 元素分析采用氚-钛为激发源，Fe 元素分析采用氚-锆为激发源；

②由探测器和电子检测线路对荧光 X 射线的能量进行色散测定不同的元素，无须 X 射线高压管系统、真空系统和分光系统。

3）多通道式型

多通道式型 X 射线荧光分析仪可同时测定 6~28 种元素。安装了 28 道单独测定特定元素的系统，分析速度快。用于水泥生产质量控制中的生料配料控制一般安装 7 道，可测定 Ca、Si、Fe、Al、Mg、K、S 元素。依据生料质量衡量的三个标准值，石灰饱和系数、硅酸率、铁率，设定所需率值。每隔一定的时间，连续不停地采集一个生料磨开动后的试样，自动制样后由 X 射线荧光光谱仪进行分析，并计算反馈给生料车间，自动调节皮带喂料机的速度，直到使三率值稳定在设定值附近。整个过程大约用时 2h。其控制回路如图 2.10 所示。

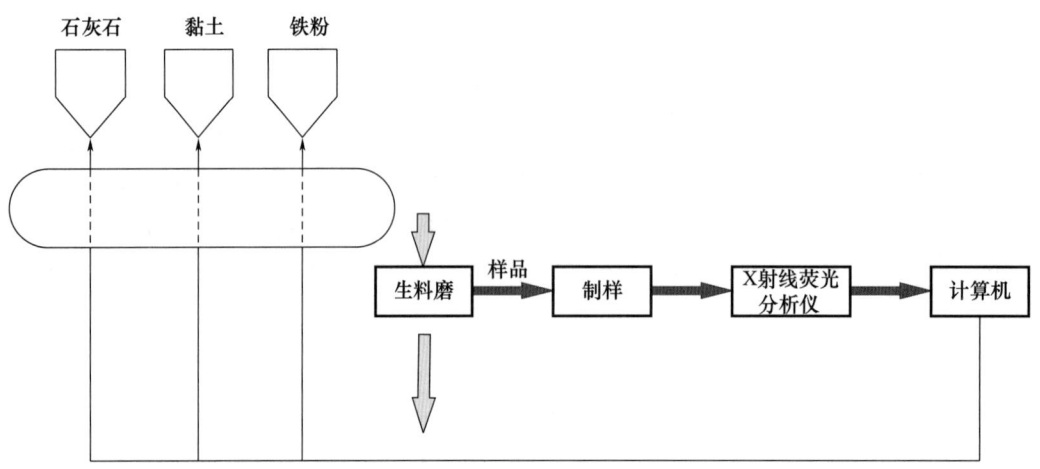

图 2.10　水泥生料质量控制回路示意图

多通道式型 X 射线荧光分析仪具有的优点如下：

（1）分析简单，干扰少，样品不需要分离；

（2）可分析各种形态的样品；

（3）分析的元素范围和浓度范围广。

其缺点是检出限不够低，不能测量所有的轻元素。

新型干法水泥生产技术一般采用 X 射线荧光分析仪，为大型水泥生料的智能化控制提供了保证。虽然 X 射线荧光光谱法是一种重要的水泥生料质量控制技术，但其本质上是一种离线的检测技术手段，对实际的生产调控仍有一定的延迟，难以保证生料质量的稳定性和均匀性，且控制存在滞后的问题，并非理想的控制分析方法。

2. 中子活化法

1984 年，美国 Thermo Scientific 公司研发了一种新型连续在线的水泥生料质量控制系统的分析仪——Camma-Metric 分析仪，其原理基于瞬时 γ 中子活化法（Prompt Gamma Neutron Activation Analysis，PGANN）技术。经过长达 10 年的在厂测试，分析仪性能逐渐提高。从 1994 年开始，国外的大型水泥企业开始使用 Camma-Metric 分析仪器。目前，美国 Kanwha Scales and Systems 公司研发出同样基于 PGANN 技术的 Allscan 在线元素分析仪，澳大利亚 Scantech 公司研发出类似的 Geoscan 中子活化分析仪产品。

20 世纪初，国内水泥厂商开始引入国外的中子活化仪器用于水泥生产。1996 年，湖北华新引入两台 Camma-Metric 分析仪，经过 3 年的在厂调试，仪器成功用于实际生产。北京琉璃河公司（2000 年）、北京强联公司（2003 年）、陕西秦岭公司（2003 年）、新疆天山公司（2004 年）纷纷引进中子活化仪器，用于水泥原料的在线分析。2014 年，国内丹东东方测控技术公司研制出首台国产中子活化水泥元素在线分析仪。

在线瞬时中子活化分析仪的工作原理是利用中子源或热中子（电控中子管所发射）来轰击物料中的原子核，原子核捕获热中子增加自身质量，这部分质量可立即转化成能量，释放出 γ 射线，如图 2.11 所示。不同元素辐射的 γ 射线不同，仪器单位时间的脉冲数即辐射强度与元素的含量成正比。每种元素均能放射一种已知概率的且唯一的伽马射线能量，将探测器产生的光脉冲处理产生一种复合 γ 射线光谱，通过高级分析软件将光谱中的各种元素组成分析计算出来，再通过配料控制软件调节每种原料的配比，实现自动配料控制系统[11]。

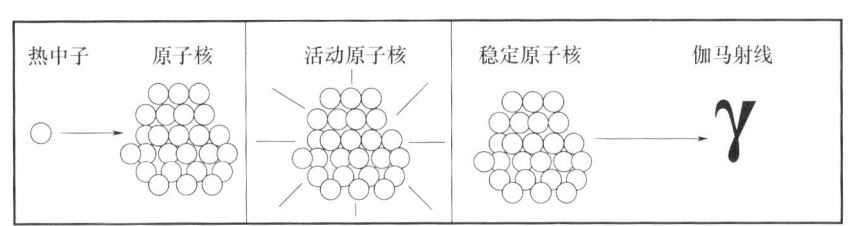

图 2.11 中子激活原子核瞬发 γ 射线过程

仪器可安装在物料皮带传输带上，中子源安装在皮带下方，对皮带上方的物料进行热中子照射，物料中各元素发出的 γ 射线经过皮带传输带上方的探测器收集，放大处理后转化为能量谱进行计算，并与标准模块对比，修正后显示各化学成分的含量，直接读出物料流瞬时的化学成分。

瞬发 γ 射线在线中子活化分析仪可在入磨原料混合料皮带输送机对原料混合料进行连续分析，可在生料制备前进行调控。其优势在于无须来样，可实现实时在线分析。但由于该方法采用中子源，也有很多缺点，如操作不当会带来核污染、伤害人体健康等严重隐患，且设备维护周期长、维护成本十分高昂。

2.3.2 气体成分分析技术

水泥生产过程中的气体主要来自燃料燃烧和原料分解过程产生的水泥窑炉废气，成分主要是氧气（O_2）、二氧化碳（CO_2）、一氧化碳（CO）、氮氧化物（NO_x）和二氧化硫（SO_2）[12]。在水泥生产过程中对气体成分的分析主要是借助气体分析仪系统。

气体分析仪系统是通过在线连续提取、处理和分析窑尾烟室（或煤磨出口）中的O_2、CO、NO_x和SO_2的百分含量，来实时监测水泥回转窑内的煅烧状况。因为水泥回转窑内的煅烧情况直接关系到水泥熟料的产量、质量、原燃料的消耗和综合成本。如果窑内煅烧温度过高或热工振荡过大，会大量消耗燃煤，甚至会损害窑衬；如果煅烧温度过低，就会造成熟料夹生料，严重影响水泥熟料的质量。一方面，窑尾烟室气体分析仪的合理使用，可以帮助中控操作人员实时了解窑内的煅烧状况和燃煤的完全燃烧状况，指导操作人员及时采取相应措施。如根据CO的含量，实时调节窑头的喷煤量和送风量，以便使燃煤完全燃烧，获得最大限度的热效率，减小能源消耗；另一方面，窑尾烟室气体分析仪有利于中控操作人员对整个煅烧过程信息做出整体的了解和综合判断，从而指导下一步的具体操作，做到有的放矢[13]。因此，对烟气中气体成分进行分析和测定，不仅可以对水泥窑系统的运转状况有一个很好的把握，而且能控制和检测生产废气的排放，达到节约能源、保护环境的目的。

气体分析仪系统主要由取样探头、取样管线、过滤器、制冷器、气体分析仪组成（图2.12）。其中气体分析仪的作用主要是对采样的气体进行浓度分析，是整部柜子的核心，其他部件都是为了保证气体分析仪能够长期稳定、可靠运行而存在的。

1. 系统工作原理

分析仪系统用于粉尘含量较高的工艺气体中的CO、NO、SO_2、O_2等气体成分连续监测，具有制冷、除水、除尘、自动吹扫、校准等多种功能。它能够为各工艺点的正常、安全运行提供可靠的数据，或参与实时控制连锁。待测样气通过取样装置取出，通过过滤器除水、除尘后，大部分气体被旁路放空，小部分气体通过压缩机、制冷器二次除水，再经过保护过滤器二次除尘后，送至分析仪器中进行各气体成分含量分析，分析结果最终将以4～

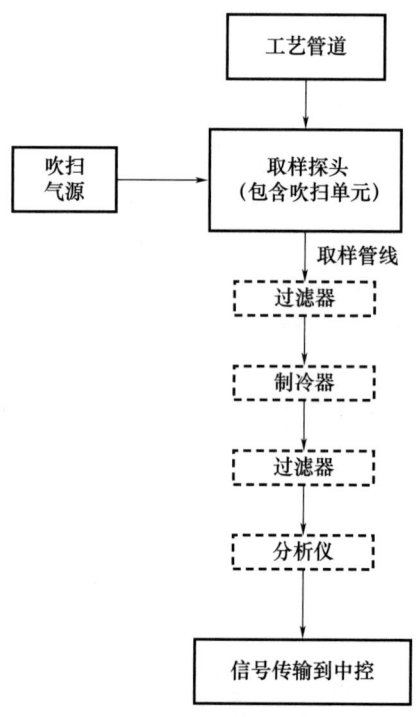

图2.12 气体分析仪的系统组成

200mA 的电流信号送至中央控制室[14]。

2. 采样技术原理

目前我国水泥企业在窑尾高温气体采集时普遍采用"湿法"和"干法"两种采样方法。干法采样方法最初为化工、钢铁、电力、环保等行业的气体分析设计，并取得良好的效果；湿法采样方法是为了适应水泥行业气体分析采样的特殊需求而设计的采样方法，在克服了最初的一些不足之后，逐渐形成了独特的采样技术，能够有效清洗废气中的粉尘、杂质，长时间连续检测分析窑尾高温废气的 CO、NO、SO_2 和 O_2 成分[15-16]。

1）干法采样

干法采样采集来的样气在管道中流动的几十秒钟内，将由窑炉的温度降温到常温。在此过程中样气中的部分 NO 和部分 O_2 会产生化学反应，生成 NO_2，即 $2NO + O_2 = 2NO_2$，使输出的 NO 数值低 25% 以上。降低的数量与探头和管路的长度有关，探头越长、管路越长，NO 数值就降低得越多。必须使用 NO_2/NO 气体转换器进行转换，才能使输出的 NO 数值接近实际值。但是转换器用的催化剂和产生的高温会影响分析仪器使用寿命，而且使用双氧水或酸雾过滤器洗涤或过滤除尘会造成 NO_2 丢失，间接影响 NO 测量结果。

2）湿法采样

湿法采样系统中进入探头的样气随水流动，抽气系统根据伯努利方程制造，利用水的高速流动以及样气压力的变化，不存在 NO 和 O_2 的反应条件，从而消除含氧量测量的误差，能够保持 NO 含量不变。它和干法取气最根本的区别在于湿法取气的探头是一种带有极强收尘、降温功能的探头。

3. 气体分析仪测量原理

气体分析仪可以分为单组分气体分析仪和多组分气体分析仪两种，它们都是智能化仪表，具有良好的可操作性和稳定性。

1）单组分气体分析仪

单组分气体分析仪是利用成分的特殊物理或化学性质设计的，通常仅选择性地分析所测定混合气体中的一种成分。普遍的特点是技术成熟、结构简单，同时成本较低。单组分气体分析仪有氧化锆氧量分析仪、磁式氧分析仪、热导式氢分析仪、红外分析仪、传感器类分析仪几种。

2）多组分气体分析仪

绝大多数通过炉气信息实施控制的工艺所涉及的气体种类都不止一种，因此，多组分的分析仪器更有实际应用价值。常用的多组分分析仪器有以下几类，其中目前应用较广泛的为红外线多组分气体分析仪。

①工业气相色谱仪：工业气相色谱在炉气分析中应用最多，气体组分按 H_2、N_2、CO 和 CO_2 的顺序依次被测定。除了国内少数高炉仍采用该方法，工业气相色谱仪逐渐被组合式分析系统或质谱仪代替。

②组合式分析系统：适用于测定组分数少于 4 种的工艺过程，其实时性远优于工业

气相色谱仪；其成本又远低于质谱仪。因此，对炉气中CO、CO_2等气体的在线监测、煤制粉过程中CO和O_2的在线监控等领域应用较广。

③工业气体质谱仪：质谱仪以物质离子的质荷比作为判据进行定性和定量分析。气体质谱仪通常采用电子轰击方式离子化，所有物质都有特征的解离方式。

④红外线多组分气体分析仪：对CO、NO、SO_2气体的测量采用的是光谱测量技术，这种技术是以对非分散性红外线光谱的吸收为基础的，测量相关波段红外线的衰减幅度即可测量相关气体的浓度。O_2含量的测量原理是依据氧气在阴极与电解液的分界面处被转换成电流，所产生的电流大小与氧气的含量成正比，因此可以测出氧气的含量。

红外线是波长在0.7~1000μm之间的电磁波，波长范围很广。气体分析仪主要利用1~25μm之间的一小段光谱。各种气体对红外线都有一定的吸收能力，但不是在红外波段的整个频谱范围内都吸收，而只是吸收其中某些波段。例如二氧化碳有两个特征吸收波段——2.6~2.9μm及4.1~4.5μm，而对波长为2.78μm和4.26um的红外线具有最大的吸收量。不同气体具有不同的特征吸收波段[17-18]。

选择性吸收是制造红外线多组分气体分析仪器的依据，红外线多组分气体分析仪只能分析那些具有特征吸收波段的气体。使气体分子的温度或压力升高，这种温度或压力变化可以被直接或间接地检测出来。红外线通过介质层时，介质吸收了相应特征波段的红外线能量，使透过介质的红外线能量相应减弱。

朗伯-比尔定律：

$$I = I_0 e^{KCL}$$

式中，I为红外线被吸收后的辐射强度；I_0为红外线被吸收前的辐射强度；K为被测组分的吸收系数；C为被测组分的物质的量浓度；L为光线通过被测组分的长度。

红外线吸收介质后，其强度的减弱程度与介质的特性和浓度成指数关系，当I_0、K、L一定时，辐射强度的变化只与被测组分的量浓度C有关。所以，红外线多组分气体分析仪的工作原理就是使红外线通过装在一定长度容器内的被测气体，测定通过气体后的红外线辐射强度I，然后根据朗伯-比尔定律，确定被测气体的浓度。

2.3.3 在线粒度分析技术

随着水泥粉磨技术的快速发展，磨机从小型向大型化发展，同时使磨机的粉磨工况和粉磨效率大大提高；从单一的开路和闭路粉磨发展到现在的辊压机联合粉磨系统，甚至双闭路双选粉的高效粉磨系统，都旨在提高粉磨效率的同时，提高粉磨台时产量，降低粉磨电耗。对检测控制环节，也不再是单一的筛余控制，从传统的80μm、45μm筛余控制，到比表面积检测控制，都给水泥的质量和粉磨提供了不同的指导依据，从水泥的表观控制发展到微观控制，激光粒度分析就从微观控制上提供检测依据。很多企业结合离线的激光粒度分析仪甚至使用在线激光粒度分析仪，参考筛余和比表面积，从而更全面地分析磨机的粉磨工况，提供磨机调整的依据。但现代的粉磨技术已不再单一，不仅仅是将水泥磨细，达到我们想要的强度指标，而是向更精细的管理模式发展，不同的筛余，不同的比表面积，不同的粒度分布，水泥的强度发挥和对标准稠度及水泥性能的影响，已是水泥行业更多的研究课题。在线激光粒度分析仪的推广和应用更是让水泥粉磨控制和水泥品质上了一个新台阶[19]。

水泥粒度分析仪按照其测量原理分为超声波粒度仪、激光粒度仪和粒度直接测定仪三种，按对水泥粒度的测量方式又分为离线和在线两种。离线检测是每4h去现场取样一次，然后拿到实验室分析仪器上进行分析。这种方法有取样量小（仅测几克而已）、代表性不够、取样间隔较长、测量结果较为滞后的缺点，会导致对生产的指导作用不强，难以做到实时监控，增加了生产不合格产品的概率。在线检测是直接在生产线中检测水泥产品的颗粒粒径，同时将检测结果实时传送至中控室DCS（集散控制系统）。这样，中控操作员就能实时对所生产的水泥颗粒粒径的分布和变化趋势进行跟踪和调控，为水泥产品质量稳定性和后期强度的控制提供保证。目前，在我国水泥行业使用的在线粒度分析仪多为进口产品，激光粒度仪居多。如英国XOPTIX公司的激光粒度分析仪等，而随着国内该领域应用技术日益成熟和发展，国外仪器逐渐被国产设备所取代，如济南维纳公司研发的Winner3000系列在线激光粒度分析仪、丹东测控研发的DF-PSM超声波在线粒度分析仪等，正逐步在水泥行业推广应用。XOPTIX在线粒度分析仪的工作原理是通过激光照射粒子，由粒子尺度确定光的衍射和散射方向能力，建立由激光光源、粒子通路和检测系统构成的激光粒度分析仪光路系统。测量过程是当激光照射到粒子时，由粒子大小的不同产生不同角度的散射光，由分立的光检测器将接收到的光强电信号，经过计算机的统计计算，转化成粒子的分布信息。某公司使用的XOPTIX在线粒度分析仪，使用激光衍射技术和Mie理论（全称米氏散射理论），对生产线上成品斜槽输送的水泥等粉状物料，进行连续的粒径分布检测及粒径变化趋势的统计，以便操作员根据这些信息，快速、及时地调节选粉机转速等工艺参数，生产出优质、稳定的水泥等产品[20]。

水泥在线粒度分析仪是专为水泥生产企业设计的产品，更符合国内水泥行业生产的复杂情况。总体来说，它具有以下几个优势：

（1）自主研发，掌握核心技术，可根据用户要求做各种方案调整。

（2）数据精度高，由于采用自动取样、自动测试，将人为误差降到最低，测试精度远大于离线测试或筛分等人工测试方法。

（3）数据实时性强，可以随时掌握生产情况，有效减少不合格品批次。

（4）耐用性好，结构设计合理，并具有停电保护、停产保护、自动清洁等功能，适合长期免维护使用。

（5）自动回料，避免浪费，物料测试完毕后可自动回到生产线或运输管路中，不浪费物料。

（6）标准数据接口，可连接DCS或PLC（可编程逻辑控制器）与其他设备联动，实现无人值守。

在线粒度分析仪具有在线取样、实时监测、实时反馈的特点，减轻了化验员的工作量，消除了人为操作的化验误差，同时又能够给中控操作员的生产控制以实时的指导，更进一步，也为粉磨系统先进过程控制的实施提供了最重要的实时质量数据。在线粒度分析仪取代部分人工检测工作，能实现实时在线对磨机粉磨的结果进行分析，并通过分析结果及软件辅助人工控制，对磨机进行适时调整，及时、快捷地反映磨机工况，属于动态分析。

激光粒度仪的测量基本原理是：当水泥物料粒子流通过光学测量池时，探测器收集特定时刻特定范围内的散射光，通过大量的扫描并对结果取平均值，得到具有代表性的散射模式。根据 Mie 理论，光碰到圆形的粒子时发生散射，如果知道粒径和粒子的光学特性，如折光率和吸光度，就能够精确地预测光的散射模式。每种尺寸的离子具有它自身的特征散射模式，就像指纹一样，没有一个是重复的。从这一理论反推，确定一系列粒子的散射模式，就可以得到这个系列的粒径及各种粒子所占比例，即粒度分布[21]。

在线粒度分析仪使用激光衍射技术和 Mie 散射理论。其工作原理如图 2.13 所示：由半导体光纤激光器发出一束激光，经过付氏镜聚焦穿过测试窗口照射到水泥颗粒上，由于粒径大小的差异，会产生不同角度的散射光。散射光信号由主探测器和辅助探测器接收并转换为光强电信号传送至计算机，计算机统计计算之后得到粒子的分布信息。

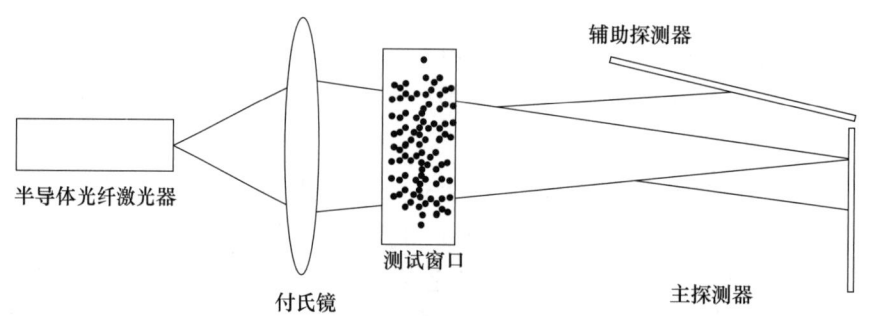

图 2.13 在线粒度分析仪主机工作原理

在线粒径分析仪可以对生产线上成品斜槽输送的水泥等粉状物料进行连续、实时的粒径分布检测及粒径变化趋势的统计，以便操作人员根据这些信息，快速、及时地调节选粉机转速等工艺参数，生产出优质、稳定的水泥产品。

在线粒度分析，对操作控制和磨机调整都具有很高的指导意义，通过激光粒度分析仪分析数据，可以很直观地看出磨机粉磨的实际工况、不同颗粒粒径的分布情况。为达到更好的粉磨效率、更高的强度发挥、更优的水泥性能、更低的能耗指标、更低的熟料耗用提供数据支撑。借助对不同设备风、料、压、转速等的适时调整，实现我们需要的不同品种水泥颗粒分布。

在线粒度分析可以自动分析水泥粒度情况，增加自动检测频次，减少实验室检测人员和降低检测强度，并对磨机控制进行适时在线调整，达到降低能耗、提高水泥强度、降低熟料耗用目的，从而降低水泥生产成本[22]。

2.3.4 热成像传感技术

1. 红外线的概念

红外线是一种波长介于 0.7~1000μm 的电磁波，因其位于可见光光谱的红端外面，故被称作红外线。自然界中一切温度高于绝对零度的物体，都会不断辐射红外线。红外线人眼并不可见，但可通过温差电偶及荧光、磷光等方法检测其存在和特性[23]。

2. 红外热成像仪工作原理

红外热成像技术利用高于绝对零度的所有物体能够辐射红外线这一基本原理，通过物镜成像装置、光栅等设施对红外射线进行处理，使被测物体所辐射的红外线能有效被光敏元件所吸收，再经光电能量转换、信号放大、A/D 转换（模拟/数字转换）、D/A 转换（数字/模拟转换）等多个环节，最终将物体表面温度状态实现热成像分布，经过运算，就可从红外热成像仪的图像上读出被测物体表面的每一个点的辐射温度值[24]。红外热成像仪工作示意如图 2.14 所示。

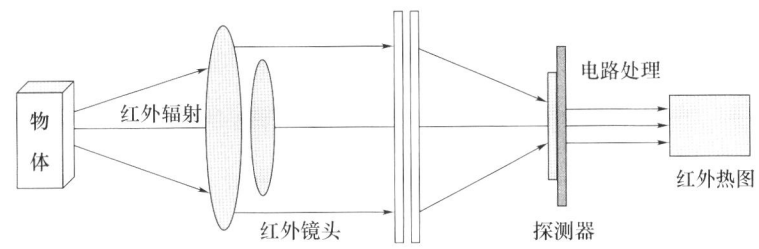

图 2.14 红外热成像仪工作示意图

红外热成像测温具有以下优势：

（1）不用接触被测物就可找到发热点，安全直观。

（2）二维画面可以直观地显示被测范围内所有点的温度情况，还可以对同一区域物体的温度进行比较，查看两点之间的温差等。

（3）实时快速扫描静止或者移动的目标，并可实时传输到电脑进行分析监控。

基于红外热成像测温的特点和优势，红外测温技术得到了广泛应用，尤其是作为检测技术，准确反映设备内部和外部的发热情况，快速、有效地反映设备的隐患和缺陷。在工业领域如电力、钢铁、电子、水泥、纺织印染、飞机、汽车、建筑、食品加工等行业，红外测温作为产品质量检测和在线安全监测，应用范围日益扩大[25]。

在水泥生产过程中，水泥熟料的煅烧是一个最重要的工艺环节，而回转窑又是该环节的核心，其运转情况会直接影响熟料的产量与质量以及原料和熟料的消耗量。温度过高和热振荡过大都会损坏回转窑的窑衬，严重时更会殃及窑筒体[26]。

目前国内外水泥回转窑都广泛采用红外测温方式对窑筒体的表面温度进行监测。其目的是监视和控制窑内窑皮的分布情况，从而防止因窑内温度过高和热振荡过大对筒体和耐火砖带来巨大损害。就整个烧成系统的温度分布而言，煅烧区（烧成带）的温度最高，煅烧区温度也是最为核心的温度参数。一般煅烧区的位置靠近窑头部位，所以中控室人员会对其进行重点监控。窑炉热像仪系统工作示意如图2.15所示。

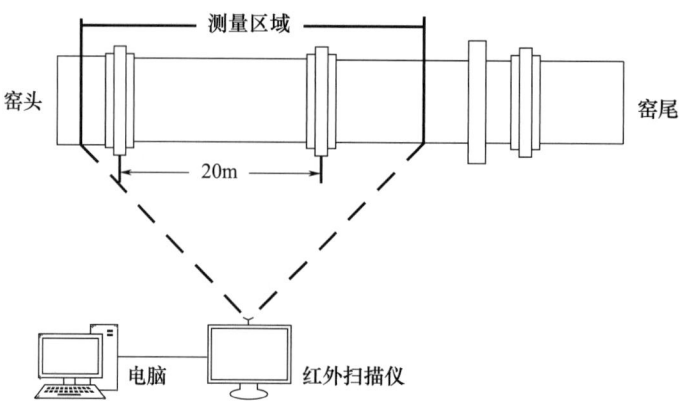

图 2.15　窑炉热像仪系统工作示意图

红外热成像法采用红外测温原理，安装于回转窑窑头对窑内进行检测，可成像，可输出多点温度，包括烟气、窑壁、火焰、物料等。红外热成像法即通过红外热成像仪和配套的图像分析处理软件获取窑内某一位置的多点温度。红外热成像仪是通过探测红外能量（热量），并将其转换为电信号，进而在显示器上生成热图像和温度值，并可以对温度值进行计算的一种检测设备。它将探测到的热量精确量化，不仅能够观察热图像，还能够准确获取温度值[27]。

其缺点主要表现为：首先，只能安装在窑头位置，且检测的距离受限（一般到安装位置固定点0～15m以内的范围），只能输出少量几点温度信号，因此无法满足较长回转窑的各段温度检测。其次，红外热成像仪实际测温过程中的影响因素主要包括发射率、光路上的散射与吸收、背景噪声等[28]。

随测量条件不同，这些因素的影响程度也不同，在实际测量时必须准确地设定各参数值，这样才能得到精确的温度测量值，但这些参数的准确获取都是有一定难度的，而且每个参数在实际环境中可能都是变化的，又无法在线检测、及时修正。

窑炉热成像仪系统（回转窑筒体温度扫描仪）主要由红外摄像头、专用红外图像采集卡、测窑转速模块、工业控制机和窑炉热成像仪系统软件等组成。YL-Ⅱ窑炉热成像仪技术性能指标见表2-7。

表 2-7　YL-Ⅱ窑炉热成像仪技术性能指标

技术性能	参数
测温范围	100～150℃
温度分辨率	<1℃
空间分辨率	2～4mrad
扫描频率	25Hz
相应窑转速	0.3～6r/min

续表

技术性能	参数
视场范围	40°～110°自适应
聚焦范围	10m 到无穷远
图像显示	200ppi×400ppi 彩色图像
图像刷新频率	与窑转速相同
工作环境温度	-20～50℃
尺寸	ϕ200mm×380mm

1）红外摄像头

红外摄像头内部采用先进的光学扫描系统，沿着水泥窑转轴方向对筒体进行扫描，每秒能扫描25条线。水泥窑每旋转一周便可获得一幅图像，圆周分成200条线，每条线上有400个测量点，采用激光定位，每个测量点在炉体上定位为8cm×8cm。

2）测窑转速模块

系统采用接近开关作为传感器，给出筒体转速信号，信号馈入工控机内专用采集卡，由软件运算可分别得到转速值。根据窑体转速调整热成像仪的扫描速率，使回转窑筒体每转一周刷新一幅红外热图，即可达到同步成像。

3）工业控制机

红外数据采集卡安装在工业控制机内，工业控制机不仅可以对红外图像数据进行采集和显示，而且可以处理相关数据。同时，工业控制机可对红外摄像头的打开和关闭以及监测角度的调节等进行远程操控，实现对其智能控制。

4）窑炉热成像仪系统软件

该系统软件采用标准 Windows 窗口界面和 Windows 标准操作法。工作过程为转窑筒体发射的辐射能量通过一个专门设计的红外透射窗口，被引导至反射镜，然后被反射到红外探测器上转换成电压信号输出，再经红外温度变送器变成适合仪表显示的参数值，送至显示仪表显示辐射体的温度值。其中红外温度变送器与显示仪表可以与筒体扫描仪组成一体式或分体式结构，三者共同组成红外筒体扫描装置。用红外线扫描装置，能实时得到回转窑窑体表面温度，通过分析窑内壁温度和窑体表面温度存在的函数关系，可得到窑内的温度。该系统软件中具有稳定可靠、安装简单等优点，国内外应用也比较普遍。

使用红外热成像仪，通过非接触式的测温方式对回转炉表面的温度进行测量，实时监测整个回转窑壁温分布状况，实时显示窑筒体整体热成像图、从原料进窑开始的干燥、热解、燃烧、燃尽各区段温度分布、高温带变化趋势图；连续监测回转窑壁温，提早地探知任何异常内部结焦与耐火材料脱落减薄现象，分析定位回转窑内部结焦或脱落趋势，准确定位结焦或脱落位置，用于指导燃烧的调整与停炉的检修；还可以根据温度判定炉内的燃烧情况，合理改善生产流程，提高生产效率，减小能耗和污染。

在水泥熟料的生产过程中，某些环节一直未能做到很好的监控，如窑的燃烧器火焰和冷却机的冷却效果。在布满灰尘的环境里，读取可靠的窑内温度并非易事，只有高端稳定的工具才能提供这样的信息。格物优信炉窑专用红外热像仪可以穿越粉尘烟雾，精准测量水泥炉窑燃烧器火焰的温度和冷却机的冷却效果温度，可实现全天候实时监控。

红外热成像系统可以整合有价值的信息，有助于维护部门安排预防措施，延长回转窑窑筒体使用寿命。红外热成像仪附带高配热成像镜头可以监控所有高温工艺的流程。结合实时和存储的回转窑关键数据，为全窑温、耐火砖、窑皮厚度、窑速、轮带滑移和挠度提供精确的测量，并绘制温度数据曲线，为预防性诊断做出提供重要依据，防止设备故障和安全事故的发生。

2.4 水泥生产控制技术

随着目前水泥工业生产线规模的不断扩大，用户对系统要求的不断提高，小型控制系统已经不能满足需要。在此情况下，21世纪初期国内外控制系统公司相继推出了适应大规模工业生产需要的全集成架构控制系统，如ABB公司和西门子公司的全集成自动化系统等。

这些新型集散控制系统普遍增强了客户/服务器网络、模组态等概念，利用现场总线技术提高现场I/O（输入/输出）的灵活配置和智能设备通信能力，采用日益成熟的OPC（OLE for Process Control，用于过程控制的对象链接和嵌入）技术进一步整合和开放管理平台以支持优化管理和信息网络的运行。

分布式集散控制（DCS）系统是以微处理器为基础，采用控制功能分散、显示操作集中、兼顾分而自治和综合协调设计原则的新一代仪表控制系统。它被广泛应用在煤化工、冶金行业、环保、水处理、医药、水泥建材、汽车制造、化工石化、纺织等工业制造自动控制系统中，是目前国际自动控制行业主流系统。它能实现各行业工业生产现场过程数据的集中采集、集中处理、集中控制和自动PID（比例、积分、微分）控制等功能。这套系统成功应用在新型干法水泥生产线上之后，不仅改变了传统水泥生产线到处都是控制仪表，无法集中管理的现象，而且大大简化了控制线路，提高了生产线的稳定性，使水泥生产线控制的灵活性增加，有了更加完善的控制。无论生产工艺如何变化，在不需要改变生产设备的情况下，通过灵活的组态编程可以满足不同工艺变化。

2.4.1 基于PLC和现场总线技术的DCS

1. PLC技术

PLC（Programmable Logic Controller）是采用微电脑技术制造的通用的自动控制设备，在工业自动化领域得到了相当广泛的应用，被公认为现代工业自动化三大支柱（PLC、机器人、CAD/DAM）之一。PLC系统主要特点是：工作可靠，运行速度快；积木式结构，组合灵活；良好的兼容性；程序编制及生成简单、丰富；网络功能强。PLC

系统能很好地完成工业实时顺序控制、条件控制、计数控制、步进控制等功能；能够完成 A/D 转换、D/A 转换、数据处理、通信联网、实时监控等功能。

由于水泥生产线的自动化控制开关量约占总输入输出点的 75%，且控制过程以顺序控制、连锁控制为主，而且近年来开发了具有智能 I/O 模块的 PLC。它可以将顺序控制和过程控制结合在一起，实现对生产过程的控制，因此 PLC 可以作为 DCS 的过程控制层的控制站。

2. 现场总线技术

控制、计算机、通信、网络等技术的发展，导致自动化领域的深刻变革。信息技术的飞速发展，使自动化系统结构逐步形成全分布式网络集成自控系统。现场总线（fieldbus）正是顺应这一形势发展起来的新技术。现场总线是应用在生产现场、微机化测量控制设备之间实现双向串行多节点数字通信的系统，也被称为开放式、数字化、多点通信的底层控制网络。目前，比较具有影响力的现场总线有基金会现场总线（Foundation Fieldbus，FF）、洛网技术（Local Operating Network，LonWorks）、过程现场总线（Process Field Bus，PROFIBUS）、控制器区域网络（Controller Area Network，CAN）和高速可寻址远程传感技术（Highway Addressable Remote Transducer，HART）等。其中，PROFIBUS 是当前最为流行的现场总线技术之一，也是最适合应用于生产过程控制的一种总线形式，而且为全数字化现场总线协议。

PROFIBUS 是德国在 20 世纪 90 年代初制定的国家工业现场总线协议标准，代号为 DIN19245。PROFIBUS 于 1996 年成为欧洲标准 EN50170，1999 年年底成为国际标准 IEC61158 的组成部分，已被全世界接受。现场总线技术将专用微处理器置入传统的控制仪表中，使它们各自都具有数字计算和数字通信能力，采用可进行简单连接的双绞线作为总线，把多个测量控制仪表连接成网络系统，并按公开、规范的通信协议，在位于现场的多个微机化测控设备之间以及现场仪表与远程监控计算机之间实现数据传输与信息交换，形成各种适应实际需要的自动控制系统。

3. 基于 PLC 和现场总线技术的 DCS 系统

随着 PLC 技术、单片机技术和现场总线技术的发展，多种控制技术集成的 DCS 作为向 FCS（现场总线控制系统）过渡的控制技术在现阶段显示出其优异的控制性能。目前最为完善的就是基于 PLC 和现场总线技术的第四代 DCS。

2.4.2 系统的层次结构

如图 2.16 所示，整个 DCS 系统分为三层：第一层（最上层）为操作管理级，由监督计算机、CRT 操作站等设备组成；第二层为控制管理级，由 PLC 组成两个控制站；第三层由采用现场总线技术的过程控制级组成。根据水泥生产的特点，分成生料磨、煤磨、窑尾废气处理、窑头和水泥磨五个过程站。

根据水泥生产线的工艺特点，在窑尾预热器、窑头篦冷机等热工测控点集中的区域,原料立磨、原料调配秤等数据量较大的配套设备中局部采用现场总线方案,而在测控点较为分散的其他区域仍采用传统的 DCS 分布式控制。这样就可以充分发挥现场总线技术的优势和特点,减少大量隔离器、端子柜、I/O 模块及大量电缆和电缆桥架,而且现场总线技术的应用可以提高信号的测量、传输和控制精度,以及系统与设备的性能,真正形成分散在现场的完整的控制系统,增强控制系统运行的可靠性,同时不会造成对原有 DCS 中仪表和控制设备的大量浪费,也弥补了传统 DCS 系统的开放性问题。

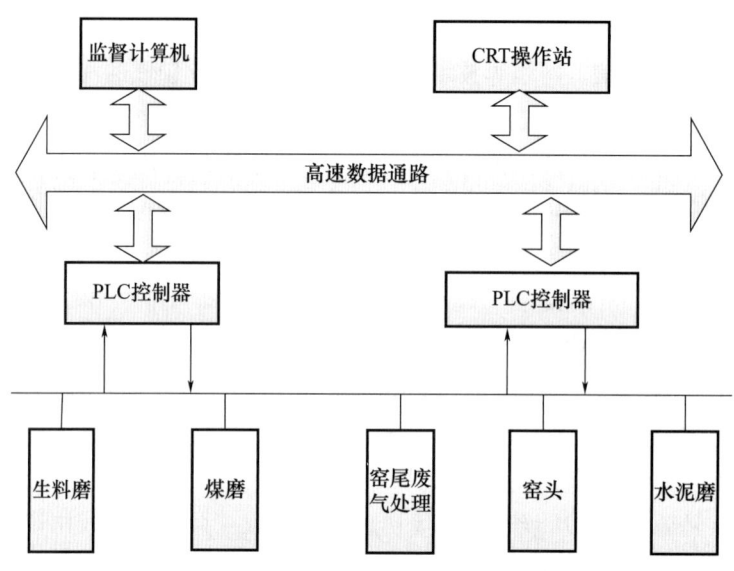

图 2.16 水泥生产过程

系统网络采用以太网和现场总线混合型结构,现场层的通信采用 PROFIBUS-DP/从协议,使用屏蔽双绞线作为传输介质,不同的子网和不同介质之间可通过耦合器或接口模块连接。

过程监控层使用以太网协议,通过带有双网卡的 PLC 进行通信协议的转换,一块网卡为 PROFIBUS-DP 网卡,另一块为以太网卡。因此,PLC 作为现场总线中的一个站,又作为以太网上的一个站点,而操作员站计算机和工程师站计算机不作为现场总线网络中的站点,只作为以太网中的节点,此网上的各站点相互之间的数据交换通过以太网进行,而现场的信息也通过以太网从 PLC 的寄存器中读取,控制现场的参数也由以太网送到 DP 主站 PLC 的寄存器中,再通过主/从协议传送到现场总线中的各从站。

生产管理层的通信采用 TCP/IP 协议,为了隔离用于控制生产的以太网,服务器上也带有两块网卡,一块网卡用于监控层之间的数据传输,另一块网卡与其他的局域网相连。这样局域网中的远程计算机可以直接访问监控层中的服务器上的动态监视界面,访问数据库中的历史信息,还可以与其他的系统如工资、人事系统等连接,实现所有信息共享,形成现代化企业的 MIS(管理信息系统)。这样可以将水泥企业的经营管理、计划调度、现场控制集成起来,进行综合信息处理。同时,为了优化通信,减少信号的往返传递,尽可能将同一个控制系统中信号相关的现场设备就近安排在同一总线段上,用现场总线开放性好、可靠性高以及可以高度分散控制等优势，弥补 DCS 布线复杂、开放性差的缺陷；用 PLC 可靠性高、价格便宜、配置灵活、适合用于工业控制现场等优势，弥补现场总线智能现场测量、控制设备价格较高的缺陷；用 DCS 编程运算好、易于组态的优势，弥补 PLC 不适用于复杂网络控制的不足。充分发挥三种控制技术的各自特点，达到取长补短、优势互补。

2.4.3　常用的 DCS 系统

1. ABB 公司的 DCS 系统

ABB 公司能够为目前的水泥行业带来世界领先的智能化、一体化平台，不但能够满足工厂的生产流程控制需要，而且可以集成设备管理、仪表管理、总线设备管理、视频管理、电气集成等功能。完全可以使用同一个平台实现整个工厂的智能化生产管理，不需要多个系统，从而可以大大提高系统的整体性、平台统一性，降低维护工作量，进一步提高系统可用性，降低人力成本和运维成本。

ABB 公司的 800xA 控制软件平台的研发宗旨就是"不仅仅是一套 DCS"，其所面向的就是有智能化控制软件平台需求的客户，借助 800xA 系统强大的集成性，基于 ABB Industry IT 技术，将客户工厂实现智慧化生产所需的所有必要功能集于一身。

1）设备一体化

800xA 资产优化能够为自动化设备、工厂基础设施、工厂设备、现场设备、信息技术资产以及生产流程提供实时的资产监控、通告和维护工作流程的优化。它是目前市场上独一无二的解决方案，能够在一个单一的用户界面上，将传统意义上互不相干的各类自动化和监控系统提供的全部信息进行整合，从而让用户能够对其感兴趣的某个资产的健康状态和绩效有一个全面的洞悉。通过管理维护每个特定系统的全部信息、优势以及功能，800xA 资产优化解决方案大大方便了用户操作，用户不再需要在多个系统、工作界面、应用程序环境以及导航手段之间来回切换。800xA 资产优化的特点可以归纳为：提高资产的可用性和绩效，优化运营的维护效率；同时，ABB 800xA 的资产管理可以覆盖工厂的每一个角落，包括主机设备、电气设备、仪器仪表、网络通信、IT 设备等。有了这样的集成平台，生产管理人员可以在一个界面中管理工厂中大多数资产，包括其使用寿命、运行状况、维护计划等。

2）视频系统一体化

800xA 系统可以实现视频系统的一体化集成，这样可以省去一套独立的 CCTV（闭路电视）系统，并且 800xA 系统的视频集成功能非常强大，可以支持多达数百个视频信号的输入。更加方便的是，这些视频信号可以无缝集成在操作员的工作界面之中，操作员的视线无须离开操作界面即可观察现场的实时视频画面，可以大幅提高操作员的工作效率。这些视频信号可以不仅限于一些传统的 CCTV 信号源，在一些巡检不便的区域，可以通过加装 IP 摄像头来给予操作员随时观察现场状况的可能性，从而直观地观测到现场设备及仪表的工作状况，从而大幅提高"运维"的效率。

同时，800xA 的视频平台不仅可以用于生产的视频监控，而且可以集成安防的视频系统，这样又可以省去一套额外的安防视频系统。由于所有信息集成于同一个系统中，因此对数据的存储、追溯及查阅是非常方便的。作为工厂的管理者，再也不用费心去不同的系统查阅不同的资料。

此外，针对水泥企业普遍使用的看火电视，800xA 系统同样可以实现集成，不用一台额外的电脑来占用中控室的空间，而且其数据还只能在这台电脑上查看。使用 800xA 集成平台之后，不但可以省去额外的电脑空间，并且该看火电视的图像及温度信息，在系统所有节点上都是可以访问的，也包括管理人员的界面，这无形之中大幅提高了仪表设备的利用效率。

3）电气集成一体化

在目前的水泥厂中，电气管理系统往往还使用独立的继电保护和监控系统，大多使用串行通信将一些中低压继电保护设备的测量信号传递到控制系统中，但这种通信方式不但不易维护，而且可靠性也比较差。此外由于系统相互独立，操作人员对设备的电气运行状况并不能获得第一手信息，在系统设备由于电气故障出现跳停的时候，操作人员基本上无法得知是何种电气故障，也没有办法第一时间排除故障，而必须通知电气人员去现场查看才可以得知具体的故障，无形之中降低了系统的运行效率，也增加了维护人员的工作负荷。在实现电气集成一体化之后，完全可以避免这一问题。实现集成一体化之后，电气系统可以使用和控制系统一样的历史记录及报表功能，非常方便，并且可以减少因为使用多套系统而造成的人力资源成本浪费。

电气集成是指把同一工厂内的过程自动化和电力自动化整合到同一个控制系统。这将形成一个单一的自动化环境，不仅统一对过程设备的控制，而且统一对变电站设备及输配电的保护、监测与控制。集成过程自动化系统和电力自动化系统之后，其工程、操作和维护只需要一个单一的策略来完成。电气集成有助于提高生产效率和降低运营成本，可以为用户带来上百万美元的经济效益。

ABB 公司的专家优化系统融合了先进的 APC（先进过程控制）技术与数十年的水泥工艺经验，其实用性、可靠性以及经济性早已在全世界数百条生产线的应用案例中得到验证。由于其在开发伊始就是专门针对水泥工厂所开发的，所以其中融合了多年应用中积累下来的应对水泥生产时会出现的特殊情况的经验模型。这些对系统的运转率是非常重要的，意味着系统不但可以在系统平稳运行时代替人操作生产过程，而且可以在生产过程中出现特殊状况的时候进行及时且正确的应对，帮助生产快速恢复正常，提高生产线的运行效率及经济指标。

2. 西门子公司的 DCS 系统

1）西门子控制系统的特点

集成接口：直接集成在 CPU 内接口，可以使用现有的总线技术建立一个高性能的通信环境。

（1）多接点接口（MPI）

对 S7-200 和 PG/PC, HMI 系统及其他的 SIMATICS7/C7/WinAC 自动化系统进行通

信而言，MPI（Multi-Point Interface）通信是一种经济而又实惠的解决方案。最多可连接125个MPI节点，通信速率187.5Kbit/s在不同的控制器之间传输过程数据。

（2）HMI

HMI的服务程序早已集成在S7-300的操作系统内，因此无须任何编程就能将数据传送到所连接的SIMATIC操作员面板或操作员站上。MPT还能作为一个PROFIBUS·DP接口使用，允许配置2条DP线（只限于CPU318-2DP）。

（3）PROFIBUS·DP

能将SIMATICS7-300连接到开放式现场总线PROFIBUS·DP（根据EN50170），因此可建立起较大型的分布式结构系统。这可扩大通信的范围，从SIMATIC控制器到来自第三方制造商的现场设备均可进行通信。和已有的SIMATICS5或SIMATIC505系统的通信更是不成问题。

使用STEP7软件对分布式I/O模块进行组态和对集中式I/O模块进行组态，所使用的方法是相同的，因此能节省工程时间和费用。以这种方法，S7-300可作为主站或从站。

（4）共享功能

HMI功能及PG（编程器）功能均可通过PG/PC进行远距离编程。此外，一台编程器可以操作多个CPU（中央处理单元）或几个编程器能访问同一个CPU。连接在网络中任何一个节点上的一台编程器都可以访问该网络上的全部节点。使用通信模块还可以实现更复杂的功能。

（5）CPU创新

在紧凑型CPU中所采用的创新设计，现在也被应用到全新标准型CPU312314和315-2DP。这些全新标准的CPU将取代以前的型号，CPU318-2DP除外。这样做有以下优势：优化机器时钟速度，降低工程成本，降低运行成本，降低采购成本，增加灵活性。

2）西门子集成思想

随着自动化技术的不断发展和计算机技术的飞速进步，今天的自动化控制概念发生了巨大的变化。在传统的自动化解决方案中，自动化控制实际上是由各种独立的、分离的技术和不同厂家的产品来搭配起来的，比如一个大型工厂经常由过程控制系统、可编程控制器上位监控计算机、SCADA系统和人机界面产品共同进行控制。为了把这些产品组合在一起，需要采用各种类型和不同厂商的接口软件和硬件来连接、配置和调试。

全集成自动化思想就是用一种系统完成原来由多种系统搭配起来才能完成的所有功能。应用这种解决方案，可以大大简化系统的结构，减少了大量接口部件，应用全集成自动化可以克服上位机和工业控制器之间，连续控制和逻辑控制之间，集中与分散之间的界限。同时，全集成自动化解决方案可以为所有的自动化应用提供统一的技术环境，这主要包括统一的数据管理，统一的通信、统一的组态和编程软件。基于这种环境，各种不同的技术可以在一个用户接口下，集成在一个有全局数据库的总体系统中，所以技术人员可以在一个平台对所有的应用进行组态和编程。

3) PROFIBUS

PROFIBUS 用于现场控制及检测采集单元的数据交换。PROFIBUS 是基于国际标准 EN50170 的开放现场总线，采用令牌调度原理进行数据通信，主要包括最高波特率可达 12M baud 的高速总线 PROFIBUS-DP（H2）和用于过程控制的本安型低速总线 PROFI-BUSPA（H1）DP 和 PA 的完美结合，使 PROFIBUS 在结构和性能上优越于其他现场总线。PROFIBUS 既适用于自动化系统与现场信号单元的通信，又可用于可以直接连接带有接口的变送器、执行器、传动装置和其他现场仪表及设备，对现场信号进行采集和监控，并且用一对双绞线替代了传统的大量的传输电缆，节省了电缆的费用，也相应节省了施工调试以及系统投运后的维护时间和费用。根据统计，使用 PROFIBUS 可以使工程总造价降低 20%~40%。

4) 监视与操作

WinCC 是西门子公司在自动化领域采用最先进的技术与微软公司共同开发的居于世界领先地位的工控软件。WinCC 即 Windows Control Center（视窗控制中心）。WinCC 是一个强大的全面开放的监控系统，既可以用来完成小规模简单的过程监控应用，又可以用来完成复杂的应用。在任何情况下，WinCC 都可以生成漂亮而便捷的人机对话接口，使操作员能够清晰地管理和优化生产过程。WinCC 拥有先进人机界面产品的所有功能，其集成图形系统、报警信息系统、变量存档、报表系统、数据处理、应用程序接口。

另外；WinCC 提供很多可选的软件包，WinCC 的组态及归档数据存放在关系型数据库中，数据库可用标准工具 ODBC 和 SQL 等读出。很多标准应用可以和 WinCC 并行运行，同时通过 DDE 装载过程数据。

WinCC 系统操作站的主要功能：

（1）显示

显示系统的每个显示器都能综合显示字符和图形信息，机组人员完全可以利用鼠标通过显示器对机组运行过程进行操作和监视。

每幅画面上都能显示过程变量的实时数据和设备的运行状态，这些数据和状态在规定时间内更新一次。数据或图形的显示随过程状态而变化。鲁棒图和趋势图可以在任意画面的任意位置显示。

控制系统的所有测点，包括模拟量输入、模拟量输出、数字量输入、数字量输出、中间变量和计算值都可以在画面上显示。对每一个测点，还包括显示其位号、文字说明、工程单位、高低限值等。

WinCC 操作站可提供多种窗口显示，操作站软件具备顺控逻辑和步序的模拟图显示功能，画面的数量是不受限制的。运行人员可以通过鼠标对画面中的被控装置进行手动控制。画面上的设备正处于自动程序控制状态时，模拟图上显示出设备的最新状态及自动程序目前进行至哪一步。如果自动程序失败，则有报警并显示故障出现在程序的哪一步。

WinCC 为用户提供了丰富的图形和仪表符号图库，用户还可以建立自定义的新图库，新建的图库可以被存储和检索。

操作站 WinCC 的性能直接依赖 PC（个人计算机）硬件的性能。采用高性能的 PC 将明显获得高的性能。画面的数量只受硬盘容量的限制，每幅画面容纳的过程测点数可以达到 500 个以上。

（2）报警

FDG 运行过程控制系统的报警信号发出功能支持操作员对偶然事件的处理。系统将运行过程中的异常状态报告给操作员，除了这些事件，操作员的介入也被完全加入当前报警列表和档案中。

（3）计算

WinCC 提供了标准的 C 语言编程环境，任何用户程序都可以和 WinCC 一起运行，并且可以使用 WinCC 的数据库和 WinCC 的内部函数。运用这种方法，WinCC 可以解决任何性能计算问题。

（4）SETP7 对操作员站进行组态

STEP7 是 SIMATICS7 系列编程语言，用来处理离散量连锁控制。如果在一个项目中有很多离散过程如连锁控制等，则可采用 STEP7 中其他几种编程语言，很方便地进行编程。这是对传统 FGD 系统处理离散控制任务能力不强的一个补充。

所有的 OS（操作系统）专用的组态都是通过 SIMATIC 程序管理器中的相应工具完成的。流程图是用图形编辑程序建立的，动作、文档、记录和曲线使用组态方式完成。报警功能是通过组态实现的，不必多重输入，同时 CFC/SFC 功能块中隐含了报警功能。将 AS 的组态链接到 OS 中，AS 中图像块之间的连接，功能块的报警和文档变量都可隐含，不需要附加的配置工作。

（5）功能块库

采用现成的功能块，可以大大减小工程费用。为了适合各种不同领域的要求，STEP7 预先编制了大量实用的功能块，以供用户选择。这些功能块包括 I/O 卡件、PID 回路、驱动、传动、电机和阀门等。

3. 施耐德 DCS 系统

水泥行业是高耗能、高污染、低附加值的行业，施耐德电气公司着力于优化能源结构，提高管理水平，提高产品质量，降低温室气体的排放。作为全球能效管理专家，施耐德电气公司结合智能制造、配电自动化、过程控制和能效管理方面的经验为水泥行业打造高水平的整体解决方案。施耐德的整体方案是一套综合性工具，可以用来优化设计，监控和管理，有助于实现最大的生产效率。这些工具采用市场最优的组件和软件，确保投资的可靠、稳定且高盈利。它不仅能够满足生产需求，而且能完美解决工程和维护问题。为水泥生产安装上自动化、信息化的翅膀，可以使工厂更健康、智能、高效。施耐德电气公司为水泥企业提供了从工厂级到集团级的完整的解决方案和服务。

1）配电和关键电力系统

施耐德电气公司能够准确分析客户需求并预估未来的扩产情况，选择合适的电力系统设计和安装方案，为客户提供完整、安全、可靠、持续的配电系统解决方案，满足最严苛的要求。

在水泥生产环节，为了确保水泥生产高效稳定运行，必须确保正常的电力供应。施耐德电气公司使用不间断电源（UPS）和发电机组，确保了水泥生产中电力的正常供应，避免了因为断电而出现停运的风险。高功率电源因其出色的质量和便于集成到所有的配电系统而闻名，综合了监控和控制功能，可以进行自我监控，显示电池状态，等等。

2）自动控制系统

施耐德 DCS 采用新一代软硬件自动化平台——Unity 以及最新的自动化解决方案——Unity 应用程序发生器（UAG）。Unity 是施耐德电气公司自动化的核心产品，是新一代软硬件自动化平台。它将施耐德电气公司不同系列的 PLC 产品进行整合，使它们的处理器更灵活，可以实现更高的性能，并且使用通用的逻辑软件开发平台——Unity Pro[29]。

作为 Unity 的一个成员，UAG（Unity Apptication Generator）是一种专用工具，在协同的环境中，可以同时设计和生成自动化项目所需的监控画面程序和过程控制程序。UAG 能生成基于 PLC 平台的 Unity Pro、Concept 控制程序和基于 PC 平台的 HMI/SCADA 监控程序，同时完成基于以太网构架的数据通信程序，所有功能的完成都源于单一标签的数据库。借助 UAG，系统使用结构化的、模块化的设计方法，大幅减少开发时间，并提高了应用程序的可靠性。

3）过程优化和控制

施耐德电气公司解决方案以强大的控制系统为平台，集成多种工程应用工具，满足水泥用户的关键需求：①选用高性能的控制器以实现高可靠（在一些应用中采用冗余 CPU 系统）；②具备高端过程控制功能与高级运算功能（无须借助外部工具就能实现一定的专用功能，如模糊控制等）；③支持无风险的过程仿真功能（离线），节省新建项目与改扩建项目的调试周期，减小维护风险及程序开发成本；④灵活的编程语言可以满足各种不同编程习惯与需求。

随着工艺过程复杂程度的不断加深，自动化控制系统需要按照具体工艺过程面向对象进行结构化建模，从而有效地简化工程设计步骤。

施耐德电气公司的高级设计与应用程序生成软件工具为过程类应用提供了唯一的数据库，包含项目中所有控制器和监控系统的信息，从而确保项目数据的一致性以及控制系统（PLC）和监控系统（SCADA）之间的无缝集成；并可按照实际的工艺流程来组织应用程序，打造一个真正灵活的、开放的分布式控制系统环境。"过程控制"和"水泥"专用对象库功能可以节省开支并且在新建项目或已有项目升级改造中重复使用。

4）卓越的生产管理系统

施耐德电气公司水泥行业卓越生产管理系统包含生产管理、计量管理、质量管理、停机管理、设备管理、能源管理、知识管理、绩效管理及实时监控等功能，实现生产运营指标和预警报警机制，提高集团公司的管控能力，为企业管理层和执行层提供决策依据和执行手段。

5）能源管理系统（CEMOS）

施耐德电气公司为水泥生产行业量身打造了一套完备的能源管理系统。基于施耐德电气 EcoStruxure 能效管理平台，为水泥企业奠定基础。以能源管理为中心，实现水泥增产节能的网络化管理方案，可以无缝到 MES（制造执行系统）。融合水泥专家经验，具备能耗数据挖掘功能，结合生产、计量、设备和质量数据，帮助用户抓住关键，持续优化，适用于水泥单个工厂，也同样适用于生产大区和集团级水泥企业的建设生产能源管理中心。

6）业务流程（Workflow）管理系统

业务流程管理系统让水泥生产运营的工作流程更加高效、敏捷和透明。业务流程管理系统贯穿在不同系统、部门及人，并且连接到自动化系统中，实现了系统与系统、系统与人之间的紧密协作。业务流程通过事件触发，按照预先定义的流程通知相关系统、相关人员、各级部门通过提示消息、语音电话、短信、邮件与人协作，根据各个环节的处理反馈、处理时间进行判断和反馈，直到业务流程被完整执行。

7）设备资产和状态管理 Avantis 系统

设备资产管理 Avantis 系统可以帮助用户改进资产管理方式，采集现场有效数据，分析当前设备状态，有效帮助企业通过预测在问题发生之前消除隐患，使维护从被动响应和预防性的维修管理模式转变到一个前瞻性和预测性的模式。

设备状态管理（CM）是专业的设备状态监测系统，能够把设备运行、安全、法规、财务和环境等信息实时地呈送给企业的相关人员，以控制风险。该系统可与大量不同厂商的仪表与资产"集成"，帮助企业管理复杂的现场设备。结合 Avantis 系统，能有效帮助企业通过预测在问题发生之前消除隐患，提前做好维护计划与准备。

8）专家优化控制系统（Expert System）

专家优化控制系统是融合了行业专家知识经验和现代控制理论的智能计算机系统，可以根据专家提供的知识和经验，进行推理和判断，模拟人类专家的决策过程来处理复杂的问题。它将高级控制技术和广泛的过程知识结合在一起，用于控制和优化生产过程。它也可用于全工厂范围内的决策支持应用。

专家优化控制系统使用过程知识，帮助水泥厂管理层实现盈利和可持续性目标。对窑、原料混合料和磨机等许多应用，专家优化控制系统拥有已经实践证明的过程优化策略，并且可根据客户工厂的特征和需要调整这些策略。用户可以利用施耐德过程工程师的丰富经验来采用最适合自己的策略，以优化自己的生产过程。用户也可以亲自将过程知识融合到控制策略中。专家优化控制系统为用户提供全面的工具包培训和应用支持。

参考文献

[1] 甘美强. 生料辊压机终粉磨系统节能技改实践 [J]. 中国水泥, 2021（2）: 101-103.

[2] 石国平, 罗占仁, 王明治, 等. 生料辊压机终粉磨系统技术研究及应用 [J]. 水泥技术, 2020（1）: 17-22.

[3] 邱云川, 任友平, 袁松. 联合粉磨工艺改为半终粉磨工艺的体会 [J]. 水泥,

2015（8）：26-28.

[4] 王飞,康宇,钟根,等.KVM外循环水泥辊磨半终粉磨系统及其应用［J］.水泥技术,2021（2）：23-25.

[5] 韩修铭,丁浩.水泥联合粉磨系统的开路与闭路工艺比较［J］.中国水泥,2020（11）：81-83.

[6] 马广文.交通大辞典［M］.上海：上海交通大学出版社,2005.

[7] 陈荐.钢球磨煤机噪声控制技术［M］.北京：中国电力出版社,2002.

[8] 王松.中速磨煤机主要部件的装配检验与技术［J］.建材与装饰,2017（43）：197.

[9] 周惠群.水泥煅烧技术及设备回转窑篇［M］.武汉：武汉理工大学出版社,2006.

[10] 胡荣.水泥生料成分的在线FTIR分析方法研究［D］.合肥：中国科学技术大学,2019.

[11] 赵向东,关生林.γ-Matric在线分析仪在水泥行业的应用［A］.

[12] 李春艳,施寿芬.水泥工业环境保护概论［M］.北京：中国建材工业出版社,2015.

[13] 宋天云.气体分析仪在水泥生产中的应用［J］.科技与企业,2013（6）：333.

[14] 杨诚,李欢.水泥厂气体分析仪的应用故障处理［J］.水泥工程,2020（1）：77-78.

[15] 温平.燃煤水泥窑炉高温气体分析采样方法研究与试验［J］.中国水泥,2013（2）：69-71.

[16] 王万生,曹广惠.高温气体分析装置在新型干法水泥生产线中的应用［J］.中国水泥,2003（6）：22-23.

[17] 陈海燕,褚瑞华.红外线气体分析仪在大型空分设备中的应用［J］.深冷技术,2010（S1）：36-38.

[18] 唐建江.CO气体分析系统在电石渣水泥生产线的应用［J］.江西建材,2013（1）：9-10.

[19] 邹波,林廷全.激光粒度分析技术助推水泥终粉磨［J］.水泥,2019（S1）：164-166.

[20] 张凤刚.XOPTIX在线激光粒度分析仪的介绍及在5000t/d生产线中的应用［J］.水泥,2017（7）：44-45.

[21] 全国秀,韩晓立.在线粒度分析仪在水泥生产中的优势及应用［J］.水泥,2020（S1）：20-21.

[22] 邹波,林廷全.激光粒度分析技术助推水泥终粉磨［J］.水泥,2019（S1）：164-166.

[23] 孙晓刚,李云红.红外热像仪测温技术发展综述［J］.激光与红外,2008（2）：101-104.

[24] 云艳.红外热成像测温系统在神东选煤厂的应用［J］.机电信息,2020（26）：

23-24.

[25] 鲁新月. 基于红外热图的水泥窑筒体热损失计算方法与软件实现 [D]. 长沙：湖南大学，2016.

[26] 刘强. 基于红外测温的水泥回转窑状态监测系统研究 [D]. 上海：上海交通大学，2012.

[27] 邱立运，姚谦礼. 回转窑测温技术现状及发展趋势 [J]. 工业炉，2014，36 (6)：16-20.

[28] 李云红. 基于红外热像仪的温度测量技术及其应用研究 [D]. 哈尔滨：哈尔滨工业大学，2010.

[29] 王东辉. 施耐德 UnityPLC 在水泥厂 DCS 控制系统的应用 [J]. 建材技术与应用，2012（8）：28-30.

3 水泥生产智能制造总体架构

3.1 技术标准

制造业是国民经济的主体,是立国之本、兴国之器、强国之基。智能制造是落实我国制造强国战略的重要举措,加快推进智能制造,是加速我国工业化和信息化深度融合、推动制造业供给侧结构性改革的重要举措,对重塑我国制造业竞争新优势具有重要意义。"智能制造、标准先行",标准化工作是实现智能制造的重要技术基础。

3.1.1 国家智能制造标准体系

为指导当前和未来一段时间智能制造标准化工作,解决标准缺失、滞后、交叉重复等问题,工业和信息化部、国家标准化管理委员会在2015年共同组织制定了《国家智能制造标准体系建设指南(2015年版)》并建立动态更新机制。按照标准体系动态更新机制,扎实构建满足产业发展需求、先进适用的智能制造标准体系,推动装备质量水平的整体提升,工业和信息化部、国家标准化管理委员会共同组织制定了《国家智能制造标准体系建设指南(2018年版)》[1]。

2021年,为贯彻落实《中华人民共和国国民经济和社会发展第十四个五年规划和2035年远景目标纲要》和《国家标准化发展纲要》,切实发挥标准对推动智能制造高质量发展的支撑和引领作用,工业和信息化部、国家标准化管理委员会组织编制了《国家智能制造标准体系建设指南(2021版)》。基本原则如下:

1. 加强统筹,分类施策

完善国家智能制造标准工作顶层设计,统筹推进国家标准与行业标准、国内标准与国际标准的制定与实施。结合重点行业(领域)的技术特点和发展需求,有序推进细分行业智能制造标准体系建设。

2. 夯实基础,强化协同

加快基础通用、关键技术、典型应用等重点标准制定。结合智能制造跨行业、跨领域、系统融合等特点，推动产业链各环节、产学研用各方共同开展标准制定。

3. 立足国情，开放合作

结合我国智能制造技术和产业发展现状，鼓励国内企事业单位积极参与国际标准化活动。加强与全球产业界的交流与合作，积极贡献中国的技术方案和实践经验，共同推进智能制造国际标准制定。

3.1.2 智能制造标准体系结构

智能制造标准体系结构包括"A 基础共性""B 关键技术""C 行业应用"等三个部分，主要反映标准体系各部分的组成关系。智能制造标准体系结构如图 3.1 所示。

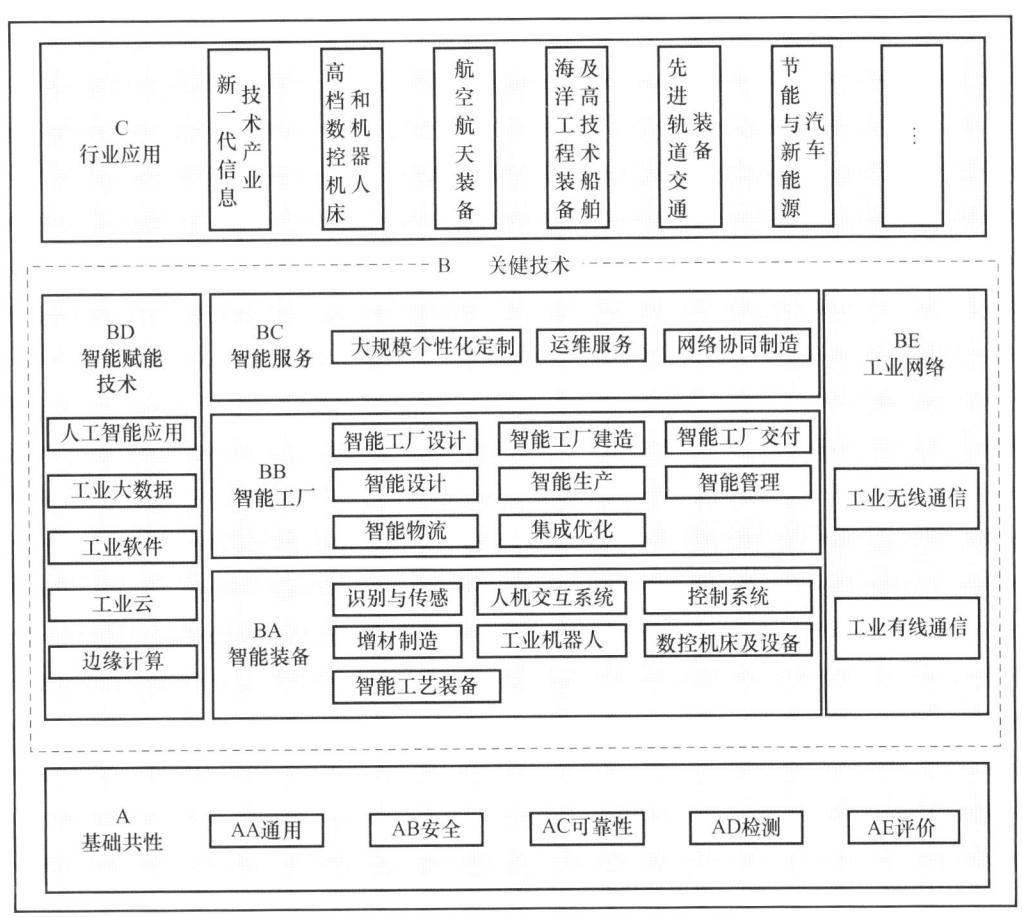

图 3.1 智能制造标准体系结构

具体而言，A 基础共性标准包括通用、安全、可靠性、检测、评价等五大类，位于智能制造标准体系结构图的最底层，是 B 关键技术标准和 C 行业应用标准的支撑。B 关键技术标准是智能制造系统架构智能特征维度在生命周期维度和系统层级维度所组成的制造平面的投影，其中 BA 智能装备对应智能特征维度的资源要素，BB 智能工厂对应智能特征维度的资源要素和系统集成，BC 智能服务对应智能特征维度的新兴业态，BD 智能赋能技术对应智能特征维度的融合共享，BE 工业网络对应智能特征维度的互联互通。C 行业应用标准位于智能制造标准体系结构的最顶层，面向行业具体需求，对 A 基础共性标准和 B 关键技术标准进行细化和落地，指导各行业推进智能制造。

3.1.3　国内外现有的智能制造标准[2]

1. 德国

为促进工业 4.0 的各利益相关方达成共识，德国工业协会 BITKOM、VDMA 和 ZVEI，以及 DIN 和 DKE 等标准组织于 2016 年成立了工业 4.0 标准化理事会（SCI4.0）。作为与工业 4.0 相关的所有标准化事宜的联络点，SCI4.0 负责组织标准化活动，把德国的利益相关方聚集在一起。德国工业自动化领域的特点是拥有多家全球知名企业和数量庞大的中小企业。全球标准化是德国标准化战略的一个关键要素。为此，德国标准化组织 DIN 和 DKE 制定了《德国工业 4.0 标准化路线图》。

2. 美国

美国依托工业互联网联盟（IIC）、国家标准与技术研究院（NIST）等机构，在智能制造国际标准化活动中开展了大量领跑工作。美国所提出的智能制造参考模型标准为"智能制造生态系统 SMS"和"工业互联网参考架构 IIRA"，其特点是充分发挥所擅长的软件和互联网的优势，围绕制造系统，从软件出发打通硬件，掌控跨领域资源与数据，实现各领域的技术生态应用。2016 年 2 月，NIST 发布了《智能制造系统现行标准体系》的报告，总结了未来美国智能制造系统将依赖的标准体系。

3. 中国

我国在工业和信息化部、国家标准化管理委员会、科技部等部门的支持下，持续推进智能制造工作，取得了一系列成果。目前，我国初步建成国家智能制造标准体系，已发布、制定中及待立项的智能制造基础共性标准和关键技术标准 437 项，其中基础共性标准 126 项、关键技术标准 311 项（《国家智能制造标准体系建设指南（2021 版）（征求意见稿）》）。

在国际标准化方面，我国参与智能制造国际标准化质量水平不断提高。此外，我国积极拓展双边、多边合作，例如成立了中德智能制造/工业 4.0 标准化工作组、中法现代产业合作伙伴等，加深了与有关国家的合作共识，为推动智能制造国际标准化营造协调一致的国际氛围。智能制造现行核心国际标准见表 3-1。

表 3-1　智能制造现行核心国际标准

技术领域	标准编号	名称	所属标委会
参考架构	IEC PAS 63088	智能制造工业 4.0 参考架构模型（RAMI4.0）	IEC TC65
数字工厂	IEC TS 62832-1	工业过程测量控制和自动化数字工厂架构　第 1 部分：通用原则	IEC TC65

续表

技术领域	标准编号	名称	所属标委会
语义和数据字典	IEC 61987 系列标准	工业过程测量和控制过程设备目录中的数据结构和元素	IEC TC65
	IEC 61360 系列标准	电气元器件标准数据元素类型和相关分类模式	ISO TC3
	ISO 13584-42	工业自动化系统与集成零件库 第42部分：描述方法学：构造零件系列的方法	ISO TC184
	ISO/IEC Guide 77-1	产品属性和分类规范导则	ISO/TMB
	IEC 62683	低压开关设备和控制装置信息交换用产品数据和性能	IEC TC17B
	ISO 10303	产品数据表示和交换	ISO/IEC JTC1
	ISO 29002	特征数据交换	ISO/IEC JTC1
安全与保障	IEC 61508 系列标准	电气/电子/可编程电子安全相关系统的功能安全	IEC TC65
	IEC 61511 系列标准	过程工业领域安全仪表系统的功能安全	IEC TC65
	IEC 62443 系列标准	工业通信网络 网络和系统安全	IEC TC65
	IEC 62439 系列标准	高可用性自动化网络	IEC TC65
	IEC 61010 系列标准	测量、控制和实验室用电气设备的安全要求	IEC TC65
	IEC 61298 系列标准	过程测量和控制装置通用性能评定方法和程序	IEC TC65
	IEC 62061	机械安全与安全有关的电气、电子和可编程电子控制系统的功能安全	IEC TC44
	ISO 8000	数据质量	ISO TC184
能效	IEC/TR 62837	自动化系统中的能效	IEC TC65
	ISO/IEC 20140	自动化系统和集成能效评价及制造系统的其他环境影响因素	IEC TC65 ISO TC184
系统集成	IECPAS 63178	智能制造服务平台制造资源接入集成要求	IEC TC65
	IEC 62453 系列标准	现场设备工具（FDT）接口规范	IEC TC65
	IEC 62769 系列标准	现场设备集成（FDI）	IEC TC65
	IEC 62541 系列标准	OPC统一架构	IEC TC65
	IEC 62264 系列标准	企业控制系统集成	IEC TC65
	IEC 62714 系列标准	自动化标识语言	IEC TC65
	IEC 61804 系列标准	过程控制用功能模块	IEC TC65
	ISO 15926 系列标准	工业自动化系统和集成	ISO TC184
	ISO 22400	制造运行管理的关键性能指标	ISO TC184
工业通信	IEC 61158 系列标准	工业通信网络现场总线规范	IEC TC65
	IEC 61784 系列标准	工业通信网络行规	IEC TC65
	IEC 62601	工业通信网络 无线通信网络和通信行规 WIA-PA	IEC TC65
	IEC 62948	工业通信网络 无线通信网络和通信行规 WIA-FA	IEC TC65
	IEC 62591	工业通信网络 无线通信网络和通信行规无线 HART	IEC TC65
	IEC 62734	工业通信网络 无线通信网络和通信行规 ISA 100.11a	IEC TC65

对比中、德、美三国可以看出：德国基于其强大的工业基础，自下而上积极推动工业4.0战略，希望通过新一代信息技术在制造业中的应用，保卫其制造业的优势地位；美国则基于其领先的互联网创新能力，强调软件、网络和数据，注重互联互通和互操作，自上而下打造工业互联网，期望重新夺回制造业霸主地位。我国工业正处于由大变强、转型升级的关键时期，不同规模、行业和区域的企业水平差异巨大，应基于我国工业的实际情况，借鉴别国经验，制定出适合我国国情的标准化战略。

3.1.4 水泥智能制造标准体系

目前我国水泥智能制造标准尚属空白，2017年，中国建筑材料工业规划研究院联合建筑材料工业信息中心、清华大学、北京机械工业自动化研究所、济南大学等单位，承担了国家智能制造综合标准化项目《面向建材行业的智能工厂通用模型研究与试验验证平台建设》，依托此项目，参考《国家智能制造标准体系建设指南（2015年版）》，结合水泥行业特点，给出水泥工业智能制造标准体系如图3.2所示。

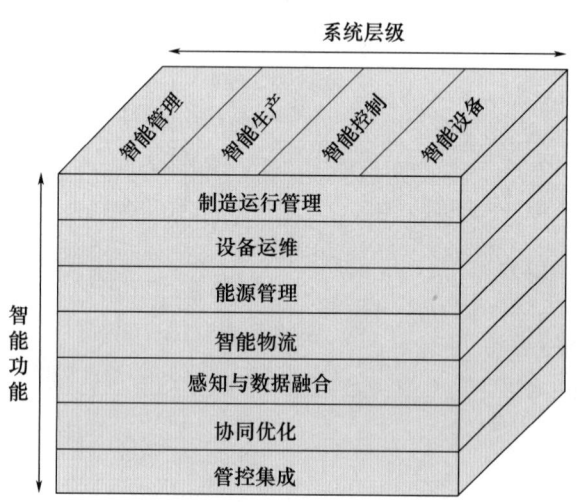

图3.2 水泥工业智能制造标准体系

3.2 系统架构

水泥工业正处于转型发展的关键时期，2019年政府工作报告提出"打造工业互联网平台，拓展'智能+'，为制造业转型升级赋能；深化大数据、人工智能等研发应用，培育新一代信息技术、高端装备等新兴产业集群，壮大数字经济"重大战略规划，水泥行业亟待加快发展智能制造，亟待"运用新一代信息技术，推动生产、管理和营销模式变革，重塑产业链、供应链、价值链，改造提升传统动能，使之焕发新的生机与活力"。因此，借助互联网、大数据、人工智能等新一代信息通信技术实现水泥工业深度转型成为必由之路。图 3.3 为水泥智能化生产总体架构，主要包括智能生产和智慧决策两部分。

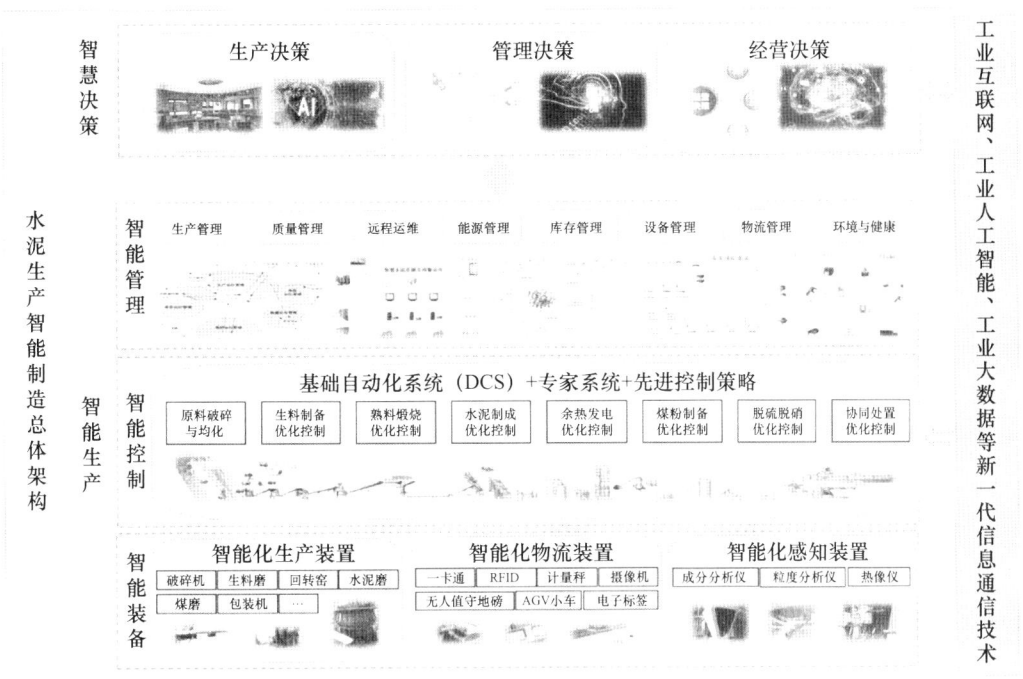

图 3.3 水泥生产智能制造总体架构

3.2.1 智能生产

1. 智能装备

智能装备层是实现水泥智能化生产的基础层，主要包括信息感知和物联融合两部分。

信息感知是基于已有的装置，利用新型感知技术，补充水泥智能化生产厂区综合感知、重点关键设备感知、生产线流程各环节感知、水泥质量感知等，形成全方位、立体多参数、多信息感知，为生产、管理、监控等提供基础感知信息。水泥生产线主要智能设备见表 3-2。

表 3-2 水泥生产线主要智能设备

环节	主要智能设备
原料均化与配矿	在线全元素分析仪：可用于水泥生产线石灰石破碎后的输送皮带系统以及原料磨前的配料系统，检测钾、钙、钠、镁、铝、铁、硅、硫、氯等元素及其氧化物，设备底端以及顶端都设置独特的 BGO 探测器，全面接收透射及反射射线；不受物料分层、料层厚度波动、输送带材质影响

续表

环节	主要智能设备
生料制备	近红外光谱分析仪：近红外光谱分析仪的原理是吸光度与目标成分的含量为线性关系，而总吸光度是各成分吸光度的线性组合，因此非常适合对生料成分进行在线检测，在生料磨机后的斜槽配置一台生料成分在线分析仪，其实时（采样、化验间隔最小为1min）给出粉磨后生料的近红外反射光谱，数据送入分析计算机进行计算及分析，得到各氧化物成分比例，数据再送入控制计算机进行配比控制计算，将最终所得各原材料比例设定值送入DCS，自动调整各原材料的调速皮带。 伽马中子活化分析仪：利用热中子辐射捕获产生的伽马射线对物质进行成分分析，根据伽马能谱特征峰的能量和强度便能够确定元素的种类和含量。 钙铁分析仪：钙铁分析仪是一种新型的采用纯物理分析方法的微机化台式仪器，用于电厂、水泥厂，能够30s快速分析生料、熟料、水泥中CaO、Fe_2O_3的百分含量，为配料成分控制及时提供数据（可用于生料、熟料、水泥）。
熟料煅烧	近红外热成像仪：可以评估转窑内衬损坏情况，利用它检测外壁温度场，可以了解装置运行情况下的衬里损伤程度，从而为制定检修方案提供参考。 高温气体分析仪：主要应用于水泥回转窑的高温窑炉气体检测或其他高温高粉尘的工业窑炉气体的在线检测。借助对窑炉气体（含SO_2、CO、NO_x、O_2、CO_2、CH_4、水蒸气等）连续、准确检测，可以对窑里的燃烧效率和工艺过程进行分析，实现对生产过程的优化控制。
水泥制成	粒度分析仪：采用激光衍射技术测量$0.1\sim2500\mu m$的颗粒粒度。可配置不同的可选附件或模块来调整仪器，适合各种实际的干式颗粒工艺，提供24h实时监测与控制（可用于生料、熟料、水泥）。
水泥包装	回灰螺旋机：一般在包装机下面装设地下回灰螺旋机，以便将回灰送回包装系统中。为了防止纸袋碎片等杂物混入，各进灰斗口上应设有铁丝筛网。 码包机：可将袋装水泥自动码垛。
进出厂物流	无人值守智能称重设备：无人值守智能称重设备运用了最新的计算机软硬件技术，采用IC（集成电路）卡门禁一卡通系统、蓝牙或RFID（无线射频）技术绑定电子车牌等，防止车辆上下磅作弊。智能道闸系统控制车距，视频实时抓拍、录像和传输，语音播报系统智能提醒，配合智能称重软件实现磅房无人值守称重。其中B/S远程查询平台和领导分析平台集成了强大的财务、自定义报表、数据分析、汇总和打印等功能，能够远程查询过磅单，显示称重现场自动抓拍的图片，远程实时掌握库存状态，中控室远程实时动态显示视频信息，无人值守系统能自动控制命令的执行，智能分析、界面引导式操作。
其他	智能电表：智能电表可以对生产设备电能、瞬时有功功率、A相电压、B相电压、C相电压、A相电流、B相电流、C相电流、总功率因数、A相功率因数、B相功率因数、C相功率因数进行检测显示，根据数据对能源进行管理。 中低温气体分析仪：用于对水泥行业脱硝反应器脱硝效率的监测，通过安装在预热器C1出口的取样探头对反应后的烟气进行取样，样气经过预处理后被输送至分析仪中检测烟气中NO_x的残余量，既能反映出脱硝反应器的脱硝效率，又能辅助脱硝DCS系统控制喷氨量，达到对水泥脱硝工艺进行合理控制的目的。

2. 智能控制

水泥生产过程具有强非线性、强耦合、大滞后、工艺参数众多、测控点少等问题，目前常用的控制方法主要是单环节控制。随着新一代信息通信技术的发展，为实现水泥生产的智能化，应围绕水泥生产过程中"风""煤（热）""料"三平衡，综合运用大数据技术、先进控制技术、人工智能技术、工业互联网技术，在感知信息丰富的基础上，实施全流程智能优化控制。全流程智能优化控制的思想是：在稳定生产的前提下，以企业经济效益、资源消耗、能源消耗、污染物排放、生产产量、生产质量、生产安全等多目标进行关键参数的建模，优化和智能控制，实现水泥智能化生产的整体优化。

3. 智能管理

智能管理主要指借助新一代信息通信技术协调人员、设备、物料和能源把全部和（或）部分原料转化为产品。智能管理应该涵盖管理有关调度、使用、产能、定义、历史，以及所有制造设施内部和与其有关的资源（人员、设备和物料）状况的信息活动。水泥生产智能管理主要包括生产管理、质量管理、运程运维、能源管理、库存管理、设备管理、物流管理和环境与健康管理。

3.2.2 智能决策

在智能感知与物联融合技术、生产全流程智能协同控制技术、智能监测及预警技术基础上，利用物联网/互联网技术、计算机网络技术和现代管理技术，借助人工智能算法，建设基于工业大数据分析的水泥行业智能生产与智慧决策支持平台，贯穿水泥生产、管理和经营整个产业链，提高水泥行业企业的生产效率、产品质量、安全运行能力、应急响应能力、风险防范能力和科学决策能力。

3.3 系统安全

3.3.1 智能制造系统的安全风险因素分析

下面主要从安全问题成因和安全控制两个角度进行风险分析，并给出智能制造的安全风险矩阵。[3]

1. 从安全问题成因的角度进行分析

从安全问题的成因角度对智能制造系统的安全进行分类，可分为三个方面，即功能安全、物理安全和信息安全。

（1）功能安全是指智能制造设备和系统必须正确执行其功能，而且当失效或故障发生时，设备和系统必须仍能保持安全条件或进入安全状态；可理解为"故障-安全"，是与设备和系统的可靠性密切相关的概念。

（2）物理安全是减小由于电击、火灾、辐射、机械危险、化学危险等因素造成的危害。

（3）信息安全可借鉴 IEC 62443 中对工业控制系统信息安全的定义"保护系统所采取的措施；由建立和维护受保护系统的措施所得到的系统状态；能够免于对系统资源的非授权访问和非授权或意外的变更、破坏或者损害；基于计算机系统的能力，能够保证非授权人员和系统无法修改软件及其数据，也无法访问系统功能，保证授权人员不被阻止；防止对工控系统的非法或有害入侵，或者干扰其正确和计划的操作"。智能制造系统作为关键基础设施，其信息安全不仅可能造成信息的丢失，而且可能造成生产制造过程故障的发生、人员的损害、设备的损坏，造成重大经济损失，甚至引起社会问题和环境问题。

2. 从安全控制的角度进行分析

从对安全进行控制的角度对智能制造系统的安全进行分类，可分为三个方面，即技术、管理和运维。

（1）技术，包括安全产品和技术（例如防火墙、防病毒软件、侵入检测、加密技术）的应用等。

（2）管理，包括使用政策、员工培训、业务规划、基于信息安全的非技术领域，涉及信息系统安全政策法规、教育、管理标准等方面。

（3）运维，主要包括加强机制和方法、纠正运行缺陷、各种威胁造成的运行缺陷、物理进入控制、备份能力、免予环境威胁的保护等方面。

3. 智能制造的安全风险矩阵

综合上述对安全风险因素的分析，针对制造业智能化系统存在的安全风险可按层级划分。

（1）网络层：存在认证攻击、跨网攻击、路由攻击等安全风险，并可能存在网络配置、网络硬件、网络边界以及监控与记录等方面的安全漏洞。

（2）企业层：存在用户隐私泄露、非授权访问等安全风险，并可能存在企业软件平台配置及其硬件方面的安全漏洞。

（3）管理层：存在窃听嗅探、恶意代码、病毒/漏洞攻击等安全风险，并可能存在管理软件配置及其硬件方面的安全漏洞。

（4）控制层：存在控制命令伪造攻击、控制网络DOS攻击、谐振攻击、广播风暴等安全风险，并可能存在控制系统软硬件方面的安全漏洞。

（5）设备层：存在信道阻塞、感知数据破坏、Sybil攻击、时钟同步攻击等安全风险，并可能存在设备软硬件方面的安全漏洞。

另外，制造业智能化5层架构是按照功能进行划分的，从技术角度分析，不同层级的组件也可能采用相同的技术，比如类似的操作系统、通信协议、加密算法等，所以不同层级可能存在同样的风险点，主要包括以下几方面：

（1）在5个层级中，都存在非法接入、内容移除、逻辑错误、代码缺点等安全风险点。

（2）在网络层、企业层、管理层和控制层中，往往存在总线异常、窃听嗅探、口令窃取、主机漏洞、病毒攻击、木马潜伏、后门威胁等信息安全风险点。

（3）在控制层与设备层中，往往存在随机失效、诊断错误等安全风险点。

3.3.2 智能制造系统的安全防护建议

针对制造业智能化各层所面临的安全风险及漏洞，可采用如下信息安全防护建议

(图 3-4)：

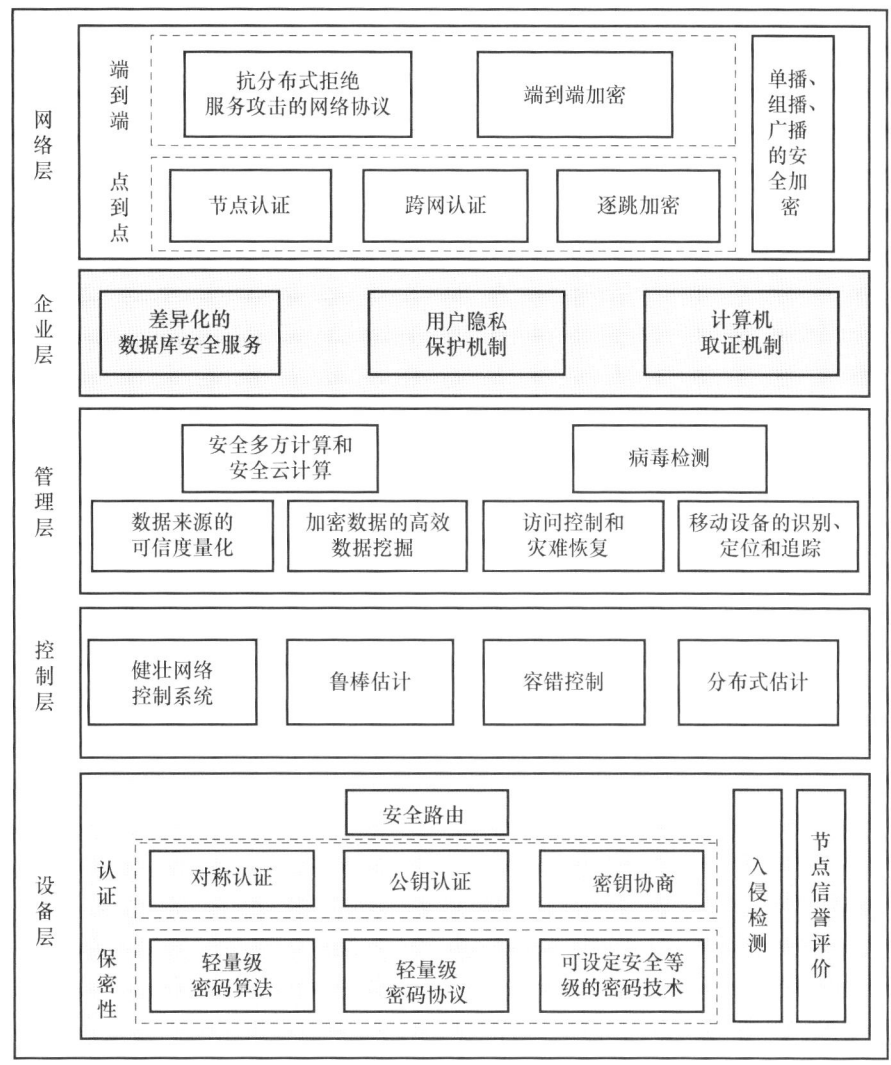

图 3-4 智能制造系统安全防护建议

1. 设备层安全防护建议

针对设备层的安全风险，可以部署安全路由、工业防火墙对入侵行为进行检查，同时可对设备层节点进行信誉评价并进行设备注册。设备层还可以进行认证（包括对称认证、公钥认证以及密钥协商等）与保密（轻量级的密码算法与密码协议、可设定安全等级的密码技术等）相关措施保证信息的安全性。

2. 控制层安全防护建议

针对控制层的安全风险，可以增强网络的鲁棒性与健壮性，增强其容错能力。

3. 管理层安全防护建议

针对管理层的安全风险，可以实施安全多方计算和云计算、病毒检测、数据来源的可信度量化、加密数据的高效数据挖掘、访问控制和灾难恢复以及对接入系统的移动设备进行识别、定位和追踪。

4. 企业层安全防护建议

针对企业层的风险，可以实施差异化的数据库安全服务、用户隐私保护机制以及用户行为防抵赖的计算机取证机制。

5. 网络层安全防护建议

针对端到端通信间的安全风险，可以实施抗分布式拒绝服务攻击的网络协议与端到端加密技术。针对网络节点的安全风险，可以实施节点认证、跨网认证以及逐跳加密技术。为提高信息传输整体的保密性，可以实施单播、组播、广播的加密技术。

参考文献

[1] 国家智能制造标准体系建设指南（2018年版）[J]．机械工业标准化与质量，2018，4（12）：7-14.

[2] 丁露，汪烁，王玉敏．智能制造国际标准化发展综述[J]．仪器仪表标准化与计量，2021，4（1）：1-4，12.

[3] 周峰，邵枝华，陈渌萍．智能制造系统安全风险分析[J]．电子科学技术，2017，4（2）：45-51.

4 水泥生料制备环节的智能控制

4.1 生料制备智能控制系统概述

4.1.1 生料制备工艺简介

生料制备是水泥生产的起始环节,生料质量取决于生料的物理指标(细度、形态、水分)和化学指标(化学成分、三率值合格率、均匀程度),对后续生产的过程控制、熟料质量、生产能耗影响极大。

生料制备过程主要包括生料配料和生料粉磨两个环节。水泥生料的生产大致工艺流程如图 4.1 所示。

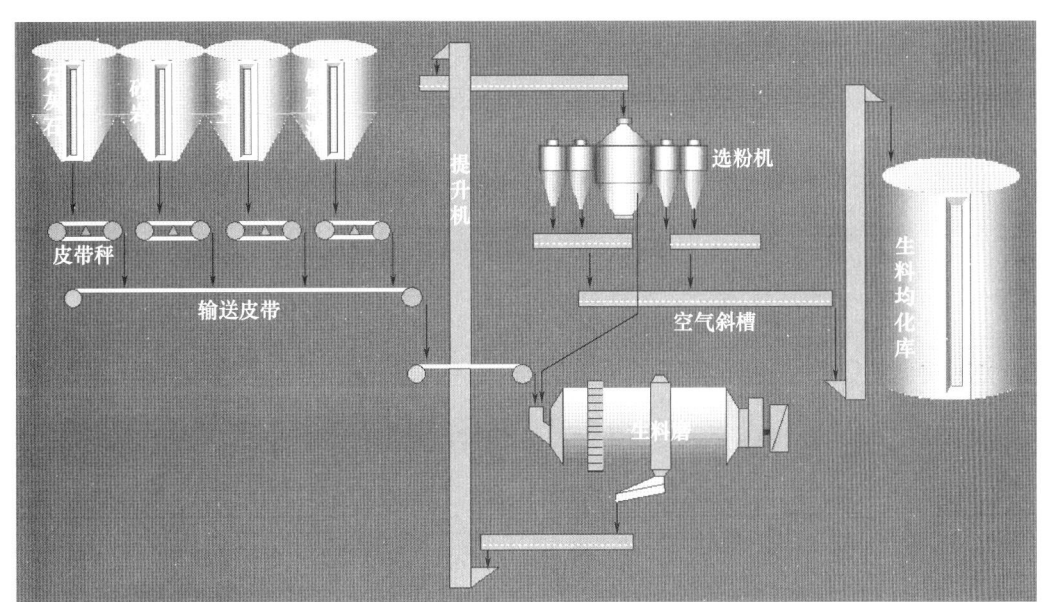

图 4.1 水泥生料制备工艺流程示意

来自不同原料库的原料按照一定比例通过四台皮带秤传输到输送皮带，然后由输送皮带送入生料磨。原材料经过磨机研磨会变成混合粉末，这些混合物在磨机出口会通过选粉机，选粉机会将细度合格的混合物筛选出来作为水泥生料，细度不合格的混合物会被再次送入磨机进行研磨；被筛选出来的水泥生料通过空气斜槽被输送至生料均化库。

生料配料的目的是使生料成分满足三率值要求，生料成分的稳定性和率值合格率将直接影响水泥熟料的质量。当 KH（饱和比）过高时，C_3S 多，熟料强度较高但难烧，易产生较多的 f-CaO，烧成能耗高，易磨性较好；KH 过低时，情况相反。SM（硅率）过高时，液相量少且难烧，挂窑皮难，硅酸盐矿物含量高，熟料强度较高；SM 过低时，情况相反。IM（铝率）过高时，液相黏度大，不利于形成高含量的 C_3S、C_3A，水泥凝结快，早期强度较高，易磨性好；过低时液相黏度小，易结圈、结大块，烧成范围窄。

生料粉磨的目的是将生料粉磨至一定细度，其控制的核心是在保证生料细度的前提下如何提高磨机产量。生料粉磨的主机设备一般可分为三大类，即球磨、立磨、辊压磨。现阶段以后两者为主，工作原理及工艺与水泥粉磨过程类似，本章不再赘述。本章有关智能控制技术及系统的内容主要针对生料配料。

4.1.2 难点分析

（1）生料制备环节具有典型的大滞后特点。生料从入磨到出磨需要有研磨过程，出磨生料还需经过选粉机将细度不合格的生料回收重磨。以球磨为例，配比调整之后到反应完全需经过 30～40min。而传统的离线检测从配比调整到报化验结果更是需要 1～2h，滞后时间很长。

（2）对生料三率值进行控制需要已知生料中 CaO、SiO_2、Fe_2O_3、Al_2O_3 的含量，若要对四种氧化物含量进行控制，需要已知四种原料各自的氧化物占比。但是进场原材料一般只有一次化验，代表性差，且某些企业石灰石来自矿山开采，成分波动很大，生料成分很难预测。

（3）人工操作调整配比时，操作员是根据经验调整的，没有精确的计算过程；有些厂家使用公式计算，但是原料成分不具有代表性，误差也很大。

4.1.3 生料制备智能控制系统方案

针对水泥生料制备过程原料成分变化频繁、工况波动剧烈，生料制备智能控制系统应通过 DCS 实现制备过程信号的输入输出与回路控制，借助在线检测设备（近红外光谱分析仪或中子源在线分析仪）实现生料成分的实时检测，并在建立水泥生料制备过程专家知识库的基础之上，通过多模态智能控制技术实现水泥生料成分的智能控制，系统框架如图 4.2 所示。

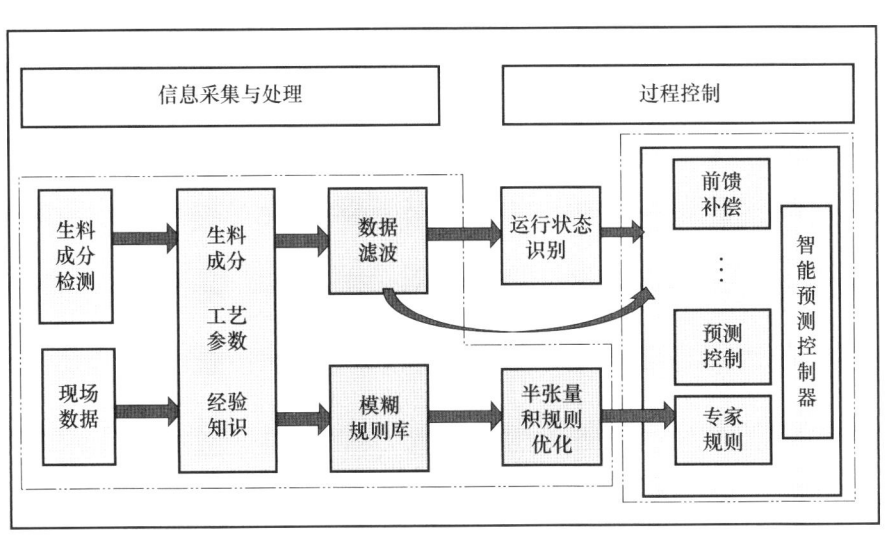

图 4.2　水泥生料制备智能控制系统框架

4.2　生料制备过程控制专家知识库

实现水泥生料智能制备，需掌握实际生产过程的运行状态，因此在水泥生料制备过程中，对生产过程进行工况识别必不可少。另外为了快速简单地处理一些问题，可建立专家知识库，其中专家规则库的建立包括生料配料工况知识库和生料配料控制规则库。

4.2.1　生料配料工况知识库

水泥生料的生产是一个扰动较多的生产环节，具有大滞后、多变量、非线性等特性，由于这些特性的存在导致水泥生料配料过程中存在着较多种类的工况。工况的变化会导致基于在线分析仪的水泥生料自动控制系统产生算法失准、模型失配等情况的发生，从而影响控制效果。因此及时、准确地识别出生产过程中的工况变化并根据识别结果进行调节，不仅能够稳定水泥生料的质量，而且会使水泥熟料质量有所提高，还对水泥生料自动化生产的实现有着重要意义。

对水泥生料配料过程，要想实现水泥生料的自动化生产，仅凭几个主要的工艺参数进行数字分析，或者对某些过程参数做简单的判断，并不能满足水泥生料配料自动化生产的要求。对生料配料这样具有大滞后特性的生产环节，水泥生料三率值在绝大多数情况下在一定时间内不会有急剧变化的情况发生。在一定的时间内，可以观察石灰石饱和系数、硅率、铝氧率的趋势变化，这些趋势特征可以为操作人员或水泥生料自动配料程序提供正确的参考信息。

在进行趋势提取时可采用最小二乘法多项式拟合，提取数据趋势信息。数据拟合的基本原理是，在给定一组观测数据 (x_i, y_i) $(i = 0, 1, \cdots, m)$ 的基础上，选择一条最佳曲线 $y = \varphi(x)$，使用该曲线拟合这些数据，曲线主要靠经验和直观分析进行选取。最佳曲线的标准是曲线与观测数据的误差最小，误差通常采用最小二乘法来处理。采用最小二乘法对分析仪数据进行拟合的原理为：假设给定数据点 (x_i, y_i) $(i = 0, 1, \cdots, m)$，φ 为所有次数不超过 n $(n \leq m)$ 的多项式构成的函数类。

$$p_n(x) = \sum_{k=0}^{n} a_k x^k \tag{4-1}$$

$$I = \sum_{i=0}^{m} [p_n(x_i) - y_i]^2 = \sum_{i=0}^{m} \left[\sum_{k=0}^{n} a_k x_i^k - y_i \right]^2 = \min \tag{4-2}$$

当拟合函数为多项式时，称为多项式拟合，满足式（4-1）的 $p_n(x)$ 称为最小二乘拟合多项式。求解多项式 $p_n(x)$，即为求 $I = I(a_0, a_1, \cdots, a_n)$ 的极值问题。由多元函数求极值的必要条件得

$$\frac{\partial I}{\partial a_j} = 2 \sum_{i=0}^{m} \left(\sum_{k=0}^{n} a_k x_i^k - y_i \right) x_i^j = 0, j = 0, 1, \cdots, n \tag{4-3}$$

$$\sum_{k=0}^{n} \left(\sum_{i=0}^{m} x_i^{j+k} \right) a_k = \sum_{i=0}^{m} x_i^j y_i, j = 0, 1, \cdots, n \tag{4-4}$$

是关于 $a_0, a_1, \cdots a_n$ 的线性方程组，矩阵表示为

$$\begin{bmatrix} m+1 & \sum_{i=0}^{m} x_i & \cdots & \sum_{i=0}^{m} x_i^n \\ \sum_{i=0}^{m} x_i & \sum_{i=0}^{m} x_i^2 & \cdots & \sum_{i=0}^{m} x_i^{n+1} \\ \vdots & \vdots & & \vdots \\ \sum_{i=0}^{m} x_i^n & \sum_{i=0}^{m} x_i^{n+1} & \cdots & \sum_{i=0}^{m} x_i^{2n} \end{bmatrix} \begin{bmatrix} a_0 \\ a_1 \\ \vdots \\ a_n \end{bmatrix} = \begin{bmatrix} \sum_{i=0}^{m} y_i \\ \sum_{i=0}^{m} x_i y_i \\ \vdots \\ \sum_{i=0}^{m} x_i^n y_i \end{bmatrix} \tag{4-5}$$

称为正规方程组或法方程组。

可以证明，方程组的系数矩阵是一个对称正定矩阵，故存在唯一解。从中解出 a_k $(k = 1, 2, \cdots, n)$，从而可得多项式

$$p_n(x) = \sum_{k=0}^{n} a_k x^k \tag{4-6}$$

通常把 $\sum_{i=0}^{m} [p_n(x_i) - y_i]^2$ 称为最小二乘拟合多项式 $P_n(x)$ 的平方误差，误差值越小表示多项式拟合效果越好。图 4.3 为五次多项式拟合曲线。

结合现场实际情况以及水泥生料三率值的允许波动范围，针对三率值趋势情况和其与指标的相对位置做了水泥生料配料调配运行工况划分，见表 4-1。

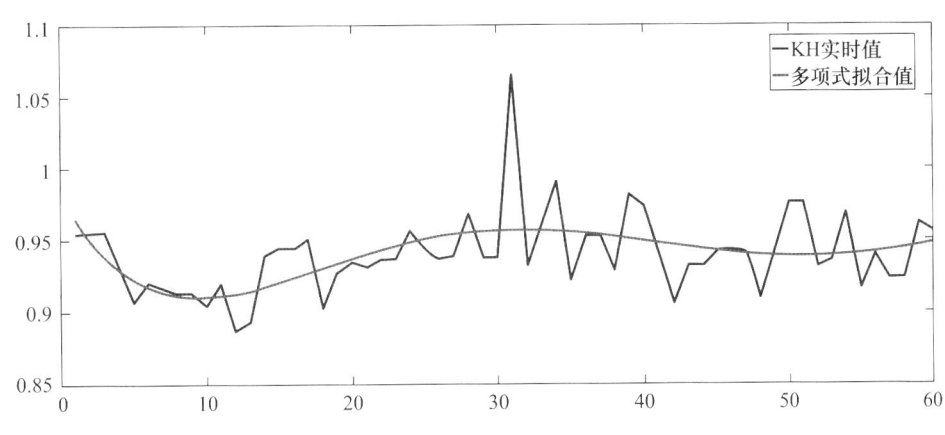

图 4.3 五次多项式拟合

表 4-1 水泥生料配料调配运行工况划分

工况	工况特征	工况类别
典型工况	KH、SM、FE 的值均为"优",且趋势平稳	优
	KH、SM、FE 的值均为"优",且趋势均为"+"或"−"	良
	SM、FE 的值为"优",KH 的值为"良",且趋势均为平稳	
	SM、KH 的值为"优",FE 的值为"良",且趋势均为平稳	
	KH、FE 的值为"优",SM 的值为"良",且趋势均为平稳	
	SM、FE 的值为"优",KH 的值为"良",且趋势为"+"或"−"	
	SM、KH 的值为"优",FE 的值为"良",且趋势为"+"或"−"	
	KH、FE 的值为"优",SM 的值为"良",且趋势为"+"或"−"	
	KH、SM、FE 的值均为"良",且趋势平稳	
	KH 的值为"优",SM、FE 的值为"良",且趋势均平稳	
	SM 的值为"优",KH、FE 的值为"良",且趋势均平稳	
	FE 的值为"优",KH、SM 的值为"良",且趋势均平稳	
	KH 的值为"优",SM、FE 的值为"良",且趋势为"+"或"−"	
	SM 的值为"优",KH、FE 的值为"良",且趋势为"+"或"−"	
	FE 的值为"优",KH、SM 的值为"良",且趋势为"+"或"−"	
	SM、FE 的值为"优"且趋势平稳;KH 的值为中,趋势为"+"或"−"	中
	SM、FE 的值为"良"且趋势平稳;KH 的值为中,趋势为"+"或"−"	
	SM 的值为"良"或"优",且趋势平稳;FE、KH 的值为中,趋势为"+"或"−"	
	SM 的值为"良"或"优",且趋势平稳;FE、KH 的值为中,趋势为"+"或"−"	
	FE 的值为"优"或"良",且趋势平稳;SM 的值为良,KH 的值为中,且趋势为"+"或"−"	
	FE 的值为"优"或"良",且趋势平稳;SM 的值为良,KH 的值为差,且趋势为"+"或"−"	

续表

工况	工况特征	工况类别
故障工况	SM、FE 的值为"优",且趋势平稳;KH 的值为"差",趋势为"+"或"-"	差
	FE 的值为"优"或"良"且趋势平稳;SM 的值为"中"或"良",KH 的值为差,趋势为"+"或"-"	
	KH、SM、FE 的值均为"差",且趋势为"+"或"-"	
	KH、SM、FE 的值均为"差",且趋势平稳	
	SM 的值为"优"或"良"且趋势平稳,KH、FE 的值为"中"或"差",且趋势为"+"或"-"	
	KH、SM、FE 的值均为"中",且趋势平稳	
	KH、SM、FE 的值均为"中",且趋势为"+"或"-"	

生料三率值的波动是围绕指标进行的,因此根据三率值与指标的位置进行了等级划分,三率值按"优""良""中""差"的评价等级划分。因为石灰石饱和系数允许波动范围为 ±0.02,硅率、铁率允许波动范围为 ±0.1,经过对大量数据分析研究以及询问现场操作人员,经过仿真测试得出划分评价标准,见表 4-2。

表 4-2 参数范围对应的评价等级

项目	优	良	中	差
KH 实时数与指标差	0~0.01 或 -0.01~0	0.01~0.02 或 -0.02~-0.01	0.02~0.03 或 -0.03~-0.02	>0.03 或 <-0.03
SM 实时数与指标差	0~0.05 或 -0.05~0	0.05~0.1 或 -0.1~-0.05	0.1~0.2 或 -0.2~-0.1	>0.2 或 <-0.2
FE 实时数与指标差	0~0.05 或 -0.05~0	0.05~0.1 或 -0.1~-0.05	0.1~0.2 或 -0.2~-0.1	>0.2 或 <-0.2

4.2.2 生料配料控制规则库

基于实际人工调节配比经验的模糊控制规则,并对模糊规则进行代数化,通过融合矩阵半张量积理论与模糊控制理论并采用多种调整模式及控制策略来对水泥生料的配料进行仿人控制规则智能化优化控制,保证出磨生料成分的稳定性,满足不同工艺条件下的配料要求,实现原料配比的实时调节,降低生料率值波动性,保证了生料的质量。

根据原材料的特点可知,石灰石对 CaO 的影响比较大,对其他成分影响较小,铁尾渣对 Fe_2O_3、SiO_2、Al_2O_3 都有影响,砂岩中 SiO_2 含量比较多,同时分析三率值公式发现,Al_2O_3、Fe_2O_3 对 KH(石灰饱和系数)、SM(硅酸率 SM)、IM(铝氧率)均有影响,控制配比时需将此影响降低,一般此时调节含 Al_2O_3、Fe_2O_3 较少的原材料,对不需要控制的率值可通过其他成分的含量增减来进行补偿;改变石灰石所占配比可对 KH 实施控制;SM 与 Fe_2O_3、SiO_2、Al_2O_3 都有关,改变砂岩对 SiO_2 进行调节,同时适当改变石灰石的配比对 KH 进行补偿等。

根据原材料特点及各个成分对三率值的影响,给出了基于矩阵半张量积的模糊控制系统的控制规则,即知识库,见表4-3。

表4-3 生料质量控制系统的控制规则

序号	KH	SM	IM	石灰石	硅石	黏土	铁尾渣
1	大	大	大	减小	—	—	增加
2			中	减小	—	增加	减小
3			小	减小	—	增加	—
4		中	大	减小	增加	—	增加
5			中	减小	增加	增加	增加
6			小	减小	增加	—	减小
7		小	大	减小	增加	减小	增加
8			中	减小	增加	—	—
9			小	减小	增加	增加	—
10	中	大	大	—	减小	—	增加
11			中	—	减小	增加	增加
12			小	—	减小	增加	—
13		中	大	—	—	减小	增加
14			中	—	—	—	—
15			小	—	—	增加	减小
16		小	大	—	增加	减小	—
17			中	—	增加	减小	减小
18			小	—	增加	—	减小
19	小	大	大	增加	减小	减小	—
20			中	增加	减小	—	—
21			小	增加	减小	增加	减小
22		中	大	增加	—	—	增加
23			中	增加	减小	减小	减小
24			小	增加	减小	—	减小
25		小	大	增加	—	减小	—
26			中	增加	—	减小	减小
27			小	增加	—	—	减小

根据建立的控制规则,利用矩阵半张量积理论确定该控制系统控制器的结构矩阵,通过结构矩阵将复杂的模糊推理转化为简单的代数表达式。

定义输入变量为:

KH 为 x_1,SM 为 x_2,IM 为 x_3。

x_1:大为 δ_3^1,中为 δ_3^2,小为 δ_3^3。

x_2:大为 δ_3^1,中为 δ_3^2,小为 δ_3^3。

x_3：大为 δ_3^1，中为 δ_3^2，小为 δ_3^3。

输出变量为：

石灰石为 y_1，硅石为 y_2，黏土为 y_3，铁尾渣为 y_4。

y_1：增加为 δ_3^1，不变为 δ_3^2，减小为 δ_3^3。

y_2：增加为 δ_3^1，不变为 δ_3^2，减小为 δ_3^3。

y_3：增加为 δ_3^1，不变为 δ_3^2，减小为 δ_3^3。

y_4：增加为 δ_3^1，不变为 δ_3^2，减小为 δ_3^3。

控制规则的代数表达形式见表4-4。

表4-4 生料质量控制系统的控制规则的代数表达形式

序号	x_1	x_2	x_3	y_1	y_2	y_3	y_4
1	δ_3^1	δ_3^1	δ_3^1	δ_3^3	δ_3^2	δ_3^2	δ_3^1
2			δ_3^2	δ_3^3	δ_3^2	δ_3^1	δ_3^3
3			δ_3^3	δ_3^3	δ_3^2	δ_3^1	δ_3^2
4		δ_3^2	δ_3^1	δ_3^3	δ_3^1	δ_3^2	δ_3^1
5			δ_3^2	δ_3^3	δ_3^1	δ_3^1	δ_3^1
6			δ_3^3	δ_3^3	δ_3^1	δ_3^2	δ_3^3
7		δ_3^3	δ_3^1	δ_3^3	δ_3^1	δ_3^3	δ_3^1
8			δ_3^2	δ_3^3	δ_3^1	δ_3^2	δ_3^2
9			δ_3^3	δ_3^3	δ_3^1	δ_3^1	δ_3^2
10	δ_3^2	δ_3^1	δ_3^1	δ_3^2	δ_3^3	δ_3^2	δ_3^1
11			δ_3^2	δ_3^2	δ_3^3	δ_3^1	δ_3^1
12			δ_3^3	δ_3^2	δ_3^3	δ_3^1	δ_3^2
13		δ_3^2	δ_3^1	δ_3^2	δ_3^2	δ_3^3	δ_3^3
14			δ_3^2	δ_3^2	δ_3^2	δ_3^2	δ_3^2
15			δ_3^3	δ_3^2	δ_3^2	δ_3^1	δ_3^2
16		δ_3^3	δ_3^1	δ_3^2	δ_3^1	δ_3^3	δ_3^2
17			δ_3^2	δ_3^2	δ_3^1	δ_3^3	δ_3^3
18			δ_3^3	δ_3^2	δ_3^1	δ_3^2	δ_3^3
19	δ_3^3	δ_3^1	δ_3^1	δ_3^1	δ_3^3	δ_3^3	δ_3^2
20			δ_3^2	δ_3^1	δ_3^3	δ_3^2	δ_3^2
21			δ_3^3	δ_3^1	δ_3^3	δ_3^1	δ_3^3
22		δ_3^2	δ_3^1	δ_3^1	δ_3^3	δ_3^2	δ_3^1
23			δ_3^2	δ_3^1	δ_3^2	δ_3^3	δ_3^3
24			δ_3^3	δ_3^1	δ_3^3	δ_3^2	δ_3^3
25		δ_3^3	δ_3^1	δ_3^1	δ_3^2	δ_3^2	δ_3^2
26			δ_3^2	δ_3^1	δ_3^2	δ_3^3	δ_3^3
27			δ_3^3	δ_3^1	δ_3^3	δ_3^2	δ_3^3

输入-输出的矩阵半张量积表达式为

$$\begin{cases} y_1 = M_1 x \\ y_2 = M_2 x \\ y_3 = M_3 x \\ y_4 = M_4 x \end{cases} \tag{4-7}$$

式中，M_1、M_2、M_3、M_4 分别为相应的结构矩阵。

4.3 生料制备过程智能控制方法

水泥生料制备智能控制，是指在无人干预的情况下能自主地驱动智能机器实现控制目标的自动控制技术，因此实现水泥生料智能制备需结合知识库（工况知识库、控制规则库）以及先进的控制算法。生料制备过程控制的智能性体现在控制系统可根据原材料成分、设备状态、工艺需求的变化（工况变化）自动选择相关控制算法（智能偏差控制、智能趋势控制、智能预测控制、原材料智能预估等）实现自适应控制与优化。

4.3.1 智能偏差控制方法

率值反馈若属于给定的某一邻域内则被认为是合格的。若反馈超出了这一区间，系统选择使用偏差控制调节配比。偏差控制流程如图 4.4 所示。

（1）系统判断输入的率值偏差是否超出了率值给定区间。

（2）如果偏差未超出率值给定区间，则系统无响应；如果偏差超出率值给定区间，则判断持续时间是否超出 3min。

（3）如果偏差没有持续超出率值给定区间，说明之前的偏差属于毛刺，可以忽略；如果偏差持续超出率值给定区间，则将偏差输入专家系统判断并输出控制结果。

（4）输出控制之后不能立即进入下一轮偏差控制，因为从配比输出到可以检测到该配比的影响，磨前分析仪有 3min 滞后，磨后分析仪需要 6~7min 才能检测

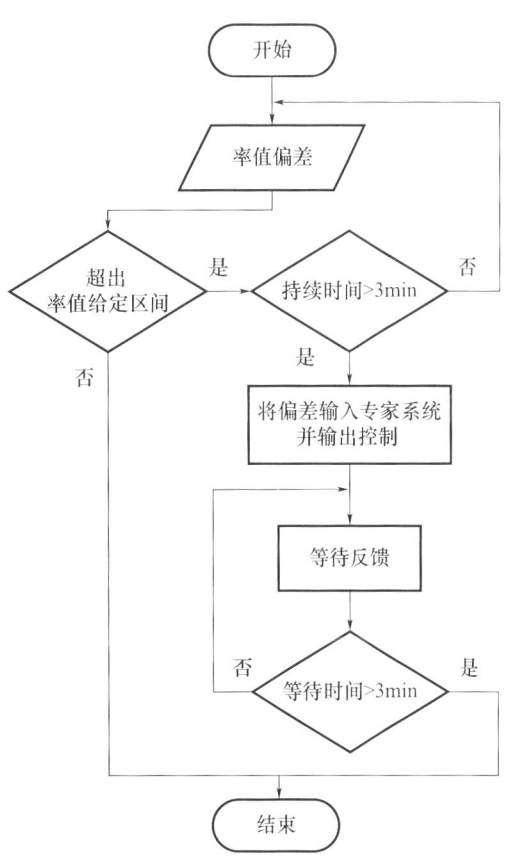

图 4.4 偏差控制流程

到成分变化，所以需要有等待时间。等待时间过后结束控制流程。

（5）系统有两个输出周期：一个是调整周期，可改变，一般设定为 10～15min；另一个是最小计算周期，为 1min。偏差控制只在每个调整周期开始有效。

4.3.2 智能趋势控制方法

偏差控制响应速度较慢，趋势控制器对偏差控制的不足加以弥补。系统根据率值给定区间设定了趋势控制调整阈值。该阈值限定的区间长度比率值给定区间减小了 50%，提高了系统响应的灵敏度，力求在率值反馈靠近给定区间临界时将趋势收敛，防止超出给定区间。趋势控制的具体流程如图 4.5 所示。

（1）系统判断率值反馈是否有发散趋势。如果趋势收敛，则系统无响应；如果趋势发散，则进入下一步。

首先，系统利用相邻 2 次动作周期的率值反馈与率值给定之偏差的差值作为率值反馈趋势判断依据。其次，率值趋势的收敛与发散由以下语句判断：

IF "偏差 * 偏差差值 > 0" THEN "发散"；
ELSE "收敛"。

（2）判断率值反馈与率值给定之偏差差值是否大于率值趋势动作阈值。若不小于该阈值，系统直接将该差值输入专家系统进行控制；若小于该阈值，系统进入下一判断。系统将趋势动作阈值设为可调参数，以改变系统的

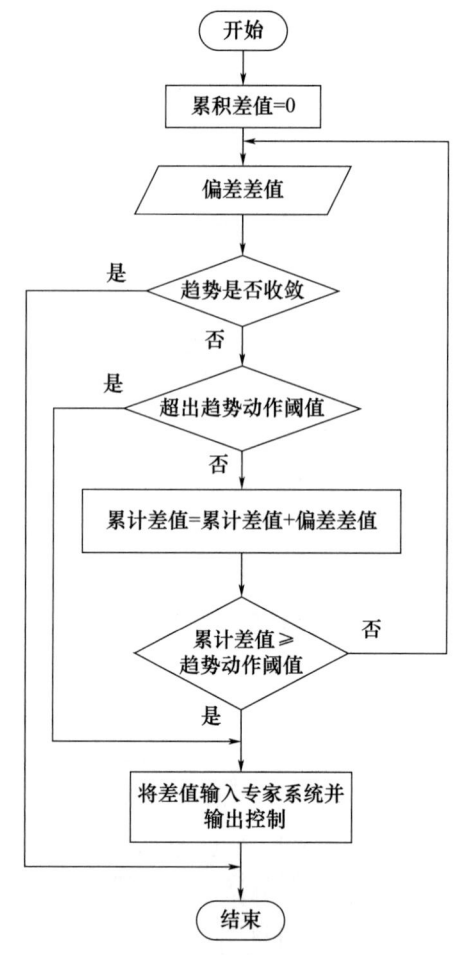

图 4.5 趋势控制流程图

分辨率。系统默认该阈值为率值给定区间长度的 12.5%，如 K 给定区间长度为 0.04，则 K 的趋势动作阈值为 0.005；n 和 p（或 Fe_2O_3 含量）给定区间长度均为 0.2，则其趋势动作阈值为 0.025，程序中近似设为 0.03。

（3）若率值反馈与率值给定之偏差差值小于率值趋势动作阈值，系统暂时不输出新的配比，但是会将该差值进行累计，直到累计差值大于或等于趋势动作阈值，然后将累计差值输入专家系统。

（4）系统对率值的趋势控制输出增量（新配比与原配比的差值）做了限制，输出增量较小，不会对系统造成较大的超调，所以率值趋势控制只要满足条件就会被触发，时刻跟随系统进行调节。率值趋势控制在调整周期内有效，其最小输出周期为系统最小计算周期。

4.3.3 智能预测控制方法

采用子空间模型识别的建模方法对生产现场采集的数据进行建模，得到一个线性离散模型，然后用该模型设计仿真控制器。通过大量的尝试和验证，得到模型的表达形式为

$$x(k+1) = A \times x(t) + B \times u(t) + K \times e(t) \tag{4-8}$$

$$y(t) = C \times x(t) + D \times u(t) + e(t) \tag{4-9}$$

公式中的参数分别为

$$A = \begin{bmatrix} 0.510 & 0.480 & -0.826 & -2.752 & -0.425 \\ 0.227 & -0.567 & -0.829 & -0.434 & -0.412 \\ 0.232 & 0.776 & -0.329 & 1.267 & -0.225 \\ 0.826 & 0.351 & -0.560 & -1420 & -0.481 \\ 0.569 & -0.685 & 1.190 & 0.207 & 0.620 \end{bmatrix}$$

$$B = \begin{bmatrix} 0.695 & 0.000 & 0.000 & -0.695 \\ 0.350 & 0.000 & 0.000 & -0.350 \\ -0.610 & 0.000 & 0.000 & 0.610 \\ 0.100 & 0.000 & 0.000 & -0.100 \\ -0.080 & 0.000 & 0.000 & 0.080 \end{bmatrix}$$

$$C = \begin{bmatrix} 0.022 & 0.082 & -0.019 & -0.019 & 0.117 \\ -0.108 & -0.028 & -0.021 & 0.048 & -0.145 \end{bmatrix}$$

$$D = \begin{bmatrix} 0.000 & 0.000 & 0.000 & 0.000 \\ 0.000 & 0.000 & 0.000 & 0.000 \end{bmatrix}$$

$$K = \begin{bmatrix} 30.797 & 3.534 \\ 10.476 & -5.347 \\ -27.686 & -33.219 \\ 4.135 & -17.153 \\ -11.372 & 6.219 \end{bmatrix}$$

$$x(0) = \begin{bmatrix} 1.849 \\ 0.605 \\ 0.873 \\ 1.406 \\ -2.092 \end{bmatrix}$$

式中，$e(t)$ 表示有色噪声；$x(t)$ 表示状态变量；$u(t)$ 表示系统输入；$y(t)$ 表示系统输出。

模型验证，原料配比的变化是模型的输入，然后将模型输出数据与实际输出数据进行比较。比较结果如图4.6、图4.7所示。

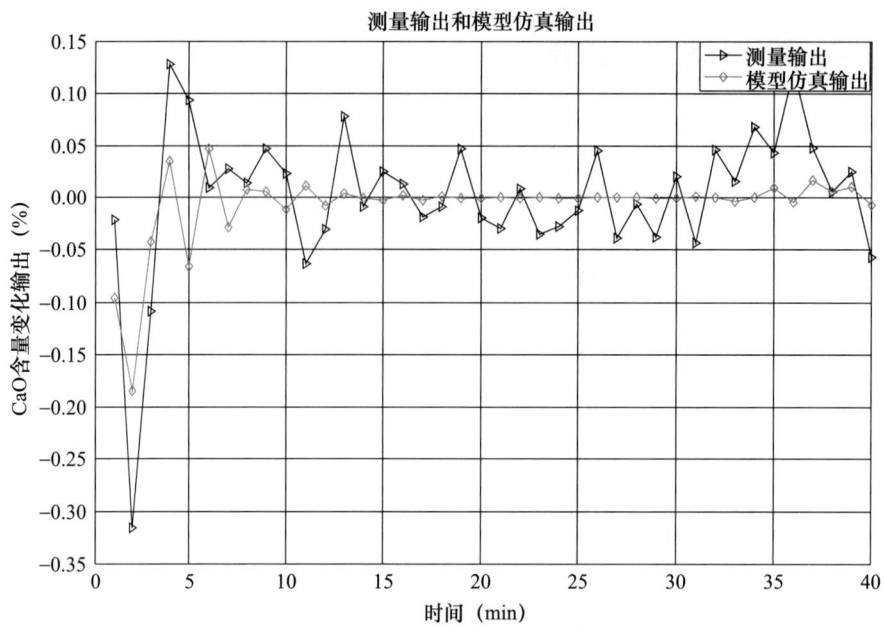

图 4.6　CaO 含量变化的仿真输出与实际输出

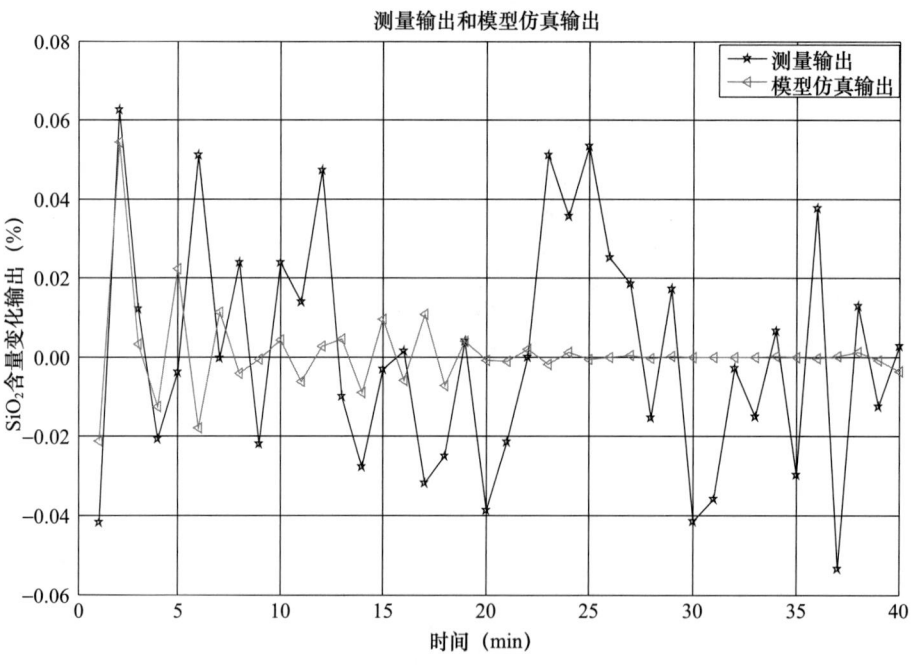

图 4.7　SiO_2 含量变化的仿真输出与实际输出

图 4.6 和图 4.7 分别表示生料中 CaO 含量变化的仿真输出与实际输出和生料中 SiO_2 含量变化的仿真输出与实际输出，图 4.6 和图 4.7 中正负表示氧化物含量的增减。从图 4.6 和 4.7 中可以看到，模型仿真输出与实际输出存在偏差，但模型仿真输出与实际输出偏差较小，这种程度的偏差可使辨识出的模型用于水泥生料质量控制系统中。

4.3.4 原材料成分智能预估方法

由于水泥生料中原材料成分含量并不是固定不变的，其成分含量会一直波动，当原材料成分波动较小时对配比调节影响不大。但是当原材料成分波动较大时，根据原有的原材料成分含量信息，计算出的结果和实际结果存在较大偏差。

预估原材料化学成分的计算方法是在原有原材料成分的基础上对原材料中各氧化物的含量进行修改，然后利用数学规划关系式验证预估后的原材料成分是否符合配比与生料中各氧化物含量的关系，最契合配比与生料中各氧化物含量关系的那组原材料成分将被作为最终输出结果。预估原材料成分的求解过程如图 4.8 所示。

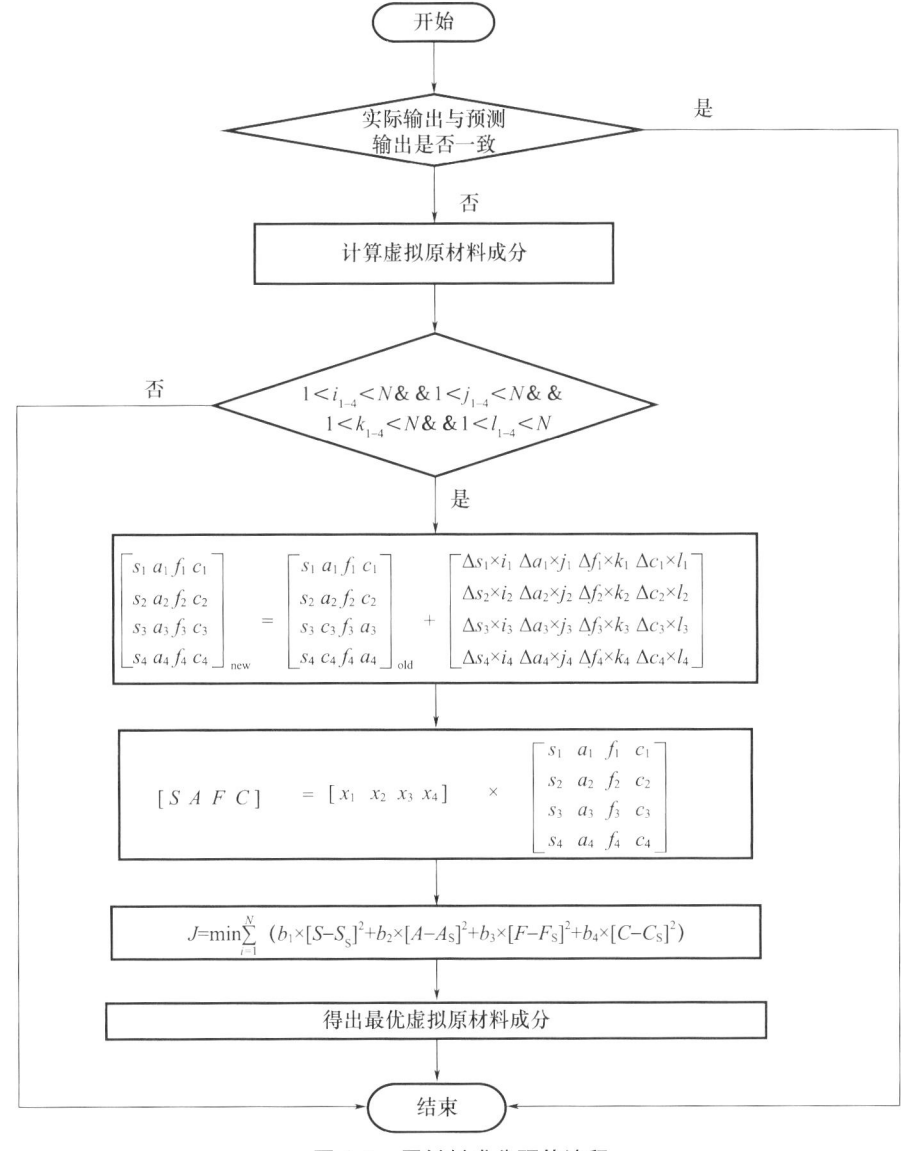

图 4.8 原材料成分预估流程

图中 i_{1-4} 表示四种原材料中硅氧化物（SiO_2）含量的改变次数，j_{1-4} 表示四种原材料中铝氧化物（Al_2O_3）含量的改变次数，k_{1-4} 表示四种原材料中铁氧化物（Fe_2O_3）含量的改变次数，l_{1-4} 表示四种原材料中钙氧化物（CaO）含量的改变次数，s_{1-4} 表示四种原材料中硅氧化物的含量，a_{1-4} 表示四种原材料中铝氧化物的含量，f_{1-4} 表示四种原材料中铁氧化物的含量，c_{1-4} 表示四种原材料中钙氧化物的含量，Δs_{1-4} 表示计算预估原材料成分时原材料中硅氧化物含量每次改变的幅度，Δa_{1-4} 表示计算预估原材料成分时原材料中铝氧化物含量每次改变的幅度，Δf_{1-4} 表示计算预估原材料成分时原材料中铁氧化物含量每次改变的幅度，Δc_{1-4} 表示计算预估原材料成分时原材料中钙氧化物含量每次改变的幅度，x_{1-4} 表示四种原材料的配比。生料中各氧化物的含量对生料三率值有不同程度的影响，因此设定权重系数 b_{1-4} 用来表示各氧化物含量的重要程度，S_s、A_s、F_s、C_s 表示水泥生料中各氧化物的实际含量，即近红外在线分析仪所检测到的水泥生料中 SiO_2、Al_2O_3、Fe_2O_3 和 CaO 的含量。S、A、F、C 表示根据配比与预估原材料成分算出的水泥生料中各氧化物的含量，分别表示 SiO_2、Al_2O_3、Fe_2O_3 和 CaO 的含量。

预估原材料成分的计算流程为：当需要计算预估的原材料成分时，在化验室给定的原材料成分基础上对四种原材料中的四种氧化物成分含量分别按照一定的变化量进行增减操作，得出一组新的原材料化学成分，然后根据数学规划关系式将原材料配比与刚得出的预估原材料成分相乘得出一组生料中各氧化物的含量 S、A、F、C，将 S、A、F、C 与近红外在线分析仪所检测的水泥生料中四种氧化物的含量 S_s、A_s、F_s、C_s 做差，求其平方和记作 J。这样，尝试过的每一组原材料化学成分都会得到一个 J，每次都对 J 进行比较，最终便可得出偏差平方和最小的那组预估原材料成分，这组预估原材料成分便被认为是最契合原材料配比与生料中各氧化物含量的关系，被用于实际的原材料配比求解环节。实际生产中，原材料成分的波动都有一个大致的范围，本章将这些范围设为约束条件，利用循环嵌套对在约束范围内每一种可能存在的原材料成分组成都——尝试，最终找出方差和最小的那组原材料成分，这组原材料成分被认为是最优的预估原材料成分，用于其他环节的计算。

参考文献

[1] 万新. 基于自动配料的水泥生料质量控制研究［D］. 济南：济南大学，2015.

[2] 万新，于宏亮，王孝红. 基于典型工况的水泥生料质量控制方法［J］. 济南大学学报（自然科学版），2015，29（2）：88-93.

[3] 俞振. 预测控制在水泥生料质量控制中的应用［D］. 济南：济南大学，2017.

[4] 黄冰. 水泥生料配料工况识别研究［D］. 济南：济南大学，2017.

[5] 王雪庆. 基于典型工况的水泥生料质量自动控制研究［D］. 济南：济南大学，2019.

[6] 卢新忠. 基于熟料质量预测的水泥生料配料优化研究［D］. 济南：济南大学，2019.

[7] 许磊. 基于多目标优化的水泥生料配料系统研究［D］. 济南：济南大学，2020.

5 水泥熟料煅烧环节的智能控制

熟料煅烧是水泥生产的核心环节,但国内企业普遍存在原料成分多变、设备及工艺工况波动大等现象,导致在煅烧控制与优化方面存在建模难、控制难、优化运行难的问题,其运行操作仍然依靠知识型工作者凭经验完成,智能自动化水平较低。因此,面向水泥熟料煅烧过程,以稳定热工制度为核心,提出了关键工艺参数信息融合策略,发明了熟料烧成工况综合识别方法,设计了多模态智能控制器,攻克了水泥烧成过程因滞后、非线性及不确定性导致的"风煤料"动态不平衡问题,保证了热工制度稳定,提高了熟料产量、质量,降低了熟料烧成煤耗。

经过多年的研究与实践,围绕粉磨过程中物理化学变化、颗粒研磨分形等机制,立足我国水泥粉磨生产运行规律,融合数据挖掘、控制理论、人工智能、信息处理等技术,从建模、控制及优化角度出发,特别是经过实际应用的考验,水泥工业粉磨优化控制系统的理论和应用已形成合理的体系架构,由基于大数据的完备专家知识库、工况在线识别与模型库、适用于各工况模型的控制策略三部分构成。

熟料烧成重点在于热工制度的稳定,而稳定热工制度的关键是控制"风煤料"平衡。因此,围绕全面感知、工况识别和智能控制实现"风煤料"的动态平衡,给出水泥熟料煅烧环节的智能控制技术方案,如图5.1所示。

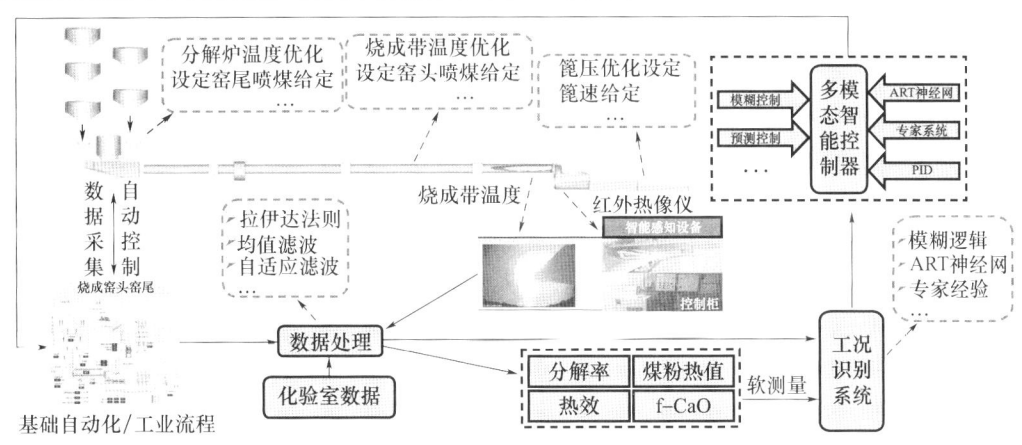

图5.1 水泥熟料煅烧环节的智能控制技术方案

5.1 水泥熟料煅烧过程核心工艺参数检测技术

针对熟料智能煅烧测量难的关键问题，本节分类阐述水泥熟料煅烧过程核心工艺参数检测技术，并给出烧成带温度和熟料质量关键参数的在线检测获取方法。

5.1.1 水泥化验室数据

熟料智能煅烧所涉及的水泥化验室数据主要包括：

1. 游离氧化钙（f-CaO）

f-CaO 的含量高低对水泥安定性及熟料强度有很大影响，能够间接表征物料在回转窑内的煅烧状况。

2. 入窑生料三率值 KH（石灰饱和系数）、SM（硅率）、IM（铝率）

KH 越大，熟料强度越好，提高 KH 有利于提高水泥熟料质量。但 KH 过高会导致熟料煅烧困难，使熟料中 f-CaO 含量过高；SM 过高，C_3S 不易形成，导致熟料煅烧困难，f-CaO 含量增高；SM 过低，则熟料强度降低；IM 高，熟料中铝酸三钙多，液相黏度大，熟料难烧，但 IM 也不宜过低，否则不利于窑的控制。

f-CaO 与 KH、SM、IM 部分原始数据如图 5.2 所示。

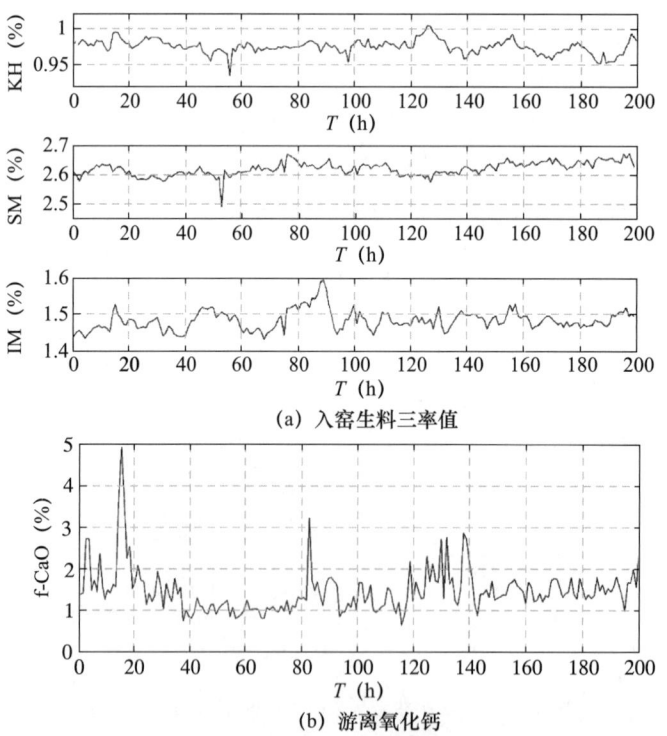

图 5.2 水泥化验室数据

5.1.2 基础自动化数据

熟料智能煅烧的基础自动化数据主要来源于水泥企业的 DCS，如图 5.3 所示。

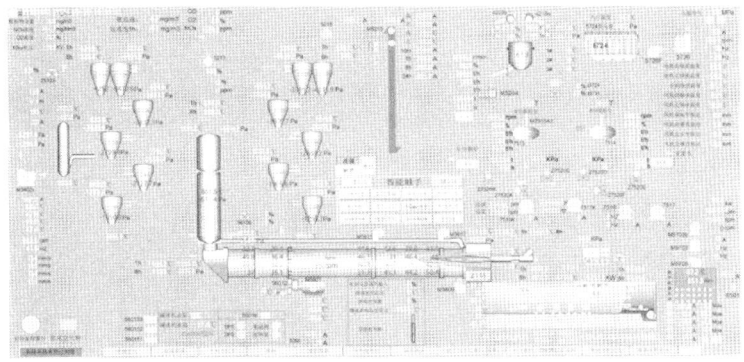

图 5.3　水泥厂中控监控界面

采集的部分基础自动化数据如图 5.4 所示。

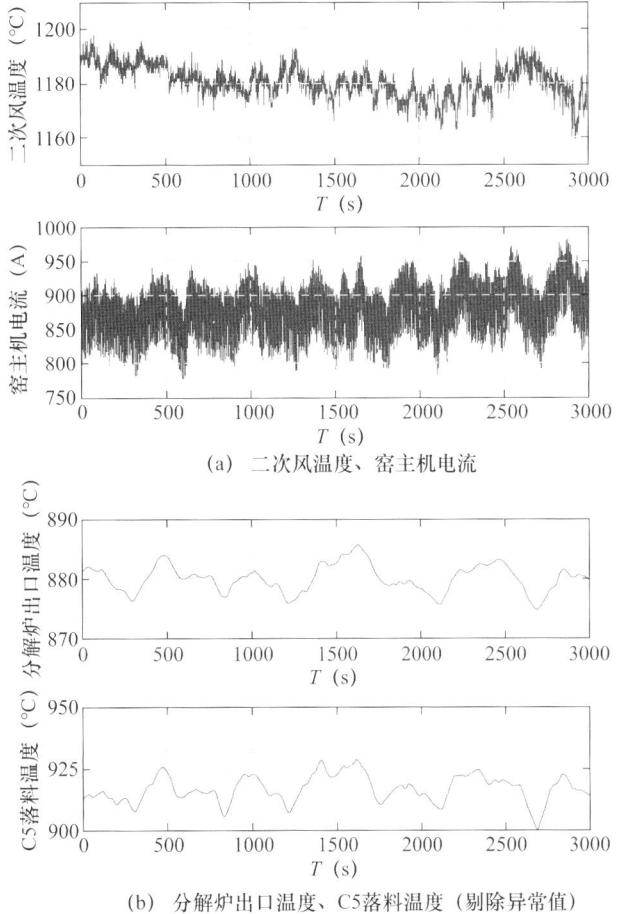

(a) 二次风温度、窑主机电流

(b) 分解炉出口温度、C5落料温度（剔除异常值）

图 5.4　在线采集部分基础自动化数据

5.1.3 水泥烧成带温度在线检测

烧成带温度是熟料智能煅烧的重要参数，本节主要介绍基于热成像的烧成带温度在线检测方法。图5.5和图5.6显示了热成像设备所检测的烧成带火焰和烧成带温度变化曲线。从图5.6可以看出，热成像设备所检测的温度测量值波动剧烈，直接影响了回转窑的煅烧状态识别和智能控制，因此需要对其进行滤波处理，准确提取其变化趋势。

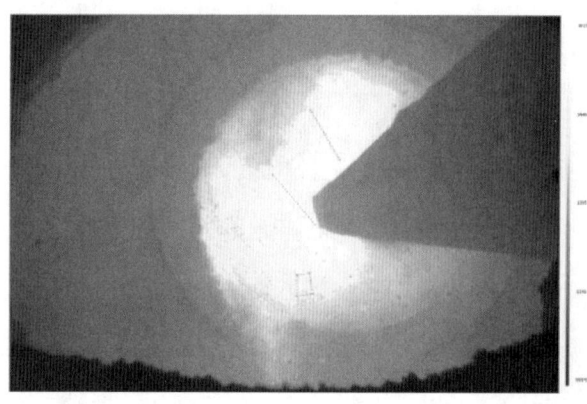

图5.5 烧成带火焰

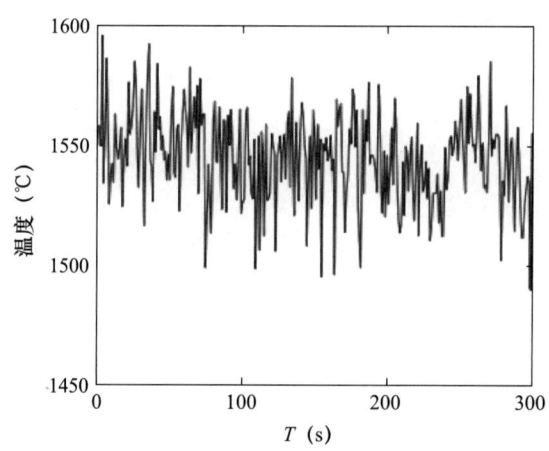

图5.6 烧成带温度曲线

经验模态分解（EMD）是信号滤波领域的一种先进方法，其本质是将信号分解成固有模式函数 IMF 和余项的组合。假设信号 $X(t)$，其 EMD 分解过程如图5.7所示。

一般来说，趋势项主要存在于余项部分。因此，传统的 EMD 趋势提取方法假设余项就是信号趋势。然而，信号的少量趋势信息同时存在于 IMF 分量中。如果仅提取信号余项作为趋势项，很难正确反映信号的变化趋势。水泥烧成带温度趋势类型多为线性趋势或多项式趋势。最小二乘法对线性趋势或多项式趋势具有较高的拟合精度。因此，采用最小二乘法确定每个 IMF 分量的多项式拟合误差，并将拟合误差小于设定阈值的 IMF 分量和余项组合，实现水泥烧成带温度趋势的自适应提取。基于最小二乘法的信号趋势自适应提取过程如图 5.8 所示。

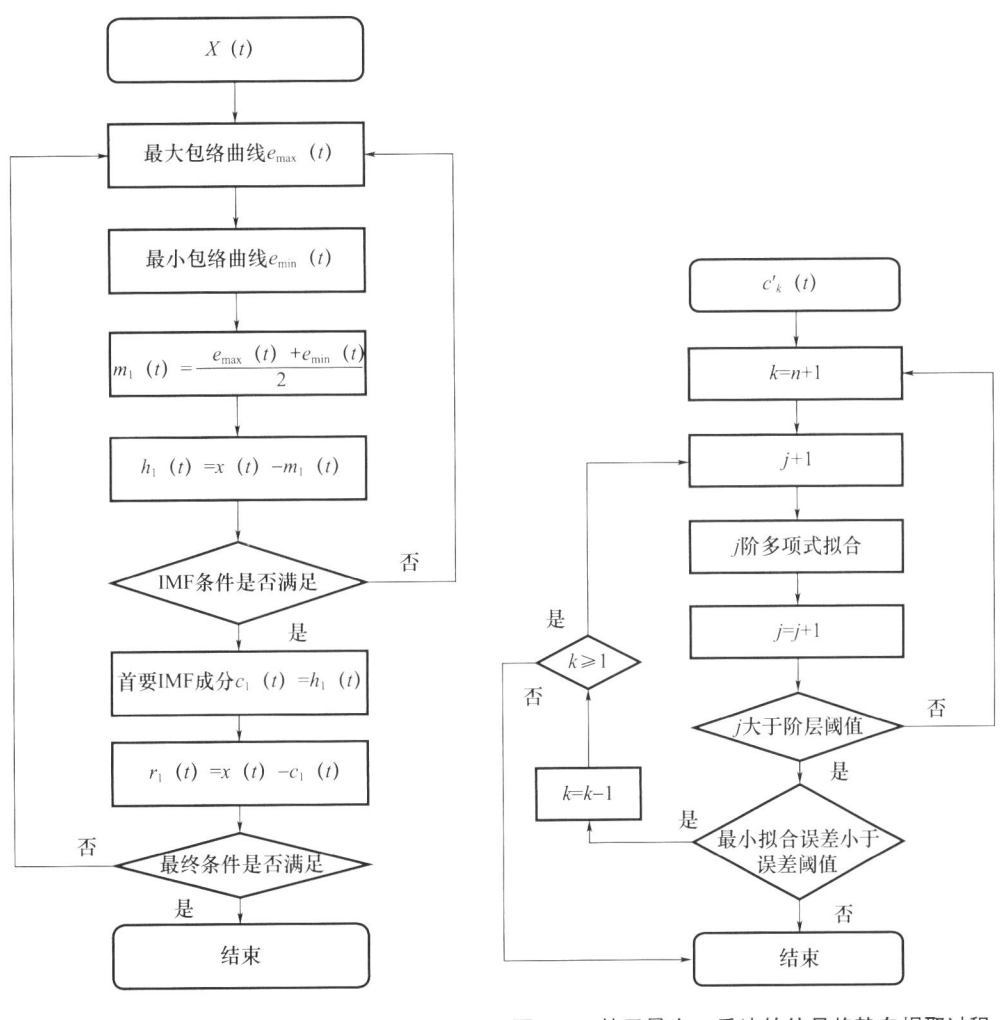

图 5.7　EMD 分解过程　　　　图 5.8　基于最小二乘法的信号趋势自提取过程

对图 5.6 所示的烧成带温度曲线，其 EMD 分解结果如图 5.9 所示，其中 IMF_1，IMF_2，$\cdots$，IMF_6 表示 IMF 分量，r_6 表示余项。

采用最小二乘法对每个 IMF 分量和余项进行多项式拟合，其最小拟合误差见表 5-1。

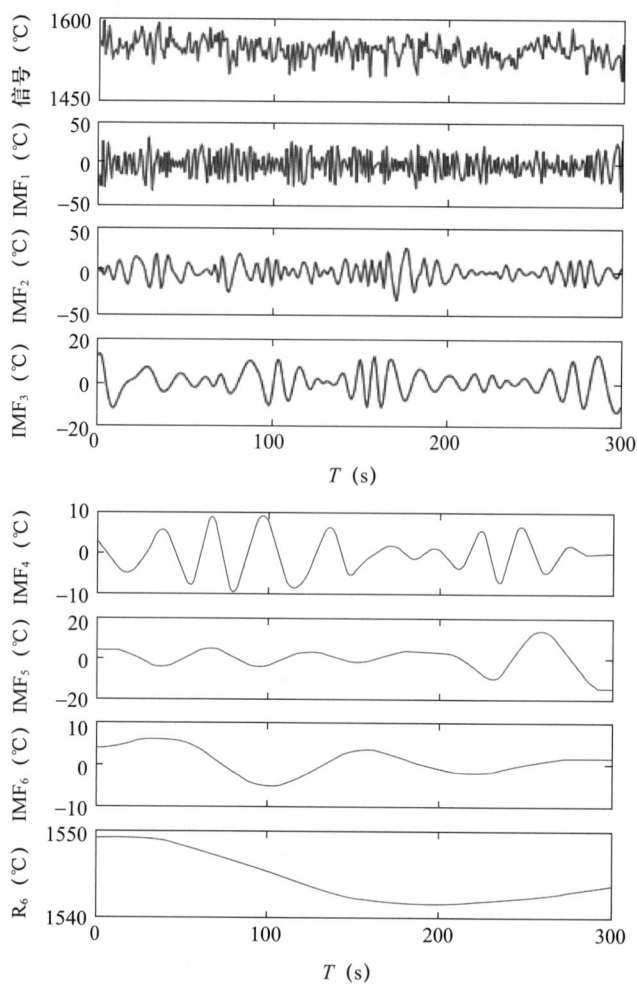

图 5.9 EMD 分解结果

表 5-1 最小拟合误差

EMD 分解层	最小拟合温度温差（℃）
c_1	185.052900
c_2	97.3723000
c_3	19.0789000
c_4	7.06020000
c_5	0.00610000
c_6	0.00005000
r_6	0.00000002

从表 5.1 中可以看出 c_4 和 c_5 的最小拟合误差之间存在明显的界限，因此选择 c_5、c_6 和 r_6 作为信号趋势项。

5.1.4 水泥熟料关键质量参数在线软测量

熟料质量的检测指标主要包括游离氧化钙（f-CaO）、3d 强度、28d 强度等。下面以游离氧化钙（f-CaO）为例讲述熟料关键质量参数在线软测量方法。f-CaO 软测量方案如图 5.10 所示。

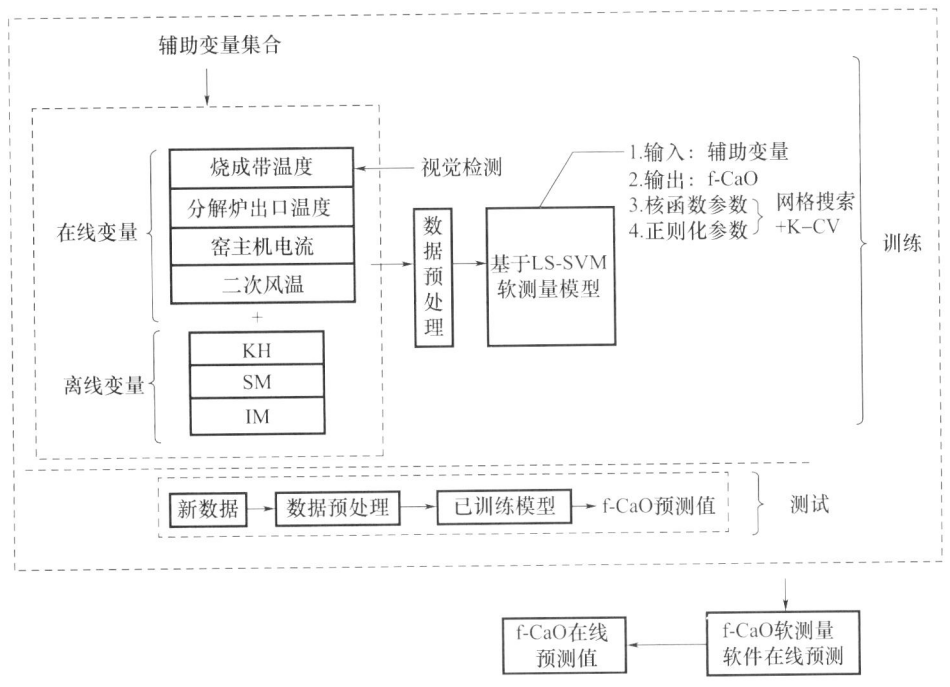

图 5.10　f-CaO 软测量方案

选取烧成带温度、二次风温、窑主机电流、分解炉出口温度、入窑生料三率值作为辅助变量，建立基于 LS-SVM 的熟料 f-CaO 含量软测量模型，步骤如图 5.11 所示。

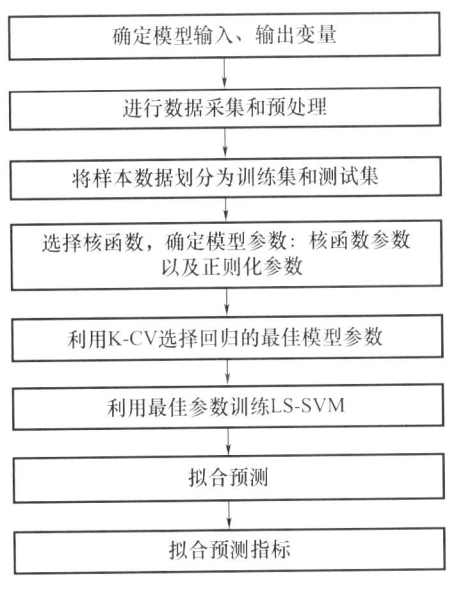

图 5.11　LS-SVM 建模步骤

以某水泥厂为例得到192组数据。选取144组数据作为LS-SVM的训练样本，建立基于LS-SVM的熟料f-CaO测量模型，其余48组数据作为测试样本对模型进行测试。选择软测量模型的正则化参数$C=48.18$、核函数参数$\sigma=5.61$，f-CaO含量软测量预测结果如图5.12所示。

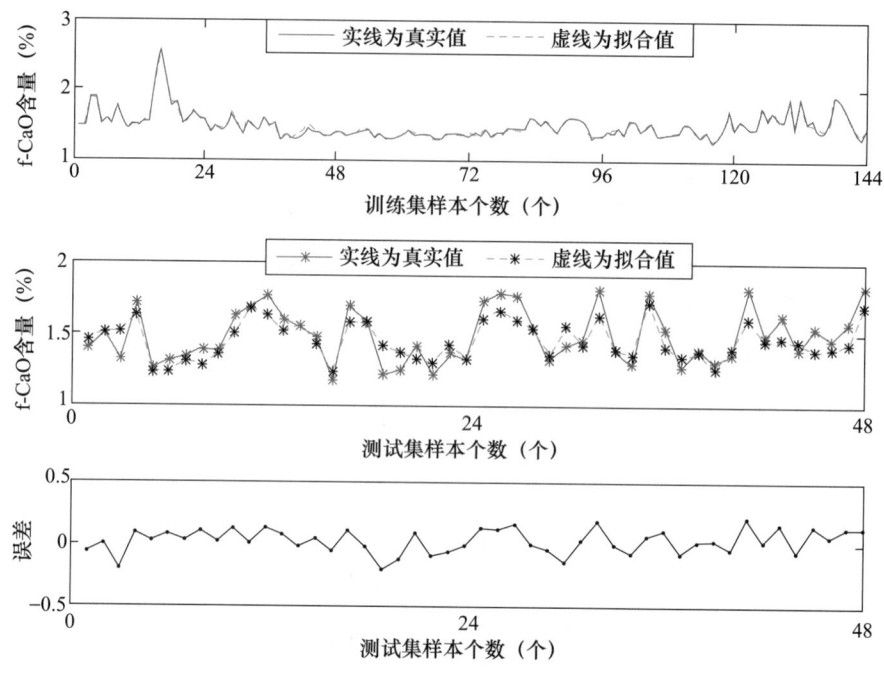

图5.12　f-CaO含量软测量预测结果

从图5.12可以看出，基于LS-SVM的熟料f-CaO含量软测量模型可对f-CaO含量进行预测，具有较好的精度，可用于熟料煅烧智能控制。

5.2　水泥熟料煅烧过程工况识别技术

熟料煅烧的最终目的是获取合格的熟料。烧成状态是决定水泥熟料质量的关键因素。根据工艺将烧成状态分为三种，即"欠烧""正常"和"过烧"。当窑处于"欠烧"时，烧成带温度低于物料发生固相反应形成熟料所需要的最低温度区间，最终烧成的熟料类型为"欠烧"；当窑处于"过烧"时，窑内烧成带温度高于熟料形成所需要的最高温度区间，最终烧成的熟料类型为"过烧"；其余为"正常"，熟料质量指标处于合格范围之内，满足企业生产要求。本节阐述工况识别系统的构建方法、实现熟料煅烧工况的准确辨识。

5.2.1 关键工艺参数选取

在实际生产中,操作员主要通过观察关键工艺参数的变化情况对窑内烧成状态进行判断,这些参数包括:

(1) f-CaO 作为重要的熟料质量指标,直接反映了回转窑内熟料烧成的质量。

(2) 烧成带温度是操作员判断窑内烧成状态的一项重要参考指标。在实际生产中,操作员通过烧成带火焰图像判断窑内烧成带温度的高低,对窑内的烧成状况进行估计。同时结合 f-CaO 的值综合判断窑内的烧成状态。

(3) 窑主机电流、二次风温、分解炉出口温度、生料下料量、C5 落料温度、窑头负压的测量值及其变化趋势反映了窑内烧成状态。

综上所述,选取熟料 f-CaO、烧成带温度作为判断窑内烧成状态的主要工艺参数,窑主机电流、二次风温、分解炉出口温度、生料下料量、C5 落料温度、窑头负压作为次要工艺参数,对窑内烧成状态及各类工况进行识别判断。

5.2.2 特征提取

特征提取主要包括参数的趋势特征提取和实时值特征提取。

1. 参数趋势特征提取

参数变化趋势通过曲线斜率表征,具体过程为:

对一段时间序列 $X = x(t_1), x(t_2), \cdots, x(t_n)$,将该时间序列上的每一个数据通过直线连接,得到一条连续的曲线 $X(t)$,将曲线上某点斜率记为 $k(t_i)$,则

$$k(t_i) = x(t_i) - x(t_{i-m}) \tag{5.1}$$

将斜率 k 作为模糊论域,量化后论域为 [-2, -1, 0, 1, 2],模糊子集为 {负大,负小,正常,正小,正大},简记为 {NB, NS, ZO, PS, PB}。选取各模糊子集的隶属度为 0 或 1,即

$$T = \begin{cases} 2, & k \geqslant \lambda_{PB} \\ 1, & \lambda_{PS} \leqslant k \leqslant \lambda_{PB} \\ 0, & \lambda_{NS} < k < \lambda_{PB} \\ -1, & \lambda_{NB} < k \leqslant \lambda_{NS} \\ -2, & k \leqslant \lambda_{NB} \end{cases} \tag{5.2}$$

式中,λ_{PB}、λ_{PS}、λ_{NS}、λ_{NB} 为各个模糊子集的边界阈值。

下面以烧成带温度为例阐述趋势特征提取过程。

以某水泥厂为例,烧成带温度的正常波动范围为 1350~1450℃。选取 120s 作为判断其趋势变化的时间域,烧成带温度的斜率基本论域为 [-50, 50],量化论域为 [-2, -1, 0, 1, 2],对应模糊子集为 {快降,慢降,平稳,慢升,快升},对烧成带温度变化

进行分档:

$$T = \begin{cases} 2, & k \geq 50 \\ 1, & 25 \leq k < 50 \\ 0, & -25 < k < 25 \\ -1, & -50 < k \leq -25 \\ -2, & k \leq -50 \end{cases} \tag{5.3}$$

采用上述分档方法对烧成带温度进行特征提取。烧成带温度采样点曲线如图 5.13 所示。

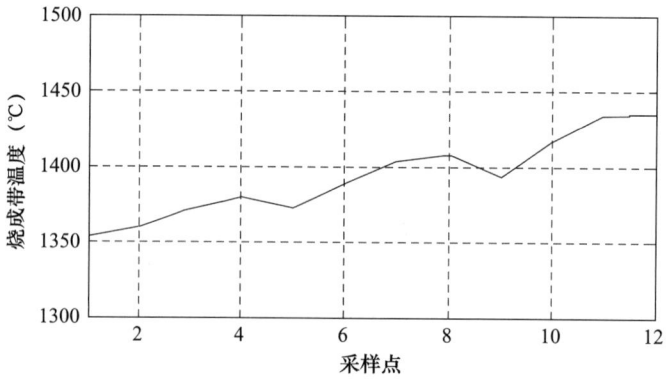

图 5.13　烧成带温度采样点曲线

利用式 (5.1) 计算得到 8 个斜率值,见表 5-2。

表 5-2　烧成带温度采样点曲线斜率值

k_1	k_2	k_3	k_4	k_5	k_6	k_7	k_8
23.15	29.34	31.23	27.10	21.38	28.68	31.46	28.62

由表 5.2 可以看出,6 个斜率值属于 [25,50],所以判断烧成带温度在这 120s 内变化趋势为慢升。

虽然以上分档方法简单快捷,但是分类较粗,导致分类结果可能存在偏差。为提高分类准确率,选择三角形隶属度函数作为各模糊子集的隶属度函数,见式 (5.4) ~ 式 (5.8)。

$$\mu_{PB}(k) = \begin{cases} \dfrac{x}{25} - 1, & 25 \leq k < 50 \\ 1, & k \geq 50 \\ 0, & k < 50 \end{cases} \tag{5.4}$$

$$\mu_{PB}(k) = \begin{cases} \dfrac{x}{25}, & 0 \leq k < 25 \\ -\dfrac{x}{25} + 2, & 25 \leq k < 50 \\ 0, & k \geq 50 \text{ 或 } k < 25 \end{cases} \tag{5.5}$$

$$\mu_{ZO}(k) = \begin{cases} -\dfrac{x}{25}+1, & 0 \leqslant k < 25 \\ \dfrac{x}{25}+1, & -25 \leqslant k < 0 \\ 0, & k \geqslant 25 \text{ 或 } k < -25 \end{cases} \quad (5.6)$$

$$\mu_{NS}(k) = \begin{cases} \dfrac{x}{25}+2, & -50 \leqslant k < -25 \\ -\dfrac{x}{25}, & -25 \leqslant k < 0 \\ 0, & k \geqslant 0 \text{ 或 } k < -50 \end{cases} \quad (5.7)$$

$$\mu_{NB}(k) = \begin{cases} 1, & k < -50 \\ -\dfrac{x}{25}-1, & -50 < k < -25 \\ 0, & k > -25 \end{cases} \quad (5.8)$$

隶属度曲线如图 5.14 所示。

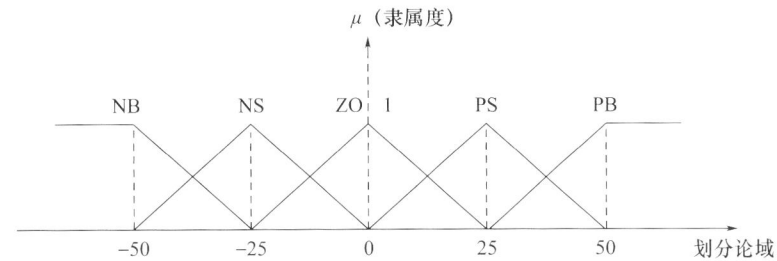

图 5.14 烧成带温度变化趋势模糊隶属度曲线

2. 参数实时值特征提取

以烧成带温度和 f-CaO 为例阐述参数实时值特征提取过程。

烧成带温度智能控制系统根据烧成带温度与设定值之间的差值进行控制。因此，以烧成带温度设定值为基准，对实时值与设定值之间的差值进行特征提取，其基本论域为 [−150, 150]，模糊子集为 {NB, NS, ZO, PS, PB}，对应的语言变量为 {很低, 偏低, 正常, 偏高, 很高}。选取梯形与三角形隶属度结合的隶属度函数对烧成带温度数据进行模糊化，其隶属度函数曲线如图 5.15 所示。

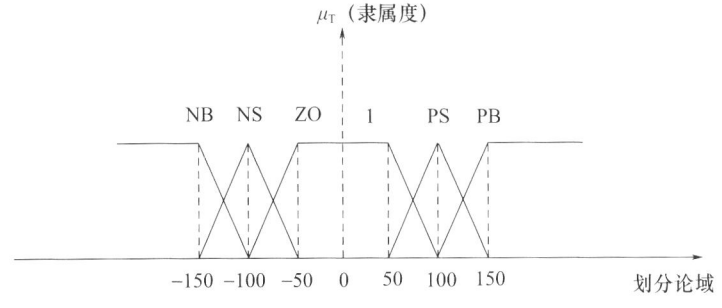

图 5.15 烧成带温度实时值与设定值偏差的模糊隶属度曲线

隶属度函数为

$$\mu_{PB}(x) = \begin{cases} \dfrac{x-100}{50}, & 100 \leq x < 150 \\ 1, & x \geq 150 \\ 0, & x < 100 \end{cases} \quad (5.9)$$

$$\mu_{PS}(x) = \begin{cases} \dfrac{x-50}{50}, & 50 \leq x < 100 \\ \dfrac{150-x}{50}, & 100 \leq x < 150 \\ 0, & x \geq 150 \text{ 或 } x < 50 \end{cases} \quad (5.10)$$

$$\mu_{ZO}(x) = \begin{cases} \dfrac{x-100}{-50}, & 50 \leq x < 100 \\ 1, & -50 \leq x \leq 50 \\ \dfrac{x+100}{50}, & -100 \leq x < -50 \\ 0, & x \geq 100 \text{ 或 } x < -100 \end{cases} \quad (5.11)$$

$$\mu_{NS}(x) = \begin{cases} \dfrac{x+150}{50}, & -150 \leq x < -100 \\ \dfrac{x+50}{-50}, & -100 \leq x < -50 \\ 0, & x \geq -50 \text{ 或 } x < -150 \end{cases} \quad (5.12)$$

$$\mu_{NB}(x) = \begin{cases} 1, & x < -150 \\ \dfrac{x+100}{-50}, & -150 \leq x < -100 \\ 0, & x \geq -100 \end{cases} \quad (5.13)$$

f-CaO 基本论域为 [0.5, 1.5]，其实时值的模糊隶属度函数曲线如图 5.16 所示。

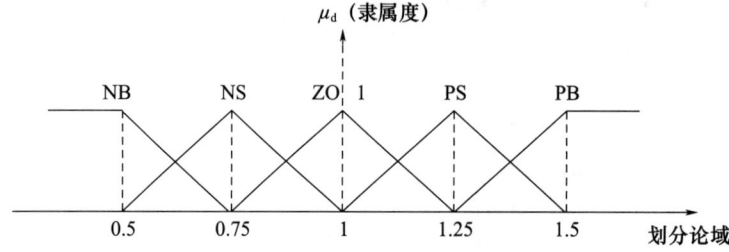

图 5.16　f-CaO 模糊隶属度曲线

隶属度函数为

$$\mu_{PB}(x) = \begin{cases} \dfrac{x}{0.25}, & 1.25 \leq x < 1.5 \\ 1, & x \geq 1.5 \\ 0, & x < 1.25 \end{cases} \quad (5.14)$$

$$\mu_{PS}(x) = \begin{cases} \dfrac{x}{0.25} - 4, & 1 \leq x < 1.25 \\ 6 - \dfrac{x}{0.25}, & 1.25 \leq x < 1.5 \\ 0, & x < 1 \text{ 或 } x \geq 1.5 \end{cases} \tag{5.15}$$

$$\mu_{ZO}(x) = \begin{cases} -\dfrac{x}{0.25} + 6, & 1 \leq x < 1.25 \\ \dfrac{x}{0.25} - 3, & 0.75 \leq x < 1 \\ 0, & x \geq 1.25 \text{ 或 } x < 0.75 \end{cases} \tag{5.16}$$

$$\mu_{NS}(x) = \begin{cases} \dfrac{x}{0.25} - 2, & 0.5 \leq x < 0.75 \\ -\dfrac{x}{0.25} + 4, & 0.75 \leq x < 1 \\ 0, & x \geq 1 \text{ 或 } x < 0.5 \end{cases} \tag{5.17}$$

$$\mu_{NB}(x) = \begin{cases} 1, & x < 0.5 \\ -\dfrac{x}{0.25} + 3, & 0.5 \leq x \leq 0.75 \\ 0, & x > 0.75 \end{cases} \tag{5.18}$$

其他参数的特征提取过程类似，将论域区间划分成 {NB，NS，ZO，PS，PB} 5 档，量化后论域为 {-2，-1，0，1，2}，选择三角隶属度函数，则各参数论域区间见表 5-3。

表 5-3　回转窑参数模糊化论域区间

过程参数	论域区间
f-CaO（%）	[0.5，1.5]
烧成带温度（℃）	设定值 ±150
分解炉出口温度（℃）	[870，890]
窑主机电流（A）	[800，1000]
二次风温（℃）	[1050，1250]
窑头负压（kPa）	[-95，-55]
生料下料量（t/h）	[378，384]
C5 落料温度（℃）	[880，940]

表 5-3 中各参数边界阈值根据水泥厂的实际情况设定。在实际的系统设计过程中，必须根据各水泥企业的实际生产情况设定最佳的参数范围，以确保烧成状态识别的准确性。

5.2.3 基于模糊推理的回转窑烧成状态识别系统

1. 模糊推理机制

模糊推理是模糊专家系统的核心,因此从隶属度函数、解模糊、模糊推理三个方面对其进行介绍。

1)隶属度函数

若对论域中的任意元素 X,都存在 $A(X) \in (0,1)$ 与之对应,则 A 称为该论域上的模糊集。隶属度函数表示论域中任意元素属于 A 的程度。常用的隶属度函数有三角形隶属度函数、梯形隶属度函数、正态分布形隶属度函数等。

2)解模糊

解模糊方法有很多种,最常用的有最大隶属度法、加权平均法和重心法。

最大隶属度法:将推理结果模糊集合中隶属度最大的元素作为输出值,即

$$V_0 = \max \mu_v(v), \ v \in V \tag{5.19}$$

加权平均法:

$$V_0 = \frac{\sum_{i=1}^{m} v_i k_i}{\sum_{i=1}^{m} k_i} \tag{5.20}$$

当系数 k_i 取隶属度 $u_v(v_i)$ 时,就化为重心法。

3)模糊推理

常用的模糊推理方式有正向推理方式、逆向推理方式和双向推理方式三种。

2. 基于模糊推理的回转窑烧成状态识别

在生料成分稳定的情况下,选择烧成带温度和 f-CaO 作为表征烧成状态的主要工艺参数,采用构建模糊推理规则表的方式对烧成状态进行识别。选择烧成带温度与设定值之差的基本论域 [-150,150],斜率论域 [-50,50],f-CaO 实际值论域 [0.5,1.5],对应模糊子集 {很低、偏低、正常、偏高、很高},简记为 {NB, NS, ZO, PS, PB};烧成状态模糊子集为 {欠烧、较欠烧、正常、较过烧、过烧},简记为 {NB, NS, ZO, PS, PB},量化论域 [-2,2]。输入、输出变量的模糊隶属度函数如图5.17所示。

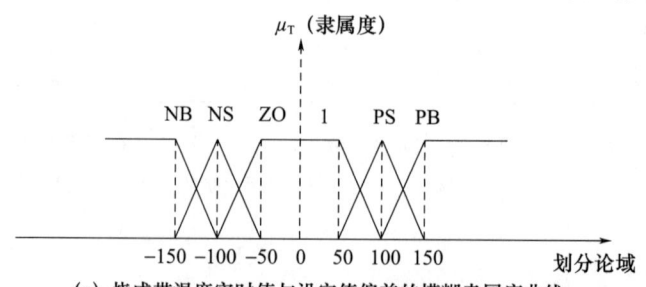

(a) 烧成带温度实时值与设定值偏差的模糊隶属度曲线

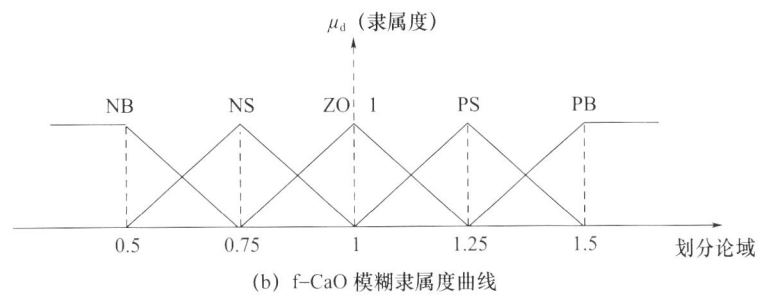

(b) f-CaO 模糊隶属度曲线

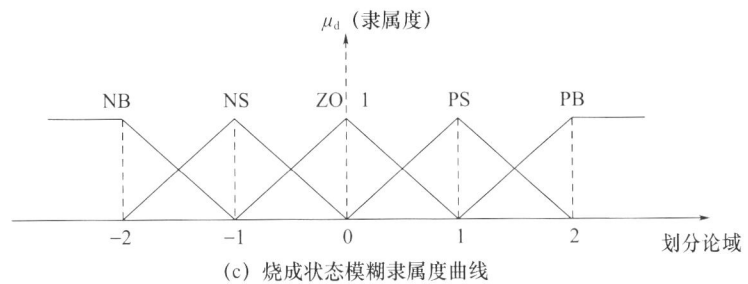

(c) 烧成状态模糊隶属度曲线

图 5.17　输入、输出变量的模糊隶属度曲线

模糊推理规则见表 5-4。

表 5-4　模糊推理规则表

烧成状态	烧成带温度					f-CaO				
	NB	NS	ZO	PS	PB	NB	NS	ZO	PS	PB
NB	0.8	0.5	0.2	0.1	0	0	0	0.2	0.5	0.9
NS	0.6	0.5	0.4	0.2	0	0	0.2	0.5	0.7	0.8
ZO	0	0.2	0.6	0.5	0.3	0	0.5	0.7	0.3	0
PS	0	0.2	0.4	0.5	0.6	0.8	0.7	0.5	0.2	0
PB	0	0.1	0.2	0.5	0.8	0.9	0.5	0.2	0	0

其中，烧成状态：NB 为"欠烧"，NS 为"较欠烧"，ZO 为"正常"，PS 为"较过烧"，PB 为"过烧"。

采用模糊规则关系矩阵的形式对规则表进行表示并进行推理。

设 $U = \{u_1, u_2, \cdots, u_m\}$，$V = \{v_1, v_2, \cdots, v_n\}$，令 $\tilde{Z}$ 表示 U 到 V 的模糊关系，Z 为 $\tilde{Z}$ 的模糊矩阵，$Z = (z_{ij})_{mn}$，$1 \leqslant i \leqslant m$，$1 \leqslant i \leqslant n$，即

$$Z = \begin{bmatrix} z_{11} & z_{12} & \cdots & z_{1n} \\ z_{21} & z_{12} & \cdots & z_{2n} \\ \vdots & \vdots & \cdots & \vdots \\ z_{m1} & z_{m1} & \cdots & z_{mn} \end{bmatrix} \quad (5.21)$$

令 A 为 U 上的一个模糊子集，且 $A = (x_1, x_2, \cdots, x_m)$，则有

$$Y = A \cdot Z = (y_1, y_2, \cdots, y_n) \tag{5.22}$$

推理结果记为 y，则有

$$y = \max(y_1, y_2, \cdots, y_n) \tag{5.23}$$

式中，x_i 表示矩阵 A 中的元素所代表的工况 i 的隶属度（$1 \leq i \leq m$）。

为表征不同条件对烧成状态的重要性不同，给不同参数设定不同权重。设定烧成带温度和 f-CaO 两项权重比为 4∶6，即权重系数 $Q_{BZ} = 0.4$，$Q_{\text{f-CaO}} = 0.6$。模糊子集矩阵 $A = (Q_{BZ/\text{f-CaO}} x_{i1}, Q_{BZ/\text{f-CaO}} x_{i2}, \cdots, Q_{BZ/\text{f-CaO}} x_{in})$。下面对推理过程进行简单介绍。

某时刻 f-CaO 化验值 0.65，f-CaO 软测量值 0.82，烧成带温度均值 1420℃，设定值 1400℃。将其分为 $W_1 = \{$烧成带温度，f-CaO | 1420, 0.82$\}$ 和 $W_2 = \{$烧成带温度，f-CaO | 1420, 0.65$\}$。由隶属度函数计算公式分别求得各自的模糊子集矩阵 $A_1 = (0, 0, 0.4, 0, 0, 0, 0, 0, 0.168, 0.432, 0)$ 和 $A_2 = (0, 0, 0.4, 0, 0, 0, 0, 0, 0.36, 0.24)$，可以得到

$$Y_1 = A_1 \cdot Z = (0, 0, 0.4, 0, 0, 0, 0, 0.168, 0.432, 0) \cdot \begin{bmatrix} 0.8 & 0.6 & 0 & 0 & 0 \\ 0.5 & 0.5 & 0.2 & 0.2 & 0.1 \\ 0.2 & 0.4 & 0.6 & 0.4 & 0.2 \\ 0.1 & 0.2 & 0.5 & 0.5 & 0.5 \\ 0 & 0 & 0.3 & 0.6 & 0.8 \\ 0 & 0 & 0 & 0.8 & 0.9 \\ 0 & 0.2 & 0.5 & 0.7 & 0.5 \\ 0.2 & 0.5 & 0.7 & 0.5 & 0.2 \\ 0.5 & 0.7 & 0.3 & 0.2 & 0 \\ 0.9 & 0.8 & 0 & 0 & 0 \end{bmatrix} \tag{5.24}$$

即 $Y_1 = A_1 \cdot Z = (0.3296, 0.5464, 0.4872, 0.3304, 0.1136)$。同理，$Y_2 = A_2 \cdot Z = (0.476, 0.604, 0.348, 0.232, 0.08)$。选择最大隶属度法解模糊得 $y_1 = 0.5564$，$y_2 = 0.604$，对应烧成状态为"较过烧"。

判断出窑内烧成状态后，可根据烧成带温度的变化趋势判断窑内烧成状态的走向。若此时检测到烧成带温度斜率为 20，根据隶属度函数计算公式得其模糊子集 $A = (0, 0.8, 0.2, 0, 0)$，由最大隶属度法解模糊得当前趋势为"慢升"。可判定当前窑内温度有进一步上升的趋势，烧成状态正由"较过烧"趋向"过烧"发展。此时应提醒操作员进行操作。

采用上述方法总结窑内烧成工况形成专家规则表，见表 5-5。

表 5-5　专家系统规则表

工况序号	工况征兆	工况类型
GK1	烧成带温度与 f-CaO 均在正常范围内、f-CaO 偏低和烧成带温度偏高且进一步上升	"较过烧"；趋向"过烧"发展

续表

工况序号	工况征兆	工况类型
GK2	烧成带温度、f-CaO 值均在正常范围内、f-CaO 偏高和烧成带温度偏低且有进一步下降	"较欠烧";趋向"欠烧"发展
GK3	烧成带温度、f-CaO 值正常和烧成带温度趋势平稳	"正常"
GK4	烧成带温度过高、f-CaO 过低和烧成带温度趋势平稳	"过烧"
GK5	烧成带温度过低、f-CaO 过高和烧成带温度趋势平稳	"欠烧"
GK6	烧成带温度偏低、f-CaO 偏高和烧成带温度呈上升趋势	"欠烧";趋向"正常"发展
GK7	烧成带温度过高、f-CaO 过低和烧成带温度呈快速下降趋势	"过烧";趋向"正常"发展
GK8	窑头负压降低、C5 落料温度稳定和窑主机电流突然升高又下降	回转窑内有窑皮掉落
GK9	烧成带内温度升高、窑主机电流升高和其他过程参数稳定	窑头喷煤增加导致烧成带温度升高
GK10	(烧成带温度、窑主机电流降低)和(分解炉出口温度、二次风温、下料量、C5 落料温度稳定)	烧成带温度升高受喷煤降低影响
GK11	窑头负压降低和生料下料量波动大	窑后结圈
GK12	烧成带温度偏高、烧成带温度上升、二次风温上升和窑主机电流上升	窑内温度升高,长厚窑皮产生,长窑口圈
GK13	窑头出现正压、C5 落料温度、分解炉出口温度低	窑内结大球
GK14	烧成带内温度偏低、窑主机电流很低和窑电流进一步下降趋势	窑内温度低,欠烧严重,有后结圈
…	…	…

以 GK12 为例,说明熟料烧成状态的识别过程。

(1) 采集烧成带温度、二次风温、窑主机电流数据。

(2) 对采集的参数进行特征提取。

(3) 将参数特征采用以下形式进行表示:

If <A> then <B>

其中,A 表示参数特征信息,B 表示与之对应的工况类型。

例如,If T_{BZ} 偏高 && T_{BZ} 上升 && T_{ER} 上升 && K_{cu} 上升 then B = "长窑皮,窑口结圈"。

其中,T_{BZ} 为烧成带温度,T_{ER} 为二次风温,K_{cu} 为窑主机电流。根据推理结果,此时应调整喷煤使窑内温度降低,避免过烧。

5.3 水泥熟料煅烧过程智能控制方法

本节针对熟料智能煅烧控制难的关键问题,基于煅烧工况,组合 Fuzzy(模糊)控制、专家控制、PID 控制等先进技术,设计多模态智能控制器,实现熟料煅烧过程智能控制;具体阐述熟料煅烧过程核心环节分解炉、回转窑、篦冷机的智能控制方法。

5.3.1 水泥分解炉智能控制

针对水泥分解炉环节非线性、大滞后的特性，提出将 Fuzzy 控制器、Bang-Bang 控制器、生料前馈控制器、跑煤处理专家控制器与变速积分 PID 控制器结合的分解炉智能控制方案，如图 5.18 所示。该方案通过多模态智能控制规则自动识别出不同的模态，选择算法对变速积分 PID 控制器进行校正，将分解炉温度稳定在设定值上。

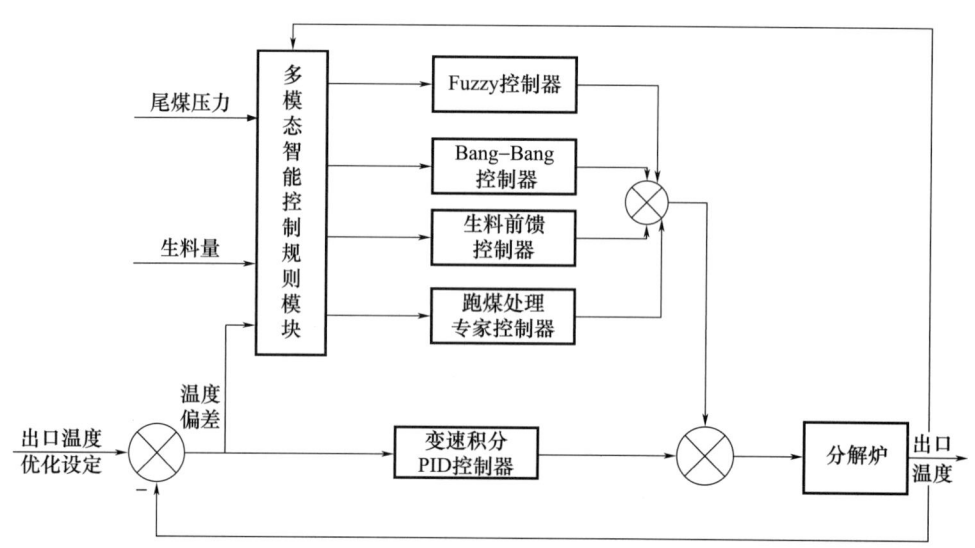

图 5.18 分解炉智能控制方案

1. 多模态智能控制规则模块

多模态智能控制规则的制定采用产生式控制规则。产生式控制规则表示为

$$
\begin{aligned}
&规则 1：\text{If} \mid ee(k) \mid > \mid QS \mid \text{then } u(k) = \Delta u_{\text{PID}} + u_{\text{Fuzzy}} \\
&规则 2：\text{If} \mid e(k) \mid > \mid PC \mid \text{then } u(k) = \Delta u_{\text{PID}} + u_{\text{BB}} \\
&规则 3：\text{If} \mid sl(k) \mid > \mid SL \mid \text{then } u(k) = \Delta u_{\text{PID}} + u_{\text{SL}} \\
&规则 4：\text{If Flag}_{\text{WM}} = 1 \text{ then } u(k) = \Delta u_{\text{PID}} + u_{\text{WM}}
\end{aligned}
\tag{5.25}
$$

规则中，$ee(k)$ 表示温度趋势变化值；$e(k)$ 表示温度偏差值；$sl(k)$ 表示生料流量实时值；$u(k)$ 表示多模态智能控制器输出值；Δu_{PID} 表示变速积分 PID 控制器输出值；u_{Fuzzy} 表示 Fuzzy 控制器输出；u_{BB} 表示 Bang-Bang 控制器的输出；u_{SL} 表示生料前馈控制器输出；u_{WM} 表示跑煤处理专家控制器输出；QS 表示温度趋势变化阈值；PC 表示温度值变化阈值；SL 表示生料流量变化阈值；Flag_{WM} 表示尾煤称跑煤工况出现标志位，值为 1 时说明尾煤称跑煤工况出现。

2. 变速积分 PID 控制器

变速积分 PID 控制算法如下：

$$\Delta u(k) = K_{\text{p}} [e(k) - e(k-1)] + f[\mid e(k) \mid] \times$$

$$K_{\mathrm{i}} e(k) + K_{\mathrm{d}} [e(k) - 2e(k-1) + e(k-2)] \quad (5.26)$$

式中，K_{p}、K_{i}、K_{d} 分别表示比例、积分、微分系数；$f(e)$ 为变积分系数。

3. Fuzzy 控制器

采用双输入、单输出结构的 Fuzzy 控制器。输入量选取温度偏差和偏差变化率，输出量选取窑尾喷煤增量。选取输入、输出量的语言变量值均为 {PA, PB, PM, PS, O, NS, NM, NB, NA}，其含义为 {正极大，正大，正中，正小，零，负小，负中，负大，负极大}。隶属度函数选取三角形隶属度函数。模糊控制规则见表 5-6。解模糊运算采用加权平均法。

表 5-6 模糊控制规则

k		e							
		NA	NB	NM	NS	O	PS	PM	PB	PA
ec	NA	PA	PA	PA	PA	PA	PA	PB	PB	PB
	NB	PA	PB	PB	PB	PB	PB	PM	PM	PM
	NM	PB	PM	PM	PM	PM	PM	PS	PS	PS
	NS	PM	PS	PS	PS	PS	PS	PS	O	O
	O	PS	PS	O	O	O	O	O	NS	NS
	PS	O	O	NS	NS	NS	NS	NS	NS	NM
	PM	NS	NS	NS	NM	NM	NM	NM	NM	NB
	PB	NM	NM	NM	NB	NB	NB	NB	NB	NA
	PA	NB	NB	NB	NA	NA	NA	NA	NA	NA

4. Bang-Bang 控制器

Bang-Bang 控制是一种时间最优控制。当分解炉温度值大幅度偏离设定值时，实施 Bang-Bang 控制对变速积分 PID 控制进行校正，及时给出最大或最小的喂煤调整，加快温度的响应速度，快速消除温度偏差，使温度以最短的时间快速回复到正常范围之内。

5. 生料前馈控制器

入炉生料流量的波动是影响分解炉温度的主要因素，所以选生料流量进行前馈控制，即当生料量波动大于波动阈值时，生料前馈控制器会给出相应的喂煤调整加到变速积分 PID 控制输出上，进一步使分解炉温度稳定。

6. 跑煤处理专家控制器

由于设备原因易出现窑尾喂煤（跑煤工况），即当窑尾喂煤给定值与反馈值没有波动而窑尾喂煤压力却突然上升后又突然下降，直接导致分解炉温度在此后 1min 内出现急剧上升。因此，制定专家规则对变速积分 PID 控制进行校正：

规则1：If 尾煤压力波动极大 then 大幅降低窑尾喂煤 and if 尾煤压力恢复正常 then 恢复窑尾喂煤到波动前的喂煤值。

规则2：If 尾煤压力波动很大 then 中幅降低窑尾喂煤 and if 尾煤压力恢复正常 then 恢复窑尾喂煤到波动前的喂煤值。

规则3：If 尾煤压力波动大 then 小幅降低窑尾喂煤 and if 尾煤压力恢复正常 then 恢复窑尾喂煤到波动前的喂煤值。

在某水泥企业测试分解炉智能优化控制效果如图 5.19 所示。由图 5.19 可以看出，手动控制的分解炉温度上下波动 15℃ 之多，优化控制系统控制的分解炉温度上下波动在 6℃ 之内，稳定在工艺要求的波动范围内，表现出良好的控制效果。

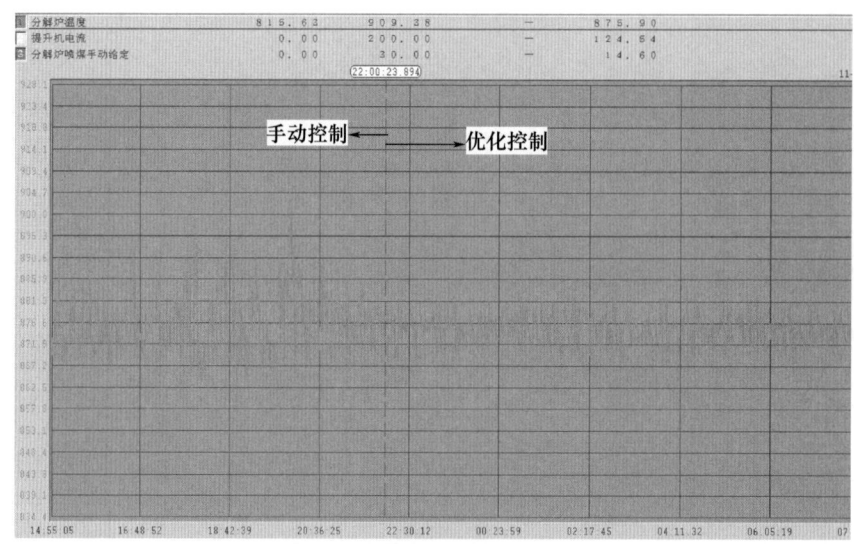

图 5.19　分解炉智能优化控制效果

5.3.2　水泥回转窑智能控制

针对回转窑大滞后、非线性的特性，提出将 Bang-Bang 控制器、前馈控制器、跑煤异常处理专家控制器与 Fuzzy-PID 复合控制器结合的回转窑智能控制方案，如图 5.20 所示。该方案通过多模态智能控制规则自动识别出不同的模态，选择相应的算法对 Fuzzy-PID 复合控制器进行校正，将烧成带温度稳定在设定值上。

1. Fuzzy-PID 复合控制器

基于 Fuzzy-PID 复合控制的控制思想，结合中控操作员的专家经验，设计了 Fuzzy-PID 控制器，如图 5.21 所示。图 5.21 中，r 为回转窑温度设定值，y 为回转窑温度实际值，在 y 偏离 r 较远时以 Fuzzy 控制为主，在 y 和 r 接近时以 PID 控制为主。Fuzzy 控制和 PID 控制采用基于比例的 Fuzzy 切换算法，给出窑头喷煤。

PID 控制器如下所示：

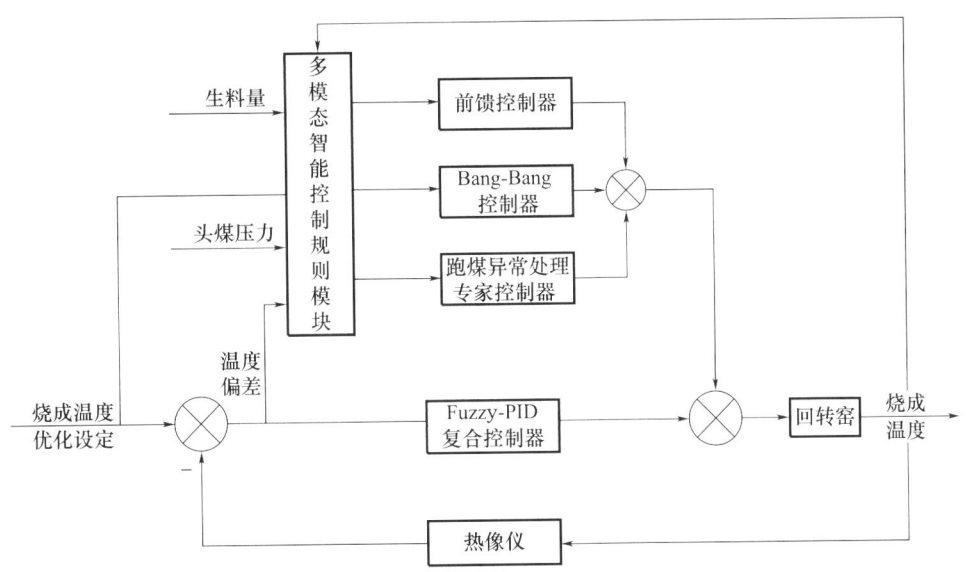

图 5.20　回转窑智能控制方案

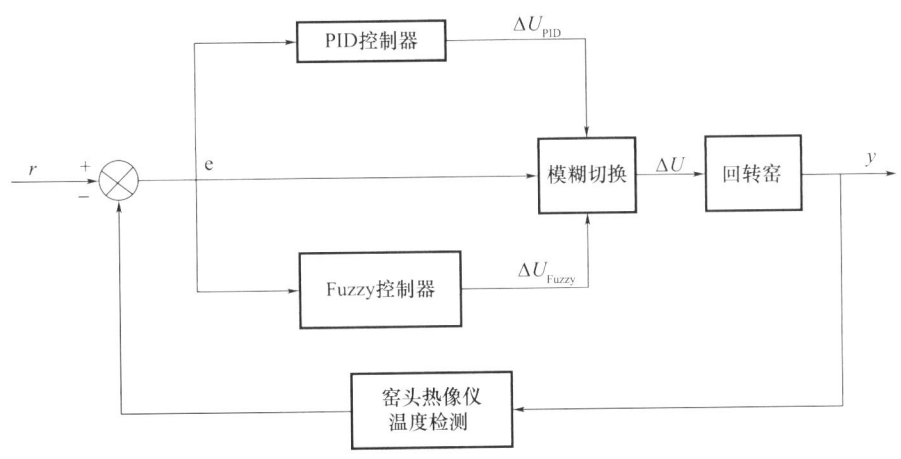

图 5.21　Fuzzy-PID 复合控制器

$$\Delta U_{PID}(k) = K_p[e(k) - e(k-1)] + K_i e(k) + K_d[e(k) - 2e(k-1) + e(k-2)] \tag{5.27}$$

式中，K_p、K_i、K_d 分别表示比例、积分、微分系数；$e(k)$、$e(k-1)$、$e(k-2)$ 分别表示当前时刻的回转窑温度偏差、前一时刻的回转窑温度偏差、前前时刻的回转窑温度偏差。

为解决积分太大引起的系统超调量太大和积分太小引起的系统响应速度快速性降低的问题，引入变积分算法根据实时回转窑温度和温度设定值的差值来改变积分作用的大小，即在积分项前乘以一个系数 $f(e)$，如式 (5.28) 所示。

$$f(e) = \begin{cases} 1, & |e(k)| \leq a \\ \dfrac{b - |e(k)|}{b - a}, & a < |e(k)| \leq b \\ 0, & |e(k)| > b \end{cases} \tag{5.28}$$

式中，a、b 表示温度偏差设定上下限，即表示积分作用上下限。

Fuzzy 控制器由模糊化接口、模糊推理、逆模糊化接口三部分构成。Fuzzy 控制器的结构选二维结构，输入为回转窑温度均值和设定值偏差及偏差的变化率，输出为窑头喷煤增量。Fuzzy 控制器设计步骤如下：

1）模糊化

在控制器的输入、输出论域上定义语言变量，将精确的输入、输出值转换为模糊的语言值就是模糊化。

设回转窑温度设定值为 h_0，回转窑温度均值 h，偏差为 $e = h - h_0$。E 为偏差的语言变量，将其量化论域定义为 $X = \{-6, -5, -4, -3, -2, -1, 0, +1, +2, +3, +4, +5, +6\}$，将语言变量分为 {负大，负中，负小，零，正小，正中，正大}，用 {NB, NM, NS, ZO, PS, PM, PB} 表示。

假设前后两次偏差分别为 e_1 和 e_2，则偏差变化量是 $e_c = e_2 - e_1$。e_c 为偏差变化量的语言变量，其论域为 $Y = \{-6, -5, -4, -3, -2, -1, 0, +1, +2, +3, +4, +5, +6\}$，将语言变量分为 {负大，负中，负小，零，正小，正中，正大}，用 {NB, NM, NS, ZO, PS, PM, PB} 来表示。

输出量窑头喷煤的增量为 Δu。ΔU 为其语言变量，其论域为 $Z = \{-6, -5, -4, -3, -2, -1, 0, +1, +2, +3, +4, +5, +6\}$，对应的语言变量论域为 {负大，负中，负小，零，正小，正中，正大}，即 {NB, NM, NS, ZO, PS, PM, PB}。表示的控制动作分别为"使窑头喷煤快速减小""使窑头喷煤减小""使窑头喷煤缓慢减小""窑头喷煤保持不变""使窑头喷煤缓慢增加""使窑头喷煤增加""使窑头喷煤快速增加"。

以某水泥厂为例，回转窑温度波动范围 1320～1550℃，设定值 1370～1450℃，则其偏差 e 基本论域为 [-150，+150]，所对应量化论域为 E 为 [-6, 6]，偏差变化率 e_c 基本论域为 [-4.5，+4.5]，所对应的量化论域为 e_c 为 [-6, 6]。误差 E 和误差变化率 E_c 的量化因子 K_e、K_{ec} 初步设定为

$$K_e = \frac{N}{X_e} = \frac{6}{150} = 0.04 \tag{5.29}$$

$$K_{ec} = \frac{N}{X_{ec}} = \frac{4.5}{6} = 0.75 \tag{5.30}$$

误差 e 和误差变化率 e_c 通过下式转换为 Fuzzy 控制器的输入 E 和 E_c。< > 是取整。

$$\begin{cases} E = <E_e \times e> \\ E_c = <E_{ec} \times e_c> \end{cases} \tag{5.31}$$

2）变量赋值表

由于论域是离散的，且个数也是有限的，根据前文确定的 Fuzzy 控制器的变量 E、E_c 和 ΔU，为满足现场编程实现，减少控制逻辑，提高回转窑温度的控制效果，给出变量 E 的赋值表，见表 5-7。

表 5-7 语言变量 E 的赋值表

	-6	-5	-4	-3	-2	-1	0	1	2	3	4	5	6
PB	0	0	0	0	0	0	0	0	0	0	0	0.5	1
PM	0	0	0	0	0	0	0	0	0	0.5	1	0.5	0
PS	0	0	0	0	0	0	0	0.5	1	0.5	0	0	0
ZO	0	0	0	0	0	0.5	1	0.5	0	0	0	0	0
NS	0	0	0	0.5	1	0.5	0	0	0	0	0	0	0
NM	0	0.5	1.0	0.5	0	0	0	0	0	0	0	0	0
NB	1.0	0.5	0	0	0	0	0	0	0	0	0	0	0

对某些量，有时无法判断其属于哪个模糊值的隶属度更大。例如当 $E^* = 3$ 时，其属于 PM 和 PS 的隶属度一样大。此时的处理方法是在隶属度较大的模糊值之间任取一个，令 $A^* = $ PM 或 PS。

3）模糊控制规则表

总结现场经验得到模糊控制规则如下：

规则 1：If (E is NB) and (E_c is NB) then (ΔU is PB)，即如果当回转窑温度极低，且回转窑温度快速降低时，使窑头喷煤量快速增加。

规则 2：If (E is NB) and (E_c is NM) then (ΔU is PB)，即如果当回转窑温度极低，且回转窑温度降低时，使窑头喷煤量快速增加。

规则 3：If (E is NS) and (E_c is NS) then (ΔU is PS)，即如果当回转窑温度较低，且回转窑温度缓慢降低时，使窑头喷煤量缓慢增加。

规则 4：If (E is PS) and (E_c is PS) then (ΔU is NS)，即如果当回转窑温度较高，且回转窑温度缓慢升高时，使窑头喷煤量缓慢减小；

规则 5：If (E is PB) and (E_c is PM) then (ΔU is NB)，即如果当回转窑温度极高，且回转窑温度升高时，使窑头喷煤量快速减小。

规则 6：If (E is PB) and (E_c is PB) then (ΔU is NB)，即如果当回转窑温度极高，且回转窑温度快速升高时，使窑头喷煤量快速减小。

上述规则可用模糊控制规则表来表示，见表 5-8。

表 5-8 模糊控制规则表（ΔU）

E	EC						
	NB	NM	NS	ZO	PS	PM	PB
NB	PB	PB	PM	PS	PS	ZO	ZO
NM	PB	PB	PM	PS	PS	PS	ZO
NS	PB	PM	PM	PS	ZO	NS	NM
ZO	PB	PM	PS	ZO	NS	NM	NM
PS	PM	PS	ZO	NS	NS	NM	NM
PM	ZO	NS	NM	ZO	NS	NM	NB
PB	ZO	ZO	NS	NM	NM	NB	NB

4）模糊控制查询表

计算模糊控制规则表的模糊控制查询表见 5-9。

表 5-9 模糊控制查询表

E_c	\\ E	-6	-5	-4	-3	-2	-1	0	1	2	3	4	5	6
-6		6	6	5	5	4	4	3	3	1	1	1	1	1
-5		6	6	5	5	4	4	3	3	1	1	1	1	1
-4		6	6	5	5	4	4	3	3	1	1	1	1	1
-3		5	5	5	5	4	4	2	2	0	0	-1	-1	-1
-2		5	5	4	4	3	3	1		-1	-1	-1	-1	-1
-1		5	5	4	4	3	3	1	1	-1	-1	-1	-1	-1
0		4	4	3	3	2	2	1	1	-1	-1	-2	-2	-3
1		4	4	3	3	2	2	1	1	-1	-1	-2	-2	-3
2		2	2	1	1	0	0	-1	-1	-2	-2	-4	-4	-4
3		2	2	1	1	0	0	-1	-1	-2	-2	-4	-4	-4
4		1	1	0	0	-1	-1	-2	-2	-2	-2	-4	-4	-5
5		1	1	0	0	-1	-1	-2	-2	-2	-2	-4	-4	-5
6		-1	-1	-2	-2	-2	-2	-2	-2	-3	-3	-4	-4	-5

将模糊控制查询表的输出经下述公式处理可得到实际的喷煤量。

$$\Delta u = K_{\Delta U} \times \Delta U \tag{5.32}$$

上述就是 PID 和 Fuzzy 控制器的设计过程,在实际控制中根据下述公式得到 PID 和 Fuzzy 控制器的最终输出 Δu。

$$\Delta u = \alpha \Delta u_{\text{PID}} + (1-\alpha)\Delta u_{\text{Fuzzy}} \tag{5.33}$$

以某水泥厂为例,当回转窑温度偏差小于 20 时,采用 PID 控制,当回转窑温度偏差大于 30℃时,采用模糊控制,当回转窑温度在两者之间时,根据式(5.33)进行控制。

2. Bang-Bang 控制器

在实际生产中,当回转窑温度大幅度偏离设定值时,引入 Bang-Bang 控制器对 Fuzzy-PID 控制器进行校正,及时给出最大或最小的喷煤量调整,使回转窑温度尽快回到正常范围。Bang-Bang 控制器输出如式(5.34)所示。

$$U_{BB} = \begin{cases} U_{\max}, & e(k) > \alpha \\ 0, & |e(k)| \leq \alpha \\ U_{\min}, & e(k) < -\alpha \end{cases} \tag{5.34}$$

式中,U_{BB} 表示 Bang-Bang 控制器输出;$U_{\max}$ 为喷煤给定最大值;$U_{\min}$ 为喷煤给定最小值。

Bang-Bang 控制流程如图 5.22 所示。

3. 前馈控制器

当生料下料量给定变化时,窑头喷煤随即改变,减小由生料下料变化引起的回转窑温度的波动。

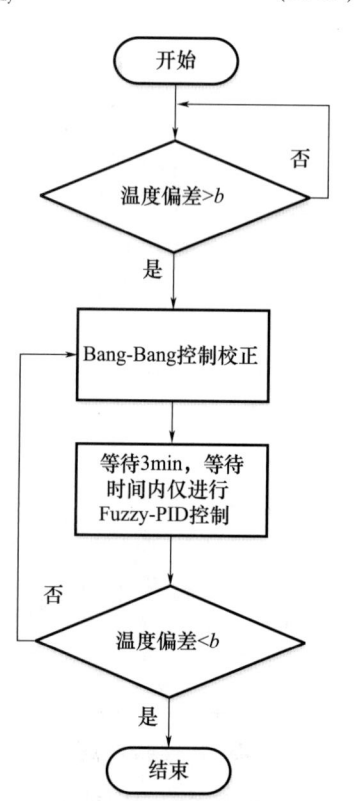

图 5.22 Bang-Bang 控制流程

$$U_{\mathrm{S}} = \begin{cases} 0, & |s(k)| \leqslant \varphi \\ \dfrac{Y_{\mathrm{S}}}{X_{\mathrm{S}}} \times (M_1 - M_2), & |s(k)| > \varphi \end{cases} \quad (5.35)$$

式中，$s(k)$ 表示生料下料给定改变量；φ 表示生料下料给定改变阈值；M_1 表示前一时刻下料给定值；M_2 表示当前时刻下料给定值；$\dfrac{Y_{\mathrm{S}}}{X_{\mathrm{S}}}$ 为窑头喷煤变化与生料下料给定变化的比值。

4. 跑煤异常处理专家控制器

在实际生产中，由于设备原因会出现窑头喷煤（称跑煤情况），即窑头喷煤压力突然上升后又下降导致的回转窑温度迅速升高。当出现这种情况时，操作员会大幅降低窑头喷煤量，窑头喷煤压力正常后将窑头喷煤量调整到异常波动前的值。采用基于规则的跑煤异常处理专家控制器模仿操作员的处理方式对 Fuzzy-PID 控制器进行校正：

规则 1：If "窑头喷煤压力波动极大" then "大幅减小窑头喷煤量" and if "窑头喷煤压力恢复正常" then "恢复窑头喷煤量到波动前的值"。

规则 2：If "窑头喷煤压力波动很大" then "中幅减小窑头喷煤量" and if "窑头喷煤压力恢复正常" then "恢复窑尾喷煤量到波动前的值"。

规则 3：If "窑头喷煤压力波动较大" then "小幅减小窑头喷煤量" and if "窑头喷煤压力恢复正常" then "恢复窑头喷煤量到波动前的值"。

5.3.3 水泥篦冷机智能控制

针对篦冷机非线性、滞后、时变的特性，提出将 Fuzzy 控制器、Bang-Bang 控制器、掉窑皮处理专家经验控制器与变积分 PID 控制器结合的水泥篦冷机智能控制方案，如图 5.23 所示。

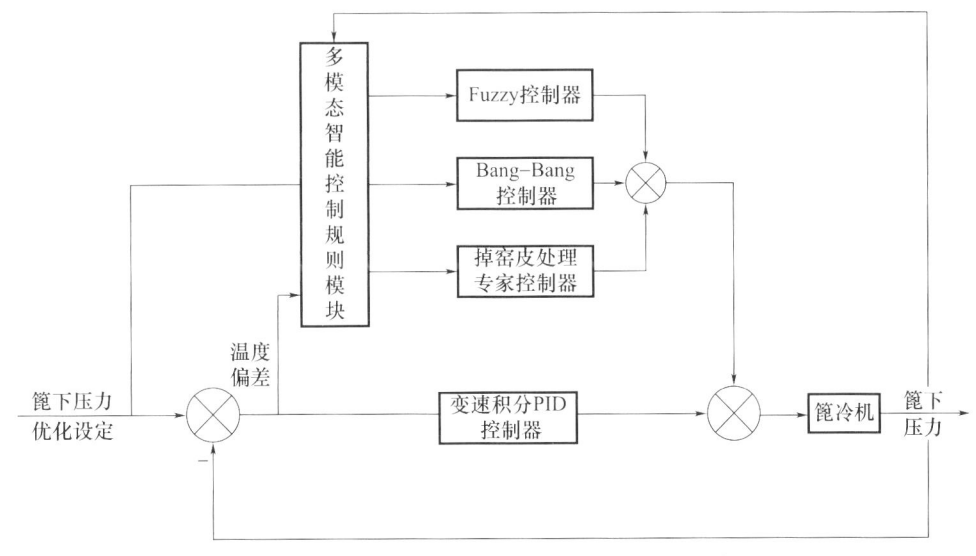

图 5.23 篦冷机环节优化控制系统的总体方案

1. 多模态智能控制规则模块

多模态控制规则：

规则1：If $|ee(k)| > |QS|$ then $u(k) = \Delta u_{PID} + u_{Fuzzy}$

规则2：If $|e(k)| > |PC|$ then $u(k) = \Delta u_{PID} + u_{BB}$

规则3：If $|lj(k)| > |LJ|$ then $u(k) = \Delta u_{PID}$
　　　　else $u(k) = \Delta_{PIDLast}$

规则4：If $Flag_{YP} = 1$ then $u(k) = \Delta u_{PID} + u_{YP}$

规则中，$ee(k)$ 为压力趋势的斜率；$e(k)$ 为实时压力和设定值的偏差；$lj(k)$ 为变积分 PID 累加值；$u(k)$ 为多模态控制器输出；Δu_{PID} 为变积分 PID 控制器输出；u_{Fuzzy} 为模糊控制器输出；u_{BB} 为 Bang-Bang 控制器输出；$\Delta_{PIDLast}$ 为上周期变积分 PID 控制器输出；u_{YP} 为掉窑皮专家控制器输出；QS 为压力趋势变化阈值；PC 为压力值变化阈值；LJ 为变积分 PID 输出阈值；$Flag_{YP}$ 为掉窑皮工况出现标志位。

2. 变速积分 PID 控制器

变速积分 PID 控制如下：

$$\Delta u(k) = K_p[e(k) - e(k-1)] + f(|e(k)|) \times K_i e(k) + K_d[e(k) - 2e(k-1) + e(k-2)] \tag{5.36}$$

式中，K_p、K_i、K_d 分别表示比例、积分、微分系数；$f(\cdot)$ 为变积分系数。

3. Fuzzy 控制器

采用双输入、单输出的 Fuzzy 控制器。输入量选取压力偏差和偏差变化率，输出量选取篦床速度增量。选取输入、输出量的语言变量值均为 {PA，PB，PM，PS，O，NS，NM，NB，NA}，其含义为 {正极大，正大，正中，正小，零，负小，负中，负大，负极大}。隶属度函数选取三角形隶属函数。模糊控制规则见表5-10。解模糊运算采用加权平均法。

表 5-10　模糊控制规则

	k	e								
		NA	NB	NM	NS	O	PS	PM	PB	PA
ee	NA	PA	PA	PA	PA	PA	PA	PB	PB	PB
	NB	PA	PB	PB	PB	PB	PB	PM	PM	PM
	NM	PB	PM	PM	PM	PM	PM	PS	PS	PS
	NS	PM	PS	PS	PS	PS	PS	PS	O	O
	O	PS	PS	O	O	O	O	O	NS	NS
	PS	O	O	NS	NS	NS	NS	NS	NM	NM
	PM	NS	NS	NS	NM	NM	NM	NM	NM	NB
	PB	NM	NM	NM	NB	NB	NB	NB	NB	NA
	PA	NB	NB	NB	NA	NA	NA	NA	NA	NA

4. Bang-Bang 控制器

当篦压值大幅度偏离设定值时，采用 Bang-Bang 控制器对变速积分 PID 控制器进行校正，给出最大或最小的篦床速度调整，加大篦压的响应速度，快速消除篦压偏差，使篦压以最短的时间快速回复到正常范围之内。

5. 掉窑皮处理专家控制器

当出现掉窑皮工况时，根据操作专家的操作方式制定专家控制规则对变积分 PID 控制器进行校正：

规则 1：If 窑电流波动极大 then 大幅提高篦床速度 and if 窑电流恢复正常 then 恢复篦速到波动前的值。

规则 2：If 窑电流波动很大 then 小幅提高篦床速度 and if 窑电流恢复正常 then 恢复篦速到波动前的值。

规则 3：If 窑电流波动大 then 提高篦床速度 and if 窑电流恢复正常 then 恢复篦速到波动前的值。

以某水泥厂为例，篦冷机智能控制效果如图 5.24 和图 5.25 所示。手动控制的篦下压力上下波动 1500Pa，智能控制系统控制的篦下压力上下波动 700Pa，表现出较好的控制效果。

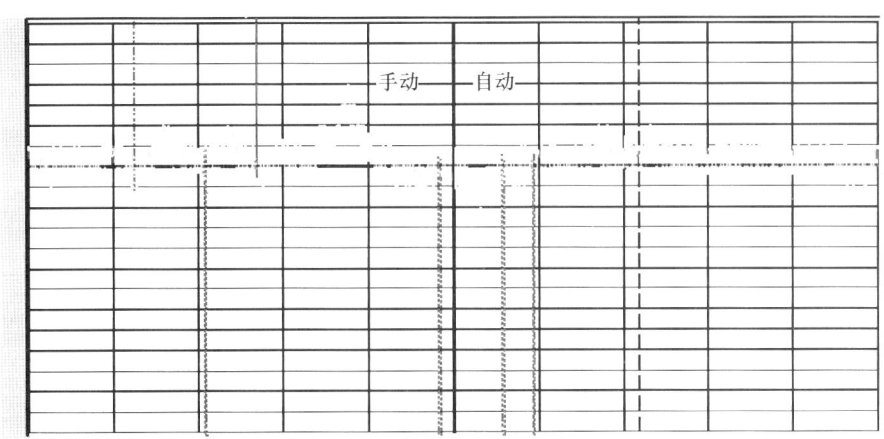

图 5.24　篦冷机一室篦下压力控制效果对比图

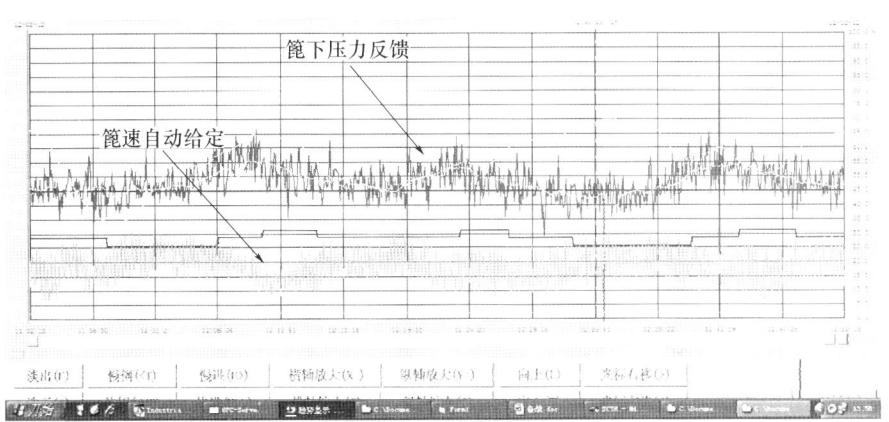

图 5.25　篦冷机一室篦下压力智能控制效果图

5.4 水泥熟料煅烧过程优化控制方法

在实现熟料煅烧过程智能控制的基础上，本节阐述综合利用模糊、SVM 等算法确定关键参数的优化设定方法，实现熟料煅烧过程优化运行。

5.4.1 水泥分解炉出口温度优化设定方法

分解炉出口温度优化设定系统如图 5.26 所示。

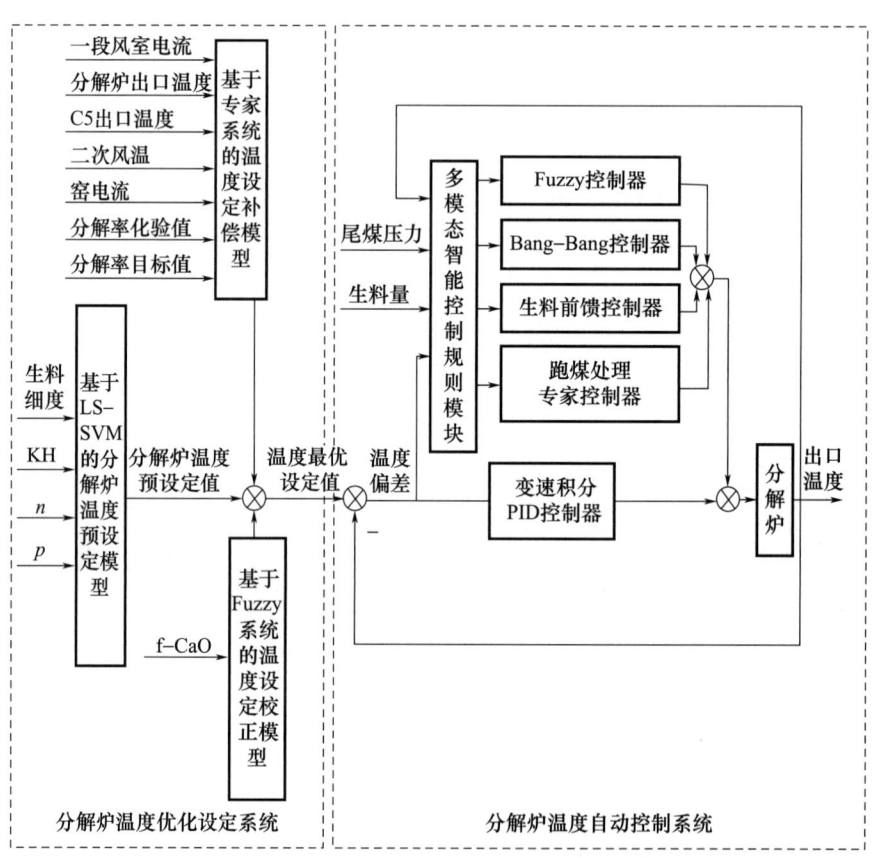

图 5.26 分解炉出口温度优化设定系统

分解炉温度优化设定系统由基于 LS-SVM（最小二乘支持向量机）的分解炉温度预设定模型、基于专家系统的温度设定补偿模型和基于 Fuzzy 系统的温度设定校正模型组成。在满足水泥工艺要求的前提下，基于 LS-SVM 的分解炉温度预设定模型给出当前工况下的分解炉温度预设定值，然后经基于专家系统的温度设定补偿模型和基于 Fuzzy 系统的温度设定校正模型对分解炉温度预设定值进行补偿校正，得出当前工况下分解炉温度的最优设定值。

1. 基于 LS-SVM 的分解炉温度预设定模型

选取生料易烧性决定分解炉出口温度的预设定值,其中生料易烧性由生料三率值 KH、n、p 和生料细度所决定。基于 LS-SVM 的分解炉温度预设定模型如图 5.27 所示。

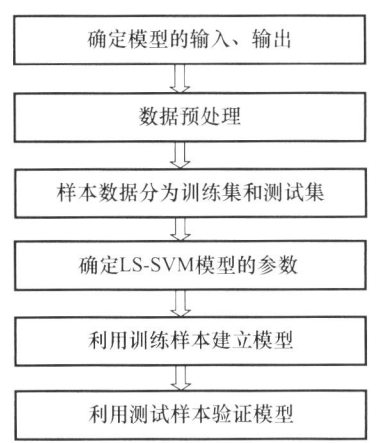

图 5.27 基于 LS-SVM 的分解炉温度预设定模型

2. 基于专家系统的温度设定补偿模型

基于专家系统的温度设定补偿模型根据现场工况的变化,及时给出温度预设定值补偿值,使分解炉温度设定值适应现场实时工况,补偿规则如下:

规则1:If 离线分解率低于分解率工艺目标值 then 提高温度设定值。

规则2:If 离线分解率高于分解率工艺目标值 then 降低温度设定值。

规则3:If 出现温度倒挂现象 then 降低温度设定值。

规则4:If 温度倒挂消失 then 提高温度设定值。

规则5:If 出现煤粉后燃的现象 then 降低温度设定值。

规则6:If 煤粉后燃消失 then 提高温度设定值。

规则7:If 窑煅烧好 then 降低温度设定值。

规则8:If 窑煅烧差 then 提高温度设定值。

3. 基于 Fuzzy 系统的温度设定校正模型

采用游离氧化钙(f-CaO)含量反映生料易烧性,对温度预设定值进行校正。

采用一维的模糊控制器结构,设计基于 f-CaO 的温度校正模型。其中,输入变量集合分别为 {过烧,较过烧,正常,较难烧,难烧},用 {ZB,ZA,O,FA,FB} 表示。输出变量集合分别用 {ZB,ZA,O,FA,FB} 表示 {负大校正值,负中校正值,零校正值,正中校正值,正大校正值}。隶属度函数采用三角形隶属函数。解模糊运算采用加权平均法。模糊控制规则如下:

规则1:If f_{cao} 为 ZB THEN y_j 为 ZB。

规则2:If f_{cao} 为 ZA THEN y_j 为 ZA。

规则3:If f_{cao} 为 O THEN y_j 为 O。

规则 4：If f_{cao} 为 FA THEN y_j 为 FA。
规则 5：If f_{cao} 为 FB THEN y_j 为 FB。
规则中，f_{cao} 为 f-CaO 值，y_j 为模糊控制值。

5.4.2　水泥篦冷机篦下压力优化设定方法

篦冷机篦下压力优化设定系统如图 5.28 所示。在满足生产工艺要求的前提下，基于 LS-SVM 的篦冷机压力预设定模型给出篦冷机压力预设定值，然后经基于 Fuzzy 系统的压力设定校正模型对篦冷机篦下压力预设定值进行补偿校正，得出当前工况下篦冷机压力的设定值。篦冷机压力自动控制系统以此设定值作为系统的设定值，通过多模态智能控制规则模块将篦冷机篦下压力稳定在设定值上。

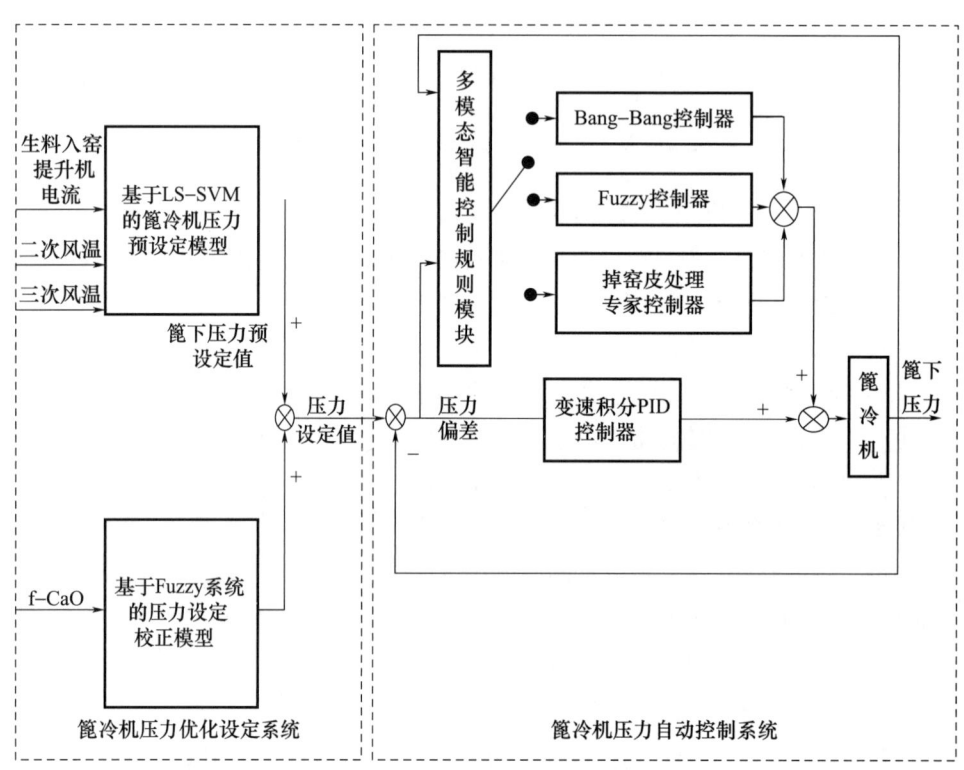

图 5.28　篦冷机篦下压力优化设定系统

1. 基于 LS-SVM 的篦冷机压力预设定模型

基于 LS-SVM 的篦冷机压力预设定模型的输入选为二次风温、三次风温和生料入窑提升机电流，输出选为篦冷机压力预设定值。基于 LS-SVM 的篦冷机压力预设定模型同图 5.28。

2. 基于 Fuzzy 系统的压力设定校正模型

采用一维的 Fuzzy 控制器结构。用 f-CaO 值作为输入表征生料易烧性，并将其定义

为 G_1,G_1 模糊子集为 {过烧,较过烧,正常,较难烧,难烧},分别用 {ZB,ZA,O,PA,PB} 表示。选取输出为当前篦冷机篦下压力的预设定值的校正值,并将其定义为 G_2,G_2 模糊子集为 {ZB,ZA,O,PA,PB},表示 {负大校正值,负中校正值,零校正值,正中校正值,正大校正值}。隶属度函数采用三角形隶属函数。解模糊运算采用加权平均法。定义 f_{cao} 为 f-CaO 值,U 为模糊控制量,模糊控制规则如下:

规则1:If f_{cao} 为 ZB then U 为 ZB。

规则2:If f_{cao} 为 ZA then U 为 ZA。

规则3:If f_{cao} 为 O then U 为 O。

规则4:If f_{cao} 为 PA then U 为 PA。

规则5:If f_{cao} 为 PB then U 为 PB。

5.5 水泥熟料煅烧过程智能控制系统

熟料煅烧智能控制系统主要由数据采集、操作界面和智能控制系统组成。

1. 数据采集系统

数据采集系统实现 DCS 的实时数据通信。数据采集系统软件如图 5.29 所示。

2. 操作界面

系统提供给操作员进行智能控制的操作界面。部分操作界面如图 5.30 所示。

图 5.29 数据采集系统

图 5.30 部分操作界面

3. 智能控制系统

智能控制系统部分程序如图 5.31 所示。

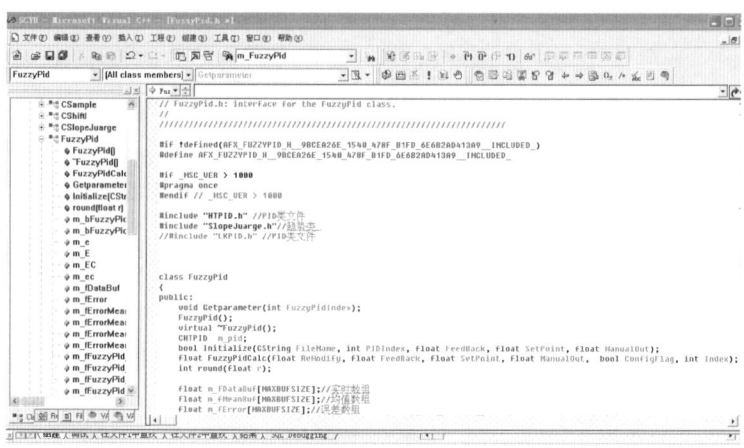

图 5.31　智能控制系统部分程序

以某水泥厂为例,分析水泥熟料煅烧过程智能控制效果。

从分解炉温度控制对比(图 5.32)中可以看出:分解炉出口温度手动控制的波动在[860,910],智能控制的波动在[875,895]。

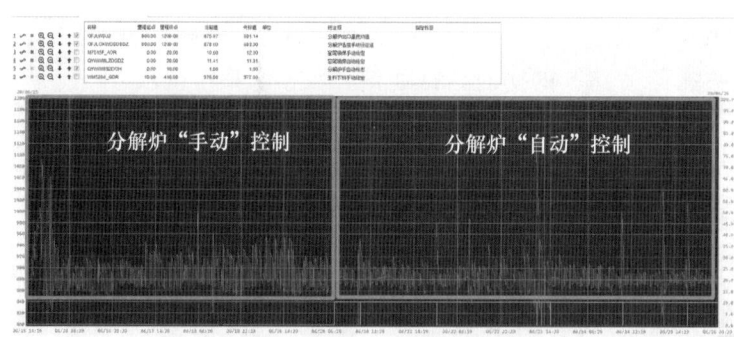

图 5.32　分解炉温度控制对比

从篦冷机-室风压控制对比(图 5.33)可以看出:篦冷机一室风压波动范围从手动控制状态下的[4200,5400]变为智能控制状态下的[4350,4950]。

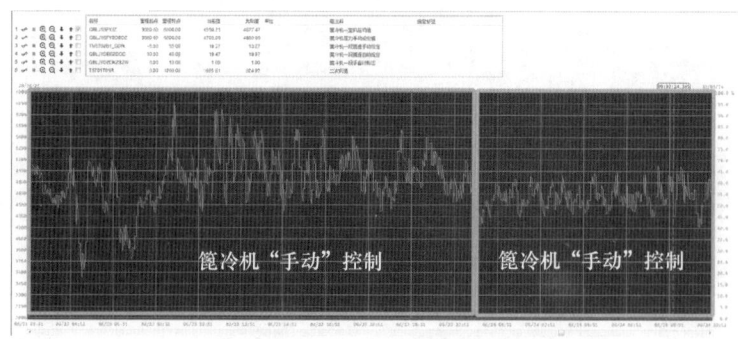

图 5.33　篦冷机-室风压控制对比

从烧成带温度控制对比（图 5.34）可以看出：操作员在窑况稳定的情况下选择不调整喷煤量，智能控制系统会根据回转窑温度进行实时调整。回转窑温度智能控制效果优于手动控制效果。

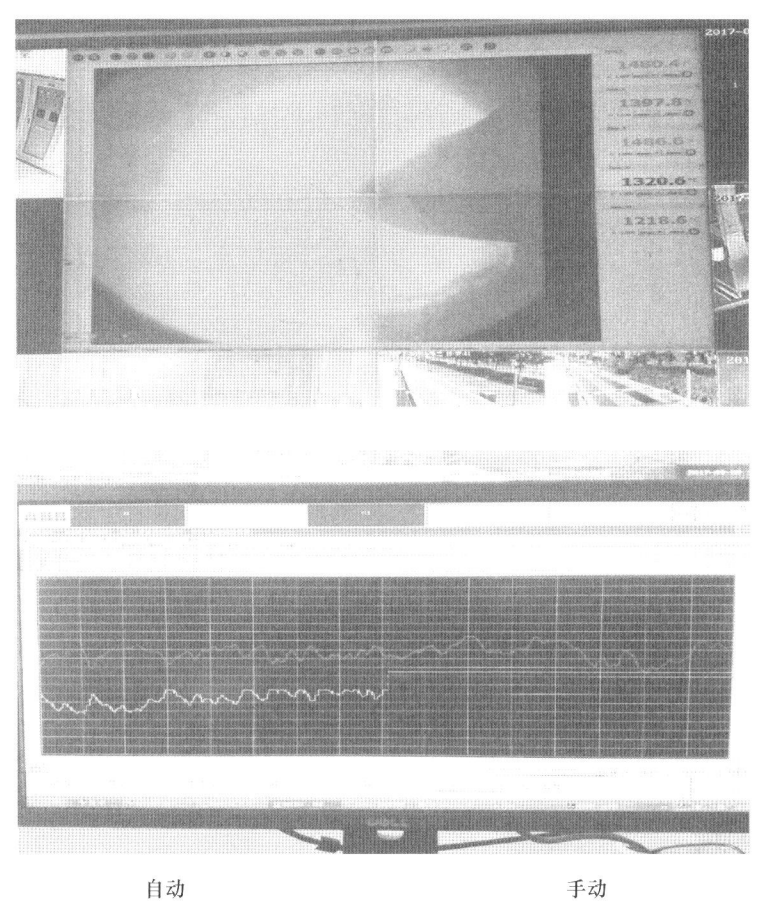

自动　　　　　　　　　　　　　手动

图 5.34　烧成带温度控制对比

综上所述，水泥熟料煅烧过程智能控制系统使水泥熟料生产过程更加稳定，不仅提高了水泥熟料的合格率，而且更加节约能耗，绿色环保，符合国家可持续发展战略。

5.6　总结

本章给出熟料煅烧环节的智能控制方案。针对熟料智能煅烧测量难的关键问题，分类阐述水泥熟料煅烧过程核心工艺参数检测技术，并给出烧成带温度和熟料质量关键参数的在线检测获取方法；针对熟料煅烧过程工况复杂多变的关键问题，融合工艺机理和过程数据，阐述构建工况识别专家系统方法，实现熟料煅烧工况准确辨识；针对熟料智能煅烧控制难的关键问题，基于煅烧工况，组合模糊控制模块、专家系统、PID 等先进技术，设计多模态智能控制规则模块，实现熟料煅烧过程智能控制；具体阐述熟料煅烧过程核心环节分解炉、回转窑、篦冷机的智能控制方法；在实现熟料煅烧过程智能控制的基础上，阐述综合利用模糊、神经网络等算法确定关键参数的优化设定方法，实现熟料煅烧过程优化运行；阐述集数据采集、工况识别、多模态智能控制及优化于一体的水泥熟料煅烧过程智能控制系统研发方法，实现熟料煅烧过程全流程智能优化。

参考文献

[1] 李凡军，王孝红，路士增．水泥熟料烧成系统建模方法研究进展［J］．控制与决策，2019，34（10）：2041-2047．

[2] LU S，WANG X，YU H，et al. Trend extraction and identification method of cement burning zone flame temperature based on EMD and least square ［J］. Measurement，2017，111．

[3] 路士增．水泥生产过程分解炉环节的优化控制研究［D］．济南：济南大学，2012．

[4] 潘玉鹏．基于热像仪的水泥回转窑烧成状态识别研究［D］．济南：济南大学，2020．

[5] 宁方乾．水泥回转窑热效优化指导系统研究［D］．济南：济南大学，2019．

[6] 张荣丰．水泥回转窑软测量技术及烧成状态识别研究［D］．济南：济南大学，2018．

[7] 初林峰．水泥回转窑热效在线监测与分析系统的研究［D］．济南：济南大学，2017．

[8] 杨中强．水泥回转窑温度控制研究［D］．济南：济南大学，2017．

[9] 王芬．水泥回转窑建模研究［D］．济南：济南大学，2016．

[10] 刘仕辉．水泥回转窑故障诊断系统研究［D］．济南：济南大学，2016．

[11] 王响．水泥回转窑前窑口热补料的制备与性能研究［D］．济南：济南大学，2016．

[12] 张岩龙．水泥回转窑优化控制研究［D］．济南：济南大学，2014．

[13] 陈普．水泥生产线回转窑系统的电效管理［D］．济南：济南大学，2013．

[14] 孙洪刚．镍铁回转窑的优化控制研究［D］．济南：济南大学，2013．

[15] 张俊．基于典型工况模型的篦冷机预测控制研究［D］．济南：济南大学，2017．

[16] 高龙．篦冷机热效分析与优化指导系统［D］．济南：济南大学，2016．

[17] 郑征．水泥篦冷机混杂建模与仿真研究［D］．济南：济南大学，2015．

[18] 胡国文．水泥生产过程篦冷机环节的优化控制研究［D］．济南：济南大学，2013．

6 水泥粉磨过程的智能控制

为适应我国水泥产品小批量、多品种、功能化的发展趋势，根据目前我国水泥工业粉磨控制系统的实际状况和节能降耗的需求，本章重点以流行的水泥联合粉磨生产过程为背景，介绍集知识获取、工况识别与建模、先进控制策略于一体的粉磨过程优化控制系统，使粉磨过程平稳、高效运行，提高水泥产品质量，降低水泥工业粉磨生产中的能耗及单产成本，加快推进我国水泥行业结构调整与产业升级，稳固确立我国水泥生产技术在国际上的主导地位。

经过多年的研究与实践，围绕粉磨过程中物理化学变化、颗粒研磨分形等机制，立足我国水泥粉磨生产运行规律，融合数据挖掘、控制理论、人工智能、信息处理等技术，从建模、控制及优化角度出发，特别是经过实际应用的考验，水泥工业粉磨优化控制系统已形成合理的体系结构，如图6.1所示。

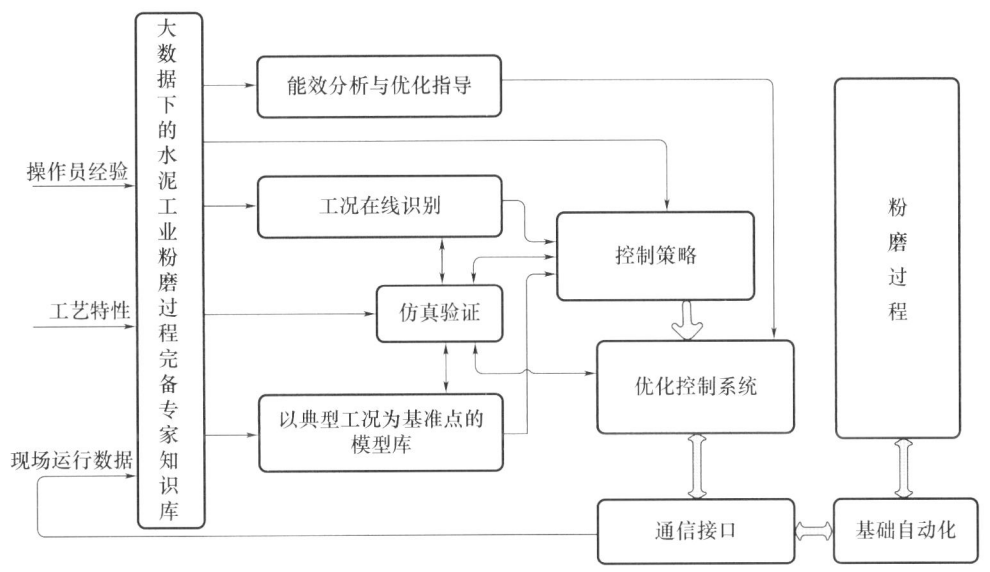

图6.1 水泥工业粉磨优化控制系统体系结构

6.1 水泥粉磨生产过程典型工况确定

笔者通过查阅文献和现场考察，结合优秀操作人员的专家知识，在相关性分析的基础上，确定水泥生产粉磨过程的主要参数（表6-1），为工况模板的定义奠定基础。

表6-1 水泥粉磨生产过程的主要参数

环节	参数	基准值	调整范围
稳流仓	总台时	170t/h	±20t/h
	稳流仓料位高度	55.0%	±15.0%
	稳流仓下料口开度	80.0%	±20.0%
辊压机	固定辊电流	40.0A	±3.0A
	活动辊电流	35.0A	±3.0A
	辊压机辊缝	26.0mm	±2.0mm
	辊压机工作压力	9.0MPa	±1.0MPa
打散机	打散机转速	600r/min	±50.0r/min
	打散机电机电流	110.0A	±5.0A
	打散机电机温度	32.0℃	±5.0℃
主磨机	磨机主电流	225.0A	±20.0A
	磨机入口负压	−330.0Pa	±10.0Pa
	磨机出口负压	−400.0Pa	±10.0Pa
提升机	入磨提升机电流	290.0A	±10.0A
	出磨提升机电流	150.0A	±10.0A
选粉机	选粉机转速	1050.0r/min	±40.0r/min
	选粉机电机电流	145.0A	±15.0A
	选粉机电机温度	35.0℃	±5.0℃
主排风机	主排风机转速	760.0r/min	±30.0r/min
	主排风机电机温度	16.0℃	±4.0℃
水泥质量	<45μm粒度含量	55.0%	±4.0%
	比表面积	310.0m²/g	±20.0m²/g

水泥粉磨生产过程的工况标准模板并未形成，只是以工艺设计目标为基础描述其生产运行状况的专业术语给出了工况标准模板的大致框架。本节介绍的研究成果首次给出了描述水泥粉磨生产过程的工艺参数以及较为完整的工况标准模板定义。

在融合各参数状态并结合人工经验的基础上，定义水泥粉磨生产过程典型工况模板（表6-2），为工况的在线识别奠定基础。

表 6-2　水泥粉磨生产过程典型工况的模板定义

工况序号	工况描述	问题描述
0	若主要参数实时偏差不变，变化趋势稳定	粉磨系统工况稳定
1	若总台时增加，打散机回到稳流仓的料增多，各稳流仓参数稳定	稳流仓料位上升造成坍塌
2	若总台时减小，且稳流仓下料口稳定	稳流仓料位过低
3	若稳流仓下料口增大，各稳流仓参数稳定	下料速度过快，辊压机负荷增大
4	若总台时增加，稳流仓下料口增大，打散机回到稳流仓的料稳定	稳流仓工况稳定，但辊压机工况受到影响
5	若辊压机固定辊和活动辊电流上升，辊压机工作压力正常	下料过多造成辊压不充分
6	若辊压机工作压力升高，辊压机固定辊和活动辊电流升高	辊压机工况稳定，但受料的粗细易磨度影响
7	若辊压机辊缝增大，辊压机电流和工作压力稳定	入磨提升机电流增大
8	若入磨提升机电流增大，辊压机系统和打散机转速稳定	打散机回到稳流仓中的料增多，入磨的料增多
9	若入磨提升机电流减小，辊压机系统和打散机转速稳定	打散机回到稳流仓中的料减少，入磨的料减少
10	若打散机转速增加，稳流仓工况和辊压机工况稳定，入磨提升机电流稳定，选粉机转速稳定	打散机回到稳流仓中的料减少，入磨的料增加，磨机主电流增大
11	若打散机转速减小，稳流仓工况和辊压机工况稳定，入磨提升机电流稳定，选粉机转速稳定	打散机回到稳流仓中的料增多，入磨的料减少，磨机主电流减小
12	若打散机转速增加，入磨提升机电流增大，稳流仓工况和辊压机工况稳定	打散机工况稳定，但受料的粗细影响
13	若磨机主电流变小，磨机入口负压稳定，磨机出口负压稳定，出磨提升机电流稳定	磨机入料量过多
14	若磨机主电流增大，磨机入口负压稳定，磨机出口负压稳定，出磨提升机电流稳定	磨机入料量不足
15	若磨机主电流变小，磨机入口负压下降，磨机出口负压上升，出磨提升机电流稳定	磨机入料量过多
16	若磨机主电流增大，磨机入口负压上升，磨机出口负压下降，出磨提升机电流稳定	磨机入料量不足
17	若磨机主电流减小，出磨提升机电流增大，磨机入口负压稳定，磨机出口负压稳定	磨机工况稳定，但受入磨料量影响
18	若出磨提升机电流增大，磨机入口负压稳定，磨机出口负压稳定	磨机主电流增大

续表

工况序号	工况描述	问题描述
19	若选粉机转速增大，主排风机转速稳定，磨机入口负压稳定，磨机出口负压稳定，出磨提升机电流稳定，稳流仓和辊压机工况稳定	磨机入料量增大，<45μm 粒度含量增加，比表面地增大
20	若选粉机转速减小，主排风机转速稳定，磨机入口负压稳定，磨机出口负压稳定，出磨提升机电流稳定，稳流仓和辊压机工况稳定	磨机入料量减少，<45μm 粒度含量下降，比表面积减小
21	若主排风机转速增大，选粉机转速稳定，磨机入口负压稳定，磨机出口负压稳定，出磨提升机电流稳定，稳流仓和辊压机工况稳定	<45μm 粒度含量下降，比表面积减小
22	若主排风机转速减小，选粉机转速稳定，磨机入口负压稳定，磨机出口负压稳定，出磨提升机电流稳定，稳流仓和辊压机工况稳定	<45μm 粒度含量增加，比表面积增大
23	若选粉机转速增大，主排风机转速减小，磨机入口负压稳定，磨机出口负压稳定，出磨提升机电流稳定，稳流仓和辊压机工况稳定	磨机入料量增加，<45μm 粒度含量增加，比表面积增大
24	若选粉机转速减小，主排风机转速增大，磨机入口负压稳定，磨机出口负压稳定，出磨提升机电流稳定，稳流仓和辊压机工况稳定	磨机入料量减少，<45μm 粒度含量下降，比表面积减小
25	若选粉机转速减小，主排风机转速减小，磨机入口负压稳定，磨机出口负压稳定，出磨提升机电流稳定，稳流仓和辊压机工况稳定	<45μm 粒度含量、比表面积稳定，但受磨机主电流影响
26	若 <45μm 粒度含量增加、比表面积稳定增加	水泥细度偏细
27	若 <45μm 粒度含量下降、比表面积稳定下降	水泥细度偏粗

6.2 基于工况的水泥工业粉磨操作指导系统

以典型工况为核心，总结操作经验以及专家知识并通过数据分析其合理性，形成了完整的操作规则体系，建立了专家知识库（借鉴节能高效的优秀操作人员操作经验来总结的控制调节建议）。基于表 6-1、表 6-2 的研究成果，分别对开路联合粉磨系统和闭路联合粉磨系统的工况模板进行描述。

6.2.1 开路联合粉磨系统及其工况模板

结合开路联合粉磨系统的工程实际，建立开路联合粉磨系统专家知识库的工况模板。

1. 开路联合粉磨实际系统工艺及特征

某水泥厂 2 号水泥粉磨过程是一类具有代表性的开路联合粉磨系统，其工艺流程如

图 6.2 所示。

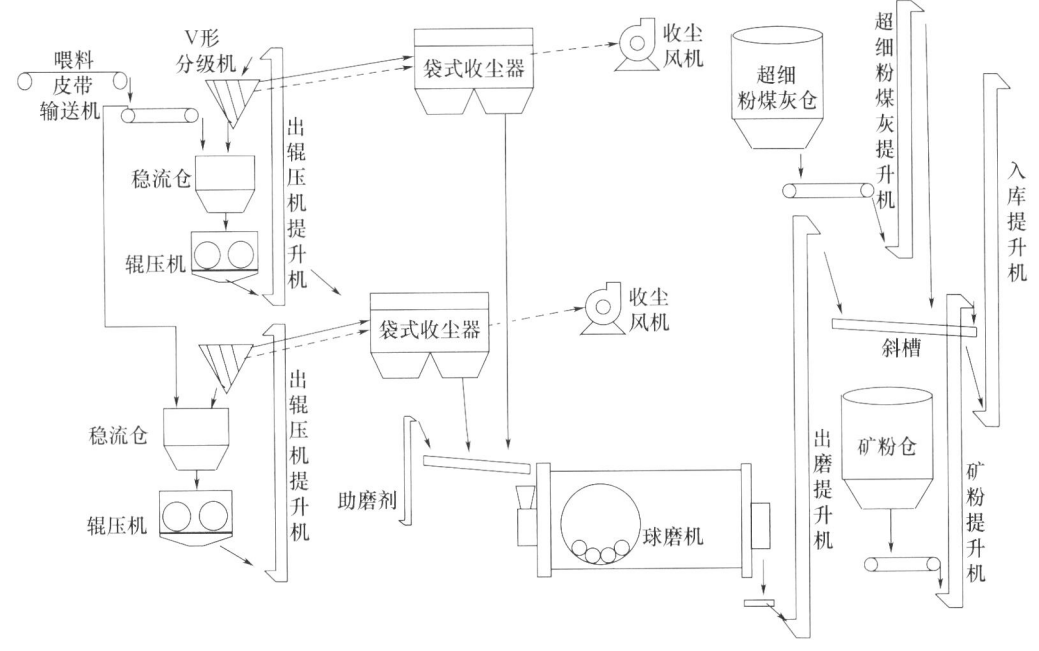

图 6.2　某水泥厂的 2 号水泥粉磨系统工艺流程

由图 6.2 可知，物料在球磨机环节是开路的，只通过了球磨机一次，粉磨一次，没有经过选粉，就能达到合格的满足细度要求的成品。两套辊压机工艺设备大致相同，我们将选取一套进行工艺特征的分析来研究其工况模板。

球磨机运行最佳状态是保持在较高负荷状态运行，但不是超负荷状态，这样不仅可使球磨机粉磨产量在较高水平，而且可减小空磨、饱磨带来的电力能源浪费，提高开路联合粉磨系统的效率。

结合生产现场实践和操作员实际经验分析，要使整个开路联合粉磨系统稳定运行，首先要保证称重稳流仓料位在合理的范围内，通过调节喂料量可以控制称重稳流仓料位。当称重稳流仓料位稳定在一个比较小的理想范围内或者波动不大时，可假设称重稳流仓料位是不变的，这种情况下收尘风机转速与进入球磨机物料量可近似为比例关系，对球磨机环节的控制有利。进入磨机的物料量是影响球磨机负荷的主要因素，因此，球磨机负荷可以通过调节收尘风机的转速进行调整；同时，球磨机负荷情况较大程度上可以采用出磨提升机电流来很好地表征。综上所述，在调节喂料量使稳流仓料位保持稳定的前提下，通过调节收尘风机转速来控制出磨提升机电流，使球磨机负荷稳定在正常范围，从而使整个粉磨系统稳定、高效运行。

2. 开路联合粉磨系统工况模板

工况模板建立的首要任务是选择反映工况的工艺参数。经过在现场的调研观察及与操作人员的交流，了解到开路联合粉磨系统重要的参考变量包括喂料量（台时）、称重稳流仓料位、出辊压机提升机电流、收尘风机转速、出磨提升机电流、磨音、球磨机电流、成品细度等。在这些开路联合粉磨系统生产工艺的关键参数中有操作员可以操作控制的变量，也叫可调量，也就是控制量，例如喂料量、收尘风机转速等。其他因控制量被调节后改变的量就是状态量，也就是被控量。被控量中的部分具有特征性的参数能够表征联合粉磨系统各环节的工作状况，因此，后续将从众多被控量中选取合适的关键参数进行工况划分。

由开路联合粉磨系统的工艺特征分析可知，开路联合粉磨系统大致上分为两个环节：一个是喂料量与稳流仓料位环节，即辊压机预粉磨环节；另一个是收尘风机转速和出磨提升机电流环节，即球磨机终粉磨环节。

对辊压机预粉磨环节而言，喂料量影响称重稳流仓料位，喂料量增加则称重仓料位升高，间接造成出辊压机提升机电流升高，反之亦然。

对球磨机终粉磨环节来说，球磨机磨内负荷的变化可以用磨音变化来体现，磨音实时曲线能较好地反映球磨机负荷工况的变化，但由于电耳长期暴露在空气中，大部分水泥厂的电耳设备容易失灵，测量不准确，操作员只能观察出磨提升机电流来判断磨内负荷的情况。出磨提升机电流的上升在一定程度上表明球磨机内负荷有升高趋势；反之，说明磨内负荷有降低趋势。当球磨机终粉磨环节运行较为平稳时，若改变收尘风机的转速，将会影响流入球磨机内的物料量。降低收尘风机转速，将使入磨流量减少；反之，将使入磨流量增加。

综上所述，辊压机预粉磨环节可以选取称重稳流仓料位为工况表征量，球磨机终粉磨环节可以选取出磨提升机电流为工况表征量，结合某水泥厂的2#水泥粉磨系统各关键参数的生产数据来划分联合粉磨系统的工况模板。

参考《水泥工厂设计规范》（GB 50295—2008）（现行为 GB 50295—2016），水泥粉磨系统关键参数的正常基准数据如下：

辊压机预粉磨环节：台时喂料量，基准值为 200.0t/h，调整范围为 ±30.0t/h；称重稳流仓料位，基准值为 55.0%，变化范围为 ±15.0%；出辊压机提升机电流，基准值为 110.0A，变化范围为 ±10.0A。

球磨机终粉磨环节：收尘风机转速，基准值为 710.0r/min，调整范围为 ±20.0r/min；球磨机主电机电流，基准值为 180.0A，调整范围为 ±10.0A；出磨提升机电流，基准值为 130.0A，变化范围为 ±5.0A。

结合以上对水泥粉磨系统实例的开路联合粉磨系统的生产工艺特征和工艺设计基准，通过对生产最多的基准水泥品种 P·O 42.5 各参数历史数据分析，得到按环节划分的工况模板，同时优秀的操作人员给出了控制建议，见表6-3、表6-4。

表6-3 开路联合粉磨系统预粉磨环节工况模板及控制建议（P·O 42.5）

判断方法	工况描述	控制建议
稳流仓料位处于65%~75%	稳流仓料位过高（仓位过高）	1. 降低喂料量，并在低喂料量的状态下运转一段时间，然后慢慢地增加喂料量。 2. 若降低喂料无效，停止喂料一段时间，然后慢慢地增加喂料量

续表

判断方法	工况描述	控制建议
稳流仓料位处于55%~65%	稳流仓料位正常（仓位正常）	保持观察，注意各参数是否正常，使喂料量给定值稳定不变
稳流仓料位处于40%~55%	稳流仓料位过低（仓位过低）	1. 适量增加喂料量进行观察，并在高喂料量的状态下运转一段时间，然后慢慢地减少喂料量。 2. 待料位达到50%左右减少到正常喂料量

表6-4　开路联合粉磨系统终粉磨环节工况模板及控制建议（P·O 42.5）

判断方法	工况描述	控制建议
出磨提升机电流处于132~137A	出磨提升机电流过高（饱磨，过负荷）	降低收尘风机转速，并在低转速的状态下运转一段时间，然后慢慢地增加收尘风机转速
出磨提升机电流处于128~132A	出磨提升机电流正常（磨机运行正常）	保持观察，注意各参数数值，稳定收尘风机转速在750~800r/min
出磨提升机电流处于124~128A	出磨提升机电流过低（空磨，欠负荷）	增加收尘风机转速，并在高转速的状态下运转一段时间，然后慢慢地减小收尘风机转速

以上工况模板是依照比较多的基准水泥品种P·O 42.5的生产数据分析得到的。另外还有P·O 52.5、P·C 32.5、P·C 42.5、P·C 52.5等水泥品种生产，其工况模板的划分只在于数据区间的不同，可按照相似方法进行工况划分。

6.2.2　闭路联合粉磨系统及其工况模板

结合闭路联合粉磨系统的实际工程进行研究，对闭路联合粉磨系统建立带有专家知识库的工况模板。

1. 闭路联合粉磨实际系统工艺及特征

某水泥厂的联合粉磨生产系统，其A线水泥磨生产系统就是具有代表性的闭路联合粉磨系统，其工艺流程如图6.3所示。

由图6.3可知，按照固定配比混合的物料经过出辊压机提升机的带动进入V形分级机，经过选粉分级之后较粗物料进入称重稳流仓，缓冲后稳定地进入辊压机进行辊压，大颗粒的物料被破碎，然后由出辊压机提升机再次进入选粉机。在循环风机的带动下，分级机内的较细物料被带到旋风筒进入球磨机进行粉磨。与此同时，循环风机也将一部分物料送至分级机进行筛选，将一部分物料送入球磨机进行粉磨。经过球磨机粉磨的物料由磨尾卸下，再经出磨提升机送至O-Sepa选粉机。经选粉后，成品细料被袋式收尘器收集起来，经过斜槽输出到水泥库中，粗料则返回磨机再次粉磨。

要研究工况模板，必不可少地要进行工艺特征的分析。结合对生产现场的实践和对操作员的实际经验分析，可以得到闭路联合粉磨系统一些关键变量关系，如图6.4所示。

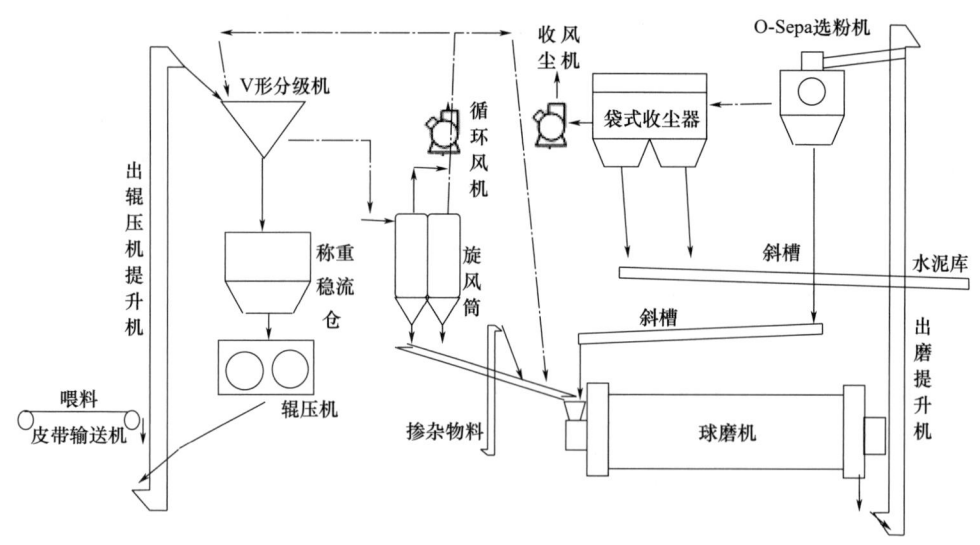

图 6.3　某水泥厂的闭路联合粉磨系统工艺设备简图

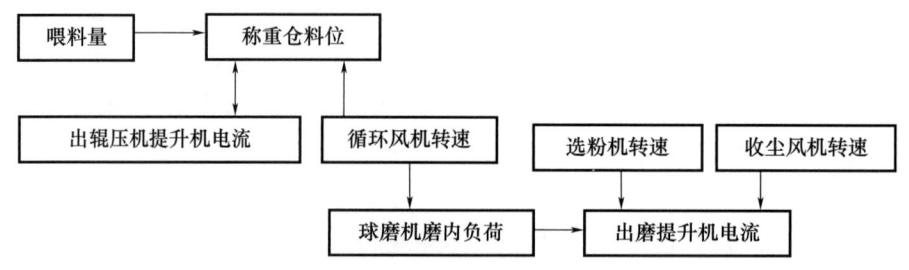

图 6.4　闭路联合粉磨系统工艺特征关键变量关系

对辊压机预粉磨环节而言，要使整个闭路联合粉磨系统稳定运行，首先要保证称重稳流仓料位在合理的范围内，通过调节喂料量和循环风机转速可以控制称重稳流仓料位。喂料量的增加将使称重仓料位升高，间接造成辊压机电机电流升高，反之亦然。循环风机转速增加时分级机内的细料增多，则进入稳流仓的物料减少，进入球磨机的物料增多，所以循环风机转速与稳流仓料位近似成反比关系。

对球磨机终磨环节来说，当称重稳流仓料位稳定在一个比较小范围内时，可假设称重稳流仓料位是不变的，这样球磨机磨内负荷就与选粉机转速和收尘风机转速相关，有利于球磨机环节的控制。

2. 闭路磨联合粉磨系统工况模板

由闭路联合粉磨系统的工艺特征分析得知，辊压机预粉磨环节可以选取称重稳流仓料位、出辊压机提升机电流为工况表征量，球磨机终粉磨环节可以选取球磨机主电流、出磨提升机电流为工况表征量。结合某水泥厂的闭路联合粉磨系统各关键参数的生产数据来建立其工况模板。表 6-5 为分环节建立的工况模板种类集。

表 6-5　闭路联合粉磨系统工况模板种类集

环节	工况表征参数	参数范围	工况种类
辊压机 预粉磨环节	称重稳流仓料位	50%～75%	满仓、空仓、仓位正常
	出辊压机提升机电流	110～128A	喂料过多、喂料过少、喂料正常
球磨机 终粉磨环节	球磨机主电流	270～285A	磨仓胀肚（过负荷）、 磨机稳定（典型工况）、磨仓饿肚（欠负荷）
	出磨提升机电流	120～135A	饱磨、空磨、磨机稳定

由于闭路粉磨系统闭环稳定性高，导致其工况参数变化小，表 6-5 没有细致划分其工况模板，只给出了工况模板种类集，划分方法与开路磨工况模板类似。考虑到闭路粉磨系统闭环稳定和工况参数波动不频繁的工况特点，后续建模将在典型工况（出磨提升机电流在 125～130A）下进行。

对球磨机比较适用采用多变量表征工况方法，表 6-6 着重地展示了闭路联合粉磨系统的球磨机多变量表征工况模板，并结合操作人员的经验对不同工况提供了不同的控制建议。值得一提的是，表 6-6 中若球磨机出现饱磨"胀肚"现象，则球磨机主电机电流将变小。当球磨机内喂料量出现过多的操作不当的现象时，球磨机内钢球已经不再起冲击和研磨作用，由于物料和钢球随着筒体一起运转，所以主电机运转时做功减小。

表 6-6　闭路球磨机负荷多变量表征工况模板及控制调节建议

判断方法	工况类别	控制调节建议
球磨机主电机电流变小 出磨提升机电流上升 磨机入口负压下降 磨机出口负压上升 电耳信号（磨音）低	磨机喂料过量 （饱磨，过负荷）	1. 出磨提升机电流较高时，分析是由供料引起的，还是由堵料引起的，确定之后做处理 2. 降低喂料量，使喂料量在低状态下运转一段时间，再慢慢增加喂料量
球磨机主电机电流正常 出磨提升机电流在 125～130A 磨机出口负压正常 电耳信号在正常范围	磨机运行正常 （典型工况）	注意观察，当各参数正常后稳定喂料量
球磨机主电机电流变大 出磨提升机电流降低 电耳声高，现场听磨音脆响 磨机出口负压变小	磨机喂料不足 （空磨，欠负荷）	在各参数显示空磨时，慢慢地增加磨机的喂料量，直到各参数正常为止

6.2.3　工况在线显示及操作指导系统

结合水泥工业粉磨生产工况的合理分类及在线识别，研发工况在线显示及操作指导系统。

由于粉磨生产中工况是复杂多变的，现场工程实践中，通过带有操作建议的工况模板，研究开发了一套工况过程在线显示系统，用于指导实际生产过程。其登录界面如图6.5所示。

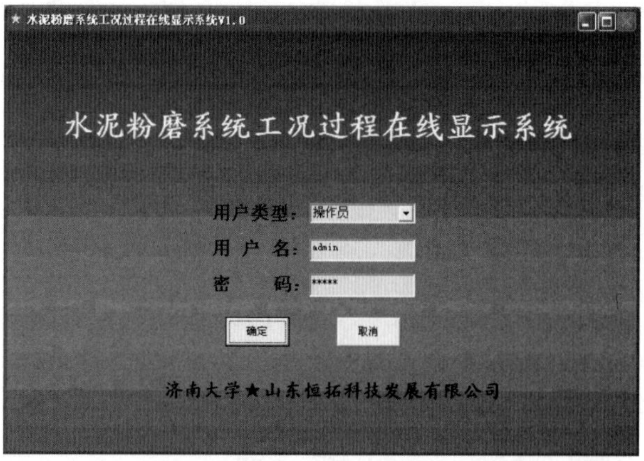

图6.5　水泥粉磨系统工况过程在线显示系统登录界面

成功登录后，跳出软件主界面。在菜单栏的各项里，可实现用户密码修改、数据连接配置（OPC配置和数据库配置）、数据库连接、OPC连接等功能。

如图6.6所示的在线显示主界面，为操作员展现了主要环节的当前工况情况，提供了关键判断参数的实时值，并为当前工况下的操作员应该做出的调节提供了适当的建议。

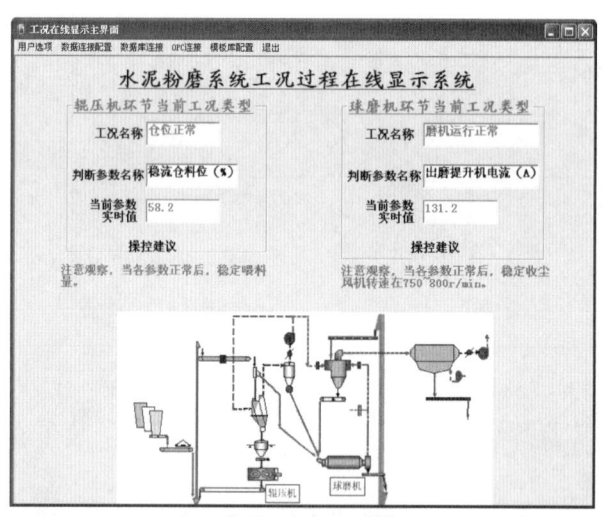

图6.6　在线显示主界面

图6.6所示的在线显示主界面是针对单一水泥粉磨系统工程实例特点进行开发的，考虑到不适用于其他企业的水泥粉磨系统，要使工况在线显示软件更具有灵活开放性，可以让优秀操作人员也参与到此软件的完善上。所以，在"工况模板库规则表"方面开放端口，使操作员也可进行工况库类型的添加、修改和删除工况模板库规则。"工况

模板库规则表"调整界面如图 6.7 所示。这也为其他水泥企业开发相似功能的软件提供了开放窗口。

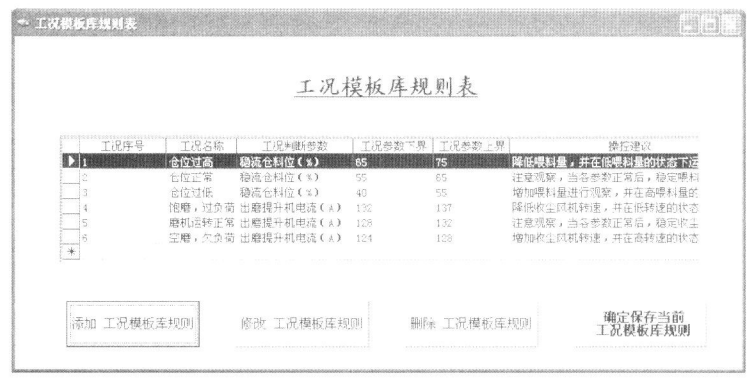

图 6.7 "工况模板库规则表"调整界面

在图 6.7 中，系统使用了数据库访问接口 ADO（ActiveX Data Object）对象模式。ADO 是由微软开发的一种数据库访问接口技术，通过 ADO 可对多种类型的数据源进行访问、修改和更新，减少了开发的编程量。

此系统在线显示当前工况，为普通操作员提供一些固定、有效的操作指导参考方法，并及时呈现在系统界面上，对提高普通操作员的正确操作率起到了一定的作用，结合现场操作人员实际测试，验证了该工况模板具有一定的可行性。操作人员可以根据主要参数变化范围从该工况模板里查找到对应的工况，参考对应的操作建议做出相应的调整，确保工况判断和操作调控的正确性，保证了水泥生产的正常运行，对粉磨环节的稳定节能运行具有重要意义。

6.3 水泥粉磨生产过程模型

生产过程模型是系统分析与综合的基础，传统的建模方法大多针对线性定常系统，对存在非线性特性的水泥粉磨过程效果不佳。

针对表 6-1 和表 6-2 水泥粉磨生产过程的主要参数及典型工况的模板定义，本节介绍几种水泥粉磨生产过程的模型建立方法，主要内容包括：①为了使用基于模型的方法研究水泥联合粉磨的精确控制问题，提高水泥磨的自动化水平，介绍一种水泥联合粉磨极限学习机在线建模方法，仿真显示所提建模方法真实有效，拓展了水泥磨建模方法；②依据联合粉磨系统工艺特征及其工况模板的分析，将 T-S 模糊建模和最小二乘辨识相结合，给出基于工况模板的水泥联合粉磨 T-S 模糊建模方法及 RBF 神经网络磨机负荷建模，以表征水泥联合粉磨系统的非线性、多变量、大滞后等特点；③依据联合粉磨工艺和在线粒度分析仪工艺分析，划分了水泥粒度工况模板，对不同的水泥粒度工况分别采用最小二乘和最小二乘支持向量机建立了相应的数学模型，仿真结果说明基于水泥粒度工况模板所建立的模型能够较好地描述水泥粒度动态变化过程。

6.3.1 基于极限学习机的稳流仓建模

考虑到水泥联合粉磨中稳流仓具有非线性的特点，提出了基于极限学习机的稳流仓建模方法。ELM 是一种简单易用、有效的单隐层前馈神经网络学习算法。传统的神经网络学习算法（如 BP 算法）需要人为设置大量的网络训练参数，并且很容易产生局部最优解。极限学习机只需要设置网络的隐层节点个数，在算法执行过程中不需要调整网络的输入权值以及隐元的偏置，并且产生唯一的最优解，因此具有学习速度快且泛化性能好的优点。

极限学习机是对单隐含层前馈神经网络的新算法，在训练时无须再次修改调整，当隐含层的个数设置完成后，就可以获取唯一的最优解。设置输入层有 3 个神经元，即输入变量为 3 个；隐含层神经元个数有 l 个；输出层神经元有 1 个，即输出变量有 1 个。ELMNN 结构如图 6.8 所示。

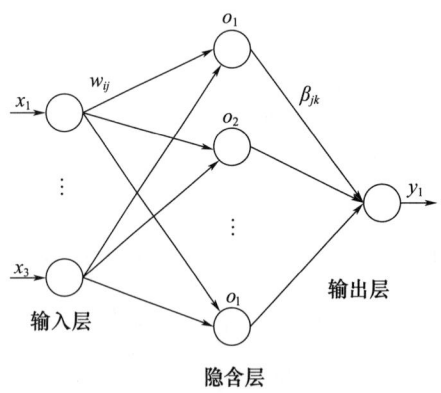

图 6.8　ELMNN 结构

输入变量和隐含层之间的权值 W 为

$$w = \begin{bmatrix} \omega_{11} & \omega_{12} & \omega_{13} \\ \omega_{21} & \omega_{22} & \omega_{23} \\ \vdots & \vdots & \vdots \\ \omega_{l1} & \omega_{l2} & \omega_{l3} \end{bmatrix}_{l \times 3} \tag{6.1}$$

输出变量和隐含层权值 β 为

$$\beta = \begin{bmatrix} \beta_1 & \beta_2 & \cdots & \beta_l \end{bmatrix}^{T}_{l \times 1} \tag{6.2}$$

隐含层的阈值 b 为

$$b = \begin{bmatrix} b_1 & b_2 & \cdots & b_l \end{bmatrix}^{T}_{l \times 1} \tag{6.3}$$

当数据样本为 200 时，其输入变量矩阵 X 和输出变量矩阵 Y 分别为

$$X = \begin{bmatrix} x_{11} & x_{12} & \cdots & x_{1200} \\ x_{21} & x_{22} & \cdots & x_{2200} \\ x_{31} & x_{32} & \cdots & x_{3200} \end{bmatrix}_{3 \times 200} \quad (6.4)$$

$$Y = \begin{bmatrix} y_{11} & y_{12} & \cdots & y_{1200} \end{bmatrix}_{1 \times 200} \quad (6.5)$$

当隐含层的激活函数为 $g(x)$ 时,根据式(6.1)~式(6.5),网络的输出 T 为

$$T = [t_1, t_2, \cdots, t_{200}]_{1 \times 200}, \quad t_j = t_{1j} = \sum_{i=1}^{l} \beta_{i1} g(w_i x_j + b_i) \quad (6.6)$$

式中,$w_i = [w_{i1}, w_{i2}, w_{i3}]$;$x_j = [x_{1j}, x_{2j}, x_{3j}]^T$;$j = 1, 2, \cdots, 200$。

式(6.6)可改写为

$$H\beta = T' \quad (6.7)$$

其中,T' 为 T 的转置矩阵,H 为输出变量矩阵。

$$H = (W_1, W_2, \cdots, W_{200}, b_1, b_2, \cdots, b_{200}, X_1, X_2, \cdots, X_{200})$$

$$= \begin{bmatrix} g(W_1 X_1 + b_1) & g(W_2 X_1 + b_2) & g(W_1 x_1 + b_1) \\ g(W_1 X_2 + b_1) & g(W_2 X_2 + b_2) & g(W_1 X_2 + b_1) \\ \vdots \\ g(W_1 X_{200} + b_1) & g(W_2 X_{200} + b_2) & g(W_1 X_{200} + b_1) \end{bmatrix}_{200 \times 1} \quad (6.8)$$

稳流仓系统给定样本 (x_i, t_i) 样200组,其中 $x_i = [x_{i1}, x_{i2}, x_{i3}]^T \in R^n$,$t_i = [t_{it}]^T \in R^1$,给定任意小误差 $\varepsilon > 0$、任意无限可微激活函数 $g: R \to R$,则存在 K ($K \leq 200$) 个隐含层的 SLFN,任意赋值 $w_i \in R^n$ 和 $b_i \in R$ 的情况下,有 $\| H\beta - T' \| < \varepsilon$。

输出变量和隐含层的权值 β 可通过求 $\min_\beta \| H\beta - T' \|$ 的最小二乘解来求得。最小二乘解为 $\hat{\beta} = H^+ T'$,其中,H^+ 为 H 的 Moore-Penrose 广义逆。

设置隐含层节点数 $l = 3$,建立非线性联合粉磨系统稳流仓的内部模型。取输入变量 $x_j = [y_{j1}(k), u_{j2}(k), u_{j3}(k-1)]^T$,$y_{j1}(k)$ 为 k 时刻的稳流仓料位,$u_{j2}(k)$ 为 k 时刻的喂料量,$u_{j3}(k-1)$ 为 $k-1$ 时刻的喂料量,激活函数 $g(x)$ 为 Sigmoid 函数。其联合粉磨稳流仓的模型为

$$y = \sum_{i=1}^{3} \beta_i g(w_i x + b_i) \quad (6.9)$$

式中,$b = [0.9016 \quad 0.5666 \quad 0.0711]^T$;$w = \begin{bmatrix} 0.1509 & 0.2643 & -0.0491 \\ -0.3749 & 0.1689 & -0.5283 \\ 0.3689 & -0.5960 & -0.0930 \end{bmatrix}$。

对所建立的模型进行仿真验证,图6.9显示了 ELM 内部模型的训练曲线,图6.10显示了 ELM 内部模型的拟合值与实际值之间的误差。

由图6.9和图6.10可得:拟合值与实际值之间的误差在 ±1.5 之间,能够正确地反映出稳流仓料位的变化。

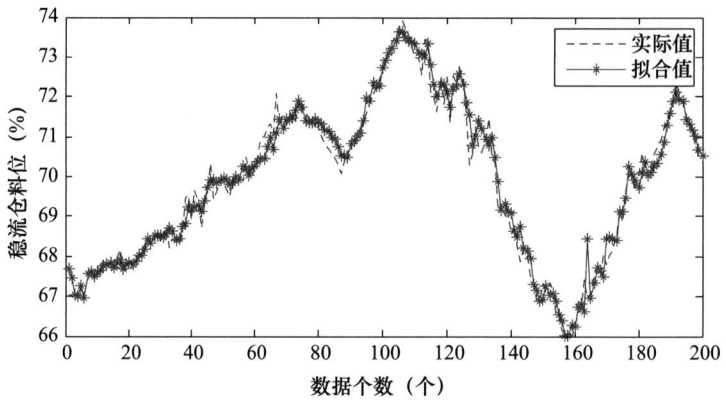

图 6.9 ELM 内部模型训练曲线

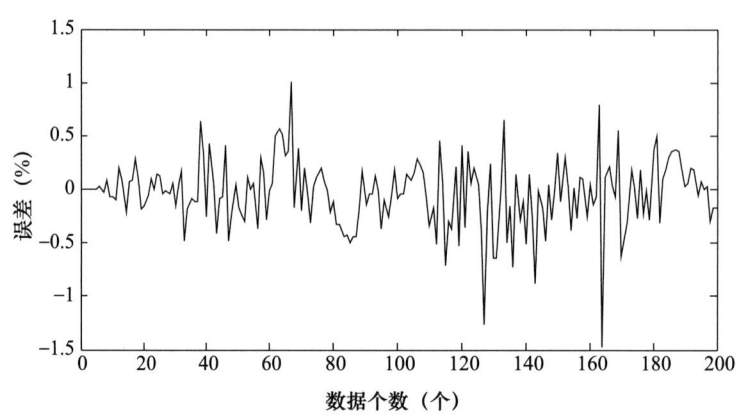

图 6.10 ELM 内部模型训练误差曲线

6.3.2 基于典型工况的联合粉磨系统 T-S 模糊建模

本节针对联合粉磨系统的变量耦合、工况频繁等特性，给出了一种基于典型工况的联合粉磨系统 T-S 模糊建模方法。由辊压机和球磨机组合成的联合粉磨系统因其挤压力高、粉磨能力强等特点在我国被广泛采用，其生产过程呈现出工艺参数波动范围大、工况过程多变、操作手段复杂等特点，并且生产环境使其具有大滞后、多变量、非线性等特性，所以联合粉磨生产过程的建模就显得尤为重要。目前为止，基于数据的系统建模方法主要有最小二乘、支持向量机、人工神经网络、模糊逻辑以及混合方法等。有文献分析表明，T-S 模糊建模比其他建模方法更精确。联合粉磨生产过程建模分为辊压机环节建模和球磨机环节建模。

一般的非线性系统可表示为

$$y = F(x, u) = f(x) + g(x)u \tag{6.10}$$

式中，$y \in R^n$，是输出变量；$u \in R^m$，是输入变量；$F(\cdot)$、$f(\cdot)$、$g(\cdot)$ 是非线性函数。

T-S 模糊模型可将式（6.10）非线性系统表示成几个局部线性的线性系统。T-S 模糊模型由许多组"If-then"模糊规则代表着许多个子系统，每个规则的子系统进行线性组合，组成非线性系统。T-S 模糊模型可描述如下：用 R_p^i 表示模糊的第 i 条规则，则状态方程可写成式（6.11）的形式。

$$R_p^i: \text{If } x_1(t) \text{ is } F_1^i \text{ and} \cdots \text{and } x_n(t) \text{ is } F_n^i \text{ then } y(t) = A_i x(t) + B_i u(t), i = 1, 2, \cdots, l \tag{6.11}$$

式中，$x(t) = [x_1(t), x_2(t), \cdots, x_n(t)]^T$，为模糊系统的状态向量，也叫前件模糊变量；$F_j^i$ ($j = 1, 2, \cdots, n$) 是第 i 个子系统线性状态空间描述的系数矩阵，$u(t)$ 为模糊系统的输入状态变量；l 为模糊规则的个数。

模糊系统模型中的输入变量模糊划分后多少程度上属于某一个模糊集 F_j^i，也就是第 i 条规则的适用度可用隶属度函数来表示：

$$\mu^i(x) = \prod_{j=1}^{n} \mu_j^i(x) \tag{6.12}$$

式中，$\mu_j^i(x)$ 表示属于 F_j^i 的隶属函数；$\mu^i(x)$ 表示属于 F^i 的隶属函数。

经过采用单点模糊化，系统总体模型可改写为

$$\dot{x}(t) = \sum_{i=1}^{l} h_i(t)(A_i x(t) + B_i u(t)) \tag{6.13}$$

采用 T-S 模糊建模的过程一般为：首先，根据工况模板的划分，将试验数据的输入空间化分为若干子空间，确定的前件结构和参数。其次，在各个子空间分别建立局部线性模型，利用最小二乘建模方法确定 T-S 模糊模型中的后件参数，即每个规则的 then 部分。最后，选择合适的隶属函数将各个子模型合并，形成最后的总模型。

对辊压机环节建模，待辨识的每个子模型可表示为线性模型：

$$\hat{y}(k) = \Phi_u^T \hat{\theta} \tag{6.14}$$

式中，Φ_u^T 为系统输入量矩阵；$\hat{y} = [y_1(1), y_2(2), \cdots, y_i(k)]^T$，为待拟合输出量；$\hat{\theta} = [a_1, a_2, a_3, a_4, a_5]^T$。

最小二乘模型结构可写成如下形式：

$$\begin{cases} y_1(k) = a_1 y_1(k-1) + a_2 y_1(k-2) + a_3 u_1(k-1) + a_4 u_1(k-2) + a_5 u_1(k-3) \\ y_2(k) = a_1 y_2(k-1) + a_2 y_2(k-2) + a_3 u_2(k-1) + a_4 u_2(k-2) + a_5 u_2(k-3) \\ \vdots \\ y_i(k) = a_1 y_i(k-1) + a_2 y_i(k-2) + a_3 u_i(k-1) + a_4 u_i(k-2) + a_5 u_i(k-3) \end{cases} \tag{6.15}$$

式中，$y_i(k)$ 为稳流仓料位数据；$u(k)$ 为喂料量数据。

辊压机预粉磨环节 T-S 模糊子模型后件参数，即辨识所得式（6.15）的系数见表 6-7。将称重仓料位在 40%~55%、55%~65% 和 65%~75% 三种分工况模型分别记为 $m=1$、$m=2$、$m=3$，每个子模型的系数分别表示成 a_{mi}。

表 6-7 辊压机预粉磨环节子模型的系数表

工况	a_{m1}	a_{m2}	a_{m3}	a_{m4}	a_{m5}
$m=1$	0.9618	0.9941	0.0257	-0.0178	0.0189
$m=2$	0.9781	0.9869	0.0061	0.0061	0.0030
$m=3$	0.9470	0.9706	-0.0068	0.0259	0.0038

T-S 模型的辊压机预粉磨模型可以写成各个子系统输出的加权形式：

$$\hat{y} = \sum_{m=1}^{3} \mu_m(u_1) \hat{y}_m \tag{6.16}$$

$\mu_i(u_1)$ 的具体形式如下：

$$\mu_1(u_1) = \begin{cases} 1, & u_1 < 55 \\ \dfrac{(60-u_1)}{(60-55)}, & 55 \leqslant u_1 < 60 \\ 0, & 60 \leqslant u_1 \end{cases}$$

$$\mu_2(u_1) = \begin{cases} 0, & u_1 < 55 \\ \dfrac{(u_1-55)}{(60-55)}, & 55 \leqslant u_1 < 60 \\ \dfrac{(65-u_1)}{(65-60)}, & 60 \leqslant u_1 < 65 \\ 0, & 65 \leqslant u_1 \end{cases}$$

$$\mu_3(u_1) = \begin{cases} 0, & u_1 < 60 \\ \dfrac{(u_1-60)}{(65-60)}, & 60 \leqslant u_1 < 65 \\ 1, & 65 \leqslant u_1 \end{cases}$$

模糊规则描述系统的辊压机预粉磨 T-S 模糊模型可用如下形式表示：

R_1：If u_1 is PS, then $\hat{y}_1 = a_{11}u_1 + a_{12}u_2 + a_{13}u_3 + a_{14}u_4 + a_{15}u_5$。

R_2：If u_1 is PM, then $\hat{y}_2 = a_{21}u_1 + a_{22}u_2 + a_{23}u_3 + a_{24}u_4 + a_{25}u_5$。

R_3：If u_1 is PB, then $\hat{y}_3 = a_{31}u_1 + a_{32}u_2 + a_{33}u_3 + a_{34}u_4 + a_{35}u_5$。

其中，R_1、R_2、R_3 为模糊规则；{PB，PM，PS} 为分工况的模糊集，$\hat{y}_1$、$\hat{y}_2$、$\hat{y}_3$ 为所建稳流称重仓料位子模型拟合输出。

对球磨机环节建模，用最小二乘法可得所建球磨机终粉磨环节 T-S 模糊模型的后件参数，即辨识型，式（6.15）的系数见表 6-8，将出磨提升机电流在 124～128A、128～132A 和 132～137A 三种分工况模型参数分别记为 $j=1,2,3$。

表 6-8　球磨机终粉磨环节模糊模型的系数表

工况	a_{j1}	a_{j2}	a_{j3}	a_{j4}	a_{j5}	a_{j6}	a_{j7}	a_{j8}	a_{j9}	a_{j10}
$j=1$	0.6366	0.5041	-0.2158	0.6769	0.0116	0.0069	-0.0046	-0.0071	0.0241	-0.0109
$j=2$	0.4428	0.4300	0.0835	0.6591	0.0139	-0.0117	-0.0127	0.0047	0.0122	-0.0082
$j=3$	0.8698	0.2812	-0.2377	0.8737	-0.0113	0.0380	-0.0089	0.0031	-0.0130	0.0025

T-S 模型的球磨机终粉磨模型为各个子系统输出加权的形式：

$$\hat{y} = \sum_{j=1}^{3} \mu_j(u_1)\hat{y}_j \tag{6.17}$$

$\mu_i(u_1)$ 的具体形式如下：

$$\mu_1(u_1) = \begin{cases} 1, & u_1 < 128 \\ \dfrac{(130-u_1)}{(130-128)}, & 128 \leqslant u_1 < 130 \\ 0, & 130 \leqslant u_1 \end{cases}$$

$$\mu_2(u_1) = \begin{cases} 0, & u_1 < 128 \\ \dfrac{(u_1-128)}{(130-128)}, & 128 \leqslant u_1 < 130 \\ \dfrac{(132-u_1)}{(132-130)}, & 130 \leqslant u_1 < 132 \\ 0, & 132 \leqslant u_1 \end{cases}$$

$$\mu_3(u_1) = \begin{cases} 0, & u_1 < 130 \\ \dfrac{(u_1-130)}{(132-130)}, & 130 \leqslant u_1 < 132 \\ 1, & 132 \leqslant u_1 \end{cases}$$

模糊规则描述系统的球磨机终粉磨 T-S 模糊模型可用如下形表示：

R_1：If u_1 is PS, then $\hat{y}_1 = a_{11}u_1 + a_{12}u_2 + a_{13}u_3 + a_{14}u_4 + a_{15}u_5 + a_{16}u_6 + a_{17}u_7 + a_{18}u_8 + a_{19}u_9 + a_{110}u_{10}$。

R_2：If u_1 is PM, then $\hat{y}_2 = a_{21}u_1 + a_{22}u_2 + a_{23}u_3 + a_{24}u_4 + a_{25}u_5 + a_{26}u_6 + a_{27}u_7 + a_{28}u_8 + a_{29}u_9 + a_{210}u_{10}$。

R_3：If u_1 is PB, then $\hat{y}_3 = a_{31}u_1 + a_{32}u_2 + a_{33}u_3 + a_{34}u_4 + a_{35}u_5 + a_{36}u_6 + a_{37}u_7 + a_{38}u_8 + a_{39}u_9 + a_{310}u_{10}$。

其中，R_1、R_2、R_3 为模糊规则；{PS，PM，PB} 为分工况的模糊集；$\hat{y}_1$、$\hat{y}_2$、$\hat{y}_3$ 为所建立的出磨提升机电流子模型。

将连续的 200 组数据带入各自环节所建立的 T-S 模糊最终模型，得到每个子系统的模型，对比实际输出的被控变量来验证模型的可靠性。辊压机预粉磨环节 T-S 模糊模型的仿真验证曲线如图 6.11 所示，球磨机终粉磨环节 T-S 模糊模型的仿真验证曲线如图 6.12 所示。

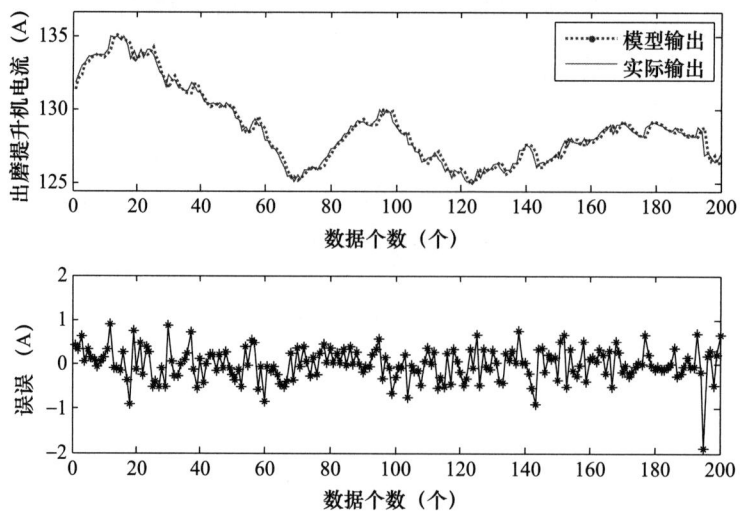

图 6.11 辊压机预粉磨环节 T-S 模糊模型的仿真验证曲线图

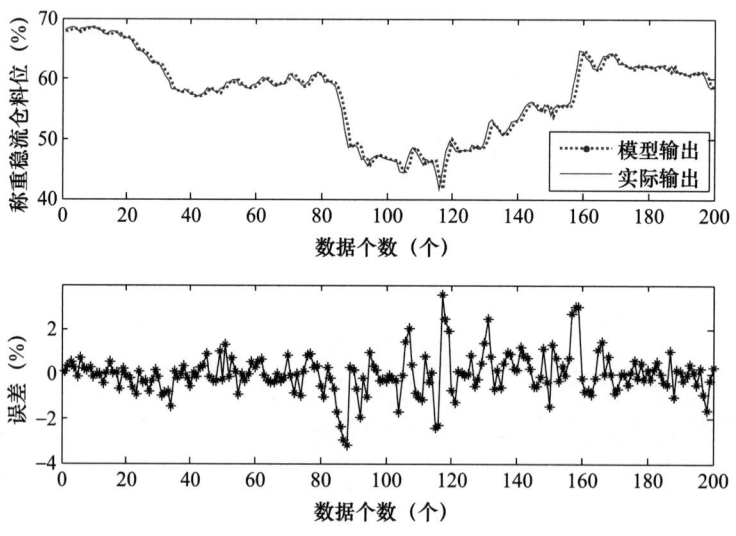

图 6.12 球磨机终粉磨环节 T-S 模糊模型的仿真验证曲线

由图 6.11 和图 6.12 可以看出，模型的仿真误差大部分在 ±2% 和 ±2A 和以内。因此，仿真结果表明该建模方法是有效的，所建立的模型能够描述工况参数的变化，准确地反映了实际输出的被控变量的变化动态。

6.3.3 基于 LS-SVM 的闭路粉磨系统典型工况模型建立

考虑到闭路联合粉磨系统闭环稳定和工况参数波动不频繁的工况特点，在一种典型工况（出磨提升机电流在 125～130A）下，基于最小二乘支持向量机（LS-SVM）建立闭路粉磨系统整体模型。LS-SVM 用等式约束代替传统的支持向量机的不等式约束，而且均方误差的变化函数作为训练目标，将求解二次规划问题转化为求解线性方程组，提高了速度和精度。与其他方法相比，LS-SVM 在从小到大的样本容量变化过程中具有良好的拟合能力，其测试误差的波动基本上是很小的，算法快速。LS-SVM 常用于建立多入一出的软测量模型，它的优点也可以在闭路联合粉磨系统建模的应用中展现。

假设训练集为模型输入、输出参数为 $\{x_i, y_i\}$，$i = 1, 2, \cdots, n$，其中 x_i 是一维系统的输入向量，y_i 是一维模型的待估计输出向量。首先，通过一个非线性映射函数将样本输入数据从原始空间映射到高维特征空间 $\{x_i\}$，然后在高维特征空间中构建最优决策函数。

$$y(x) = \omega^{\mathrm{T}} \cdot \varphi(x) + b \tag{6.18}$$

式中，ω 为权值向量，与特征空间维数相同。

构建的最优决策函数可将原非线性估计转变为线性估计。

LS-SVM 的优化目标中的损失函数为误差 e_k 的平方项，由求解目标结构风险最小化准则，优化问题在高维特征空间中可以表示为

$$\begin{cases} \min\limits_{\omega,b,e} J(\omega,e) = \dfrac{1}{2}\omega^{\mathrm{T}} \cdot \omega + \dfrac{1}{2}c\sum\limits_{k=1}^{N} e_k^2 \\ \text{s. t. } : y_k = \omega^{\mathrm{T}} \cdot \varphi(x_k) + b + e_k, k = 1,2,\cdots,N \end{cases} \tag{6.19}$$

式中，$e_k \in R$，为误差变量；b 为偏置项；$k = 1, 2, \cdots, N$，为样本个数；c 为正规化参数。

用拉格朗日法求解式 (6.19) 的优化问题，定义拉格朗日函数如下：

$$L(\omega,b,e,\alpha) = \frac{1}{2}\omega^{\mathrm{T}} \cdot \omega + \frac{1}{2}c\sum_{k=1}^{N} e_k^2 - \sum_{k=1}^{N} \alpha_k\{\omega^{\mathrm{T}} \cdot \varphi(x_k) + b + e_k - y_k\} \tag{6.20}$$

式中，α_k 为拉格朗日乘子。

以上问题可以归结为求解二次规划问题，令

$$\begin{cases} \dfrac{\partial L}{\partial \omega} = 0 \\ \dfrac{\partial L}{\partial b} = 0 \\ \dfrac{\partial L}{\partial e_k} = 0 \\ \dfrac{\partial L}{\partial \alpha_k} = 0 \end{cases} \tag{6.21}$$

解方程组 (6.21) 可得

$$\begin{cases} \omega = \sum\limits_{k=1}^{N} \alpha_k \varphi(x_k) \\ \sum\limits_{k=1}^{N} \alpha_k = 0 \\ \alpha_k = ce_k \\ \omega^{\mathrm{T}} \varphi(x_k) + b + e_k - y_k = 0 \end{cases} \tag{6.22}$$

定义核函数 $K(x_k, y_l) = \varphi(x_k)^T \cdot \varphi(x_l)$，其中 $k, l = 1, 2, \cdots, N$。任意对称函数 $K(x_k, x_l)$ 是满足 Mercer 条件的，由式（6.22）可将优化问题转化为以下形式：

$$\begin{bmatrix} 0 & I_v^T \\ I_v & \Omega + \dfrac{1}{c}I \end{bmatrix} \begin{bmatrix} b \\ \alpha \end{bmatrix} = \begin{bmatrix} 0 \\ y \end{bmatrix} \quad (6.23)$$

$$\Omega = [\Omega_{kl}]$$

$$\Omega_{kl} = \varphi(x_k)^T \cdot \varphi(x_l)$$

式中，$y = [y_1, \cdots, y_N]$；$I_v = [1, \cdots, 1]$；$\alpha = [\alpha_1, \alpha_2, \cdots, \alpha_N]$，$k, l = 1, 2, \cdots, N$。

求解式（6.23）后，可以得到 LS-SVM 的模型函数表达式

$$y(x) = \sum_{k=1}^{N} \alpha_k K(x, x_k) + b \quad (6.24)$$

由上述过程可以看出，将求解二次规划问题转化为求解线性方程组，提高了速度和精度。

核函数的选择不同，建立的 LS-SVM 模型也会不同，常用的核函数类型主要有以下 3 种：

（1）多项式函数：$K(x, x_i) = (x \cdot x_i + 1)^d$，其中 d 为阶数。

（2）Sigmoid 函数：$K(x, x_i) = \tanh(\beta x_i + b)$。

（3）径向基函数（RBF）：$K(x, x_i) = \exp\left[-\dfrac{(x - x_i)^2}{2\sigma^2}\right]$，其中 σ 为核宽。

如果数据没有给定的先验知识，可以选择一个光滑特性的函数，像多项式核函数和 Sigmoid 核函数。但该模型具有先验知识，RBF 是一个通用的核函数，所以本节在模型中用 RBF 作为核函数。

最后，把 RBF 核函数带入式（6.24）得到式（6.25），即为 LS-SVM 模型。

$$y(x) = \sum_{k=1}^{N} \alpha_k \exp\left[-\dfrac{(x - x_k)^2}{2\sigma^2}\right] + b \quad (6.25)$$

根据闭路联合粉磨系统工艺可知，实际生产中，由于闭路粉磨系统生产效率高，台时喂料量一般调整较少。如果喂料量不变，称重稳流仓料位就会稳定在一个比较小的范围内。可假设称重稳流仓料位是理想不变的，这样球磨机磨内负荷就与循环风机转速、选粉机转速和收尘风机转速相关。如果不考虑其他因素的干扰，可以选择出磨提升机电流作为球磨机磨内负荷的表征变量，因为球磨机磨内负荷的改变对出磨提升机电流起主要影响。综上所述，所建模型的输入、输出变量可以选为：循环风机转速、选粉机转速和收尘风机转速作为输入变量，出磨提升机电流作为输出变量。

对采集得到的 220 组样本个数，选择前 150 组作为训练样本，后 70 组作为测试样本。选择不同的正规化参数 c 和核参数 σ，得到的 LS-SVM 模型的误差精度也不同。本仿真训练不断调整 c 和 σ 的值进行试验，选择使交叉验证法来求解最佳的参数值。对交叉验证优化 LS-SVM 模型参数进行比较，发现参数选为 $c = 75$、$\sigma^2 = 0.5$ 时，试验曲线误差最小。在该参数下建立出磨提升机电流随控制量的变化模型。训练仿真时，输入的数

据集为 $[u_1(k), u_2(k), u_3(k), y(k)]$，其中输入变量 $u_1(k)$、$u_2(k)$、$u_3(k)$ 分别为循环风机转速、选粉机转速和收尘风机转速，输出变量 $y(k)$ 为出磨提升机电流。

利用预处理后得到的实际样本数据根据模型式（6.25）的计算进行训练，比较实际值与模型输出值。模型训练所得拉格朗日乘子的值，即为模型式（6.25）的系数：$\alpha_1 = -1.3159$，$\alpha_2 = -1.8491$，$\alpha_3 = -0.4447$，$\cdots$，$\alpha_{150} = 0.0515$ 和 $b = -0.2505$。

训练的结果即实际输出值和模型输出值曲线，如图 6.13 所示。可以看出，模型输出值与实际值之间的拟合精度很高。当出磨提升机电流波动较大时，模型输出值具有较好的趋势跟踪性。

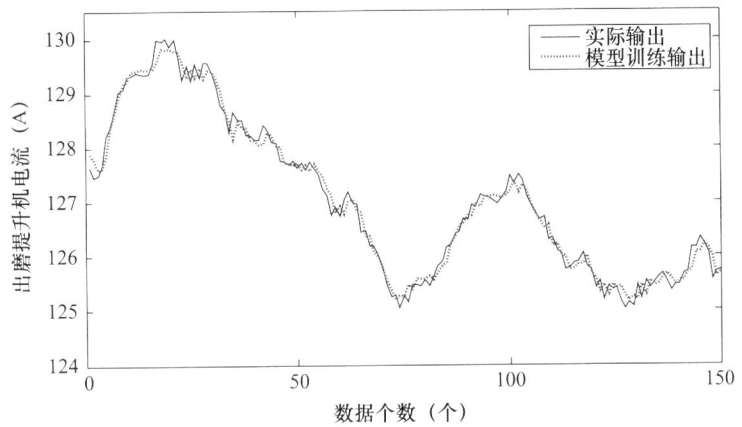

图 6.13　实际输出值和模型训练输出值曲线

用 70 组连续的实际样本数据验证模型进行测试，模型测试结果输出和实际值曲线如图 6.14 所示。

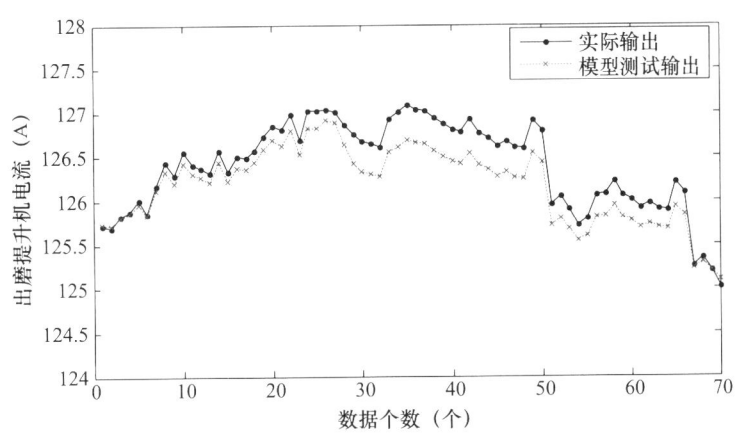

图 6.14　模型测试结果输出和实际值曲线

相对误差 E 是以下计算得到：

$$E = \hat{y}_i - y_i, \quad i = 1, 2, \cdots, N \tag{6.26}$$

式中，y_i 实际价值；$\hat{y}_i$ 是预测值。

实际输出和模型测试输出值的误差曲线如图 6.15 所示。

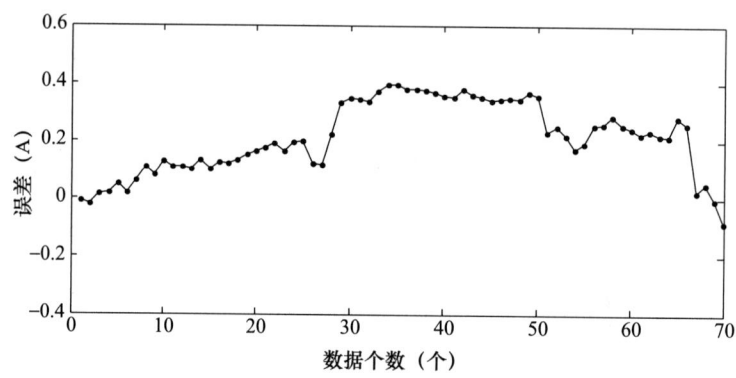

图 6.15　实际输出和模型测试输出值的误差曲线

从图 6.14 和图 6.15 可以看出实际值和模型预测值的拟合程度，模型误差均在 ±1A 以内，用 LS-SVM 方法来估计出磨提升机电流能得到比较好的估计结果。因此，所建 LS-SVM 模型在一定程度上能够反映出磨提升机电流变化状态，具有一定的可靠性。

6.3.4　基于 RBF 神经网络的联合粉磨系统磨机负荷建模

为实现联合粉磨磨机负荷的稳定控制，给出一种基于 RBF 神经网络的建模方法。建模之前要确定关键变量，通过现场的长期观察，确定影响磨机负荷的因素。在现场设备运行稳定的情况下，各个设备的运行数据如下：总量是 200t/h，循环风机的转速为 1250r/min，排气阀的开度为 89%，粉煤灰库提升机电流为 13A，选粉机转速降低 10r/min，200s 后，主电机电流有所下降，这说明磨机负荷增加。故得结论：选粉机转速可以影响主电机电流，即可以影响磨机负荷。建模所需的关键变量选择为选粉机转速和主电机电流。

现场采集 1000 组选粉机转速和磨机电流历史数据，做均值滤波后，得到建模所需的数据。

当核函数是高斯函数时，它的表达式为

$$\varphi(r) = \exp\left(-\frac{r^2}{2\sigma^2}\right) \tag{6.27}$$

基于高斯函数的神经网络的表达：

$$y(k+1) = \sum_{i=1}^{n} \omega_i \varphi(r) = \sum_{i=1}^{n} \omega_i \exp\left(-\frac{1}{2\sigma_i^2} \| x_p - c_i \|^2\right) \tag{6.28}$$

式中，n 为神经元个数；ω_i 为连接隐藏层和输出层的权值；$x_p = [u_{1p}(k), u_{2p}(k), y_p(k)]'$ 为输入样本；$u_{1p}(k)$ 为当前时刻总给定；$u_{2p}(k)$ 为选粉机转速；$y_p(k)$ 为当前时刻主电机电流；$y(k+1)$ 为下一时刻主电机电流；$\| x_p - c_i \|^2$ 为规范和功能的中心。

网络的中心、宽度及权值用梯度下降法训练。

多二次核函数表达式为
$$\varphi(r) = (r^2 + c^2)^{1/2} \tag{6.29}$$
同样采用梯度训练法对参数进行训练。

逆多二次核函数表达式为
$$\varphi(r) = \frac{1}{(r^2 + c^2)^{1/2}} \tag{6.30}$$
采用梯度下降法对网络参数进行训练。

具体曲线拟合仿真图如图 6.16 ~ 图 6.21 所示。

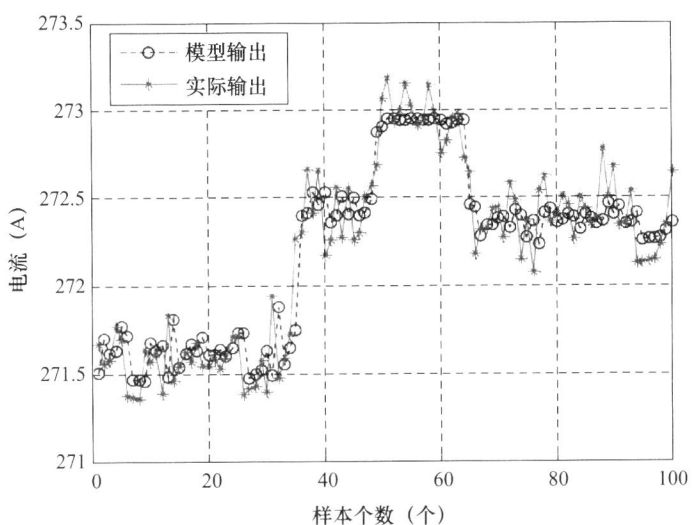

图 6.16 高斯核函数拟合曲线

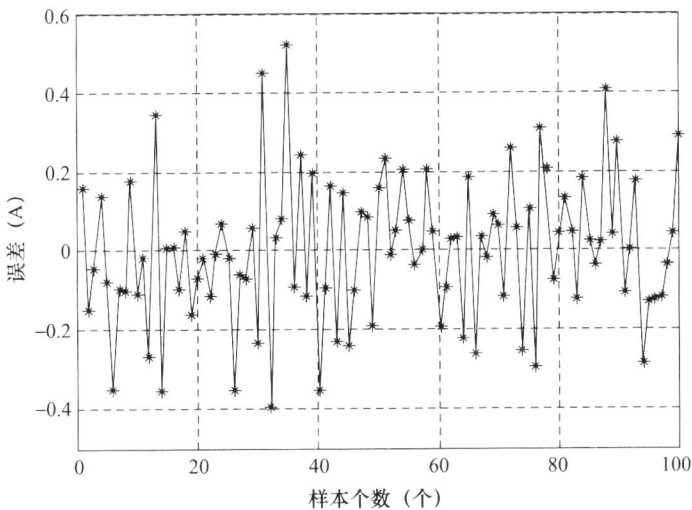

图 6.17 高斯核函数拟合误差

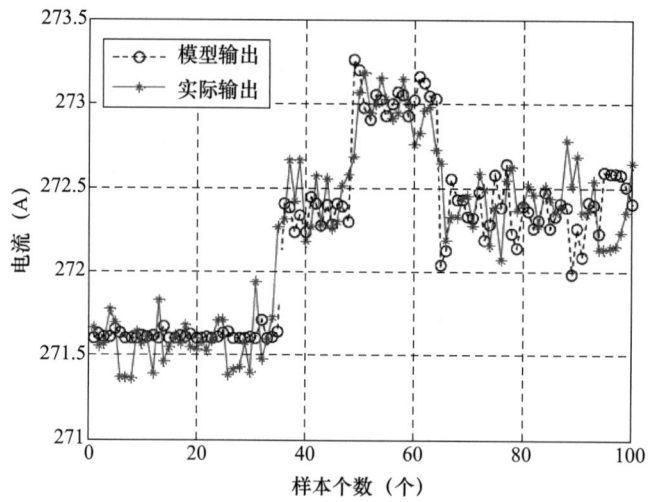

图 6.18　多二次核函数拟合曲线

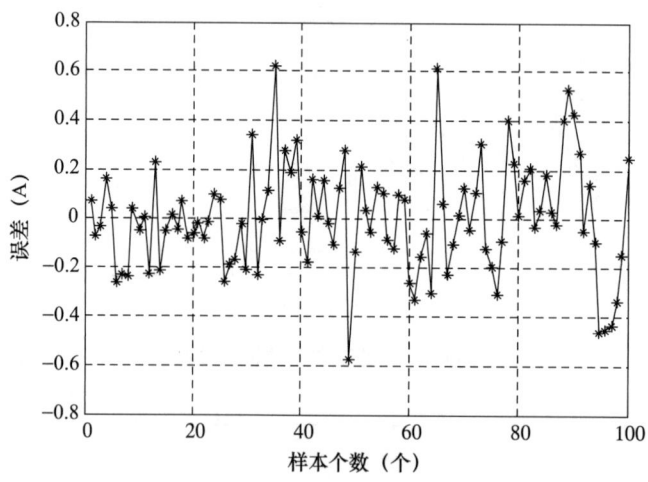

图 6.19　多二次核函数拟合误差

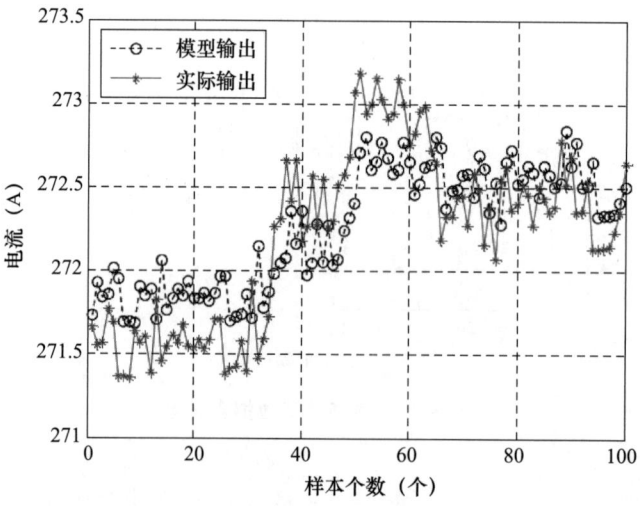

图 6.20　逆多二次核函数拟合曲线

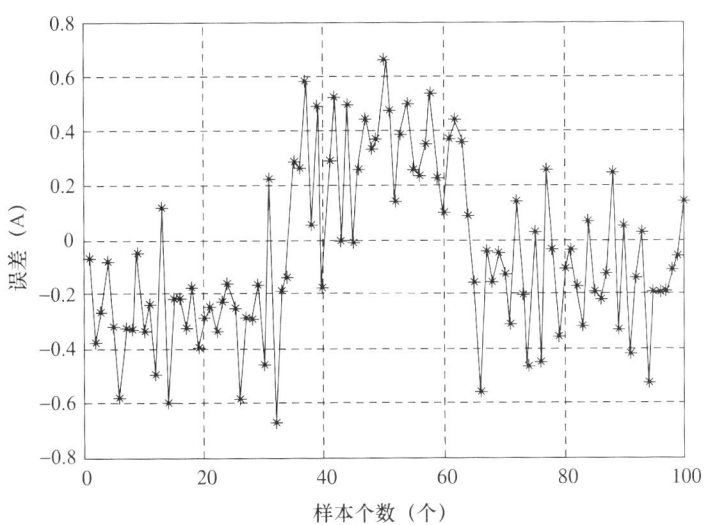

图 6.21 逆多二次核函数拟合误差

将上述训练好的三个 RBFNN 模型进行验证,以便分析三个模型的泛化能力。选取一段主电机电流呈上升趋势的试验数据作为验证数据,分别将数据带入三个模型中。仿真验证中得出,当置信区间为 95% 时,多二次核函数的模型拟合误差为 [0.01135430, 0.09518900] A,逆多二次核函数的模型拟合误差为 [-0.05768433, 0.07492533] A,而高斯核函数的模型拟合误差为 [-0.03247294, 0.03427972] A。这说明在置信区间相同的情况下,高斯函数的模型误差比其他两个核函数模型的拟合误差更小,基于高斯核函数的 RBF 神经网络模型更适合正常工作下的磨机负荷的辨识。网络神经元的个数为 5,具体数学表达式为

$$y(k+1) = \sum_{i=1}^{5} \omega_i \exp\left(-\frac{1}{2\sigma_i^2} \| x_p - c_i \|^2\right) \quad (6.31)$$

式中,ω_i 为权值;c_i 为中心,σ_i 为基宽度。

$\omega_i = [46.3305881482838 \quad 80.0048112107277 \quad 21.9018552221151 \quad 108.589286018806 \quad 56.8882013085945]$

$c_i = \begin{bmatrix} 189.343003165880 & 88.4464847305719 & 192.61098781330 & 201.722720279252 & 207.349590425531 \\ 791.422851623196 & 794.176629334862 & 790.417359223341 & 790.929599793924 & 795.972049561583 \\ 312.617482459582 & 265.559366332387 & 308.646803634210 & 277.487056921467 & 272.073602987844 \end{bmatrix}$

$\sigma_i = [-62.4985649267037 \quad -49.6581457872380 \quad 23.4194697048537 \quad 164.790054350807 \quad 22.5704741899790]$

以上采用 RBF 神经网络对磨机负荷进行建模,选取了三种径向基函数,分别是高斯函数、二次核函数、逆二次核函数,同时用梯度下降法对网络进行训练。同时对训练好的模型进行校验分析,得到基于高斯函数的 RBF 神经网络更适合磨机负荷辨识,并得到了具体的磨机负荷模型。

6.3.5 基于水泥粒度工况模板的联合粉磨系统建模

针对带有水泥粒度的联合粉磨系统建模问题,给出一种分工况的联合粉磨粒度建模方法。现有水泥厂均选择每隔1h或更久的时间定点采集水泥粒度进行化验。此方法存在着样本少、采样时间间隔长、不具有代表性等缺点。最小二乘法、最小二乘支持向量机以及神经网络等建模方法已经在工业生产中广泛应用,并且在联合粉磨系统中也得到了一定的运用。然而由相关文献可知,还未有学者对水泥粒度的建模进行研究。因此,实时检测水泥粒度以及建立模型是非常有必要的。

依据联合粉磨工艺和在线粒度分析仪,分析关键变量之间的相互影响关系,并通过历史数据划分了水泥粒度工况模板(两个典型工况区间)。表6-9为水泥粒度工况模板。

表6-9 水泥粒度工况模板

表征参数划分工况	影响变量	参数范围	工况种类
<45μm 筛筛余 88%~90%	选粉机转速	1030~1045r/min	典型工况1
	主排风机转速	770~790r/min	
<45μm 筛筛余 90%~96%	选粉机转速	1045~1080r/min	典型工况2
	主排风机转速	730~770r/min	

回归分析是确定两种或两种以上变量之间相互依赖的定量关系的一种统计分析方法。对典型工况1采用回归分析算法进行联合粉磨粒度建模,所建立的模型可以描述为

$$y(t) = f(\phi(t)) + \varepsilon(t) \quad (6.32)$$

$$\phi(t) = [y(t-1), \cdots, y(t-m_a), u_1(t-1), \cdots, u_1(t-m_b) u_j(t-m_c)]$$

式中,$f(\cdot)$是未知的非线性函数;y是输出变量;u是输入变量;j是输入变量的个数;m_a,m_b,m_c是维数;$\varepsilon(t)$是未知的干扰量。

在实际生产现场,控制软件设置为等间隔采集分析仪中的数据。在数据预处理的基础上,模型可以描述为

$$\begin{cases} y_1 = a_0 + a_1 y_1(t-1) + a_2 y_1(t-2) + b_1 u_1(t-1) + b_2 u_1(t-2) + \\ \quad b_3 u_1(t-3) + c_1 z_1(t-1) + c_2 z_1(t-2) + c_3 z_1(t-3) + \varepsilon_1 \\ y_2 = a_0 + a_1 y_2(t-1) + a_2 y_2(t-2) + b_1 u_2(t-1) + b_2 u_2(t-2) + \\ \quad b_3 u_2(t-3) + c_1 z_2(t-1) + c_2 z_2(t-2) + c_3 z_2(t-3) + \varepsilon_2 \\ \cdots \\ y_n = a_0 + a_1 y_n(t-1) + a_2 y_n(t-2) + b_1 u_n(t-1) + b_2 u_n(t-2) + \\ \quad b_3 u_n(t-3) + c_1 z_n(t-1) + c_2 z_n(t-2) + c_3 z_n(t-3) + \varepsilon_n \end{cases} \quad (6.33)$$

式中,y_1,y_2,$\cdots$,y_n是t时刻水泥粒度(<45μm 筛余)的采样值;$y_1(t-k)$,$y_2(t-k)$,$\cdots$,$y_n(t-k)$是$t-k$($k=1$,2)时刻的采样值;$u_1(t-k)$,$u_2(t-k)$,$\cdots$,$u_n(t-k)$是$t-k$($k=1$,2,3)时刻选粉机转速的采样输入值;$z_1(t-k)$,$z_2(t-k)$,$\cdots$,$z_n(t-k)$是$t-k$($k=1$,2,3)时刻主排风机转速的采样输入值;ε_1,ε_2,$\cdots$,

ε_n 是未知的干扰量；a_i，b_i，c_i ($i=1, 2, 3$) 是待拟合的参数。

根据最小二乘估计，回归方程式 (6.33) 可写成

$$y = a_0 + a_1 y(t-1) + a_2 y(t-2) + b_1 u(t-1) + b_2 u(t-2) + b_3 u(t-3) + c_1 z(t-1) + c_2 z(t-2) + c_3 z(t-3) \tag{6.34}$$

综上所述，所建立的水泥联合粉磨粒度多入单出模型为

$$y = 0.2289 + 1.3389 y(t-1) - 0.3998 y(t-2) + 0.0042 u(t-1) - 0.0013 u(t-2) + 0.0025 u(t-3) - 0.0018 z(t-1) - 0.052 z(t-2) - 0.0070 z(t-3) \tag{6.35}$$

式中，y 是 t 时刻水泥粒度（<45μm 筛筛余）的采样值；$y(t-1)$，$y(t-2)$ 是 $t-k$ ($k=1, 2$) 时刻的采样值；

$u(t-1)$，$u(t-2)$，$u_n(t-3)$ 是 $t-k$ ($k=1, 2, 3$) 时刻选粉机转速的采样输入值；

$z(t-1)$，$z(t-2)$，$z(t-3)$ 是 $t-k$ ($k=1, 2, 3$) 时刻主排风机转速的采样输入值。

水泥粒度数据位于典型工况 2 时，其数据波动过大，为了得到更精确的模型，对典型工况 2 采用 LS-SVM 建立模型。对采集的样本数据 (x_1, y_1)，…，(x_n, y_n)，其 $x_k \in R^N$，$y_k \in R$，$k=1, 2, \cdots n$，在 ω 空间函数的估计问题为

$$\begin{cases} \min_{w,b,e} J(\omega, e) = \frac{1}{2}\omega^T \omega + \frac{1}{2} c \sum_{k=1}^{N} e_k^2 \\ y_k = \omega^T \varphi(x_k) + b + e_k \quad k = 1, 2, \cdots, N \end{cases} \tag{6.36}$$

定义拉格朗日函数

$$L(\omega, b, e, \alpha) = \frac{1}{2}\omega^T \omega + \frac{1}{2} c \sum_{k=1}^{N} e_k^2 - \sum_{k=1}^{N} \alpha_k \{\omega^T \varphi(x_k) + b + e_k - y_k\} \tag{6.37}$$

式中，α_k 是拉格朗日乘子。

对式 (6.37) 优化，即求偏导数为 0，可得出 LS-SVM 模型的函数估计：

$$y(x) = \sum_{k=1}^{N} \alpha_k \psi(x, x_k) + b \tag{6.38}$$

该模型拥有先验知识，径向基函数 RBF 为通用核函数，即所建立的模型为

$$y(x) = \sum_{k=1}^{N} \alpha_k \exp\left[-\frac{(x-x_k)^2}{2\sigma^2}\right] + b \tag{6.39}$$

根据实际应用比较以及经验选取 c、σ，其 $c=25$、$\sigma^2=1.2$，模型系数 $\alpha_1=0.7863$，$\alpha_2=-0.3293$，$\alpha_3=0.4638\cdots$，$\alpha_{200}=1.2837$，$b=0.22449$。

另取 100 组测试数据，对所建立的局部模型进行仿真验证。如果 y_m（<45μm 筛筛余值）在典型工况 1 区间，则校正回归分析模型；如果 y_m 在典型工况 2 区间，则校正 LS-SVM 模型。通过以上模型校正步骤，得出仿真结果。图 6.22 为仿真测试曲线，图 6.23 为输入给定曲线，图 6.24 为仿真测试误差曲线。

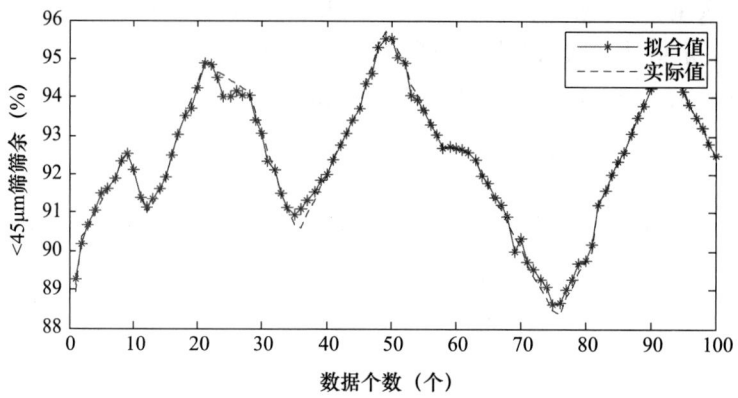

图 6.22　仿真测试曲线

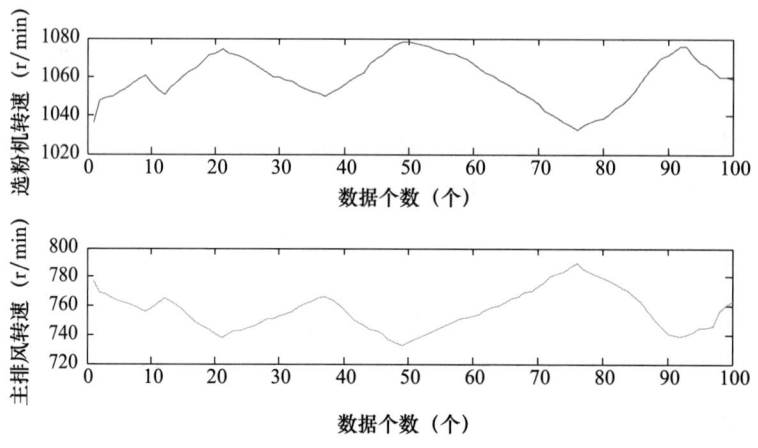

图 6.23　输入给定曲线

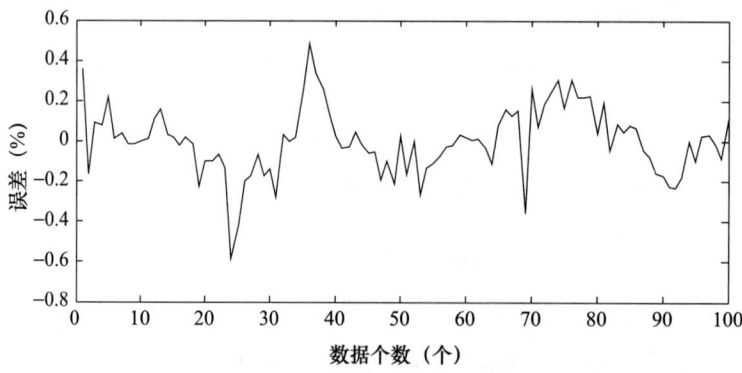

图 6.24　仿真测试误差曲线

由图 6.22 可知，两个模型切换校正的拟合曲线符合实际要求；由图 6.23 可知输入给定曲线的变化趋势与实际工程中数据的变化趋势是一致的；由图 6.24 曲线变化可知，模型的误差在 -0.8 ~ 0.6 之间。以上说明基于工况模板的相应建模，较好地描述了水泥联合粉磨粒度动态变化。

6.4 水泥工业粉磨过程智能控制方法

本节将在工况状态识别与模型库建立的基础上,介绍几种水泥粉磨生产过程的智能控制方法,主要包括联合粉磨稳流仓内模控制、基于 Bang-Bang 的水泥联合粉磨预测控制、基于数据驱动自适应 PID 水泥粒度控制等。

6.4.1 联合粉磨稳流仓内模控制

为实现联合粉磨稳流仓的稳定控制,给出一种以神经网络极限学习机(ELMNN)建模为基础的内模控制。水泥联合粉磨是一个复杂的系统,且具有非线性以及多变量耦合等特点,使用过于单一的 PID 或模糊等控制策略很难保证整个联合粉磨粒度系统的稳定运行。内模控制(Internal Model Control,IMC)是一种基于过程数学模型进行控制器设计的新型控制策略。其设计简单、控制性能好和在系统分析方面具有优越性,不仅是一种实用的先进控制算法,而且是研究预测控制等基于模型的控制策略的重要理论基础,以及提高常规控制系统设计水平的有力工具。因此,采用高级控制算法势必将对联合粉磨系统的控制有深刻的意义。

目前,水泥企业中的粉磨站基本采用人工调节稳流仓料位的变化,即通过观察系统操作界面显示的料位高度,由操作员手动增加或减少喂料量等参数,其缺点是容易造成操作员的疲劳,处理不及时也会造成一定的危险。为此,以保证稳流仓稳定为目标,其研究思路如图 6.25 所示。

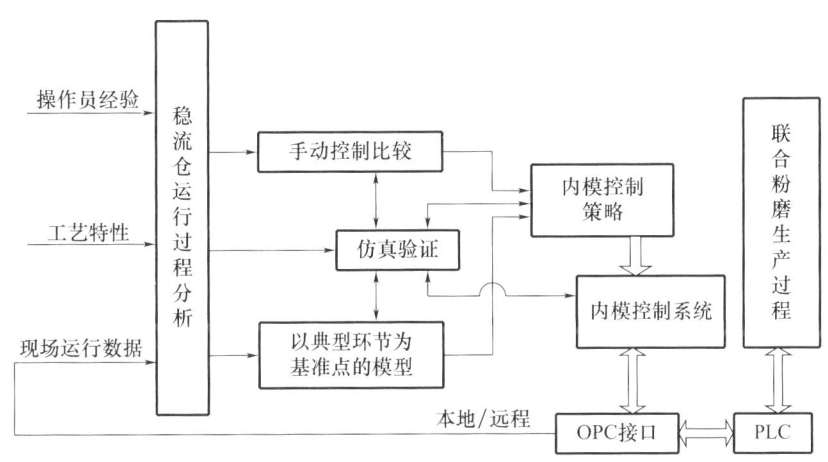

图 6.25 联合粉磨稳流仓 ELMNN 建模及内模控制的研究思路

影响稳流仓料位的相关参数有喂料量、入磨提升机电流、辊压机电流与压力、入磨收尘风机以及打散机转速。在实际现场操作中,有些变量只是作为辅助调节,借助操作员的经验以及观察分析采集的历史数据以得出喂料量作为联合粉磨稳流仓建模的输入量，选取稳流仓料位作为模型的输出变量。

极限学习机是对单隐含层前馈神经网络的新算法，在训练时无须再次修改调整，当隐含层的个数设置完成后，就可以获取唯一的最优解。设置输入层有 3 个神经元；隐含层神经元个数有 l 个；输出层神经元有 1 个。设置隐含层节点数 $l=3$，取输入变量 $x_j = [y_{j1}(k), u_{j2}(k), u_{j3}(k-1)]^T$，$y_{j1}(k)$ 为 k 时刻的稳流仓料位，$u_{j2}(k)$ 为 k 时刻的喂料量，$u_{j3}(k-1)$ 为 $k-1$ 时刻的喂料量，激活函数 $g(x)$ 为 Sigmoid 函数。其联合粉磨稳流仓的模型为

$$y = \sum_{i=1}^{3} \beta_i g(w_i x + b_i) \tag{6.40}$$

式中，$b = [0.9016 \quad 0.5666 \quad 0.0711]^T$；$w = \begin{bmatrix} 0.1509 & 0.2643 & -0.0491 \\ -0.3749 & 0.1689 & -0.5283 \\ 0.3689 & -0.5960 & -0.0930 \end{bmatrix}$。

内模控制器是联合粉磨稳流仓的逆模型，是内模控制的关键环节，由于系统的可逆性是未知的，通过求内部模型的逆难以直接求得模型的控制量。因此通过间接的方法求取控制量，即通过 Taylor 级数展开式设计了稳流仓内模控制器，其控制器为

$$u(k) = u(k-1) + G_f \frac{r(k+1) - y(k) - \gamma(k)}{\Delta \text{ELM}(z_k, u_{k-1})} \tag{6.41}$$

$$\gamma(k) = \sigma + \tau$$

式中，$u(k)$ 和 $u(k-1)$ 分别是 k 和 $k-1$ 时刻的喂料量；$y(k+1)$ 和 $y(k)$ 分别是 $k+1$ 和 k 时刻的稳流仓料位；$y(k+1) = r(k+1)$；G_f 为滤波器；σ 是多次项的误差 $\tau = \frac{\partial \text{ELM}(z_{k-1}, u_k)}{\partial z_{k-1}}$；$\Delta \text{ELM}(z_k, u_{k-1}) = \frac{\partial \text{ELM}(z_k, u_{k-1})}{\partial u_{k-1}}$。

内模控制系统结构如图 6.26 所示。G_p 为被控对象稳流仓，G_M 为稳流仓 ELM 内部模型，G_{IMC} 为内部控制器，G_f 为滤波器，$r(k)$ 是稳流仓料位给定值，$v(k)$ 是滤波后的输出值，$u(k)$ 是稳流仓的输入量，$y(k)$ 是稳流仓的输出值，$\tilde{y}(k)$ 是正模型的输出值。

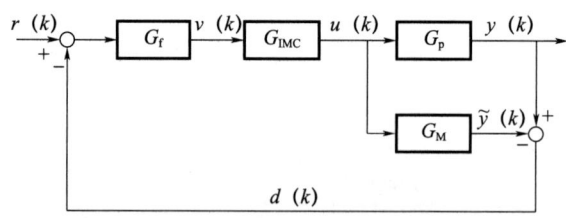

图 6.26　内模控制系统结构

滤波器 $G_f = \dfrac{1-\alpha}{1-\alpha z^{-1}}$，为一阶滤波器。

一阶滤波器 G_f 中取 $\alpha = 0.1$，假定系统仿真稳流仓料位初始值为 69%，同时期望稳流仓料位跟踪指令为 73%。图 6.27 为稳流仓料位控制响应曲线，图 6.28 为喂料量响应曲线。

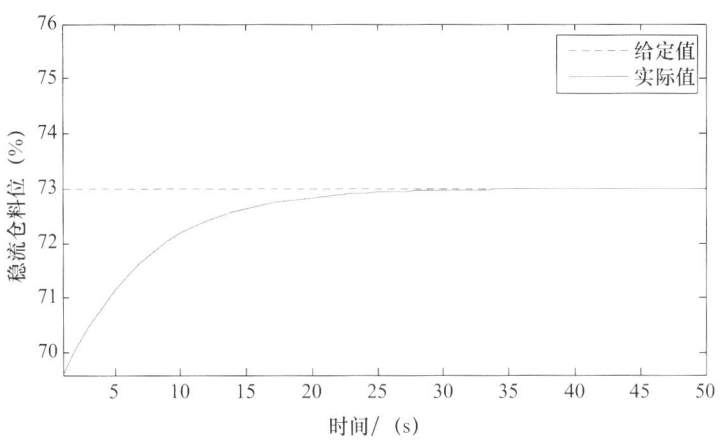

图 6.27 稳流仓料位控制响应曲线

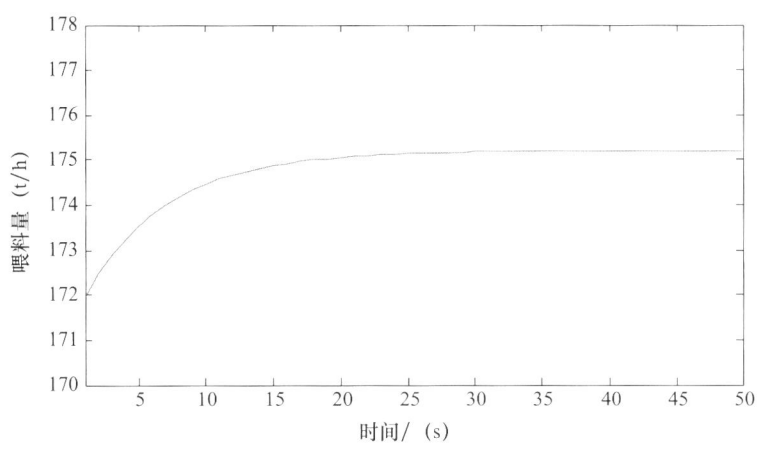

图 6.28 喂料量响应曲线

从图 6.27 可知，稳流仓料位的实际值控制响应达到给定值时，大约需要 2min 时间，符合实际的生产状况。图 6.28 可知，喂料量的响应曲线从 172t/h 到 175.2t/h 左右，符合现场调节。综上所述，联合粉磨稳流仓 ELMNN 的内模控制具有良好的跟踪性，自适应能力强。

6.4.2 基于 Bang-Bang 的水泥联合粉磨预测控制

随着粉磨工艺的日益成熟，联合粉磨系统被广泛应用。国内大部分联合粉磨系统的控制均是由操作人员手动操作完成的。手动控制方式经常会导致稳流仓塌料、球磨机饱磨空磨、提升机电流过高跳停、矿粉仓仓重过高等问题，导致水泥成品粒度不符合粗细要求，严重影响了水泥粉磨的安全、稳定运行。近年来一些学者也对联合粉磨系统的控制做了研究，利用 PID 控制和模糊控制等算法来调节控制变量，其缺点是控制算法比较单一，具体的模型未知，调节参数比较多，要依据经验反复试凑和整定，往往不容易达到好的效果。本节给出的方法是一种能够对联合粉磨生产过程主要控制点进行实时、连续、准确地控制的基于 Bang-Bang 的水泥联合粉磨预测控制方法，旨在解决当前联合粉磨系统生产过程中存在的操作员手动操作的纯滞后、大惯性、多变量和非线性等不足。

基于 Bang-Bang 的水泥联合粉磨预测控制原理如图 6.29 所示。

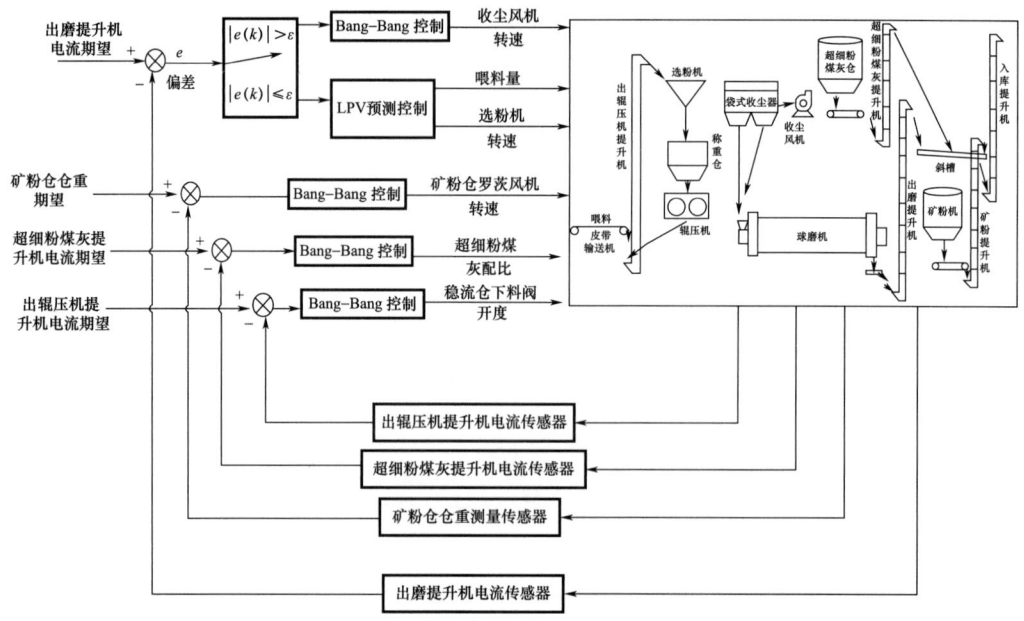

图 6.29　基于 Bang-Bang 的水泥联合粉磨预测控制原理

1. 基于 Bang-Bang 控制分回路控制子模块的设计

针对水泥联合粉磨过程中的出辊压机提升机电流、超细粉煤灰提升机电流和矿粉仓仓重存在的剧烈波动问题，采用 Bang-Bang 控制方法和解耦分回路控制方法解决，其中采用延时的方法来避免大延时对控制效果的影响。

1）基于 Bang-Bang 的出辊压机提升机电流自动控制

对出辊压机提升机电流与稳流仓下料阀开度回路，采用 Bang-Bang 控制策略。首先，辊压机由于物料不均，当细料比较多时，辊压机辊缝内的物料就容易产生塌料。为防止此问题，本回路的程序首先对出辊压机提升机电流做判断，当连续 3s 都大于 130A 时，执行全关操作，直到出辊压机提升机电流低于 110A 时再直接将稳流仓下料阀阀门开度开到 30%。其次，根据操作员设定的出辊压机提升机电流期望值对稳流仓下料阀阀门开度进行加减 5% 操作。最后，由于物料从稳流仓运送到出辊压机提升机大约需要 1min，所以当稳流仓下料阀阀门开度改动时，出辊压机提升机电流的响应会有滞后。对此，从稳流仓下料阀阀门开度发生改动开始，延时 60s 不进行调节，直到延时时间跑完才进入程序的开始。

2）基于 Bang-Bang 的出磨提升机电流自动控制

对出磨提升机电流采用以 10s 为参数的均值滤波，再根据操作员设定的出磨提升机电流期望值，当偏差大于设定的阈值范围时，通过对收尘风机转速进行加减 10r/min 的操作来避免出磨提升机电流大的波动。由于物料从袋式收尘仓运送到出磨提升机大约需要 4min，所以当收尘风机转速改动时，出磨提升机电流的响应会有大约 4min 的滞后。对此，从收尘风机转速发生改动开始,进行延时240s,直到延时时间跑完才进入程序的开始。

3) 基于Bang-Bang的超细粉煤灰提升机电流自动控制

对超细粉煤灰提升机电流采用以5s为参数的均值滤波,再读取操作员设定的超细粉煤灰提升机电流上下限设定值。由于超细粉煤灰的配比大部分都在6%～14%之间,所以首先要对当前的超细粉煤灰配比做判断,小于6%或大于14%时,超细粉煤灰配比不能再改动;当处于6%～14%之间时执行下一步。当超细粉煤灰提升机电流高于操作员设定的上限设定值或低于下限设定值时,通过对超细粉煤灰配比进行加减(5/总量给定)×100的操作来避免超细粉煤灰提升机电流大的波动。由于粉煤灰从配料台秤被运送到超细粉煤灰提升机大约需要30s,所以当超细粉煤灰配比改动时,超细粉煤灰提升机电流的响应会有大约30s的滞后。对此,从超细粉煤灰配比改动开始,延时30s不进行调节,直到延时时间跑完才进入程序的开始。

4) 基于Bang-Bang的矿粉仓仓重自动控制

对矿粉仓仓重采用以5s为参数的均值滤波,再读取操作员设定的矿粉仓仓重上下限设定值。由于矿粉仓罗茨风机转速变频大部分都在10～50Hz之间调节,所以首先要对当前的矿粉仓罗茨风机转速做判断,小于10Hz或大于50Hz时,矿粉仓罗茨风机转速不能再改动;处于10～50Hz之间时执行下一步。当矿粉仓仓重高于操作员设定的上限设定值或低于下限设定值时,通过对矿粉仓罗茨风机转速变频进行加减8Hz的操作来避免矿粉仓仓重大的波动。由于矿粉从矿粉总仓经罗茨风机的风力吹动落到矿粉仓大约需要60s,所以当矿粉仓罗茨风机转速改动时,矿粉仓仓重的响应会有大约60s的滞后。对此,从当矿粉仓罗茨风机转速改动开始,延时60s不进行调节,直到延时时间跑完才进入程序的开始。

2. 基于Bang-Bang的出磨提升机电流预测控制子模块设计

针对出磨提升机电流的跟踪控制问题,给出基于Bang-Bang的出磨提升机电流预测控制中针对收尘风机转速Bang-Bang控制,保证了出磨提升机电流有界,在出磨提升机电流与其设定的期望值偏差较小时,采用基于离散状态观测器的出磨提升机电流LPV预测控制子模块,输出得到喂料量和选粉机转速的增量数值,以保证出磨提升机电流跟踪误差符合工程要求。其中出磨提升机电流Bang-Bang控制已详述,下面给出基于离散状态观测器的出磨提升机电流LPV预测控制方法。

1) 水泥磨机模型线性离散化

磨机模型是由三个非线性微分方程组成,如式(6.42)所示。

$$\begin{cases} T_f \dot{q} = q + (1-\alpha(z,v,d))\varphi(z,d) \\ \dot{z} = r - \varphi(z,d) + u \\ T_r \dot{r} = -r + \alpha(z,v,d)\varphi(z,d) \end{cases} \quad (6.42)$$

式中,q是粉磨的成品流量;z是磨机的出磨提升机电流;r是磨机粉磨不合格品的回粉流量;v是选粉机转速;u是喂料量;d是物料硬度。

在期望值$x_d = [q_d, z_d, r_d]^T$附近转换成误差的形式:

$$\begin{cases} T_f \dot{e}_q = e_q + q_d + (1 - \alpha(e_z, v, d))\varphi(e_z, d) \\ \dot{e}_z = e_r + r_d - \varphi(e_z, d) + u \\ T_r \dot{e}_r = -e_r - r_d + \alpha(e_z, v, d)\varphi(e_z, d) \end{cases} \quad (6.43)$$

$$k_a = 570^m 170^n \left[\frac{570}{450} - 1\right]$$

$$\varphi(z, d) = \max\{0; (-dK_{\varphi 1}z^2 + K_{\varphi 2}z)\}$$

式中, $e = \begin{bmatrix} e_q \\ e_z \\ e_r \end{bmatrix} = \begin{bmatrix} q - q_d \\ z - z_d \\ r - r_d \end{bmatrix}$ $m = 0.8$；$n = 4$；$K_{\varphi 1} = -0.1116(t \cdot h)^{-1}$；$K_{\varphi 2} = 16.5(h)^{-1}$；

q 是粉磨的成品流量；z 是磨机的负荷；r 是磨机粉磨不合格品的回粉流量；v 是选粉机转速；u 是喂料量；d 是物料硬度。

选粉机的选粉效率为

$$\alpha(z, v, d) = \frac{\varphi^m v^n}{k_a + \varphi^m v^n} \quad (6.44)$$

在原点附近进行线性离散化, 形如：

$$e(k+1) = f(e(k), u(k)) = A(\alpha(k))e(k) + B(\alpha(k))u(k) \quad (6.45)$$

式中, $A(\alpha(k)) = \sum_{j=1}^{m} u_j(\alpha(k))A_j$；$B(\alpha(k)) = \sum_{j=1}^{m} u_j(\alpha(k))B_j$；$\sum_{j=1}^{m} u_j(\alpha(k)) = 1$；$e(k)$ 和 $e(k+1)$ 为离散状态的偏差；$u(k)$ 为状态空间描述模型的输入值；k 为离散时间。

转换后的离散方程是以误差形式给出的, 下面针对转换后的离散化方程进行基于离散状态观测器的水泥磨机 LPV 预测控制子模块设计。

2) 水泥磨机离散状态观测器的设计

将离散化后方程的 $e(k)$ 用 $\hat{e}$ 来估计, 得到

$$\hat{e}(k+1) = A(\alpha(k))\hat{e} + B(\alpha(k))u(k) + L_p(y(k) - \hat{C}e(k)) \quad (6.46)$$

式中, L_p 为待设计的水泥磨机出磨提升机电流状态观测器增益。

用水泥磨机出磨提升机电流观测器误差 $\hat{e}(k)$ 来估计水泥磨机出磨提升机电流误差 $e(k)$。

求解约束方程

$$\begin{bmatrix} \xi^2 P - L & (PA_j - YC)^T \\ PA_j - YC & P \end{bmatrix} > 0$$

$$j = 1, 2, \cdots, m \quad (6.47)$$

假设存在正定对称矩阵 p 和 $Y = PL_p$, 满足 LMI 约束方程式 (6.48), 则式 (6.46) 是渐近稳定的。

$$\hat{e}(k+1+i \mid k) = A(\alpha(k))\hat{e}(k+i \mid k) + B(\alpha(k))u(k+i \mid k) \tag{6.48}$$

其中：$\hat{e}(k+i \mid k)$ 和 $u(k+i \mid k)$ 为 $k+i$ 时刻水泥磨机预测控制子模块的状态和输入。

3）水泥磨机预测控制子模块的设计

对约束条件 $0 < u_{k+i \mid k} < u_{\max}$ 的水泥磨机误差方程式（6.46），若存在矩阵 Y_j 和 G_j，对称矩阵 W_j 和 M_j。求取预测控制子模块的输入：

$$u_{k+i \mid k} = F_k \hat{x}_{k+i \mid k} \tag{6.49}$$

式中，$F_k = \sum_{j=1}^{m} u_i(\alpha(k))F_i; F_j = Y_j W_j^{-1}; P_j = \xi W_j$，$\begin{bmatrix} 1 & \hat{x}_k^T Q^{-1} \\ Q^{-1}\hat{x}_k & Q^{-1} \end{bmatrix} > 0$，

$\begin{bmatrix} Q & * & * & * \\ A_j^m Q + B_j^m Y_j & Q & * & * \\ G^{\frac{1}{2}}Q & 0 & \xi I & * \\ R^{\frac{1}{2}} Y_j & 0 & 0 & \xi I \end{bmatrix} > 0$，$Q$ 和 R 为正定对称矩阵，$\min_{u(k+i\mid k),Q,Y} \xi(k)$，$\forall j \in [1, m]$，

*代表对称位置的转置。

设计出控制子模块输入式（6.49）施加给系统，也要保证系统的输出渐近稳定，即存在正数 ξ 满足

$$J_0^\infty(K) < \hat{e}(k+i \mid k)^T P_j \hat{e}(k+i \mid k) < \xi \tag{6.50}$$

式中，$\hat{e}(k+i \mid k)$ 和 $u(k+i \mid k)$ 为 $k+i$ 时刻水泥磨机预测控制子模块的状态和输入；$J_0^\infty(k)$ 为最优化指标的下限；正数 ξ 为最优化指标的上限。

出辊压机提升机电流与稳流仓下料阀开度、出磨提升机电流与收尘风机转速、超细粉煤灰提升机电流与超细粉煤灰配比、矿粉仓仓重与矿粉仓罗茨风机转速控制效果如图6.30~图6.33所示。

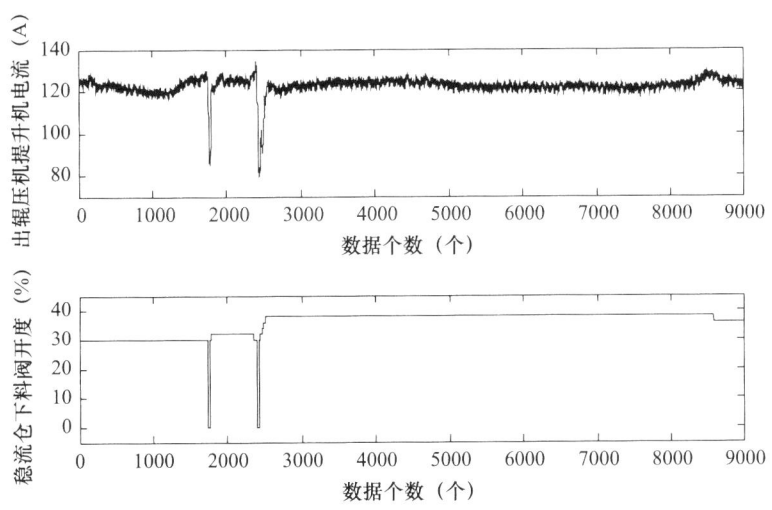

图6.30 出辊压机提升机电流与稳流仓下料阀开度回路控制效果

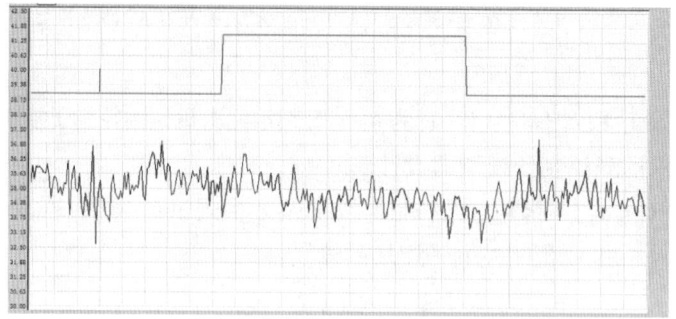

图6.31　出磨提升机电流与收尘风机转速回路控制效果

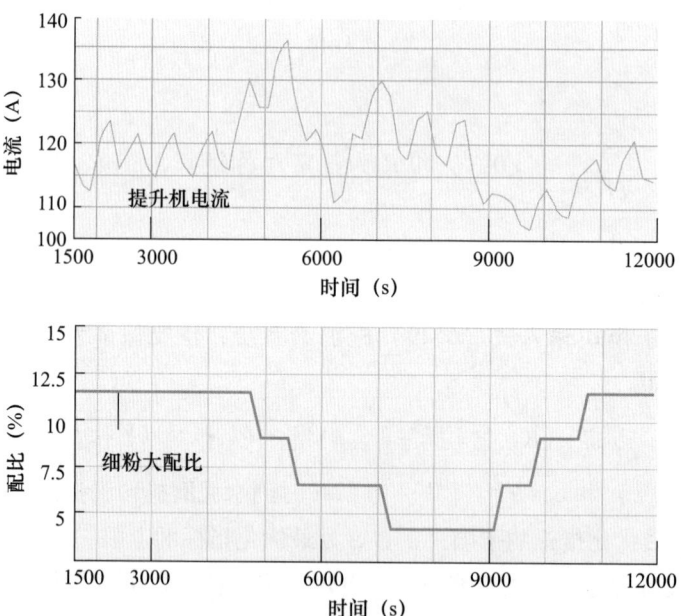

图6.32　超细粉煤灰提升机电流与超细粉煤灰配比回路控制效果

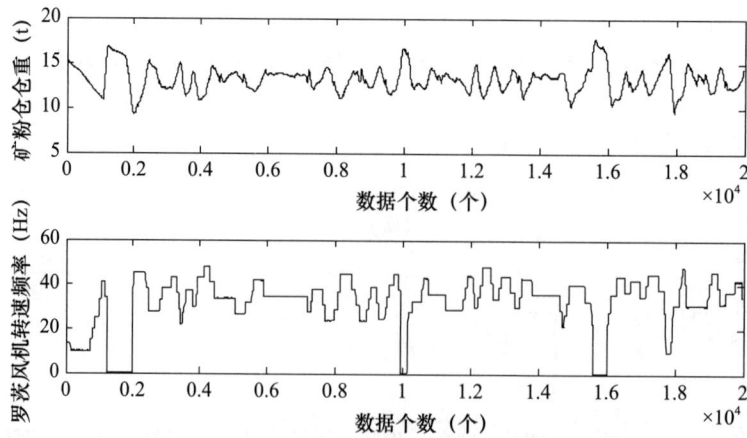

图6.33　矿粉仓仓重与矿粉仓罗茨风机转速回路控制效果

由以上控制效果可知,该控制方法在实施过程中取得了良好的控制效果。

6.4.3 基于数据驱动自适应 PID 水泥粒度控制

为了优化基于数学模型的水泥粒度的控制问题,进一步提高控制系统的鲁棒性、稳定性,本节提出一种数据驱动在线自适应 PID 控制算法。现在大多数水泥厂采用人工测试的方法测量水泥粒度,这种方法每隔 1h 或更久采集一次水泥样本。此方法存在样本少、大滞后的缺点。对水泥粒度的软测量也不能很好地反映水泥粒度的真实值,且容易受外界环境的干扰,形成较大的误差。基于模型的控制算法在水泥粒度测量上也有所应用,但未建模动态和其他不确定性均存在于所建的模型中,在实际应用中会存在各种各样的问题。未建模动力学因素以及各种外部扰动等原因可能引起闭环控制系统鲁棒性差,有时甚至会引起失稳或者安全事故。现有水泥厂均选择每隔一个小时或更久的时间定点采集水泥粒度进行化验。因此把数据驱动技术应用到水泥粒度检测中,摆脱模型对水泥粒度控制的束缚是非常有必要的。

在分析闭路磨工艺后得出,后主排风机转速是影响水泥粒度的关键因素,而 45μm 筛筛余在很大程度上可以反映水泥粒度,所以以后主排转速作为控制量,45μm 筛筛余作为被控量。图 6.34 是水泥粒度系统的控制框图。

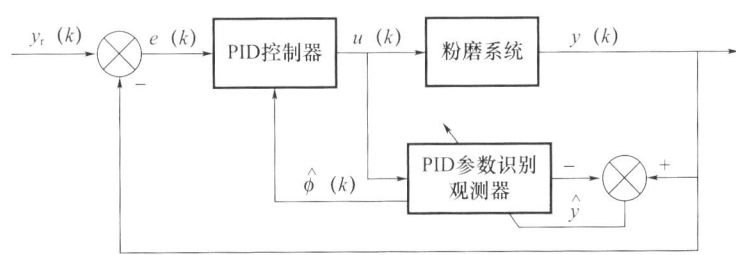

图 6.34 控制系统框

图 6.34 中,$y_r(k)$ 为 45μm 筛筛余的期望值;$\hat{y}$ 为伪偏导数观测器的 45μm 估计值;$\hat{\varphi}(k)$ 为 $\varphi(k)$ 的估计值,$\varphi(k)$ 为伪偏导数的真实值很难估计,所以要对其进行估计;$e(k)$ 为 45μm 筛筛余期望与真实值的误差;$u(k)$ 为后主排风机的转速输出值。

经过公式推导得出伪偏导数的估计算法:

$$\hat{\varphi}(k+1) = \hat{\varphi}(k) + \Delta u(k) \Gamma(k) [e(k+1) - F_c e(k)] \tag{6.51}$$

式中,$\Gamma = \dfrac{\eta}{\Delta u(k)^2 + \tilde{\mu}}$;$F_c$ 为小于 1 的常数;$\eta \in (0, 1]$,是步长因子;$\tilde{\mu}$ 为一正常数;$e(k) = y_r(k) - y(k)$。

为方便起见,我们定义如下函数

$$\begin{cases} x_{c1} = e(k) \\ x_{c2} = e(k) + e(k-2) - 2e(k-1) \\ x_{c3} = e(k) - e(k-1) \end{cases} \tag{6.52}$$

采用梯度下降法得到 PID 参数的更新算法：

$$\begin{cases} \Delta k_{\mathrm{p}} = -\eta \dfrac{\partial J}{\partial k_{\mathrm{p}}} = -\eta \dfrac{\partial J}{\partial y}\dfrac{\partial y}{\partial u}\dfrac{\partial u}{\partial k_{\mathrm{p}}} = -\eta e(k)\dfrac{\partial y}{\partial u}x_{\mathrm{c}1} \\ \Delta k_{\mathrm{i}} = -\eta \dfrac{\partial J}{\partial k_{\mathrm{i}}} = -\eta \dfrac{\partial J}{\partial y}\dfrac{\partial y}{\partial u}\dfrac{\partial u}{\partial k_{\mathrm{i}}} = -\eta e(k)\dfrac{\partial y}{\partial u}x_{\mathrm{c}2} \\ \Delta k_{\mathrm{d}} = -\eta \dfrac{\partial J}{\partial k_{\mathrm{d}}} = -\eta \dfrac{\partial J}{\partial y}\dfrac{\partial y}{\partial u}\dfrac{\partial u}{\partial k_{\mathrm{d}}} = -\eta e(k)\dfrac{\partial y}{\partial u}x_{\mathrm{c}3} \end{cases} \tag{6.53}$$

其中 $\dfrac{\partial y}{\partial u} = \hat{\varphi}(k)$ 是水泥粒度控制系统的雅可比信息，则控制率为

$$\Delta u = k_{\mathrm{p}} X_{\mathrm{c}1} + k_{\mathrm{i}} X_{\mathrm{c}2} + k_{\mathrm{d}} X_{\mathrm{c}3} \tag{6.54}$$

6.4.4 联合粉磨系统基于 T-S 模糊模型的预测控制

磨机负荷直接反映磨机内物料多少，磨机内物料的异常状态会对粉磨过程造成不良的后果，直接影响生产的正常进行。磨机负荷的建模方法主要有直接法和间接法两种。直接检测法是通过检测磨机内物料的高度来判断磨机的负荷，这种方法的缺点是电极的放置位置、检测数据的传递方式等一系列问题亟待解决。间接检测法主要有差压发、音频法以及电流法等。由于差压法和音频法受环境因素的影响较大，不利于模型的精确建立，故采用电流法（又称为功率法）。整个粉磨过程中，开始阶段物料较少，磨机电流也比较小，随着物料的增加，磨机电流增加，这一阶段是初始阶段，控制器不介入控制；当物料达到一定范围后，物料继续增加，磨机电流会减小，这一阀值是磨机工作的最佳工作点，此时控制器开始介入控制，利用主电机电流和磨机负荷的这一关系，建立 T-S 模糊模型。

T-S 模糊模型的基本形式是

R_i: If x_1 is A_{i1} and x_2 is $A_{i2} \cdots$ and x_r is A_{ir}, then $y^i = p_0^i + p_1^i x_1 + \cdots + p_r^i x_r$。

式中：R_i 表示第 i 条模糊规则，$R_i = R_1, R_2, \cdots, R_c$，$c$ 为规则库中的规则数；x_r 为系统的输入变量；y^i 表示第 i 条规则的输出；A_{ir} 表示定义在输入论域的模糊集合；p_r^i 为待辨识参数。

前件参数的辨识采用模糊 C-均值聚类（FCM）算法。隶属矩阵 U 允许有取值在 $(0, 1)$ 之间的元素。不过，加上归一化处理，一个数据集的隶属度的和总等于 1，即

$$\sum_{i=1}^{c} u_{ij} = 1, \forall j = 1, 2, \cdots, n \tag{6.55}$$

FCM 的价值函数（目标函数）如下：

$$J(U, c_1, \cdots, c_c) = \sum_{i=1}^{c} J_i = \sum_{i=1}^{c} \sum_{j=1}^{n} u_{ij}^m d_{ij}^2 \tag{6.56}$$

式中，i 代表第 i 个聚类中心，$d_{ij} = \|c_i - x_j\|$ 为第 i 个聚类中心与第 j 个数据点间的欧几里得距离；u_{ij} 是隶属度矩阵，代表第 j 个数据点隶属于第 i 个数据中心的程度，用 $(0, 1)$ 之间的数来描述；m 为加权指数，一般取数值 2。

通过构造拉格朗日函数，求得使目标函数取得最小值的必要条件是

$$c_i = \frac{\sum_{j=1}^{n} u_{ij}^m x_j}{\sum_{j=1}^{n} u_{ij}^m} \tag{6.57}$$

$$u_{ij} = \frac{1}{\sum_{k=1}^{c} \left(\frac{d_{ij}}{d_{kj}}\right)^{2/(m-1)}} \tag{6.58}$$

由式（6.57）、式（6.58）确定模糊聚类中心 c_i 和隶属度矩阵 u_{ij}。由于现场的输入、输出数据存在干扰，不能直接使用，因此，首先采集现场部分工况的数据，进行滤波处理。采集的数据是现场主电机电流的当前时刻 $y(t)$ 和前一时刻 $y(t-1)$ 的值、选粉机转速前两时刻 $u(t-1)$ 和 $u(t-2)$ 的值。滤波采用均值滤波，即每20个数据做一次均值，采集2000个数据，均值后是100个数据样本。通过模糊C-均值聚类，经过反复试凑聚类中心 C 值，使得FCM的价值函数达到最小，此时聚类中心 C 取2，得到2个聚类中心，见表6-10。

表6-10　FCM聚类中心表

模糊集合	A_1	B_1	C_1
聚类中心1	840.79	838.68	265.71
模糊集合	A_2	B_2	C_2
聚类中心2	776.55	776.37	269.36

T-S 模糊模型的前件部分是模糊的，后件部分是确定的，模型的输出可用子模型的输出加权来表示，即

$$y = \frac{\sum_{i=1}^{c} w^i y^i}{\sum_{i=1}^{c} w^i} \tag{6.59}$$

式中，$w^i = A_1^i(x_1) + A_2^i(x_2) + \cdots + A_r^i(x_r)$；$A_r^i(x_r)$ 是 x_r 属于 A_r^i 的隶属度。

若第 i 条规则的满意度为 v_i，则可转化为

$$\begin{aligned} y &= \sum_{i=1}^{c} \frac{w^i}{\sum_{i=1}^{c} w^i} y^i = \sum_{i=1}^{c} v^i y^i \\ &= \sum_{i=1}^{c} v^i (p_0^i + p_1^i x_1 + \cdots + p_r^i x_r) \end{aligned} \tag{6.60}$$

式中，X 为 $n \times c(r+1)$ 的矩阵，经过一系列改变，是典型的最小二乘估计问题，可由下式求得结论参数

$$P = (X^T X)^{-1} X^T Y \tag{6.61}$$

以选粉机转速 $u(t-1)$、$u(t-2)$ 和磨机电流 $y(t-1)$ 作为输入量，输出为当前时刻 t 的磨机电流 $y(t)$，仿真图6.35和图6.36分别为 T-S 模糊模型拟合及拟合误差曲线。由仿真图可以看出，所建立的 T-S 模糊模型能够很好地拟合磨机电流的变化程。

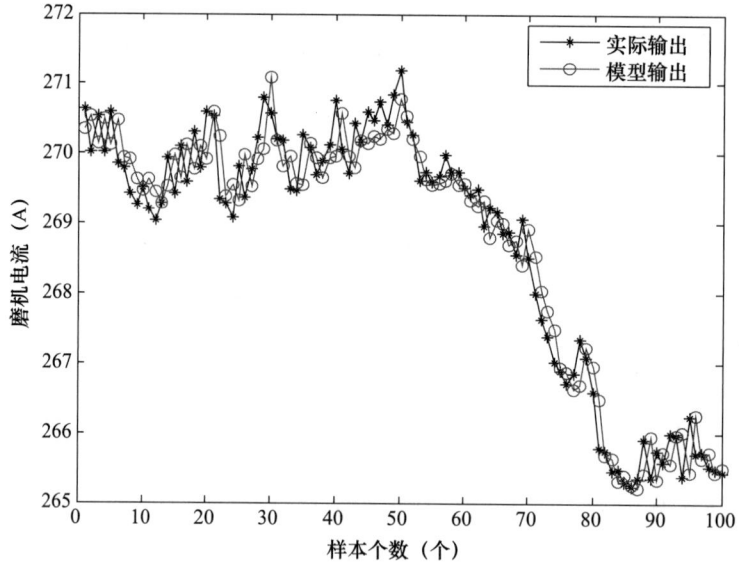

图 6.35 T-S 模糊模型拟合曲线

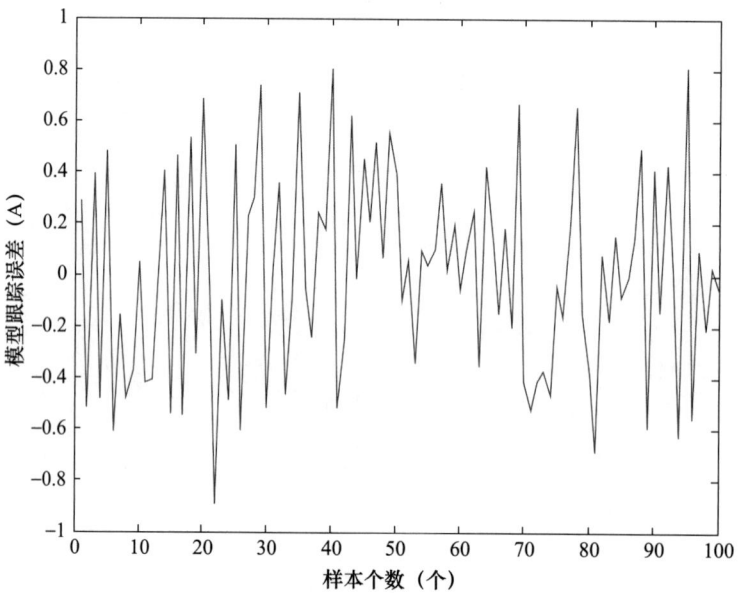

图 6.36 T-S 模糊模型拟合误差曲线

由式（6.61）以及 MATLAB 仿真结果得到 T-S 模糊模型：

R_1：If $u(t-1)$ is A_1 and $u(t-2)$ is B_1 and $y(t-1)$ is C_1，then $y(t) = 25.5 - 0.01691u(t-1) + 0.034785u(t-2) + 0.85386y(t-1)$。

R_2：If $u(t-1)$ is A_2 and $u(t-2)$ is B_2 and $y(t-1)$ is C_2，then $y(t) = 360.96 + 0.043265u(t-1) - 0.005232u(t-2) - 0.47907y(t-1)$。

根据广义预测控制器设计方法设计得到控制增量和控制量，分别为

$$\Delta u(t) = p^{\mathrm{T}}[y_r - \boldsymbol{F}y(t) - \boldsymbol{H}\Delta u(t-1)] \quad (6.62)$$

$$u(t) = u(t-1) + \Delta u(t) \tag{6.63}$$

基于 T-S 模糊模型中某一子模型根据丢番图方程计算 G 矩阵、H 矩阵和 F 矩阵。

T-S 模糊模型是将非线性系统分段线性化的线性模型,因此不能以某段线性模型代替全局模型进行控制,否则在工况改变的情况下容易导致模型失配、控制器失效。故此,采用一种控制输出模糊加权的方法,即在某个工况下,将采集的数据分别利用广义预测控制算法 (GPC) 求解控制输出,通过该工况点属于各个聚类中心的隶属度分别对得到的控制输出加权,以获得综合最优控制输出。图 6.37 为 T-S 模糊模型 GPC 控制结构。

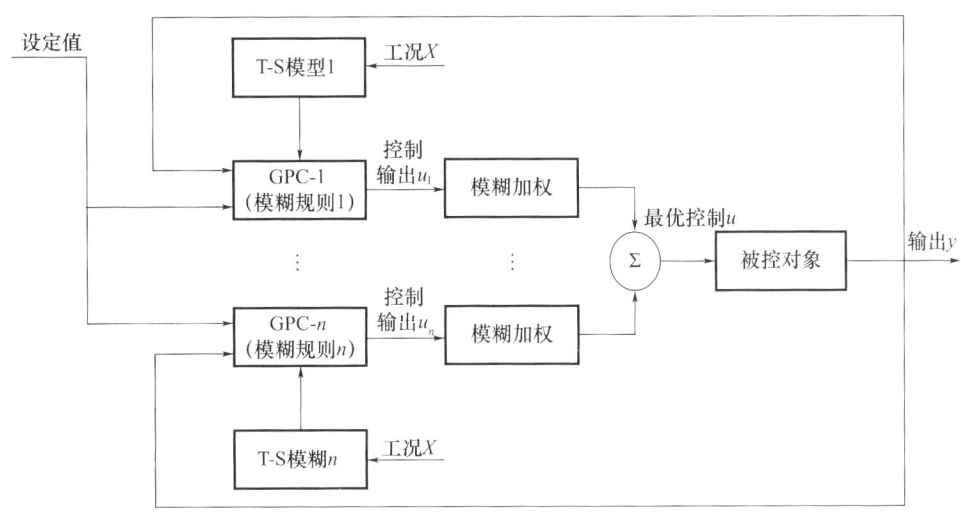

图 6.37 T-S 模糊模型 GPC 控制结构

因所建立的 T-S 模糊模型有两条模糊规则,故设计两个广义预测控制器。在 MATLAB 程序中设置控制器参数,两控制器参数设置相同,预测步长为 20,控制步长为 15,柔化因子为 0.1,控制增量加权系数为 0.2,模型输入、输出初始值均为 0。因为磨机电流的最佳工作范围是 265~275A,故设定 270A 为阶跃响应目标值,同时与 PID 控制器进行比较。PID 控制器参数的设置:微分系数为 0.3,比例系数为 1.1,积分系数为 0.6。得到的 MATLAB 仿真如图 6.38~图 6.40 所示。

可以看出,广义预测控制达到稳态所需时间约为 25s,而 PID 控制约需要 90s。广义预测控制算法对磨机负荷的控制响应快速,能更快地达到稳态。

6.4.5 模糊和 Bang-Bang 双模控制在联合粉磨系统中的应用

随着粉磨工艺的日益成熟,联合粉磨系统被广泛应用。球磨机具有纯滞后、大惯性、多变量、强耦合以及模型时变等特点,增加了磨机人工控制的难度。此外,在球磨机工作过程中,堵磨、饱磨和空磨的现象时有发生,这不仅影响正常的生产,而且增加了电能的消耗。为了解决上述问题,我们基于模糊和 Bang-Bang 控制的方法,设计了模糊和 Bang-Bang 双模控制,其控制过程如下:

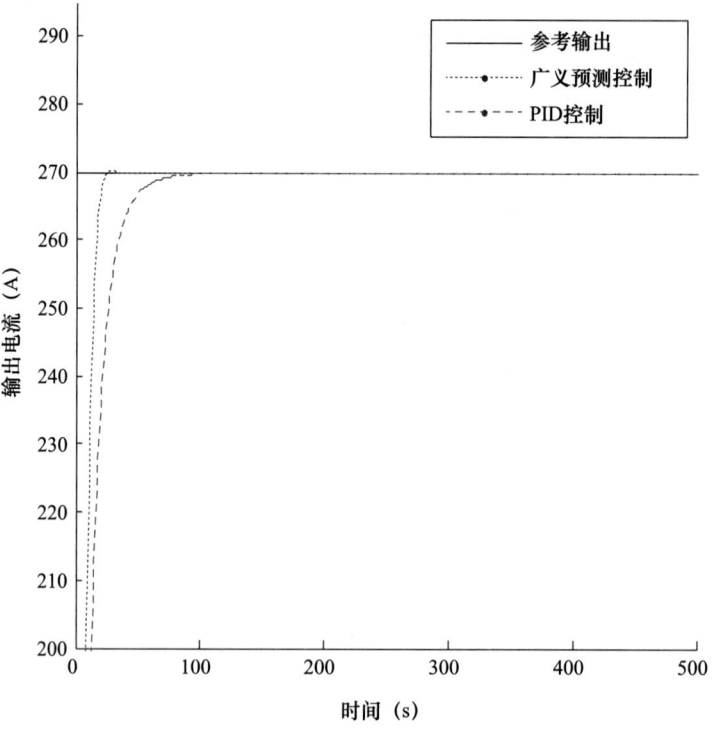

图 6.38 跟踪阶跃响应控制图

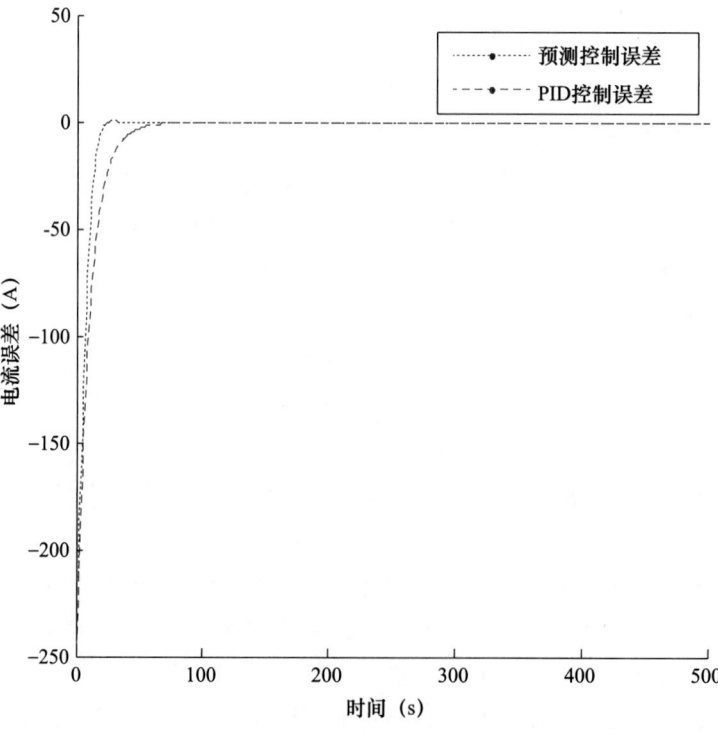

图 6.39 跟踪阶跃响应误差图

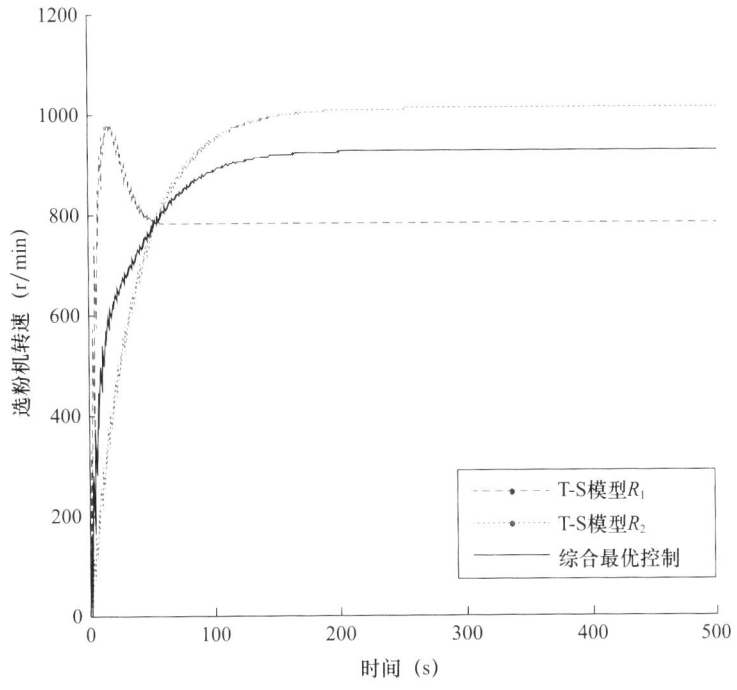

图 6.40 控制选粉机转速图

（1）将联合粉磨系统分为 3 个控制回路，分析得出关键变量，如出磨提升机电流等。

（2）针对选粉机回路，采用 Bang-Bang 控制器对出磨提升机电流的误差进行约束，利用 Fuzzy 控制器使出磨提升机电流的跟踪误差收敛到有界；针对称重仓回路，采用 Bang-Bang 算法对总量给定进行控制；针对超细粉煤灰库回路，采用 Bang-Bng 算法对大颗粒细粉配比进行控制。

模糊和 Bang-Bang 联合粉磨控制原理结构如图 6.41 所示，采用 Fuzzy 控制器和 Bang-Bang 控制器相结合的控制策略，当出磨提升机电流的误差变化较小时，即与期望的误差在 [-1.5, 1.5] A 时，采用模糊控制，控制器输出的值为 Δu_1；当误差的绝对值大于 1.5A 时，则采用 Bang-Bang 控制，此时控制器的输出值为 Δu_2。可得 Δu_A 的表达式为

$$\Delta u_A = \Delta u_1 + \Delta u_2 \tag{6.64}$$

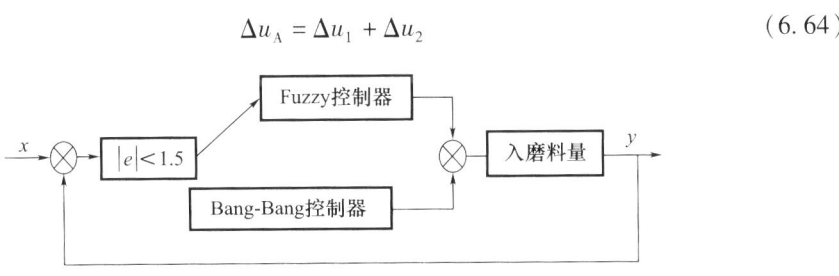

图 6.41 模糊和 Bang-Bang 联合粉磨控制原理结构

首先分析 Bang-Bang 控制部分。由于 Bang-Bang 控制响应快，过渡时间短，所以当误差大于临界值 u_b 时采用 Bang-Bang 控制，可表示为

$$u = \begin{cases} -u_{\max} & e > u_b \\ 0 & |e| \leqslant u_b \\ u_{\max} & e < u_b \end{cases} \quad (6.65)$$

式中，$u_{\max}$ 为设定的最大控制量，即选粉机转速的最大调节量。

具体到本控制器，其表达式为

$$\Delta u_2 = \begin{cases} -10 & e > 1.5 \\ 0 & |e| \leqslant 1.5 \\ 10 & e < 1.5 \end{cases} \quad (6.66)$$

下面针对模糊控制部分做详细阐述。Fuzzy 控制器采用二维模糊控制器，将模糊推理后得到的结果去模糊，去模糊化的方法采用加权平均法，其数学表达式为

$$\Delta u^* = \frac{\sum_{i=1}^{p}(\Delta u'_i \mu_i)}{\sum_{i=1}^{p}\mu_i} \quad (6.67)$$

式中，Δu^* 是清晰化输出值；$\Delta u'$ 是输出变量；μ 是其模糊隶属度函数。

Δu^* 通过比例因子便可得到实际的选粉机转速增量 Δu_1。

由实际控制效果可知，称重仓料位的变化比较平缓（55%~65%），超细粉煤灰库提升机电流在小范围内波动（110~120A），出磨提升机电流的变化也比较平稳（34~36A）。结果验证了此种控制方法的可行性，实现了磨机的稳定经济运行。控制程序主界面如图 6.42 所示，控制曲线如图 6.43~图 6.45 所示。

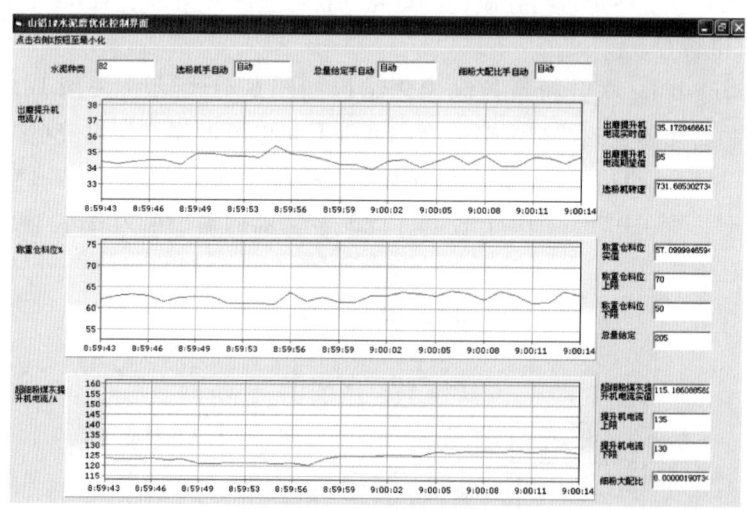

图 6.42　控制程序主界面

6 水泥粉磨过程的智能控制

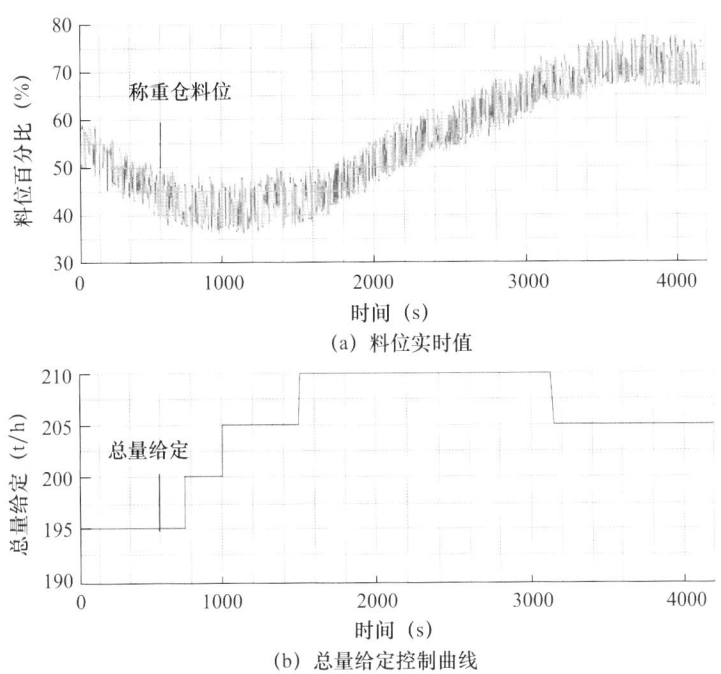

(a) 料位实时值

(b) 总量给定控制曲线

图 6.43 称重仓控制曲线

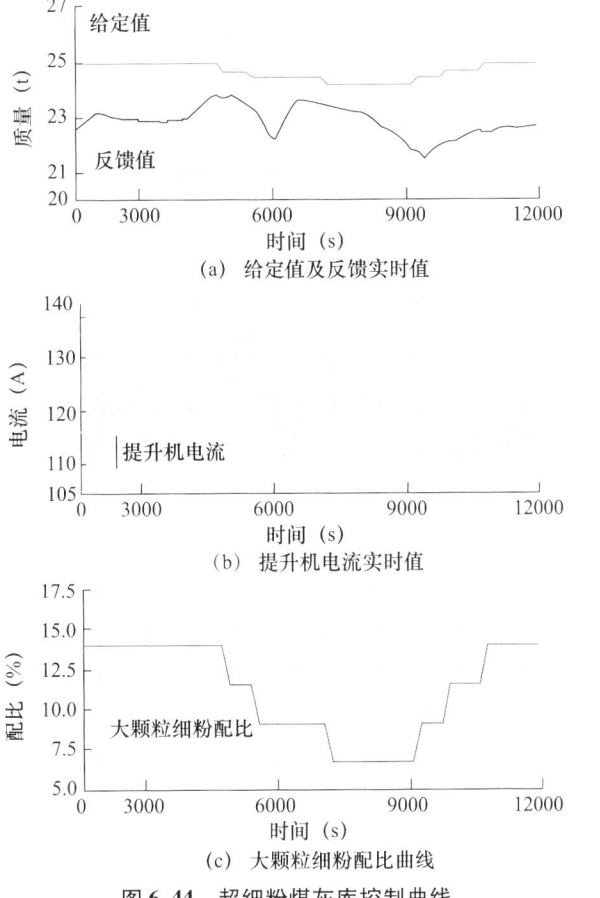

(a) 给定值及反馈实时值

(b) 提升机电流实时值

(c) 大颗粒细粉配比曲线

图 6.44 超细粉煤灰库控制曲线

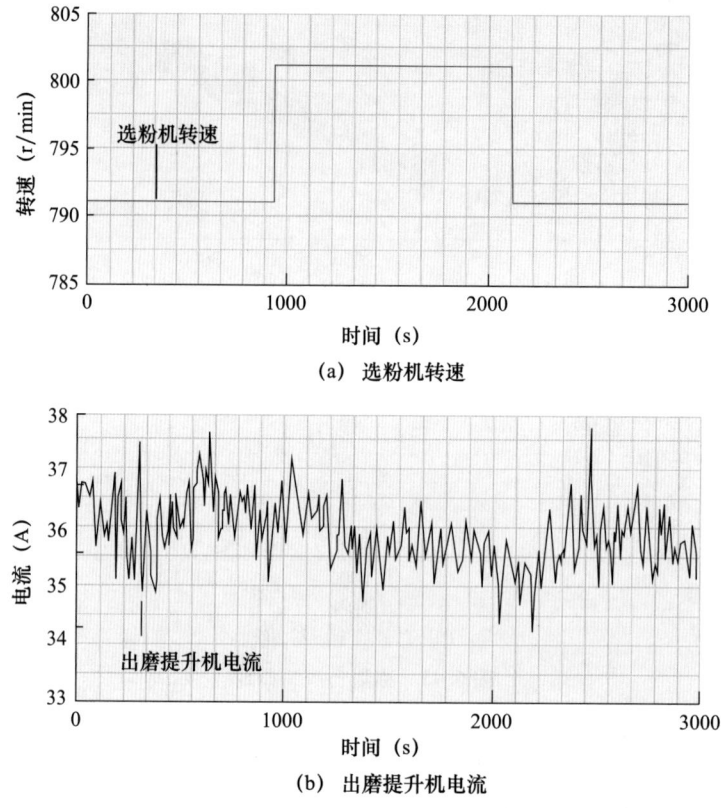

图 6.45 选粉机转速控制曲线

6.4.6 联合粉磨系统的模糊预测控制

为了提高联合粉磨系统的控制精度，提出将模糊控制策略引入预测控制中的方法，并且设计了联合粉磨系统模糊预测控制器。考虑到联合粉磨系统的模型在 LPV 预测控制中存在的输出误差以及模型失配问题，在联合粉磨系统的线性离散化后加入不确定的误差 δ_1、δ_2、δ_3，经过转化后的联合粉磨模型具体如下：

$$\begin{cases} T_f \dot{e}_q = e_q + q_g + [1-\alpha(e_z, v, d)]\varphi(e_z, d) + \delta_1 \\ \dot{e}_z = e_r + r_g - \varphi(e_z, d) + u + \delta_2 \\ T_r \dot{e}_r = -e_r - r_g + \alpha(e_z, v, d)\varphi(e_z, d) + \delta_3 \end{cases} \quad (6.68)$$

式中，δ_1、δ_2 和 δ_3 是模型的不确定性误差。

根据 LPV 预测控制的方法，在联合粉磨系统 LPV 预测控制的基础上加上模型失配误差校正。式（6.68）可以表示为式（6.69）的形式。

$$x(k) = f(x(k-1), \cdots, x(k-n), u(k-1), \cdots, u(k-m)) \quad (6.69)$$

式中，$u(k)$ 为联合粉磨系统的输入；$x(k)$ 为粉磨系统的输出；m 和 n 分别为输入和输出的阶数。

对式 (6.69) 做以下假设：

假设式 (6.69) 满足 Lipschitz 的条件，并且满足式 (6.70)，即对任意的 k，常数 L，可得到式 (6.71) 成立。

$$|\Delta x(k+1)| \leq L|\Delta u(k)| \tag{6.70}$$

$$J = \sum_{j=1}^{N} [x(k+j) - x_r(k+j)]^2 - \sum_{j=1}^{M} \lambda [\Delta u(k+j-1)]^2 \tag{6.71}$$

式中，$x_r(k+j)$ 是参考序列；$\Delta u(k+j) = 0$ $(j \geq M)$；最大的预测时域 N，M 是控制的时域；λ 是加权因子。

当 $m \geq 2$ 时，有

$$x(k+1) = f[x(k), \cdots, x(k-n+1), u(k), \cdots, u(k-m+1)] \tag{6.72}$$

$f(\cdot)$ 可微，利用微分中值定理得到

$$x(k+1) = g_0(k)\Delta u(k) + F_1(\boldsymbol{X}(k)) \tag{6.73}$$

式中，$g_0(k)$ 是 $f(\cdot)$ 在 $u(k-1)$ 与 $u(k)$ 之间的偏导数的值。

其中，$\boldsymbol{X}(k) = [x(k), \cdots, x(k-n+1), u(k-I), \cdots, u(k-m+1)]^T$，$F_1(\boldsymbol{X}(k)) = f(x(k), \cdots, x(k-n+1), u(k-1), \cdots, u(k-m+1))$。

相类似，当 $j \geq 2$ 时得到预测输出为 $x(k+j) = \sum_{i=1}^{j} g_{i-1}(k+j-i)\Delta u(k+j-i) + f_{j-1}$。同样，利用微分中值定理可知下式成立。

$$x(k+j) = \sum_{i=1}^{j} g_{i-1}(k+j-i)\Delta u(k+j-i) + F_j(X(k)) \tag{6.74}$$

式中，$g_{i-1}(k)$ 是偏导数 $\dfrac{\partial f_{j-1}}{\partial u(k)}$ 在 $u(k-1)$ 和 $u(k)$ 的值，$F_j(X(k)) = f_{j-1}(x(k), \cdots, x(k-n+1), u(k-1), \cdots, u(k-1-m))$。将其表示成向量的形式，即

$$\boldsymbol{Y} = G(k)\boldsymbol{U} + \boldsymbol{F} \tag{6.75}$$

式中，$\boldsymbol{Y} = \begin{bmatrix} x(k+1) \\ x(k+2) \\ \vdots \\ x(k+N) \end{bmatrix}$；$\boldsymbol{U} = \begin{bmatrix} \Delta u(k) \\ \Delta u(k+1) \\ \vdots \\ \Delta u(k+M-1) \end{bmatrix}$；

$$G(k) = \begin{bmatrix} g_0(k) & & & \\ g_1(k) & g_0(k+1) & & \\ \vdots & \vdots & \ddots & \\ g_{M-1}(k) & g_{M-2}(k+1) & \cdots & g_0(k+M-1) \\ \vdots & \vdots & & \vdots \\ g_{N-1}(k) & g_{N-2}(k+1) & \cdots & g_{N-M}(k+M-1) \end{bmatrix}; \boldsymbol{F} = \begin{bmatrix} F_1(\boldsymbol{X}(k)) \\ F_2(\boldsymbol{X}(k)) \\ \vdots \\ F_N(\boldsymbol{X}(k)) \end{bmatrix}。$$

式中，$[\boldsymbol{G}^T(k)\boldsymbol{G}(k) + \lambda \boldsymbol{I}]^{-1}\boldsymbol{G}^T(k)$ 的第一行是 $\boldsymbol{P}_1(k) = [p_1(k), \cdots, p_N(k)]$，预测控制率可以写成式 (6.76) 的形式。

$$\Delta u_2(k) = \boldsymbol{P}_1^T(k)(\boldsymbol{X}_r - \boldsymbol{F}) \tag{6.76}$$

联合粉磨系统的输入为 $u(k) = u(k-1) + \Delta u_1(k) + \Delta u_2(k)$,其中 $\Delta u_1(k)$ 为 LPV 预测控制求出的控制率,$\Delta u_2(k)$ 是模糊直接自适应求解的误差输入控制律,由于 LPV 预测控制已证明为渐近稳定,所以只需证明模糊自适应的误差补偿控制稳定即可,假定该部分的广义误差为 $e_g(k+N) = \boldsymbol{P}_1^T(k)(\boldsymbol{Y} - \boldsymbol{Y}_r) + \lambda \boldsymbol{Q}_1^T(k)\boldsymbol{U}$,当 $e_g(k+N) = 0$ 时,$\Delta u_2(k) = \boldsymbol{P}_1^T(k)[\boldsymbol{X}_r - \boldsymbol{F}]$ 成立。

利用模糊逻辑系统对广义误差进行逼近,得到模糊预测控制器 $\Delta u_2(k) = \hat{f}(\boldsymbol{X}(k) \mid \theta_u) = \theta_u^T \xi_u(\boldsymbol{X}(k))$,为了使控制的函数在 [0,1] 范围内,对函数进行转换。令 $z = \dfrac{k}{1+|k|}$,则时变向量可以表示为 $\boldsymbol{Q}_1(z) = [q_1(z), \cdots, q_N(z)]$,$\boldsymbol{P}_1(z) = [p_1(z), \cdots, p_N(z)]$,具体为 $p_i(z) = \sum_{s=0}^{s} a_{is} L_s(z) + \varepsilon_{pi}(z)(i=1,\cdots,N)$,$q_j(z) = \sum_{s=0}^{s} b_{js} L_s(z) + \varepsilon_{qj}(z)(j=1,\cdots,M)$,其中,$\overline{\boldsymbol{\theta}}_{ab} = [a_{10},\cdots,a_{1s},\cdots,a_{N0},\cdots,a_{Ns},\cdots,b_{10},\cdots,b_{1s},\cdots,b_{M0},\cdots,b_{Ms}]^T$,$\omega_e(k-N) = [\varepsilon_{p1}(k-N),\cdots,\varepsilon_{pN}(k-N),\cdots,\varepsilon_{q1}(k-N),\cdots,\varepsilon_{qM}(k-N)]\boldsymbol{Z}(k-N)$,

$$\boldsymbol{Z}(k-N) = \begin{bmatrix} L(z) & & & \\ & L(z) & & \\ & & \ddots & \\ & & & L(z) \end{bmatrix} \begin{bmatrix} x(k-N+1) - x_r(k-N+1) \\ \vdots \\ x(k) - x_r(k) \\ \lambda \Delta u(k-N) \\ \vdots \\ \lambda \Delta u(k-N+M-1) \end{bmatrix}$$

式中,$L_k(z)$ 取拉格朗日多项式,广义误差可为 $e_g(k) = \overline{\boldsymbol{\theta}}_{ab}^T \boldsymbol{Z}(k-N) + \omega_e(k-N)$ 形式。

由于联合粉磨系统的误差补偿函数未知,可利用广义误差的估计值对参数进行模糊逼近,定义误差估计函数为 $\hat{e}_g(k) = \boldsymbol{\theta}_{ab}^T(k-N)\boldsymbol{Z}(k-N)$,参数向量 θ_{ab} 由自适应律来估计。

$$\theta_{ab}(k) = \begin{cases} \boldsymbol{\Psi}(k), & |\boldsymbol{\Psi}(k)| \leq M_{ab} \\ P(\boldsymbol{\Psi}(k)), & |\boldsymbol{\Psi}(k)| > M_{ab} \end{cases} \quad (6.77)$$

$$\psi(k) = \theta_{ab}(k-N) - \alpha_2 \dfrac{(\boldsymbol{Z}(k-N))}{(1+|\boldsymbol{Z}(k-N)|^2)} \hat{e}_g(k)$$

式中,α_2 是自适应律,M_{ab} 由设计者决定。

为使粉磨系统的输出 $x(k)$ 和 $u(k-1)$ 在一定的范围内对其做好映射,$\overline{x}(k) = \dfrac{x(k)}{|x(k)|+1}$,根据模型选择 $N=2$,$N_u=1$,$\lambda=1$,$S=2$,$\alpha_1=0.3$,$\alpha_2=0.03$,$L_0=1$。

得到的仿真结果图,如图 6.46~图 6.49 所示。

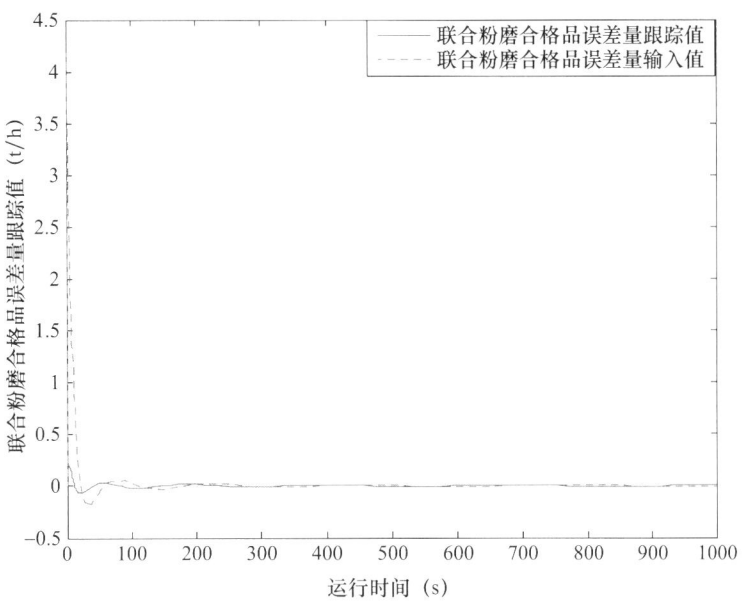

图 6.46　合格品流量模糊预测控制图

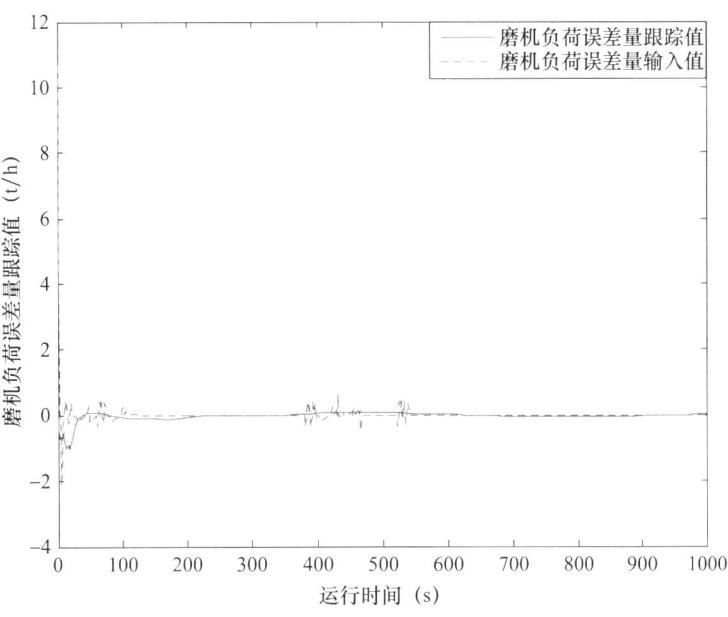

图 6.47　磨机负荷模糊预测图

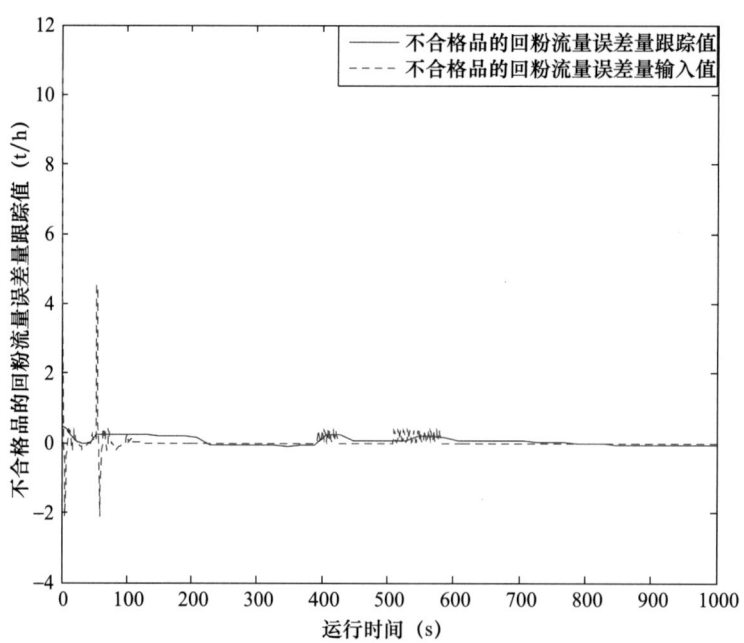

图 6.48　不合格品回粉流量模糊预测控制图

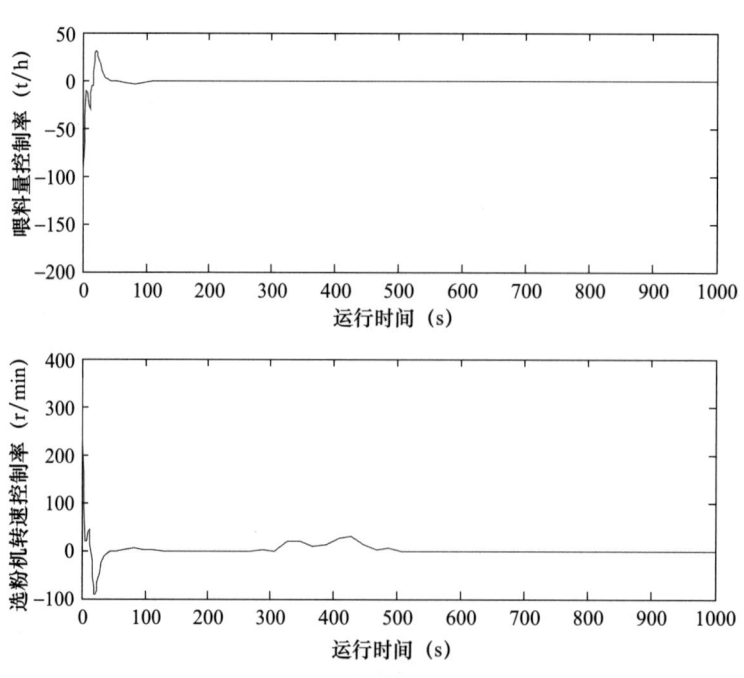

图 6.49　模糊预测控制输入

可以看出，水泥联合粉磨系统模糊预测控制可以很好地调节误差值，使模型误差达到一定的范围之内，当磨机的负荷量增大时，系统的选粉机转速上升，喂料量下降，减少物料进入磨机内部，从而达到期望的磨机运行状态，避免磨机在运行过程波动较大，提高生产效率。

6.5 层次化构建优化控制系统

以工况的合理划分与在线识别为先导，以 Bang-Bang 控制为切换手段，采用基于模型库的诸如 PID、模糊、预测等控制策略进行精确控制，实现了"先稳后优，稳中求优"的控制目标。

针对粉磨生产系统，由工程实践发现，长期在手动控制方式下生产经常会发生稳流仓塌料、球磨机饱磨空磨、提升机电流过高跳停、矿粉仓仓重过高等问题，导致水泥成品粒度不符合粗细要求，严重影响了水泥粉磨的稳定、高效运行。

结合水泥工业联合粉磨系统工况在线识别、粉磨系统模型及控制策略研究成果，以一种开路磨联合粉磨工艺为例，说明其自动优化控制系统的方案。整体方案原理如图 6.50 所示。

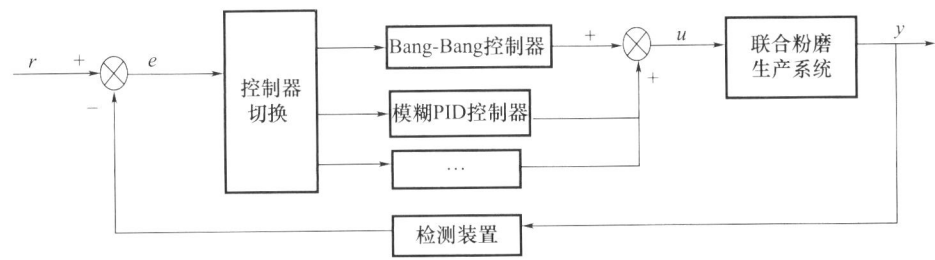

图 6.50 开路磨联合粉磨系统的整体控制方案原理

图 6.50 中，r、u 和 y 分别为期望被控量数值、控制器输出的控制量和实际现场的被控量实时信号，e 为误差。实际实现过程中，将粉磨系统的某个被控量的实时值与期望值比较，根据相应的误差大小来选择相应的控制方法。

以联合粉磨系统出磨提升机电流的控制方案为例，其原理如图 6.51 所示。

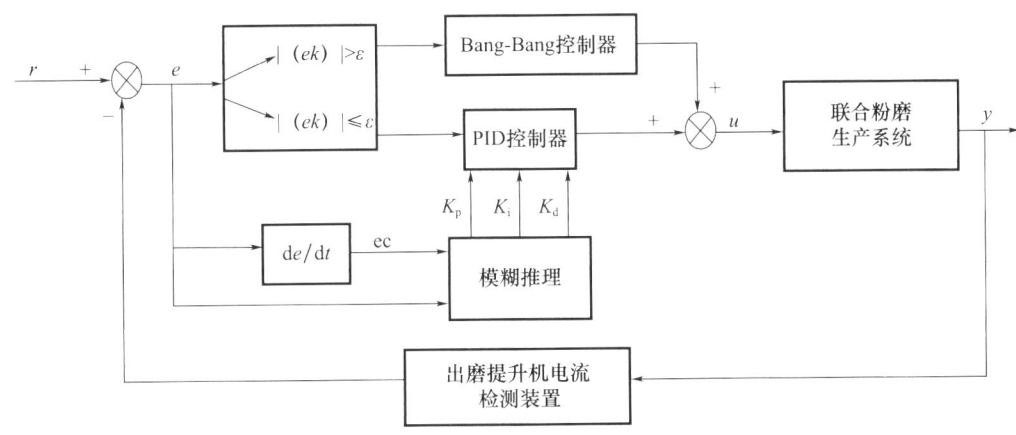

图 6.51 联合粉磨系统出磨提升机电流控制方案原理

图 6.51 中，r 为出磨提升机电流期望设定值，u 为收尘风机转速输出给定值，y 为出磨提升机电流实际值。由图可知：当实时值与期望值误差大于阈值 ε 时，为快速消除大误差，加速跟踪收敛速度，采用 Bang-Bang 控制器，PID 控制器输出为 0；当误差小于阈值 ε 时，为了保证控制精度，利用模糊推理计算 PID 参数。这样既保证了跟踪误差收敛至任意小的范围内，又缩短了调节时间，能够获得较好的控制效果。

6.6 水泥工业粉磨优化系统构建与应用

水泥工业粉磨优化系统包括 OPC（OLE for Process Control）接口与通信模块、能效分析模块、工况在线显示与操作指导模块、优化协调模块、组合控制模块等。

6.6.1 系统构建

工程应用系统的构建方案如图 6.52 所示。

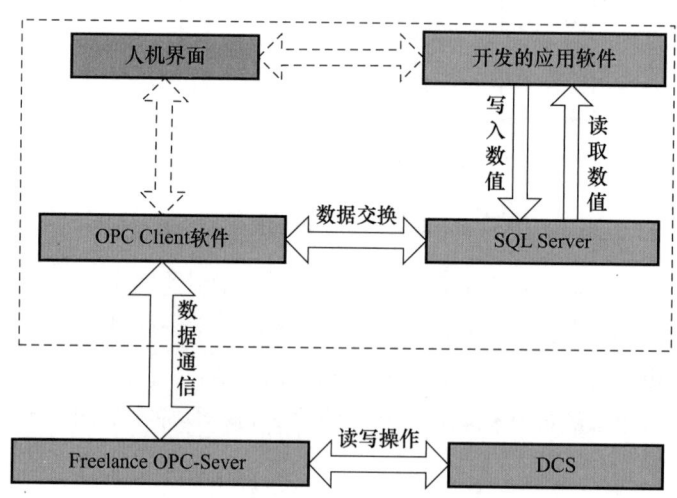

图 6.52 工程应用系统模块化构建方案

整个系统通过数据库 SQL Server 和 Freelance OPC-Server 两个服务器使应用软件与 DCS（Distributed Control System）进行数据通信。通过 OPC Client 用户界面来配置相应的数据库名和服务器名，与 OPC Server 和 SQL Server 进行连接。OPC Client 经过 Freelance OPC-Server 服务器采集 DCS 中主要被控变量和控制变量的数据到 SQL 数据库里等待 Visual Basic（简称 VB）应用程序的调用，并通过 OPC 接口读取并写入 DCS AC800F 控制器的数据来对现场控制变量进行调节。其现场实施示意图如图 6.53 所示。

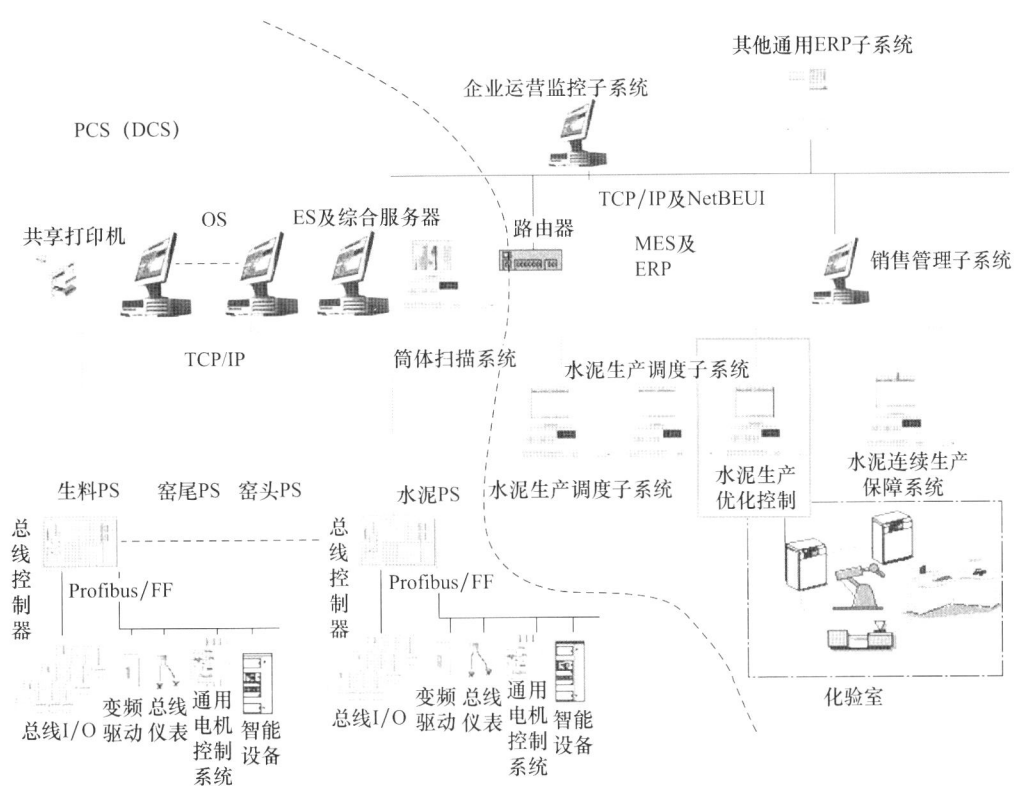

图 6.53 DCS 结构及控制软件外挂示意

在图 6.53 中，采用 Microsoft Visual C++（简称 VC）或 Visual Basic 编程语言对优化控制本体软件、OPC Client 软件以及与数据库 SQL 连接的配置软件等进行开发，以软件包形式挂载在操作员站的计算机上。

OPC 接口作为过程控制数据通信的接口，为现场过程控制软件和开发的 Windows 的应用程序搭建了数据连接的桥梁。在搭建开发软件的实施架构时，需要通过 DCS 中的 CBF 组态控制软件将 Freelance OPC-Server 配置到某一台操作员站的计算机上。OPC Server 配置过程如图 6.54 所示，首先在 DCS 系统网络配置中配置 OPC 服务器相应的 IP 地址与资源 ID。然后，将 OPC 服务器读写数据的权限打开，至此环境配置完成。

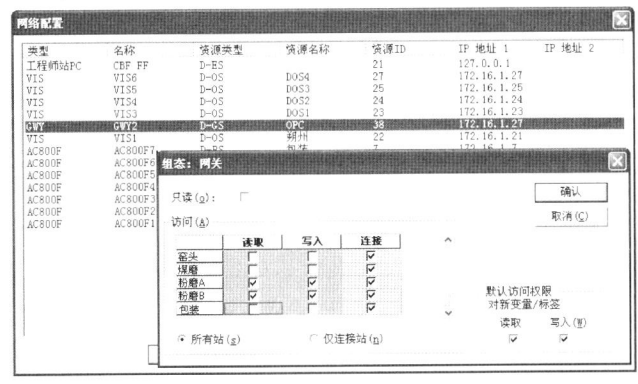

图 6.54 CBF 组态软件中 OPC Server 配置相关过程

在应用程序开发过程中，大部分程序使用 VC 或 VB 语言来开发。设计的程序有包括工况在线识别系统应用实例、建模前采集数据的 OPC Client 数据采集软件以及下面将介绍的一种水泥联合粉磨系统自动控制软件。

6.6.2 一种水泥联合粉磨系统自动控制软件

依据某 5000t/d 水泥厂开路磨粉磨生产线实际生产实例，结合粉磨生产工况模板分析，以及参考开路磨模型特点，介绍一种水泥联合粉磨系统自动控制软件。

水泥联合粉磨自动控制系统软件以软件包形式配置在操作员站的计算机。其基本菜单模块由用户登录、系统连接配置、自动控制选择和退出系统等组成。基本功能模块如图 6.55 所示。通过将操作员站的 DCS 界面嵌入主界面，操作员控制程序主操作界面进行手自动切换的使用，如图 6.56 所示。

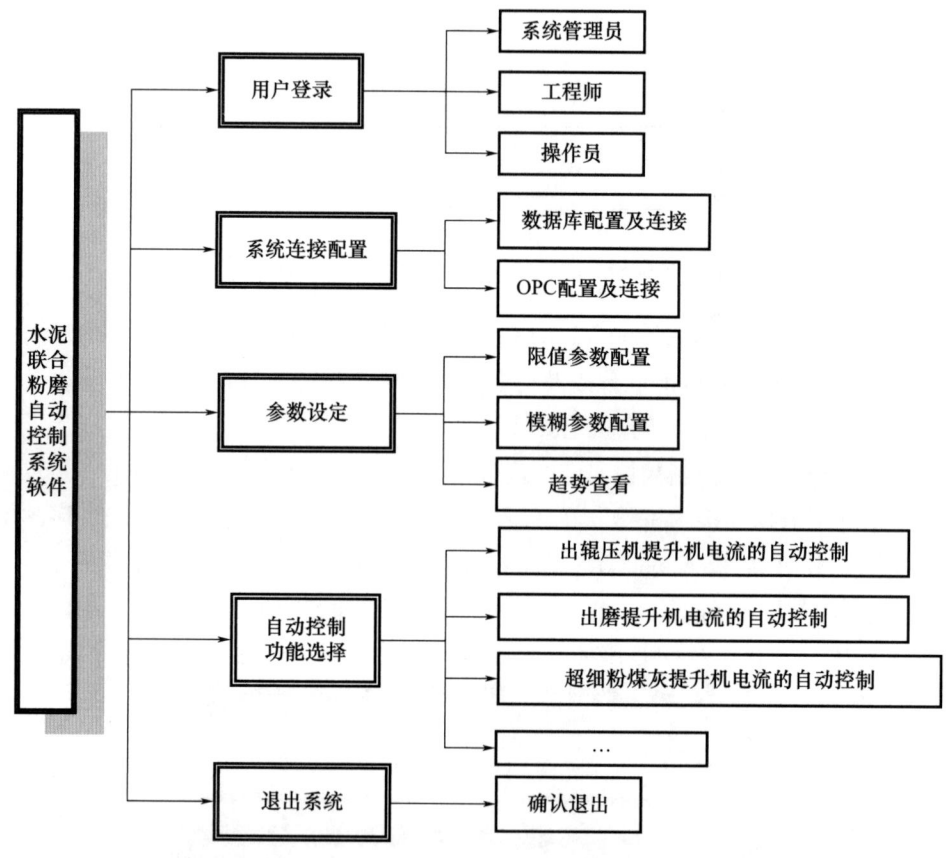

图 6.55　水泥联合粉磨系统自动控制软件的基本功能模块

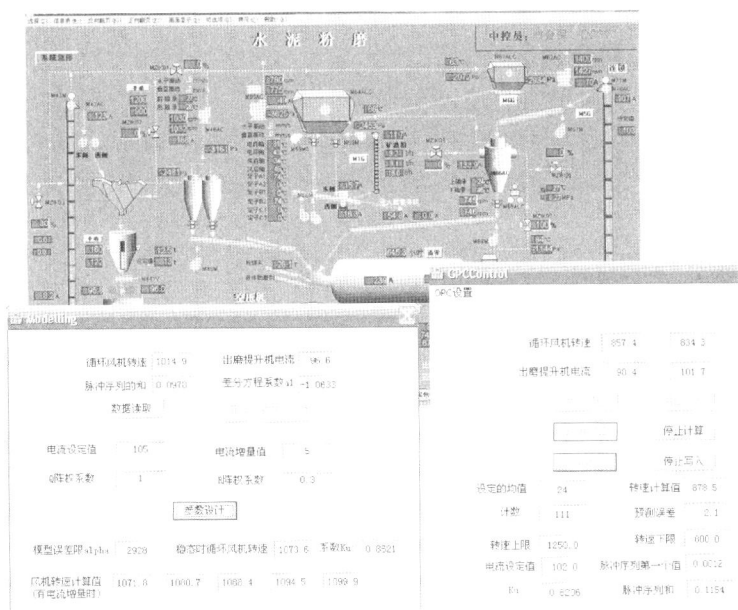

图 6.56　水泥联合粉磨系统自动控制软件控制主界面

按照系统软件实现配置完成以及连通就绪后，操作员即可通过 CBF 组态界面上的切换按钮将控制量切换为手（自）动，如果选择自动，则执行控制器的变化量输出进行作用于控制量；如果选择手动，则执行操作员人工操控控制量的参数值。

本软件呈现被控量的变化趋势，如图 6.57 所示，显示被控量变化情况。

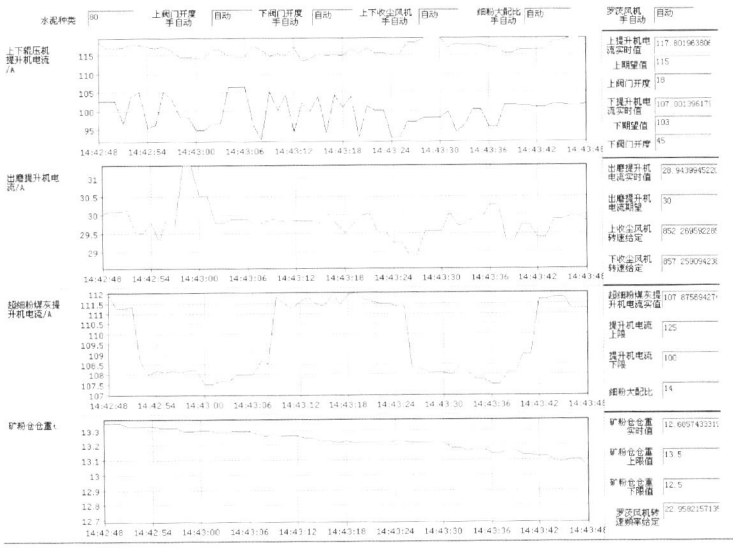

图 6.57　被控量的趋势数据实时查看界面

6.6.3 现场应用效果及分析

通过一段时间的试运行，水泥联合粉磨系统自动控制软件在一定程度上能够较迅速、准确地调节控制量来消除被控量与期望值的偏差，下面介绍现场应用效果。

在现场将控制器程序运行调试时，用 CBF 操作员站记录了一些趋势曲线。所截取的一个班次中，收尘风机转速给定值订单手自动调节和被控量出磨提升机电流的手自动调节效果分别如图 6.58 和图 5.59 所示，即为操作员手动调节和控制器软件自动调节的效果趋势曲线，以中间虚线（相同时间 16：49）为界，左边为人工手动调节，右边为软件自动调节。

可以看出，手动调节时，收尘风机转速给定调节较为粗放频繁；采用自动调节时，采用了 Bang-Bang 控制器和模糊 PID 控制器软件自动控制后，图 6.58 显示能够较迅速地调整收尘风机转速来纠正磨机出磨提升机电流的偏差，且图 6.59 显示被控量波动较小，所以控制量调节效果是比较及时、有效的，保证了整个粉磨系统的稳定、高效运行，提高了粉磨的效率。

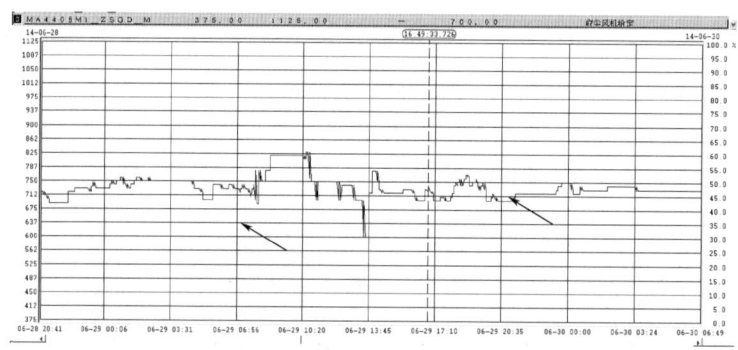

图 6.58　控制量收尘风机转速给定值的手自动调节比较

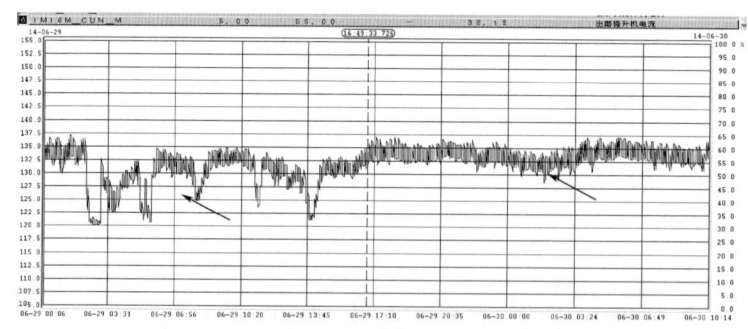

图 6.59　被控量出磨提升机电流手自动调节效果比较

优化控制系统投运后，可迅速实现水泥生产各关键工艺参数的稳定，并进而实现在保质、保产的前提下，最大限度地降低粉磨生产电耗。

以某4000t/d水泥粉磨站的应用示范线为例，通过统计数据对比，系统投运后，年创同等经济效益，降低约100万 kW·h 用电。

6.7 总结

联合粉磨系统作为目前整个水泥生产主流工艺中耗能较大和产品质量较关键的压轴环节，其生产过程的平稳、高效、节能运行，有利于水泥行业的节能降耗和提高经济效益。本章介绍了以实际工程项目中具有代表性的水泥联合粉磨生产系统为主要研究对象，通过长期的工程现场实践，围绕课题目标和一线操作员的优秀经验，在工况在线识别、分工况建立系统模型及其适用控制策略研究的基础上，开发的面向节能降耗的水泥工业粉磨优化控制系统，以大量现场运行数据综合分析作为依据，将先进控制思想与操作经验相结合实现水泥粉磨生产过程的优化控制，运行效果显示该系统能够加速被控量的跟踪误差收敛速度，验证了其有效性及实用性，使联合粉磨系统生产过程长期处在一个负荷较高、电流波动小、平稳高效的状态，提高了粉磨生产自动化水平，进而实现了水泥粉磨系统的节能降耗，达到节能降耗的总体目标。

参考文献

[1] ZHANG XIANLEI, YUAN ZHUGANG, ZHANG QIANG, et al. T-S Fuzzy Modeling for Cement Combined Grinding System via Working Condition Template [C].

[2] YUAN ZHUGANG, ZHANG XIANLEI, ZHANG QIANG, et al. Modeling for Cement Combined Grinding System with Closed Grinding Process Based on LS-SVM in Typical Working Condition [C].

[3] 郑鉴君, 张强, 申涛. 模糊和bang-bang双模控制在联合粉磨系统中的应用 [J]. 济南大学学报（自然科学版）, 2015, 29 (2): 81-87.

[4] 张先垒, 袁铸钢, 张强. 基于Bang-Bang的水泥立式辊压磨模糊PID控制 [J]. 济南大学学报（自然科学版）, 2015, 29 (2): 100-106.

[5] DAI TAITAO, ZHANG QIANG, SHEN TAO. The Fuzzy Predictive Control for the Mill Load of Cement [C].

[6] HENGTAO LIU, ZHUGANG YUAN, ZHE SU. Online Modeling for Combined Cement Grinding System via Extreme Learning Machine [C].

[7] 吴茂胜, 袁铸钢, 张强. 基于水泥粒度工况模板的联合粉磨系统建模 [J]. 控制工程, 2016 (9): 1343-1348.

[8] HOU JUDONG, YUAN ZHUGANG, ZHANG QIANG, et al. Sliding Mode Control for Cement Combined Grinding System via Least Square Modeling [C].

[9] HOU JUDONG, YUAN ZHUGANG, ZHANG QIANG, et al. Sliding Mode Controller with a Disturbance Compensator for Cement Combined Grinding System [C].

[10] YU CHUANJIANG, ZHENG JIANJUN, SHEN TAO. The mill load modeling of combined grinding system based on RBF neural networks [C].

[11] 吴茂胜, 袁铸钢, 张强, 等. 联合粉磨稳流仓 ELMNN 建模及其内模控制 [J]. 洛阳理工学院学报（自然科学版）, 2016, 26（1）: 55-60.

[12] 代桃桃, 张强, 申涛. 水泥磨机负荷 LPV 预测控制 [J]. 济南大学学报（自然科学版）, 2016, 30（2）: 149-154.

[13] YUAN ZHUGANG, LIU HENGTAO, ZHANG QIANG, et al. Adaptive PID Control for Cement Particle Size System Based on Data-driven Technology [C].

[14] 于传江, 申涛. 联合粉磨系统基于 T-S 模糊模型广义预测控制 [J], 济南大学学报（自然科学版）, 2016, 30（4）: 298-303.

7 水泥生产智能信息管理系统（IIMS）

7.1 水泥生产智能信息管理系统体系结构

本节对水泥行业信息系统建设现状及水泥生产流程特点做简要阐述及分析，并在吸收 Industrial IT（工业信息技术）、ERP（企业资源计划）及 MES（生产执行系统）等先进思想与技术的基础上，提出基于三层结构（ERP/MES/PCS）的水泥企业智能信息管理系统体系结构及其功能。

7.1.1 水泥企业运营特点分析

水泥企业属于流程行业，但与其他流程工业相比有下面几个特点：

(1) 生产周期短（原料投料至水泥产出的周期，以小时计）、批量大（一条大型生产线，日产水泥熟料可在 1 万 t 以上）；同时在产品销售上存在着明显的淡旺季。因此，水泥生产主要面向库存。基于上述原因，整个水泥企业 IIMS 的主要目标之一应定性为维持水泥生产的连续、稳定及高效。

(2) 通常状况下，水泥企业的运营从原料供应一直到产品输出都较为稳定，此项特点在有自己矿山及粉磨站的企业尤为突出。水泥企业供需链中，链的上段（原料供应）的功能要求比较固定和单一。

(3) 水泥产品结构简单，生产工艺流程较为固定。企业运营没有结构设计的功能要求，但需要成分设计，强度等级不同的水泥，配方设计有所不同；同时，水泥生产中各种原料矿物成分的波动是不可避免的，尽管各种均化措施消除了部分影响，但各种成分波动如果不加分析和控制，必然会影响水泥成品的质量，这也需要通过不同的配方加以控制。两者均要求在尽可能短的时间内，对在线生产的工艺参数加以调整和稳定控制，以满足生产需要。基于以上原因，在水泥企业 IIMS 中，将成分设计与质量管理归并为一个整体子系统。

(4) 水泥的整个生产流程是个复杂的大系统，整个流程的各个生产环节是相互制约、连续运行的。其中非线性、多变量、大迟滞、时变的熟料煅烧系统是水泥生产过程的中心环节，同时受多种因素的影响和制约。

首先，系统内互相干扰因素多、控制复杂，实际运行中要根据风温、分解率、废气温度等参数，选择合适的喷煤量、风量、窑转速等操作变量，以达到控制回转窑稳定运行的目的。因此其是一个复杂的多变量、多输入、多输出系统。

其次，水泥生产过程中产生大量的实时数据，如何把适合的、相关的现场生产信息准确而快速地反馈给企业其他功能部门，则又是一个需要解决的难点。

最后，参数测量滞后且复杂。在熟料煅烧过程中，熟料的烧成情况、质量的测量往往都是通过离线的方式进行的。测量的精度和实时性由于受到多变量、多状态的复合影响，常产生测量的不可重复性。

整个水泥生产系统的数学模型极其复杂，而流程工业生产模型的建立对企业的运行优化又极其重要，因此，良好、实用的水泥生产过程模型库及水泥企业运营流程模型库的建立就变得极为关键。

所以维持水泥生产的连续、稳定及高效是整个水泥企业 IIMS 的难点之一。

7.1.2　水泥企业数据分析

数据综合集成是实施智能信息管理系统的基础。它将 PCS 层的生产运行、产品质量、原料和产品"输转"、动力能耗等数据进行汇总和处理，使下层生产过程的实时信息与上层企业资源管理等的各类信息都在 IIMS 中融合与贯通，并通过信息集成形成优化控制、优化调度和优化决策等的判断或指令。

目前，国内水泥企业普遍采用 DCS 实现生产装置的实时监控，一些业务部门也根据自身需要建立了独立的应用系统。部分企业采用实时数据库实现了主要生产装置实时生产数据的集成和应用，但尚未形成统一的 IIMS 应用数据平台。表现在：实时数据库与各应用系统的数据库相互独立，缺乏相互支撑和信息共享，形成了多个数据库并存在相互隔离的局面。另外，ERP 系统也无法获得足够的数据来支持管理和计划工作，只能通过人工操作的办法来衔接这一技术断层，不仅耗时、耗力，而且工作人员的一时疏忽都有可能造成企业的经济损失。

水泥企业的数据牵涉面广、种类繁多，且数据量大、获取方式多样。确保 IIMS 应用的数据综合集成的数据来源主要包括：所有装置、库、原料、产品及半成品等的定义数据；装置进出物流流量、温度、压力等测量数据以及库存数据；从在线分析仪自动采集的和实验室人工化验分析得到的物料质量数据；装置之间、装置与库之间、库与库之间物料流动及原料进厂、成品出厂数据；计划周期内生产计划安排及工厂的每天调度排产数据等。根据数据的内容、来源及其用途，现将其分为七大类。

1. 工艺流程数据

水泥企业的生产装置连续运行，工艺流程数据直接、实时、准确地反映了生产装置的实际运行状况。工艺流程数据包括生产装置各单元测线的温度、压力、流量、液位、在线分析仪器数据、重要阀门开度和自保连锁状态等，一般由现场控制系统直接采集。它是现场工艺人员调整操作的依据，是上层生产调度人员掌握生产运行状况的手段，是实施先进控制和优化控制的基础。

2. 库存数据

库是水泥企业原料、半成品和成品的集散仓库，关系着物料平衡、配料和生产过程的调度。库存数据包括来自原油库、生产中间库、成品库的料位数据，当前工作状态（进料、出料），以及超限报警、阀门开关状态、机泵启停状态等数据。这些反映当前库状态的数据，其采集工作一般由现场控制系统完成。这些数据的实时性要求远不如工艺流程数据，一般是分钟级，甚至有可能是小时级。但是，要想真正建立起全厂物料移动和物料平衡模型，并实时监控物流在各装置和库间移动的动态，还必须在库存物流数据中增加收付的动态信息（如增加进出库的流量表，并同时记录库的工作状态）。

3. 质量数据

水泥企业的操作者和管理者需要可靠、实时的产品质量数据，以便及时调节生产，以获得最大的经济效益。质量数据主要包括：原材料（石灰石、黏土、铁粉、石膏等）的化学成分和水分；燃料（主要是煤）的热值、灰分和化学成分；生料的率值、细度和化学成分；熟料的强度、游离氧化钙的含量、熟料的稳定性等物理性能和化学成分；水泥的细度、强度、游离氧化钙的含量、熟料的稳定性等物理性能和化学成分。质量数据的采样周期按生产流程需要而定，一般是每400t作为一个批次，同时生料、熟料和水泥每小时也必须抽样检验一次，以指导PCS控制系统按成分配料、均化，使水泥煅烧稳定。借助水泥28d强度预测、抗压等试验，指导PCS控制系统控制水泥配料，使水泥生产质量稳定。

4. 贸易交接数据

贸易交接数据包括原料进厂和成品（熟料和水泥）输出的物流数据。原料进厂的途径一般包括汽车运输及火车运输，成品输出则要包括船舶运输、火车运输及汽车运输。贸易交接由于涉及财务问题，因而所采用的流量仪表都是高精度的计量表，每一次贸易都要求数据的准确无误。贸易交接数据的集成需要计量经营自动化系统的支持。借助计量经营自动化系统，核实和校正贸易交接过程中的缺误，能为企业带来直接的经济效益。

5. 设备管理数据

设备状态的正常与否，是生产装置安稳、长期、完美运行的关键。设备管理数据描述和反映了设备的状况，包括设备型号、规格参数、生产厂家、安装时间、附属设备、检修记录、更换配件等档案数据以及腐蚀、密封、偏差、完好等现场数据，关系到设备维护和检修计划的制订和实施。

6. 基础数据

基础数据包括质量标准、工艺控制参数和设备基本信息等。

7. 生产管理数据

生产管理数据包括生产计划数据、调度排产数据、性能评估数据等直接由生产调度系统所产生的信息。这些数据由特定的应用系统产生，针对性强，面向生产管理，而对实时性的要求一般较弱。

7.1.3 水泥生产 IIMS 体系结构

IIMS 是位于企业上层企业资源计划（ERP）和底层过程控制系统（PCS）之间，面向车间层的生产管理技术与智能信息系统。IIMS 强调制造计划的执行，它在计划管理层和底层控制之间架起了一座桥梁，填补了两者之间的鸿沟，通过信息的传递对从生产命令下发到产品完成的整个生产过程进行优化管理。当工厂中有实时事件发生时，IIMS 能及时对这些事件做出反映、报告，并用当前的准确数据对它们进行约束和处理。这种对状态变化的迅速响应使 IIMS 能够减少企业内部那些没有附加值的活动，有效地指导工厂的生产运作过程，同时提高了工厂及时交货的能力，改善了物料的流通性能，提高了生产回报率。IIMS 还能通过双向直接通信在企业内部和整个产品供应链中提供有关生产行为的关键任务信息。

针对目前我国在水泥行业信息化建设方面存在的问题，根据水泥制造业的生产特点及对信息化的核心需求，水泥制造业的信息系统体系架构应该是 ERP-IIMS-PCS 三层架构，如图 7.1 所示。

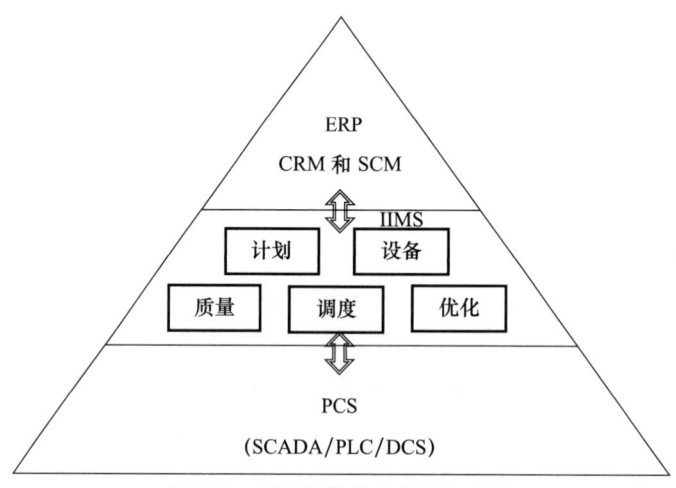

图 7.1　三层架构的企业信息系统

1. 三层架构更适合于扁平化的现代企业结构

过去，制造企业一般采用传统的五层 CIMS 结构，虽然这种体系框架在制造业信息化发展进程中起过很大的推动作用，但随着研究与开发的深入，在综合信息系统的设计和应用实践中遇到了较大问题。在水泥制造业的生产经营活动中，除了底层的过程控制和顶层的管理决策，中间层次是很难将生产行为与管理行为截然分开的。因此，在涉及大量既有生产性质又有管理性质的信息时，根据五层结构就很难明确应该归于哪一层次，造成了企业综合信息系统在开发过程中标准的难以统一和概念的混乱。相比于传统的五层结构，PCS-IIMS-ERP 构成的三层结构更符合现代企业生产管理结构的"扁平化"思想，促使管理以职能为中心向以过程为中心的转变，更易于集成和实现，进而解决信息系统在经营层和生产层之间脱节的现状。

2. 信息流通畅

这种结构信息流形式清晰，控制信息自顶向下，反馈信息自底向上。各层的控制模块同时进行信息处理，可以处理大量的信息，满足实时控制需求。

3. 适用范围广

这一结构将企业综合信息系统分为考虑生产过程问题的 PCS，考虑企业经营管理问题的 ERP，使企业综合信息系统中原本难以处理的具有生产与管理双重性质的信息问题得到解决。

4. 适应性强

这种结构具有很强的模块性，相对比较独立，功能模块之间界面分明，可以分阶段实施，也可以并行开发以缩短实施周期。同时，这种结构具有较好的可修正性和扩展性，当生产环境或目标发生变化时，可以进行局部修正的扩展。

7.1.4 基于三层结构的水泥企业 IIMS 功能结构与总体结构

1. 功能结构

对水泥企业来说，对应于三层架构的 IIMS 体系架构如图 7.2 所示。

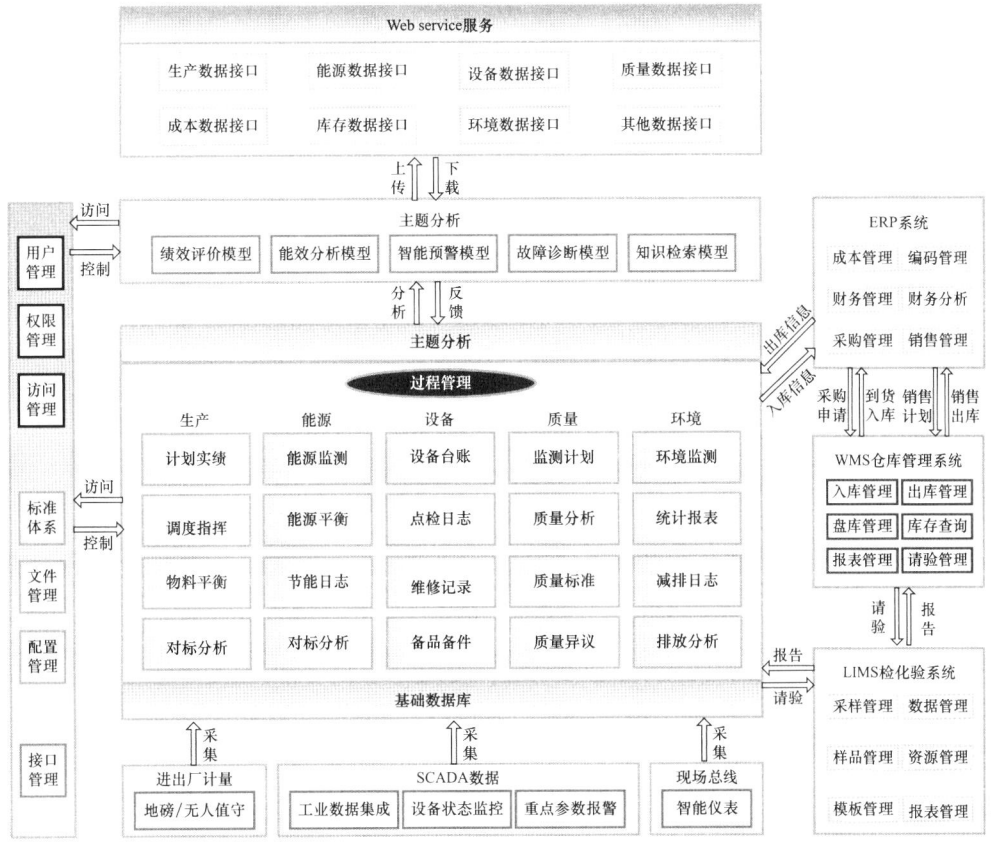

图 7.2 IIMS 体系架构

2. 总体结构

水泥企业的数据按来源及存储方式分为三类：第一类是与生产过程直接相联系的实时信息，数据主要来自实时数据库。第二类是与各职能部门相联系的生产管理信息，数据主要来自关系数据库。第三类用于 ERP 层的决策支持系统，其数据来自关系数据库的归纳与汇总，并最终存储于数据仓库。

图 7.3 是数据综合集成平台下的水泥企业信息系统结构。可以看到，实时数据库通过现场控制系统（DCS、PLC、FCS）监控生产装置与设备的工作情况，并支持先进控制和在线优化。IIMS 层构建了作为数据综合集成平台的核心关系数据库。该数据库与各应用系统（生产计划系统、生产调度系统、设备管理系统等）直接相连，将"信息化孤岛"连接成为以数据综合集成关系数据库为核心的星形结构，进而实现应用系统间的信息共享。同时，实时数据库通过数据访问平台建设，一方面能将实时数据集成到该核心关系数据库中，另一方面能通过核心关系数据库将生产调度指令传达给先进控制和在线优化系统，从而指导生产运行。ERP 的数据源是数据仓库，它通过数据访问平台与 IIMS 数据综合集成平台相连，定期接收数据供给并形成一个合并的视图，支持销售管理、资产管理、供应链管理等系统进行决策分析的复杂查询，并将质量计划、生产计划、物料计划和设备计划的结果反馈到 IIMS 层，指导相应 IIMS 应用系统的实施。

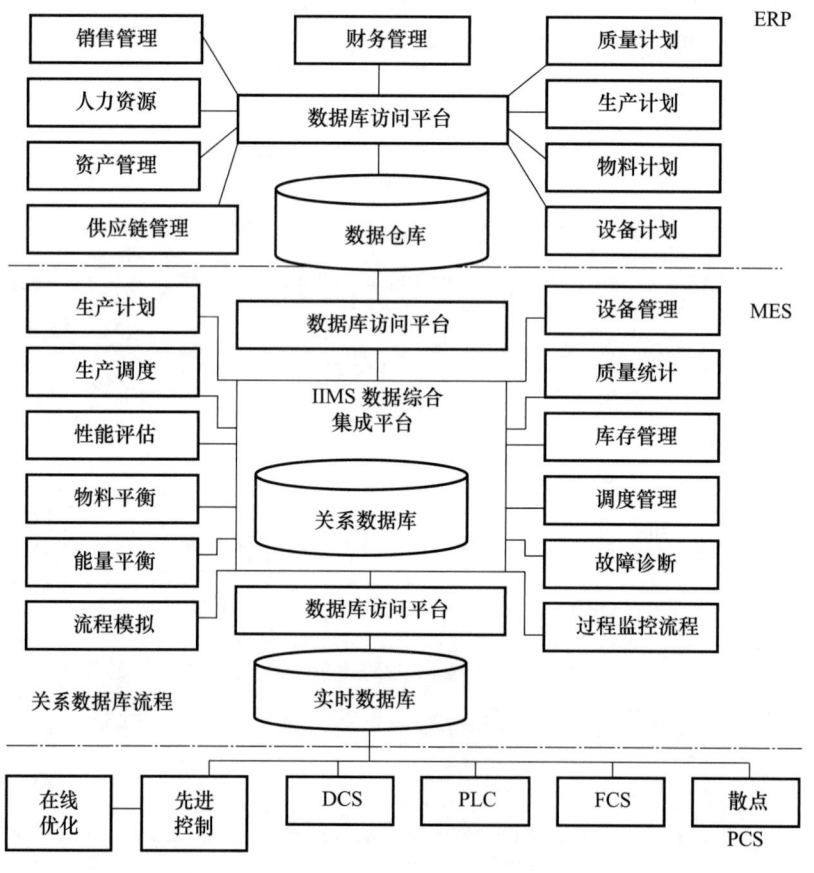

图 7.3 水泥企业信息系统结构

7.1.5 水泥生产 IIMS 的功能结构

水泥生产 IIMS 主要由九个子系统构成，即质量管理子系统、设备管理子系统、生产管理子系统、能源管理子系统、成本管理子系统、物料管理子系统、连续生产保障子系统、数据采集子系统、生产监控子系统，如图 7.4 所示。

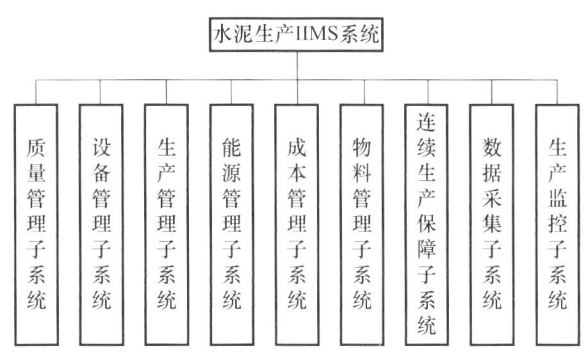

图 7.4 水泥生产 IIMS 功能结构

1. 成本管理子系统

ERP 层的成本管理精确性低，成本信息的提取缓慢。另外，由于 ERP 层成本管理缺乏生产现场成本数据的支持，难以做到成本的事中控制，从而影响了整个企业的成本核算。将成本管理引入 IIMS 中，可以将生产中的物流和资金流紧密结合起来，做到生产成本的实时控制，为企业成本核算及时、准确地提供数据。

IIMS 层的成本管理可以对半成品、产品的成本进行实时监控，及时反馈生产现场发生的成本；在数据采集和人工录入相结合的基础上，对各种原材料、燃料、辅助材料、动力能源等成本进行归集和计算；分析同一工序各类成本比例，原材料成本比例，各工序成本比例，同期成本比较等，可帮助用户分析水泥生产成本的构成情况，更好地节约成本，增加企业经济效益；根据成本计算、成本信息查询生成各种所需的报表。基于 IIMS 的成本管理系统为企业的成本核算提供真实、准确的成本资料，有利于考核成本计划的执行情况。可以及时了解成本变动趋势，以寻求降低成本的途径，强化成本控制，有利于成本预测和决策。

2. 物料管理子系统

物料供应仓储管理子系统是企业内部整个物流控制的中心，也是企业内部供应链管理的核心，一般被配置在 ERP 管理层。考虑到水泥企业自身的特点，以及物料管理与水泥生产的密切相关性，将其"下放"到了 IIMS 层，并将其与供应管理合并集成。

物料供应部分：包括供应采购管理、统计原燃料以及供应商管理。材料等物料成本占整个运营成本的比重较大，因此供应采购环节是否合理是成本控制的主要内容之一；同时设备在水泥生产中的重要作用也要求供应部门能够及时地采购质量高、价格适宜的零配件。

物料仓储部分：包括领料申请、出入库管理等。在水泥生产中，其原料品种较少，原料的仓储管理相对简单，而较为看重对备品、备件、生产工具、维修物资等的管理。

供应仓储系统配合生产计划进行物资发放和半成品（生料、熟料）、成品（水泥）入库，实现库存盘点、调拨，实现原、燃料的采购供应，实现对物资的日常管理，并采用适当的算法或方式进行损益管理。

3. 连续生产保障子系统

水泥企业生产的最基本要求之一是尽可能地保证生产过程的连续进行，尽量提高设备的运转率。连续生产保证子系统，扩展了故障诊断技术的概念，使其不仅只是对生产设备进行故障诊断，同时对水泥生产中出现的各种工艺及系统异常情况也进行预测和报警，在有限的成本下，最大限度地提高系统对生产事故及时发现与实时处理的能力。在设备故障诊断方面，结合了可靠性分析、设备故障诊断、DCS 报警以及现场总线诊测等新技术。

一般将整个生产系统的故障诊断分为两大部分，一为设备故障诊断，二为工艺状况异常预警。两部分既相互区别，又有机联系。设备故障诊断部分，又包括信息系统故障诊断（由 DCS 报警功能及现场总线诊测技术实现）和生产设备故障诊断两大类。工况异常预警部分，结合各工艺过程的机理模型，以水泥企业工作人员的现场经验为基础，初步建立了生产工艺故障诊断系统，与 PCS 过程控制中窑况识别系统紧密配合，实现对各工艺异常状况的预警及故障诊断。

连续生产保障系统与调度管理子系统以及 PCS 的自动控制与过程优化系统一起确保生产的连续、高效运行。

其他子系统详见 7.2～7.7 节。

7.2 数据采集子系统

7.2.1 采集数据

1. DCS 数据

该部分数据采集是在现有工序已有的 DCS 基础上，数据全部采自 DCS，采集的生产数据侧重在能够反映影响生产的主要设备运行情况及关键工艺参数，如原料破碎及预均化、生料制备、预热分解、回转窑烧成、水泥粉磨、发电工艺中的余热锅炉、汽轮机、发电机等设备的运行状态等，通过实时数据反映出生产实际情况。

2. 能源计量数据

水泥行业能源介质主要为煤、电、蒸汽、水及压缩空气等,涉及上述介质的进、出口的检测计量均视为一级计量,需纳入智能信息系统进行监控。为保证能源数据的同源性,避免中间转换带来的误差,做到数出一家,能源数据仪表采集采用数字通信接口。没有通信接口的在此次工程中进行改造。能源数据采集对象主要为瞬时流量、累积流量、温度、压力、计量表的运行状态等。

智能电能表数据的采集,可包括各条线路的正向有功电量、正向无功电量、反向有功电量、反向无功电量,以及电压、电流、有功功率、无功功率和功率因数等的采集。

3. 环保数据

总公司级的各项环保数据如废气排放指标检测,建议与环保局采集数据同源。本方案包含从已接入 DCS 的环保数据以及未进入 DCS 的环保数据的接口开发及数据处理、展示。

烟气检测数据内容有 SO_2、NO_x、CO、O_2 浓度等。

4. 质量数据

为实现质量管理的信息化、精细化和智能化目标,系统不仅要导入和汇总 ERP 系统中已有的质量数据,而且要补录样品所对应产品的生产时间,以建立产品的质量分析数据与 DCS 质量相关的参数之间的联系,形成全方位的产品质量数据库。这些数据包括:原燃材料、半成品、成品质量控制标准和计划,原燃材料、半成品、成品质量化验数据,DCS 中关键工艺参数控制值。

7.2.2 数据采集方案

当前水泥企业生产大多配备 DCS,通过 OPC 接口与数据采集服务器进行数据交互;同时,原煤检测数据、生产检测数据(生料、熟料、水泥)通过化验室信息系统进行上传;而环保数据、库存数据及其他数据通过相应计算机与数据采集服务器互联。

企业的电能数据可通过串口服务器与能源监控中心进行数据交互。数据采集方案如图 7.5 所示。

数据采集及转发:负责从各个 DCS 或智能仪表中采集数据,送到实时数据库中;同时充当管理网络与控制网络之间的网关。采集器与实时数据库之间的网络出现问题时,数据会先保存在网关上,当故障网络恢复正常时,保存在网关机上的数据会自动上传到实时数据库服务器上,保证所采集数据的完整性。

若现场计量仪器如电表、皮带秤、地磅出现损坏时,该部分数据无法被准确记录到系统中,由集团授权后对数据进行手动干预,并进行相应的记录。

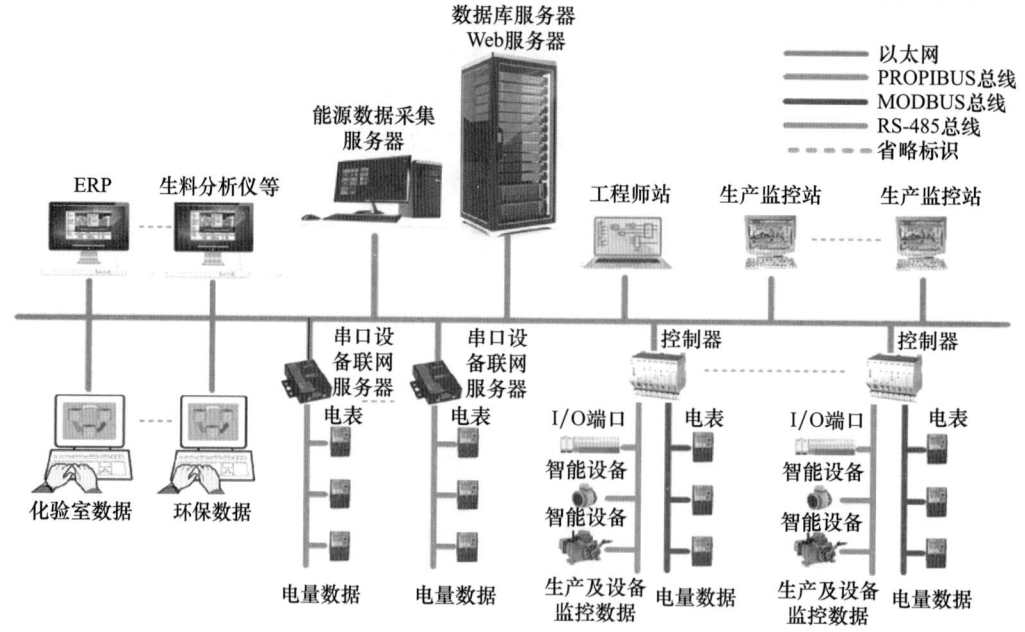

图 7.5 数据采集方案

1. 生产数据采集

采集 DCS 数据的全部数据,形成历史数据库。

为保证系统功能的实现和数据的准确性,需要对 DCS 控制程序进行相应的改动,主要修改内容见表 7-1。

表 7-1 DCS 控制程序修改

序号	修改对象	修改目的	备注
1	生料产量、煤粉产量、熟料产量、水泥产量以及原燃料的消耗量等累计量	累计量关联相应秤的启停信号,避免停机时产生累计量,并增加永不清零累计量标签	
2	水泥分品种	增加水泥分品种选择标识,明确当前生产的水泥品种	
3	自产与外购熟料	水泥配料增加外购熟料和自产熟料的选择标识	计算熟料综合电耗时,外购熟料按照标准值计算
4	生料配料与水泥配料	增加生料和水泥配料仓物料匹配功能	计算物料消耗量时,需要明确当前料仓的物料种类(避免物料换仓带来数据统计错误的问题)

2. 电力数据采集

电力数据采集方案将在能源管理子系统中论述,这里不再赘述。

3. 原燃料计量数据采集

含大宗原燃料的入厂量及各个生产线原燃料的耗用量。

大宗原燃料入厂计量数据已进入 ERP 系统,需甲方协调 ERP 系统开发商提供 ERP

系统的数据接口，通过开发接口程序实现数据的互联互通。

各生产线的粉煤灰耗用量，石灰石上料量，尾铁矿、型砂、石膏的耗用量及煤粉仓的下料量等，现场已有计量皮带秤，该数据已接入 DCS 系统。

4. 环保数据采集

环保数据包括颗粒物、SO_2、NO_x、CO、O_2 浓度等。建议与环保局采集数据同源。对已接入 DCS 的环保数据随 DCS 数据一并采集，未进入 DCS 的环保数据需要甲方协调供应商提供数据接口。

5. 质量数据采集

质量数据包括生料成分和细度、入窑煤粉热值、熟料强度和游离氧化钙含量、出磨水泥细度和水泥比表面积等，用于生产分析和绩效考核。根据数据的实时性，采用两种不同的采集方式：

1）在线分析数据采集

主要包括生料成分在线分析仪、X 荧光分析仪、在线激光粒度分析仪等。这些仪器的接口有 OPC、DDE、Web Services、数据库和文件等类型，需甲方协调供应商提供数据接口。

2）化验室化验数据采集

这些数据可定期（如每日一次）从化验室管理系统中直接导入，需甲方协调供应商提供化验室管理系统的数据接口。

7.2.3 DCS 数据采集技术

水泥厂生产线的数据通过 OPC 接口从 DCS 采集，设计为每秒采集一次最新数据，自选取监测点开始一直到存入数据库的数据采集与处理过程可用图 7.6 来表示。首先针对 DCS 中的监测点进行信息初始化，通过后台数采程序将 DCS 对照表中的变量信息读取到过程数据结构体数组中，然后统计 OPC Server 的个数，创建 OPC 服务器、OPC 组、OPC 项进行数据采集，采集到的数据被存储到数据库中形成实时表和历史表。最后系统对数据进行统计分析，形成监控画面数据、主设备运行情况等信息。

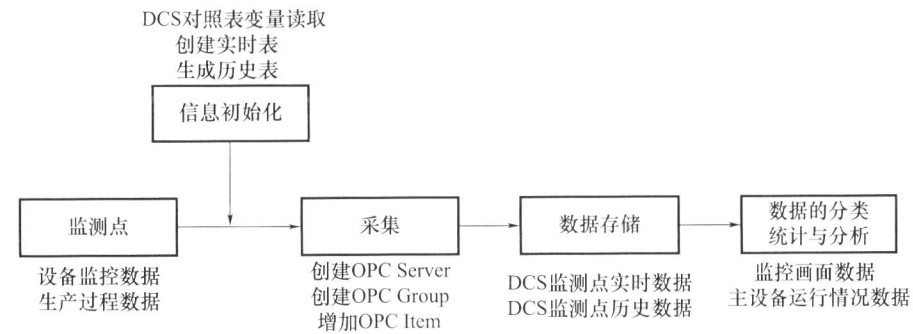

图 7.6　OPC 数据采集与处理过程

OPC 数据读取流程如图 7.7 所示。先对程序进行状态标志初始化，接着判断 OPC 接口状态是否异常。若接口正常则直接进行变量值的读取，异常则接着判断接口的重连次数。若重连次数为 0 或大于 10，则将重连次数置为 0，目的是减轻系统重连的负担，然后判断数采服务器和 OPC 服务器间的网络是否正常。正常情况下再创建 OPC Server、OPC Group、OPC Item，读取相关的变量值，最后把 OPC 读取完成标志置为 TRUE，重连次数置为 0，至此 OPC 数据采集过程完成。

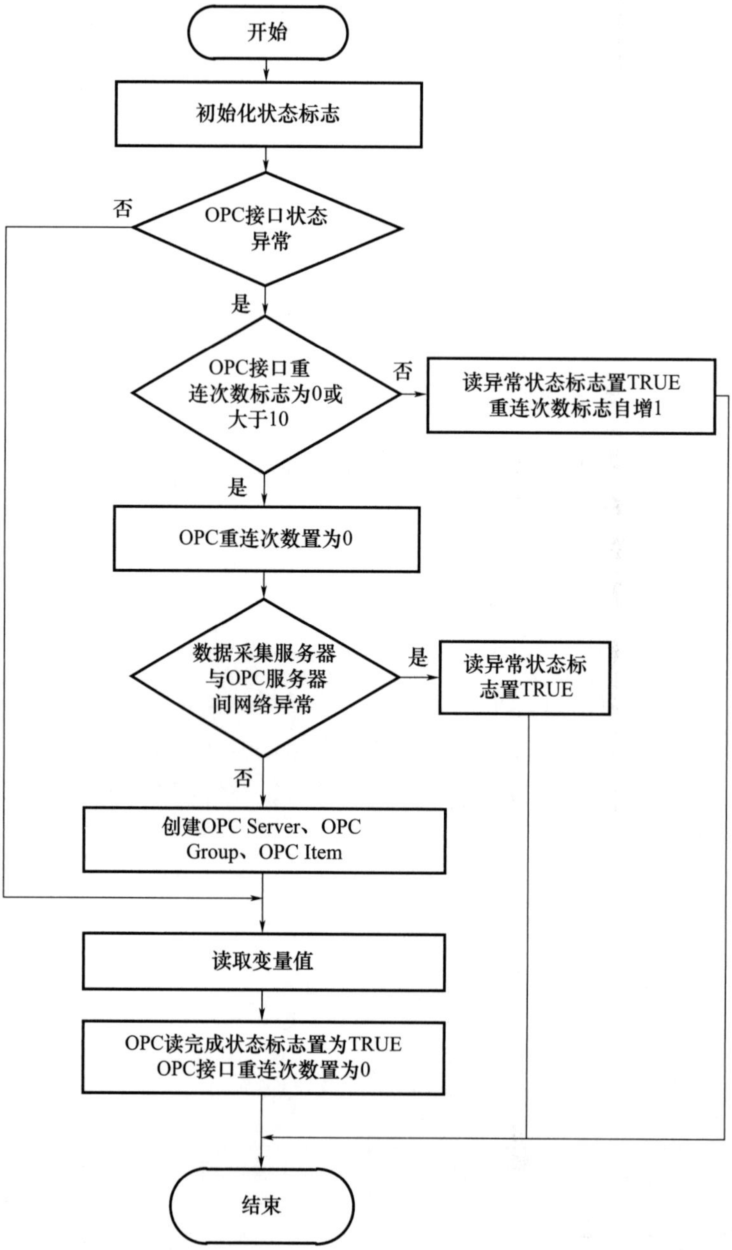

图 7.7 OPC 数据读取流程

数据采集软件将 DCS 数据采集过来之后存入数据库中，图 7.8 是数据库中 DCS 数据的局部截图。该图显示了部分 DCS 数据在 22s 内的采集结果，采集速度为每秒钟采集一次，采集结果 22 行，通过检查 Vdate 中的采集时间发现每秒钟 DCS 数据均被采集成功。

vDate	M5724_P02	F_5709_10T	T5726_II	F_5710P01	T5726_SI	F_5711_12T	F_91108CV001I
2019-04-11 11:24:08.000	0.4161	80.4928	574.9355	9459.8720	567.9064	59.6887	25.5340
2019-04-11 11:24:07.000	0.4153	80.5157	576.8770	9454.1500	567.7363	59.0594	25.5493
2019-04-11 11:24:06.000	0.4151	80.3898	577.5760	9438.8930	567.9064	60.2037	25.5493
2019-04-11 11:24:05.000	0.4130	80.4699	577.6536	9457.9650	567.6230	58.9564	25.5340
2019-04-11 11:24:04.000	0.4114	80.4699	579.1292	9471.3150	567.7363	59.4141	25.5340
2019-04-11 11:24:03.000	0.4109	80.8819	582.3911	9465.5940	567.7930	59.5285	25.5569
2019-04-11 11:24:02.000	0.4111	80.2983	583.1677	9452.2430	566.5460	59.2882	25.5264
2019-04-11 11:24:01.000	0.4094	80.3784	583.4007	9448.4290	566.7727	59.1395	25.5493
2019-04-11 11:24:00.000	0.4030	80.3326	581.1484	9448.4290	566.8861	59.6887	25.5340
2019-04-11 11:23:59.000	0.4036	80.4127	578.1973	9450.3360	567.6797	59.3226	25.5340
2019-04-11 11:23:58.000	0.3981	80.3670	575.2461	9421.7280	567.5096	59.4141	25.5417
2019-04-11 11:23:57.000	0.3978	80.4471	573.8482	9412.1910	567.6230	59.0136	25.5493
2019-04-11 11:23:56.000	0.3924	80.4699	572.6056	9435.0780	567.5096	59.8490	25.5188
2019-04-11 11:23:55.000	0.3885	80.6416	570.7417	9408.3770	567.5096	59.1395	25.5417
2019-04-11 11:23:54.000	0.3816	80.4471	574.1588	9438.8930	567.7363	59.2081	25.5569
2019-04-11 11:23:53.000	0.3815	80.2754	577.1100	9448.4290	567.6797	59.0136	25.5340
2019-04-11 11:23:52.000	0.3759	80.4699	580.3718	9454.1500	566.5460	59.1623	25.5417
2019-04-11 11:23:51.000	0.3785	80.4013	582.0804	9450.3360	567.1129	59.2310	25.5417
2019-04-11 11:23:50.000	0.3839	80.5729	582.2357	9482.7590	567.7930	59.3340	25.5417
2019-04-11 11:23:49.000	0.4076	80.3784	577.5760	9494.2020	567.7930	59.3569	25.5493
2019-04-11 11:23:48.000	0.4159	80.6759	576.5663	9457.9650	567.8497	59.4484	25.5417
2019-04-11 11:23:47.000	0.4146	80.6073	574.3141	9463.6870	567.7363	59.6201	25.5493

图 7.8　DCS 数据表的局部截图

7.2.4　电表数据采集技术

电表数据采集目前可采用的技术主要有两种：

方式 1：通过 DCS 采集。该方式投资成本较高，可靠性高，但系统扩展性较差。

方式 2：单独组网（串口服务器网络）采集。该方式投资成本较低，系统扩展性好。

这里主要介绍方式 2。

电表数据采集单独组网（串口服务器网络）的方案即电表→串口服务器→以太网→TCP/IP。该方式投资成本较低，系统扩展性好。智能电表支持 DL/T 645—1997（现行为 DL/T 645—2007，下同）、《多功能电器表通信协议》DL/T 645—2007 规约，可以直接进行数据采集，对现场已经安装并且不支持通用规约的电表，需要甲方协调电表供应商提供数据接口。

电表数据通过串行端口采集，为保证对电表数据采集的安全性、准确性以及实施的简单性，对电能的采集方式采用单独组网，使用串行通信的方式。串行通信模块使用的通信协议子模块有 MODBUS 协议模块、DL/T 645—1997 协议模块、《多功能电器表通信协议》DL/T 645—2007 协议模块，当出现了新的通信协议时可以通过扩展新的通信协议模块方便地扩展通信功能。通信过程中通过识别不同通信协议中完整帧的特征，如帧起始符、终止符、功能码、校验码，来保证识别出的帧的正确性，通过匹配命令帧和返回帧中的表地址来保证两端数据传送的正确性。

电表数据采集基本流程：首先根据初始化的信息依次进行数据请求、命令帧发送、数据接收和数据解码得到串行端口下电表的各种电量参数实时数据，然后实时数据经过计算处理之后存入数据库。采集流程如图 7.9 所示。

图 7.9　电表数据采集流程

以下对串行通信采集的数据采集流程进行详细介绍。

1. 数据请求

串行通信模块的数据请求部分程序流程图如图 7.10 所示。数据请求部分程序首先

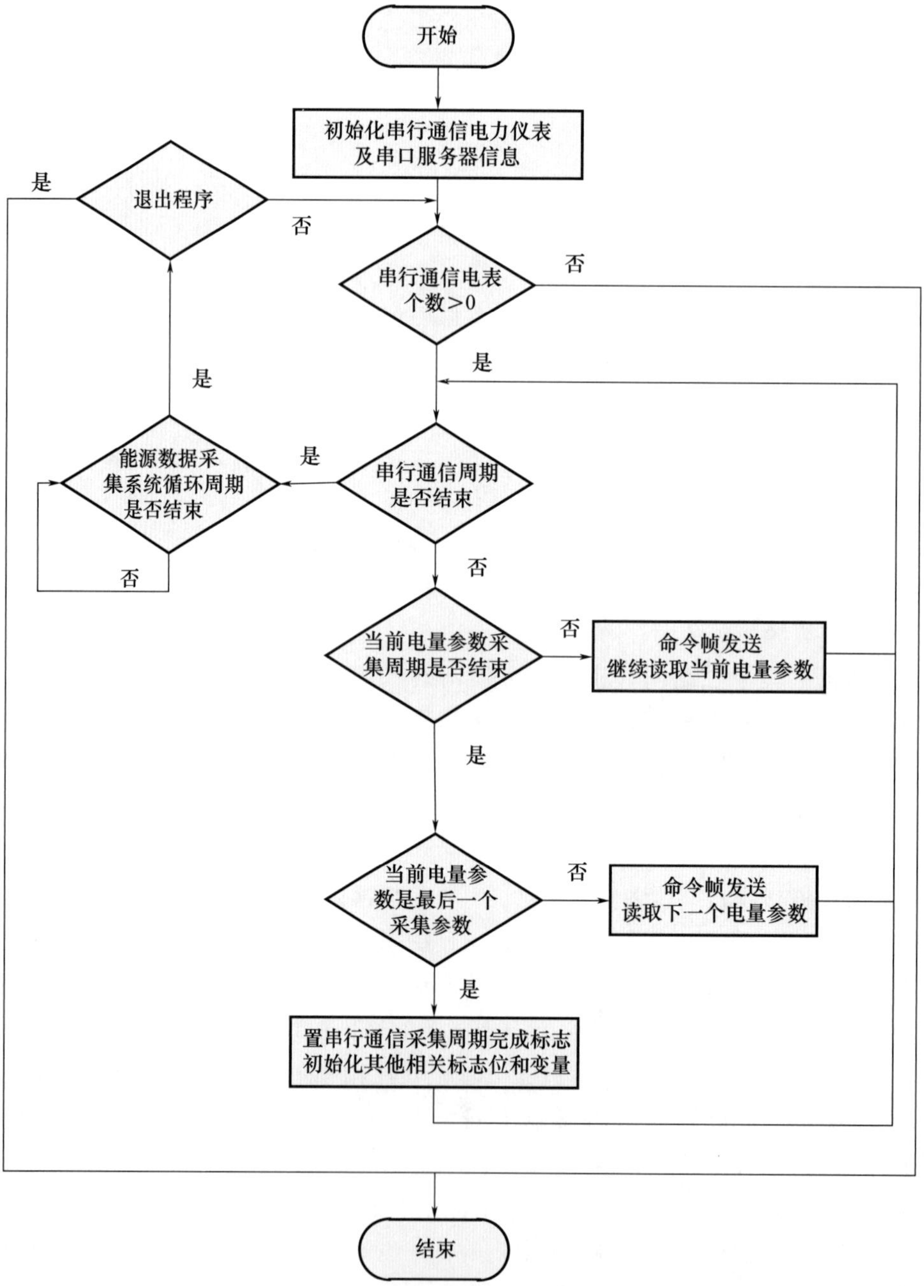

图 7.10　数据请求部分程序流程

初始化智能电力仪表和串口服务器的信息,然后判断串行通信电表个数是否大于零。系统内有串行通信电表时进入串行通信数据请求部分循环周期,串行通信数据请求部分循环周期内包含每个电量参数数据请求的循环周期,负责发送读取各个监测点的相应电量参数数值的命令帧。当所有电量参数的命令帧均发送完成后,将各个相关的标志位和变量进行初始化,将串行通信数据请求部分完成标志置为 TRUE,等待下一循环周期的开始。只有在系统内没有串行通信电表和管理人员退出程序时才退出,串行通信模块数据请求部分程序的循环执行。

2. 命令帧发送

串行通信模块的数据请求部分程序的命令帧发送部分程序流程如图 7.11 所示。系统对每个串口循环执行命令帧发送程序。程序中首先判断串口的状态是否正常,若不正常则置相应的故障标识和完成标志,然后跳过此串口,进入下一串口命令帧发送流程。

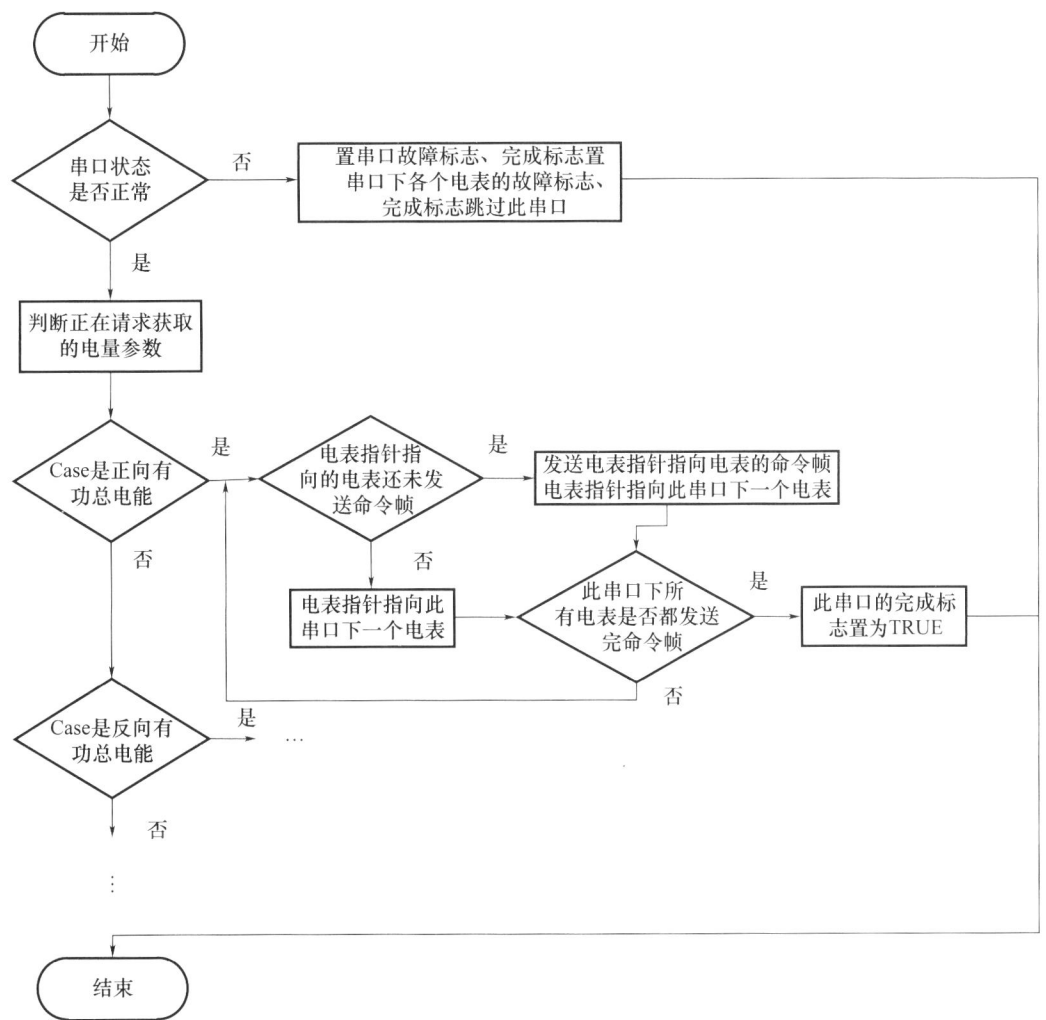

图 7.11 命令帧发送部分程序流程

在串口状态正常的情况下，寻找串口下第一块没有发送命令帧的电表，发送读取目标参数的命令帧。若串口下所有电表的命令帧均发送完毕，则置串口完成标志。图 7.11 中省略部分代表除正向有功总电能外对其他电量参数的处理过程，内容与正向有功总电能的处理过程类似。

3. 数据接收

串行通信模块的数据接收部分程序流程如图 7.12 所示。当串口有数据返回时，将返回数据存入自定义的此串口的虚拟接收缓冲区内，当数据请求部分程序开始请求下一电量参数或已完成请求最后一个电量参数时，将虚拟接收缓冲区的数据进行解码，获得返回帧内的有效数据并保存，最后清空此串口的虚拟接收缓冲区，为下次接收数据做准备。

4. 数据解码

串行通信模块的数据接收处理部分程序的数据解码子流程如图 7.13 所示。首先将定义好的指针指向此串口的虚拟接收缓冲区的起始位置，然后从指针所指向的字节开始判断是否是 DL/T 645—1997 通信协议的完整帧。如果不是则逐次判断是否满足其他通信协议完整帧的格式。若都不满足，则指针指向虚拟接收缓冲区中下一个字节。如果满足某一通信协议完整帧的格式，则按照此协议解析返回帧中的智能电力仪表的地址、功能码，计算校验码，如果计算出来的校验码与实际返回的校验码一致，则说明此返回帧是有效帧，可以将其包含的电量参数解析出来，存储到相应的变量中，否则认为此帧是无效帧。再将指针指向虚拟接收缓冲区中此完整帧后的第一个字

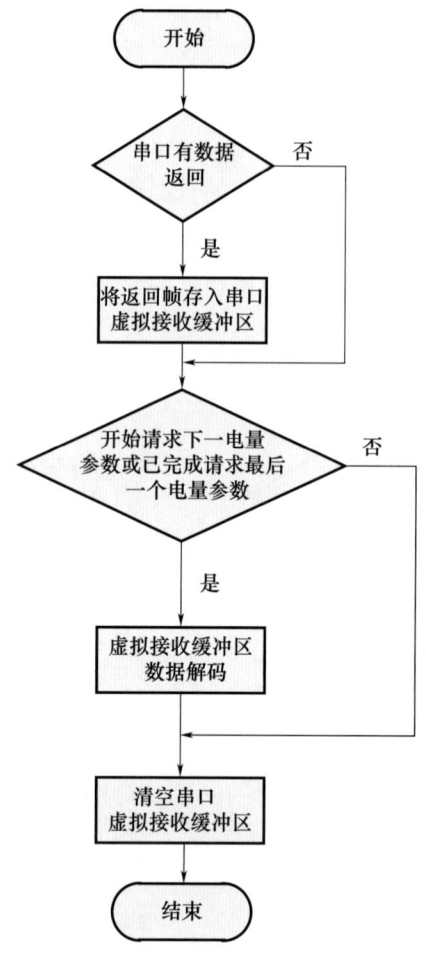

图 7.12 数据接收部分程序流程

节。最后判断指针指向的内存是否超出虚拟接收缓冲区边界，指针指向数据是否为空，在判断出虚拟接收缓冲区内仍有数据时循环执行上述程序，直至虚拟接收缓冲区内没有数据时结束。图 7.13 中省略的部分为从指针所指向的字节开始是除 DL/T 645—1997 通信协议之外其他协议的完整帧时的处理过程，与 DL/T 645—1997 通信协议完整帧的处理过程类似。

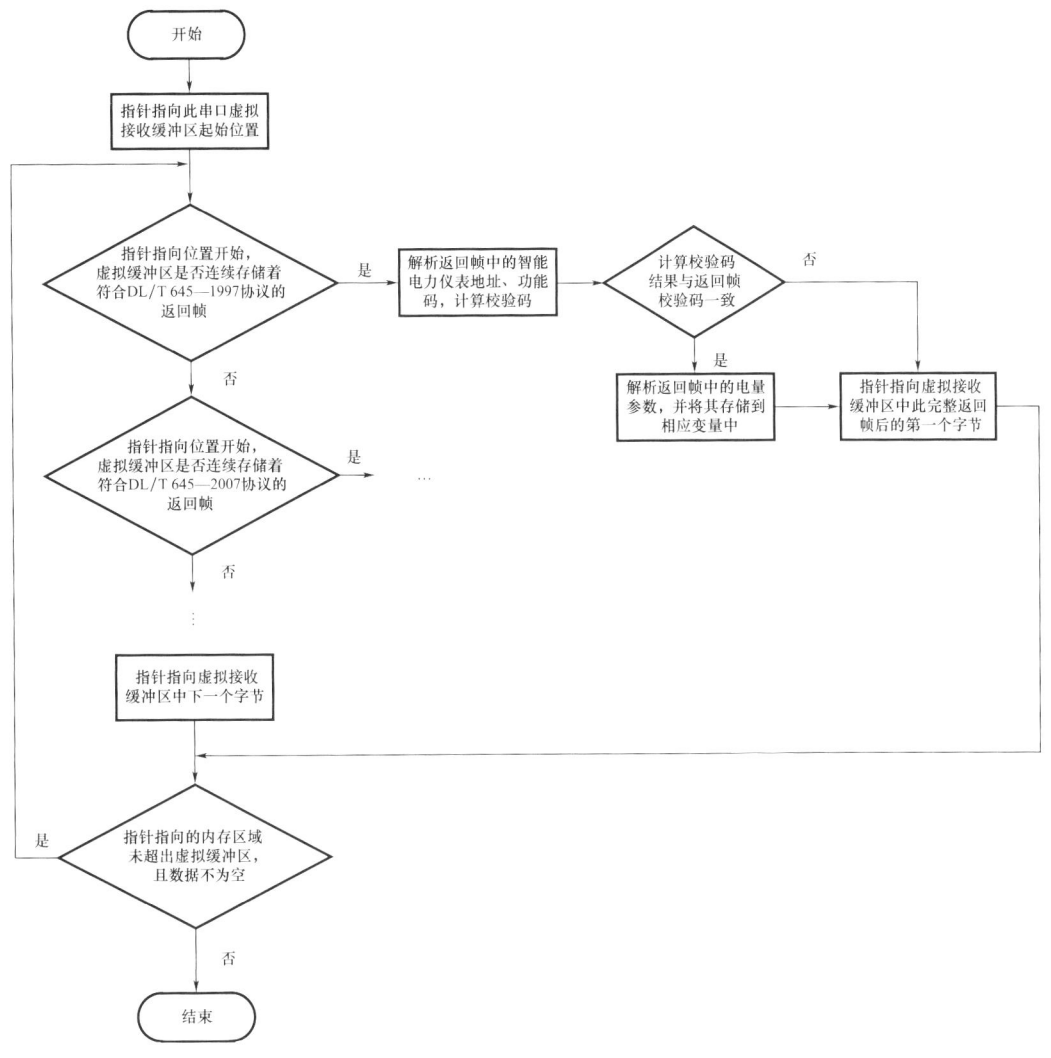

图 7.13　数据解码子流程

7.3　生产监控子系统

水泥企业属于流程型工业企业，在生产过程中，上下工序紧密配合，任何一个工序出现问题都会影响生产。这就要求对现场生产过程进行在线实时监控，使生产和管理层能够及时掌握生产情况及设备的运行状态，从而对整个生产、经营、管理做出最佳决策。

本子系统实现从原料破碎、生料均化、预热分解、回转、水泥粉磨、选粉、包装成品、余热发电等各工序及各主要运行设备的远程监视、数据分析、自动报表、系统故障报警和分析。方便企业技术部门实时了解中控操作及系统运行状态，在办公室随时调取各系统运行记录，实现远程监控、流程图回放、能耗异常报警。

7.3.1 生产总貌

1. 分厂/公司级生产运营中心总貌

分厂/公司级生产运营中心总貌（图7.14）包括生产板块、能源板块、设备板块、质量板块等数据板块，以及调度日报、报警信息等生产报警事件信息。

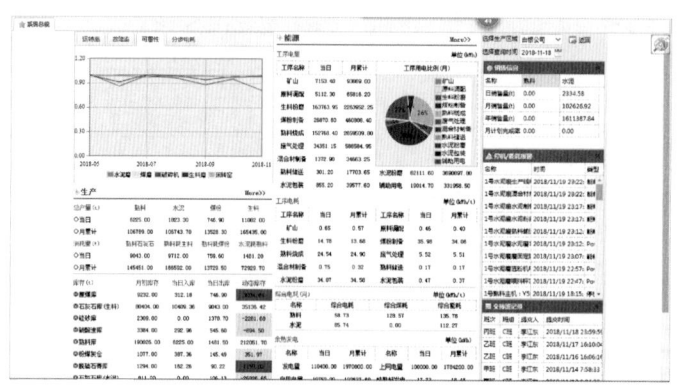

图7.14 分厂/公司级生产运营中心总貌

2. 厂区生产过程监控

以流程图形式展现厂区内生产、能耗和质量信息，图7.15 为一条熟料生产线、二台水泥磨的厂区生产过程监控示意。

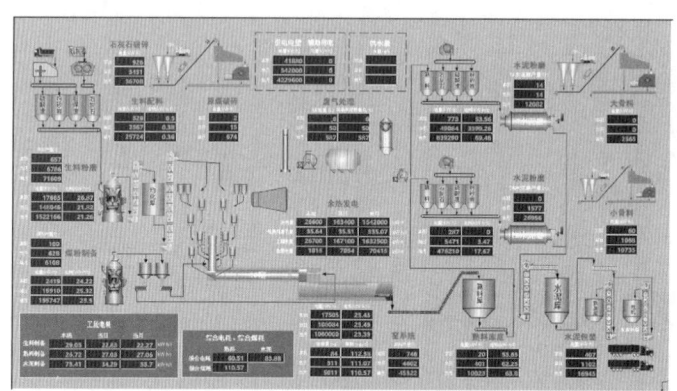

图7.15 厂区生产过程监控示意

3. 生产线生产监控

以生产线为监控单位，监控生产线的生产、能耗和质量等信息。例如，熟料生产线分为生料制备和熟料煅烧，如图7.16、图7.17 所示。

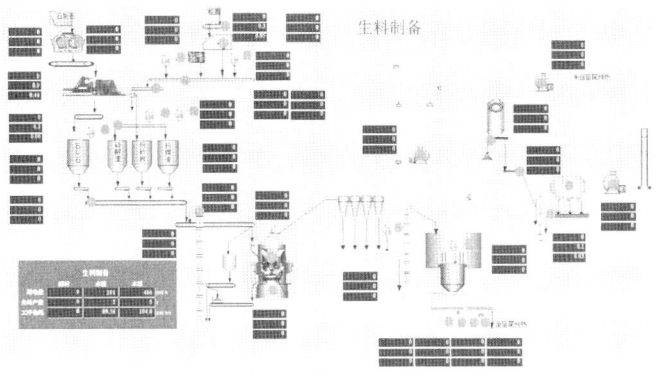

图 7.16　熟料生产线监控（生料制备）示意

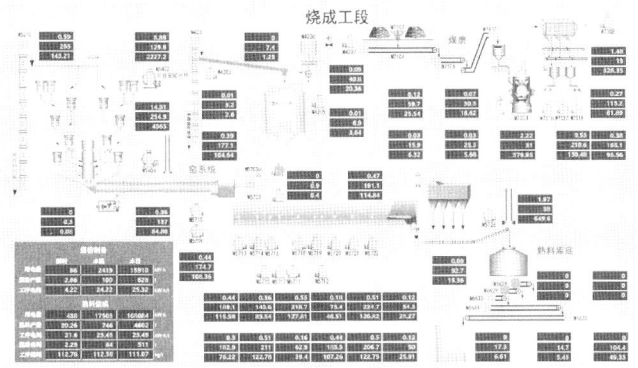

图 7.17　熟料生产线监控（熟料煅烧）示意

7.3.2　DCS 监控与回放

1. DCS 监控

为顺应用户习惯，方便用户使用，DCS 监控画面采用与中控室 DCS 画面一致的页面设置，如图 7.18、图 7.19 所示。

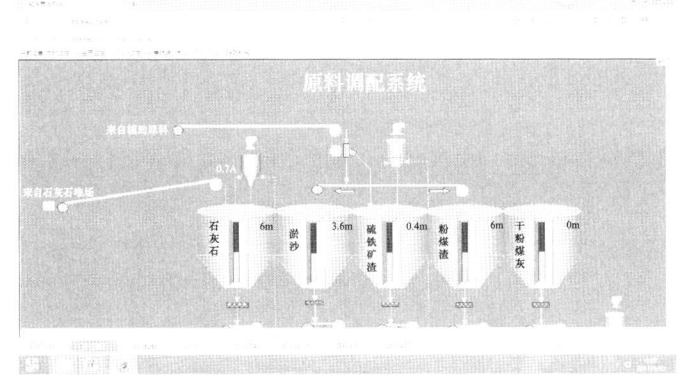

图 7.18　原料调配系统监控示意

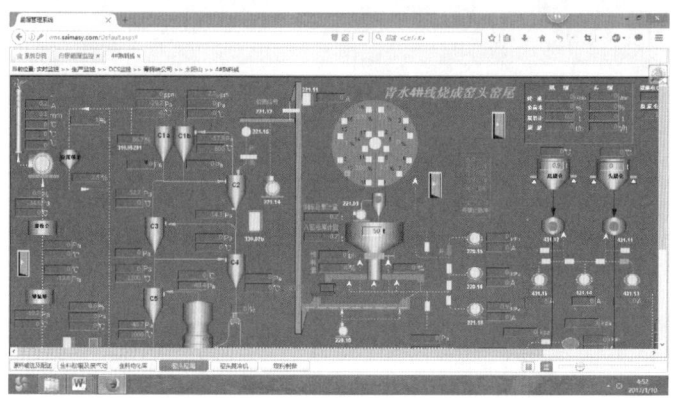

图 7.19　窑头窑尾系统监控示意

2. DCS 回放

在 DCS 实时监控画面的基础上增加时间段选择（图 7.20）即可。

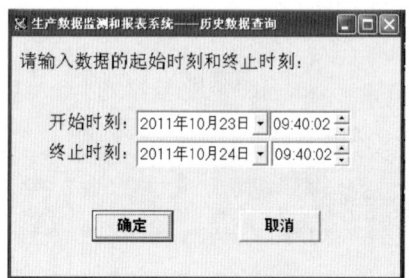

图 7.20　时间段选择

窑头窑尾系统监控历史数据回放如图 7.21 所示。

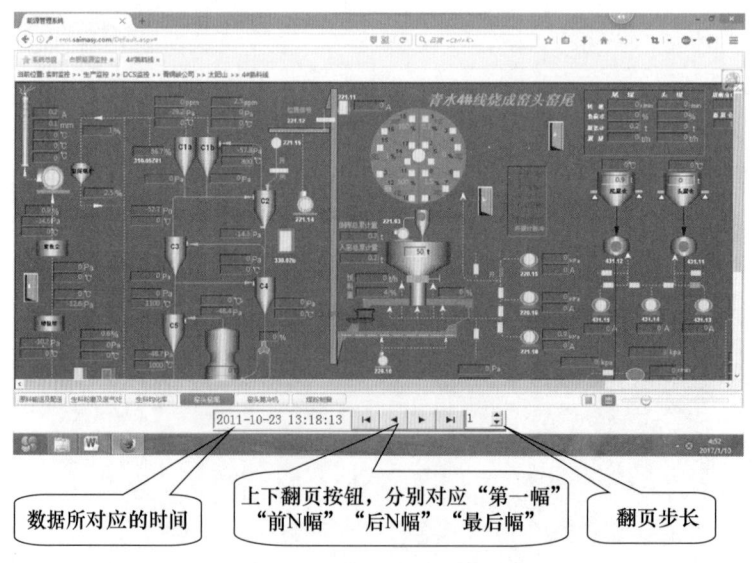

图 7.21　窑头窑尾系统监控历史数据回放示意

7.3.3 自动分析仪数据监测

1. 荧光分析仪数据在线分析

将在线分析仪器设备的数据以仪表盘、折线图组合的形式展示，仪表盘用于对生料的 SiO_2、Al_2O_3、Fe_2O_3、CaO、MgO 五种成分和三率值（KH、SM、IM）实现实时的在线监控功能。仪表盘分为绿色、黄色和红色三种颜色，提前设定好数值，绿色表示正常范围，黄色表示预警，红色表示不正常。从趋势图中可观察生料成分的实时变化情况，也可检索历史数据生成历史趋势图。

荧光分析仪数据示意如图 7.22 所示。

图 7.22　荧光分析仪数据示意

2. 水泥粒度在线分析

主要是粒度分布指标。在线激光粒度数据监控画面中选择监控 $<3\mu m$、$3\sim32\mu m$、$16\sim26\mu m$、$<45\mu m$、$>64\mu m$ 等 5 个粒度的分布指标。从表格中能够清楚地看到水泥粒度分布各百分比的情况，折线图可以实时观察粒度随时间的变化情况，仪表盘可以对水泥粒度的异常波动进行实时的监控，也可以检索历史数据并生成历史趋势。在线激光粒度分析仪示意如图 7.23 所示。

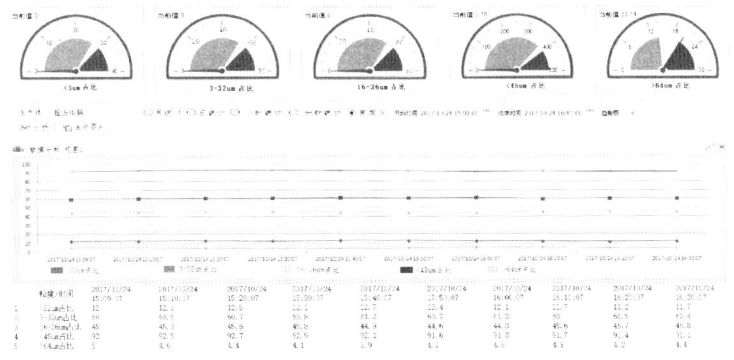

图 7.23　在线激光粒度分析仪示意

7.3.4 重点设备运行监控

重点设备运行监控示意如图 7.24 所示。

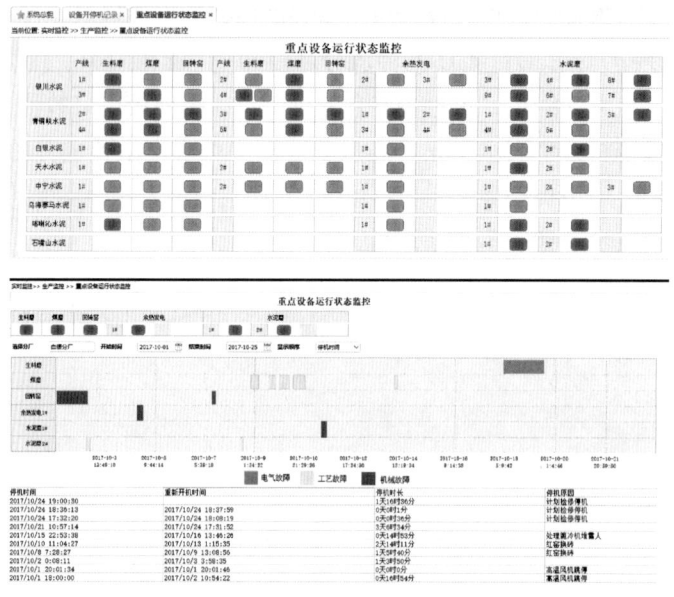

图 7.24 重点设备运行监控示意

7.3.5 污染物排放监控

仪表盘可实现对窑颗粒物、二氧化硫、氮氧化物等污染物实现实时的监控、实时预警。相关人员可通过趋势图观察最近一段时间内污染物排放的变化情况，也可检索历史数据生成趋势图，以此来达到对污染物的实时把控，及时更正，从而达到节能减排的效果。污染物排放监控示意如图 7.25 所示。

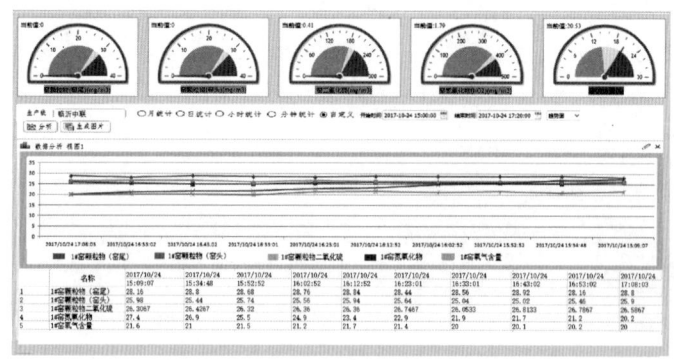

图 7.25 污染物排放监控示意

7.3.6 生产事件监控

1. 能耗超标监控

发现能耗报警，可按照工序关系层层分解找出能耗超标原因。能耗报警监控与分析示意如图 7.26 所示。

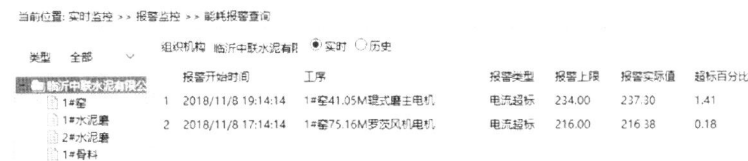

图 7.26 能耗报警监控与分析示意

2. 主设备停机报警监控

主设备停机报警示意如图 7.27 所示。

图 7.27 主设备停机报警示意

3. 质量报警监控

生料成分、熟料 f-CaO 和煤粉热值等质量超标报警。

7.3.7 系统诊断监控

1. 电表采集监控

实时监测电表采集情况,当电表采集发生异常时,产生报警提示。电表采集监控示意如图7.28所示。

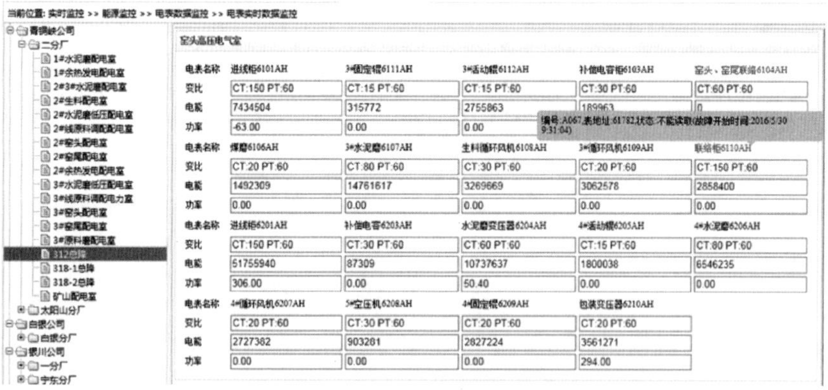

图7.28 电表采集监控示意

2. 数据采集报警查询

系统自动诊断数据采集、传输、保存节点是否工作正常,当出现异常时发出报警提示。数据采集报警示意如图7.29所示。

图7.29 数据采集报警示意

3. 数据网络监控

实时监测服务器、数采系统、数据汇集点和智能仪表之间通信连接状态,保证数据传输通路畅通,提高数据的完整性。数据网络实时状态监测示意如图7.30所示。

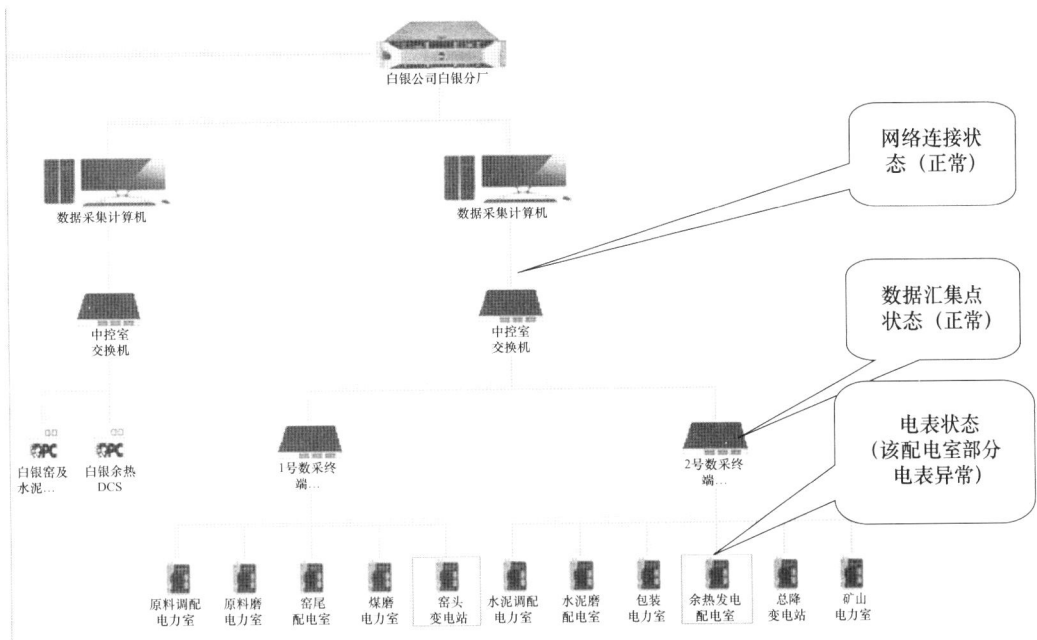

图 7.30　数据网络实时状态监测示意

7.4　生产管理子系统

7.4.1　生产计划与实绩

（1）生产计划

生产计划包括两方面内容：产品生产计划和设备利用计划。

产品生产计划主要是录入产品产量相关的数据（图 7.31）。

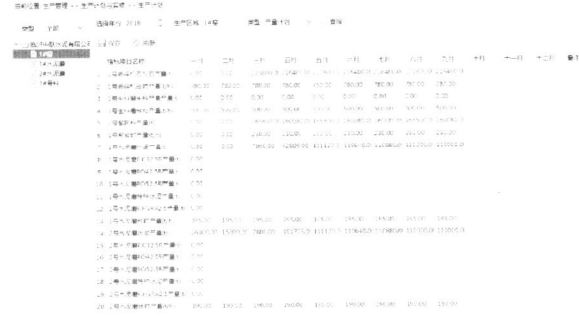

图 7.31　产品产量相关数据

设备利用计划主要是录入工序设备的运行计划，包括运转率、台时、运转时间等（图7.32）。

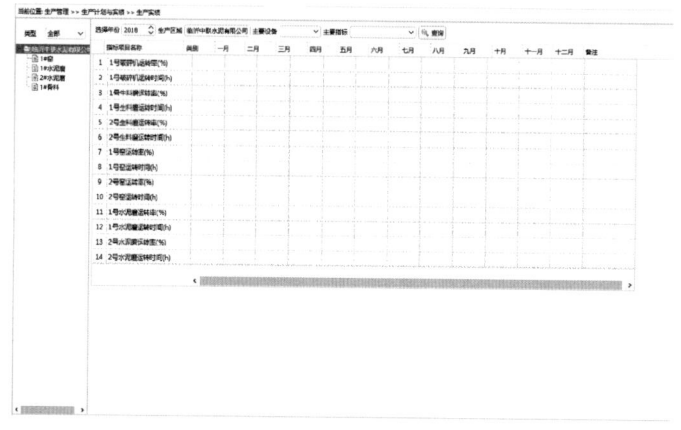

图 7.32　工序设备运行计划

（2）实绩

实绩是对生产计划的反馈，通过与计划的比较，用户可掌握当前生产的状态，有利于及时做出调整，更好地完成计划。

①产品生产实绩（图7.33）

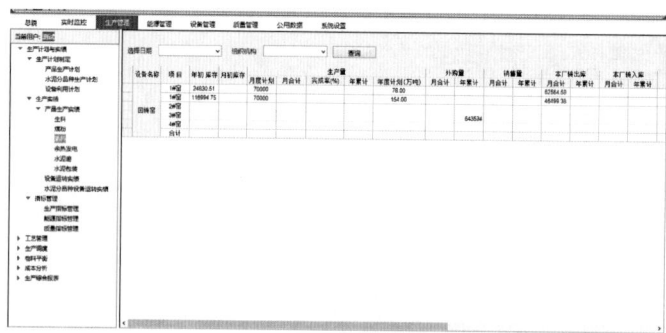

图 7.33　产品生产实绩

②设备运转实绩（图7.34）

图 7.34　设备运转实绩

③水泥分品种设备运转实绩（图7.35）

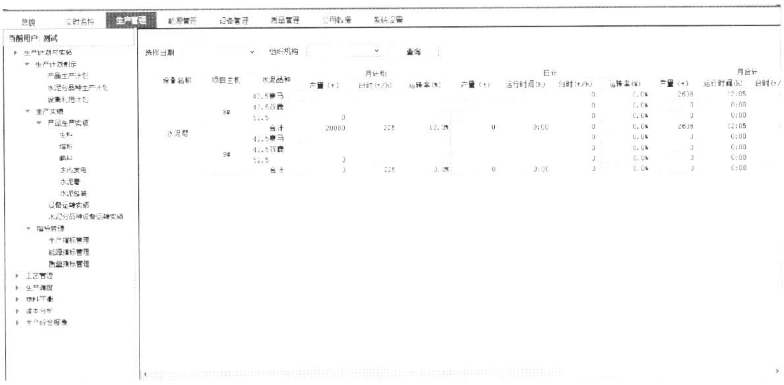

图7.35 水泥分品种设备运转实绩

④中控记录

中控记录是按照中控操作员每小时记录报表为模板，系统自动统计不同工序关键工艺参数的每小时整点值、平均值和偏差值，以代替操作员手工记录关键工艺参数工作（图7.36）。

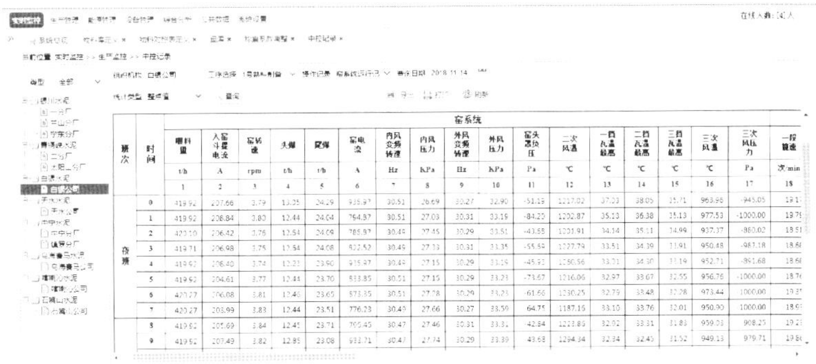

图7.36 中控记录

7.4.2 生产调度

生产调度包括：交接班日志、排班计划、员工签到和数据补录等。

(1) 交接班日志

交班和接班关系到生产的稳定，为保证接班人员全面了解上班生产情况，本班需要注意问题，以及临时工作安排等信息，交接班日志提供了良好的数据共享平台。

交接班日志不仅包含了负责人、交班信息等文字说明，还需要确认本班停机的原因和报警的处理情况，为系统统计停机原因提供数据支持（图7.37）。

(2) 排班计划

实际生产过程中，由于某种原因需要更改排班顺序时，可编辑排班计划。编辑完成后系统自动按照新排班计划自动排班。（图7.38）

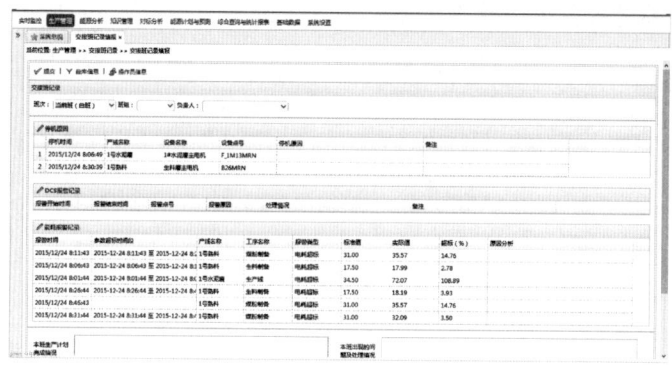

图 7.37 交接班日志录入

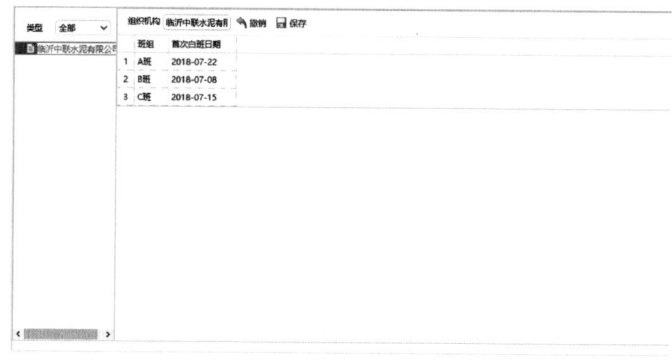

图 7.38 排班计划

（3）员工签到

设置员工签到模块（图 7.39）。每名员工按照自己岗位进行签到（临时换岗按照换岗岗位签到）。员工考核按照签到时间计算每名员工考核分值（参考员工考核模块）。

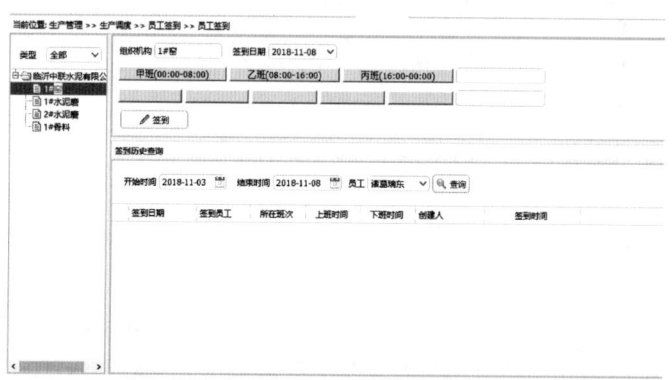

图 7.39 员工签到

（4）数据补录

为提高系统可计算性，需要人工补录数据采集系统无法采集的数据，例如大气压力、海拔高度等（图 7.40）。

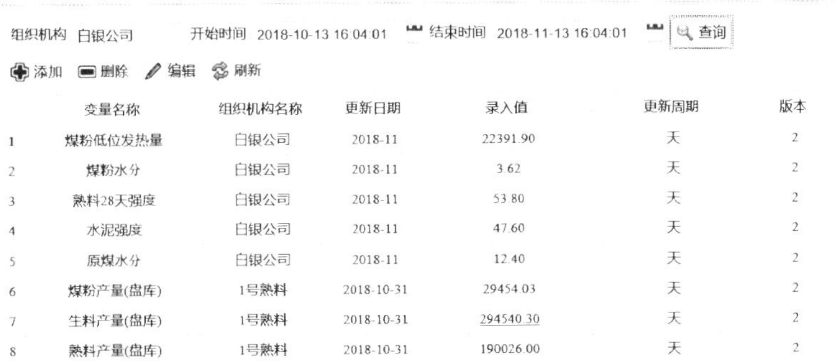
组织机构 白银公司　开始时间 2018-10-13 16:04:01　结束时间 2018-11-13 16:04:01　查询

添加　删除　编辑　刷新

	变量名称	组织机构名称	更新日期	录入值	更新周期	版本
1	煤粉低位发热量	白银公司	2018-11	22391.90	天	2
2	煤粉水分	白银公司	2018-11	3.62	天	2
3	熟料28天强度	白银公司	2018-11	53.80	天	2
4	水泥强度	白银公司	2018-11	47.60	天	2
5	原煤水分	白银公司	2018-11	12.40	天	2
6	煤粉产量(盘库)	1号熟料	2018-10-31	29454.03	天	2
7	生料产量(盘库)	1号熟料	2018-10-31	294540.30	天	2
8	熟料产量(盘库)	1号熟料	2018-10-31	190026.00	天	2

图 7.40　数据补录

7.4.3　物料平衡

（1）概述

在生产过程中，由于计量设备误差，导致计算数据与真实数据不符。随着时间的推移，累计误差越来越大，系统内数据与真实数据相差越来越大，因此通过盘库结果对生产的计量值进行调整（物料平衡），消除累计误差，使系统中数据更加准确地反映真实数据。

物料平衡包括物料库定义、盘库、称重系数调整、物料量月平衡。

（2）物料库定义

系统可以定义虚拟库，也可以定义实物库。定义实物库时定义库存容积或者大小，通过选择物料类型可更换实物库存放物料的种类。物料库是以树形结构定义，因此可以定义子库或者货位（图 7.41）。

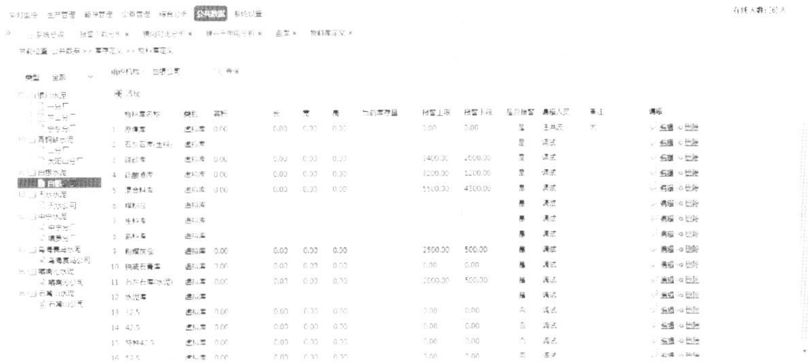

图 7.41　物料库定义

（3）物料对照表

系统遵循 ERP 定义规则，出于物料统计需求，将可以合并种类的同类物料对应相同的物料变量，物料投入、产出以及库存计算均已对应后的物料变量进行统计（图 7.42）。

图7.42 物料对照表

（4）盘库

通过对当前库存进行测量，将修正值记录到系统中去，系统自动按照新库存量动态地计算当前库存（图7.43）。

图7.43 盘库

（5）称重系数调整

经过确认，当前数据采集的称重数据始终存在偏差时，可以通过系统的调整修正称重值，使之更接近真实值（图7.44）。

图7.44 称重系数调整

（6）物料量平衡

根据公司内部所有原燃材料进厂、成品出厂数据（将附带物料信息、地磅数据从ERP系统中引进后），生产消耗（通过DCS系统采集配料秤数据，系统提供皮带秤物料类型编辑页面，秤可由集团公司授权，各公司对数据进行校对）、库存（盘库录入期初库存）三方数据的自动统计，实现物料平衡功能（图 7.45）。

分厂名称：　开始时间：2017-08-22 17:04:26　结束时间：2017-09-22 17:04:26　查询

序号	工序	物料名称	期初库存	入厂量	水分	消耗量			产品		出厂量	动态库存	料耗比
						湿基	干基	配比%	产量	水分			
1	原料	石灰石	67329.00	250480.12		225789.88		0.85	/		0.00	93350.87	/
2		硫酸渣	1162.00	3098.60		11609.92		0.04	/		0.00	-10686.12	/
3		硅砂	16263.00	10992.58		15140.50		0.06	/		0.00	12235.68	/
4		湿粉料	0.00	/		12159.42		0.05	/		/	0.00	/
5	生料	生料	13200.00	0.00		241876.67		/	264729.83		0.00	40630.01	/
6	燃料	原煤	0.00	18098.22	0.00	28284.17	28284.17	/	/		0.00	-13170.76	/
7		煤粉	80.00	0.00		24985.89		/	28875.31	2.09	0.00	5157.77	/
8	熟料	熟料	124291.00	0.00		148713.30		/	153086.49		0.00	75600.30	0.58
9		水泥	41900.00	0.00		/		1	171384.13		174812.46	41866.71	0.87
10	水泥	熟料	124291.00	/		148713.30		0.87	/		/	75600.30	/
11		脱硫石膏	2156.00	9373.68		9287.54		0.05	/		0.00	3730.64	/
12		石灰石	0.00	8180.88		537.16		0.00	/		0.00	13982.18	/
13		粉煤灰	1471.00	14021.84		12846.32		0.07	/		0.00	4763.92	/
14		水泥	5800.00	/		/		0	0.00		0.00	5800.00	/
15	P.C32.5(缓凝)	熟料	/	/		0.00		0	/		/	/	/
16		脱硫石膏	/	/		0.00		0	/		/	/	/
17		石灰石	/	/		0.00		0	/		/	/	/
18		粉煤灰	/	/		0.00		0	/		/	/	/
19		水泥	3800.00	/		/		1	74161.44		22918.74	56308.12	/
20	P.C32.5R	熟料	/	/		65317.10		0.88	/		/	/	/
21		脱硫石膏	/	/		3828.40		0.05	/		/	/	/
22		石灰石	/	/		453.90		0.01	/		/	/	/
23		粉煤灰	/	/		4562.54		0.06	/		/	/	/
24		水泥	5200.00	/		/		1	16463.19		1991.76	296943.98	/
25	P.HSR42.5	熟料	/	/		14387.17		0.87	/		/	/	/
26		脱硫石膏	/	/		825.24		0.05	/		/	/	/
27		石灰石	/	/		2.90		0.00	/		/	/	/
28		粉煤灰	/	/		1247.86		0.08	/		/	/	/
29		水泥	0.00	/		/		0	0.00		1208.20	-1274.40	/

图 7.45　物料平衡报表

7.4.4　生产事件管理

（1）主要设备停机报警（图 7.46）

当前位置：实时监控 >> 报警监控 >> 停机报警查询

类型：全部　组织机构：临沂中联水泥有限　○实时 ◉历史　查询

开始时间：2018-11-01 00:00:00　结束时间：2018-11-08 19:18:49　主设备名称：全部

	报警名称	产线	报警类别	报警从机数	停机时间	从机延时设定时间	主机开机时间	原因
1	原料磨电机应答	1#窑	主机停机	2	2016/11/8 16:24:41		2018/11/8 17:45:02	
2	立磨循环风机应答	1#窑	从机延时停机		2016/11/8 16:26:52	5		
3	密封风机运行	1#窑	从机延时停机			5		
4	水泥磨主电机应答	1#水泥磨	主机停机	3	2016/11/8 8:12:49			
5	板链式提升机应答	1#水泥磨	从机延时停机		2016/11/8 8:18:29	5		
6	离心通风机应答	1#水泥磨	从机延时停机		2016/11/8 8:13:59	5		
7	离心通风机应答	1#水泥磨	从机延时停机		2016/11/8 8:13:50	5		
8	原料磨电机应答	1#窑	主机停机	2	2016/11/8 4:29:33		2018/11/8 4:54:25	
11	水泥磨主电机应答	2#水泥磨	主机停机	3	2016/11/7 21:45:21			
15	原料磨电机应答	1#窑	主机停机	2	2016/11/7 15:21:02		2018/11/7 15:25:39	
18	水泥磨主电机应答	1#水泥磨	主机停机	4	2016/11/7 8:08:48		2018/11/7 19:22:24	
23	水泥磨主电机应答	2#水泥磨	主机停机	4	2016/11/7 8:08:48		2016/11/7 19:04:48	
28	水泥磨主电机应答	1#水泥磨	主机停机	3	2016/11/6 8:14:17		2018/11/6 18:46:30	
32	水泥磨主电机应答	1#水泥磨	主机停机	2	2016/11/5 12:58:47		2018/11/5 15:51:05	
35	水泥磨主电机应答	2#水泥磨	主机停机	4	2016/11/5 7:58:04		2018/11/6 19:32:32	
40	水泥磨主电机应答	1#水泥磨	主机停机	4	2016/11/5 5:48:14		2018/11/5 6:29:04	
45	水泥磨主电机应答	1#水泥磨	主机停机	5	2016/11/5 0:46:46		2018/11/5 2:46:24	
51	水泥磨主电机应答	2#水泥磨	主机停机	4	2016/11/4 6:12:04		2018/11/4 11:47:27	
56	水泥磨主电机应答	1#水泥磨	主机停机	5	2016/11/3 9:29:32		2018/11/3 11:11:41	
62	水泥磨主电机应答	2#水泥磨	主机停机	4	2016/11/3 7:58:20		2018/11/3 17:41:13	
67	水泥磨主电机应答	1#水泥磨	主机停机	3	2016/11/3 2:21:39		2018/11/3 3:23:11	

图 7.46　主要设备停机报警

（2）设备运行报警

当一个新的报警产生时，报警条目以预定义颜色的闪烁，并伴有音响或语音，报警可定义为若干级，如异常报警，事故报警灯。报警的内容包括：超量程计量仪表的报警；超限、跳闸位号的实时报警。

对关键数据超限报警或组合条件报警。用表格的方式将报警的触发条件和参数输入到报警数据库中，包括开关量变位报警、模拟量的实时数据报警、偏差报警、变化率报警等声光报警。

模拟量报警参数设置包含：报警值的高限、高高限、低限、低低限等。

7.4.5 生产数据分析

生产分析主要针对生产过程中的数据进行纵比分析或者横比分析。纵比分析是指不同的生产数据按照时间的先后绘制成趋势图，通过分析趋势图分析生产过程中的经验和找出问题的所在；横比分析是指不同的生产数据在同一时刻进行横向比较，通过分析柱状图，总结经验或者找出问题。

生产分析包括：生产对标分析、工艺参数分析、报警分析和设备运行指标分析。

（1）生产对标分析（图7.47）

生产对标分析是针对产量、台时、利用率、完成率等指标进行纵比和横比的分析。

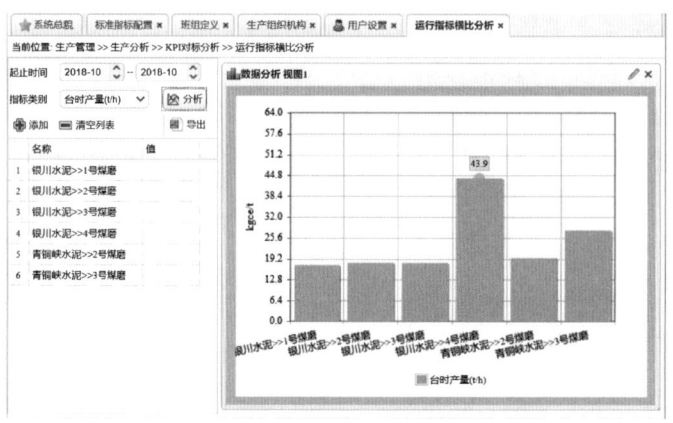

图7.47 生产对标分析

（2）工艺参数分析（图7.48）

工艺参数分析是对生产过程中的工艺参数（例如，高温风机转速、窑转速等）进行纵比和横比的分析。

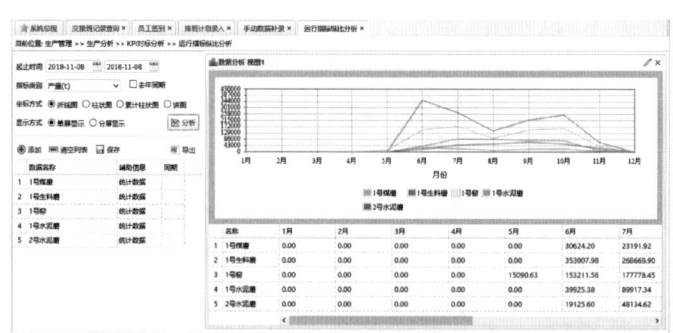

图7.48 工艺参数分析

（3）报警分析

综合分析报警的次数和报警的原因，并通过纵向对比（按时间绘制趋势，显示不同时间段内不同报警原因的报警次数）、横向对比（各产线根据相同报警原因统计报警次数),可以更全面地了解报警情况的变化趋势和各产线之间的差异。

①报警综合分析(图 7.49)

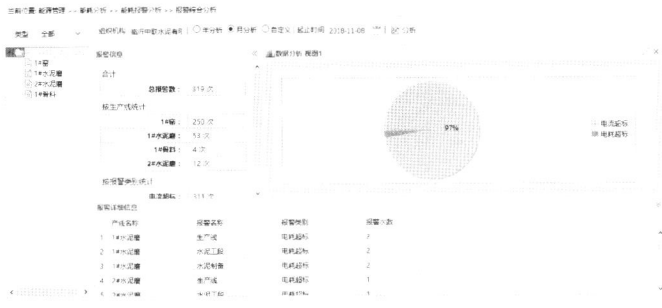

图 7.49　报警综合分析

②同类报警分析(图 7.50)

图 7.50　同类报警分析

(4)设备运行指标分析(图 7.51)

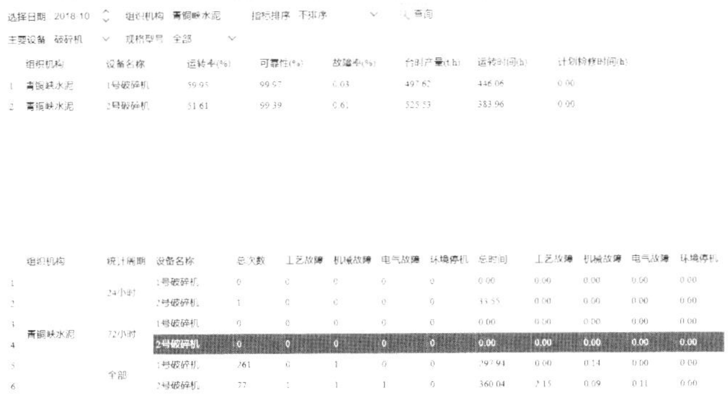

图 7.51　设备运行指标分析

7.4.6　生产报表

生产报表反映了一定的统计周期(日、月或年)内集团/厂区范围内物料消耗、半成品和成品产量等的统计信息。

（1）产量、消耗报表

系统自动生成有关产量、消耗等的日报表（根据实时性要求）、月报表和年报表，排除了人为制表的弊病，提高了报表的质量和及时性。

产量日报表、月报表和年报表的数据主要包括生料各原料耗用量、生料磨产量、煤磨产量、入窑生料量、窑头喷煤量、分解炉喷煤量、吨熟料煤耗等，以及生料磨台时、煤磨台时、窑台时等。这些报表主要包括：

①主要设备台时产量统计表（月报表）

②主要设备运转率统计表（月报表）

③产量统计表（月报表、年报表）

④原材料消耗数量统计表（月报表、年报表）

⑤主要设备产量统计表（月报表）

⑥主要设备运转时间统计表（月报表）

⑦煤耗、单位煤耗统计表（年报表、月报表）

⑧仓储情况统计表（月报表）

⑨综合统计表（日报表）

（2）定时生产记录报表

按照用户定义的时间间隔，记录生产过程中的主要工艺参数。这些参数主要包括：各生料配比、生料磨机功率、出磨提升电流、入库提升电流、入窑生料喂料、窑头喂煤量、窑主电机速度、窑主电机电流、高温风机转速、窑二次风温、窑二次风压、窑尾烟室温度、窑尾烟室压力、窑三次风压、分解炉出口温度、五级筒出口温度、五级筒出口压力、一级筒东出口温度、一级筒东出口压力、一级筒西出口温度、增湿塔出口压力、电收尘入口温度、篦冷二室风压、煤磨喂煤量、煤磨电机电流和煤磨风机电流（表7-2）。

表7-2 煤耗年报表

月份	熟料产量（t）		原煤实际消耗量（t）		吨熟料消耗实物煤（t）	
	当月	累计	当月	累计	当月	累计
1						
2						
3						
4						
5						
6						
7						
8						
9						
10						
11						
12						

7.5 设备管理子系统

水泥生产属于典型的流程制造，在生产过程中，物料呈连续变化状态。因此，水泥生产过程中的设备管理显得尤为重要。为了保证水泥生产线能够持续、高效运行，就要在生产过程中对设备进行实时监测，提供故障诊断功能；还要根据主要设备的特性制定详尽的维护、保养计划，对易损零配件的品质进行评定；同时建立设备及其零配件的数据库和供应商数据库，对生产使用过程中出现的情况及时地记录分析，作为今后采购或生产决策的依据。

1. 设备台账管理模块

该模块主要是对台账的增删改查功能。用户通过该模块可查看设备相关的所有基本信息。设备台账的基本信息包括设备名称、设备代码、主要技术参数、状态等。此外，某些设备有时需要定期更换零部件，系统设备台账管理中加入备品备件管理。

为使用户查看设备信息时，设备台账信息和对应设备的维护记录可以相互联系，一目了然，提高查询设备信息时的便捷性，规定一次查询过程加载该设备的所有基本信息和维护记录。其中，维护记录又分为设备点检记录、设备维修记录、设备润滑记录。以上三种维护记录以选项卡的方式呈现在基本信息的下方。这样，用户可通过设备台账查询的页面，方便地查看对应的设备维护记录。

2. 设备维护记录模块

运行维护模块包括设备点检、设备润滑、设备维修三部分，为了使每次查询设备的信息显示得更加全面，将设备点检、设备润滑、设备维修的记录查询功能以选项卡的形式显示到设备台账查询页面之下。

1）设备点检

点检内容主要包括点检名称、点检内容、点检工具、点检时间、点检周期、单位、点检等级、点检分类。

设备点检一般分为点检计划制定、点检记录和点检考核三部分。点检计划制定后一般不会更改，点检考核是对实际点检情况和点检计划之间进行的统计与对比，一般通过点检率来判定点检人员的考核标准。

2）设备维修

设备维修从功能上可分为检修计划制定和设备维修记录的录入和查询。检修计划一般针对重点设备的维护特点，根据巡检情况对重点设备进行计划检修。设备维修记录即为实际维修情况，设备维修按类别分为计划维修和应急维修。

3）设备润滑

生产设备在运转过程中，关键零件部位不可避免会产生振动与摩擦，关键部位的振动和摩擦长时间不加以控制必然造成设备的损坏，甚至影响生产。为保证设备能长时间正常运转,需要对易损部位进行润滑保养。一般来说,在高负荷或者低速条件下工作的摩擦零件,宜选用黏度较低的润滑油,在低负荷或高速条件下工作的摩擦零件,宜选用黏度较高的润滑油。设备润滑包括润滑项目配置、润滑记录和油品检测。其中,润滑项目配置包括润滑设备名称、润滑部位、润滑油牌号、润滑方式、润滑周期等。

3. 设备实时监控模块

在水泥企业生产过程中,管理者往往需要实时关注现场的生产情况,仅仅依靠画面监控往往无法准确判断设备的运转情况。设备管理系统需要对生产设备的开停机状态进行实时监控,通过页面显示开停机状态,现场中控室人员可清楚地掌握对应设备是否正常运转。

为提高设备监控的准确性,除了对开停机状态进行实时监控,设备管理子系统还提供重点设备的其他运行参数监控。通过工艺流程图的形式,将重点设备分布在画面中,每个设备下面设置对应的两个参数,如球磨机功率、电流,如果参数在正常运行的范围内,则设置为绿色,如果参数超出了正常的设定范围,颜色则显示为红色。

4. 设备运行情况分析模块

该模块将从DCS中获取的有关设备运行的数据进行分析处理。

由于水泥企业DCS中标签数量众多,而每次选取设备参数的数量并不多,为了提高用户使用分析功能的便利性,避免查找参数名称的烦琐过程,将设备运行情况分析模块分为重点设备参数配置页面和重点设备参数分析页面两部分。图7.52为设备参数方案配置流程。

首先选定需要进行参数分析的重点设备,然后根据需要从数据库中选取该设备相关的运行参数标签和名称和与设备相关的能源监测信息等,选择完成后保存为该设备的参数分析方案。当用户打开重点设备参数分析页面时,选取设备即可加载已经配置好的设备分析方案,用户不用再在数据库中寻找需要的参数名,只需在分析方案中点选标签,即可生成折线图。重点设备参数分析页面的流程如图7.53。

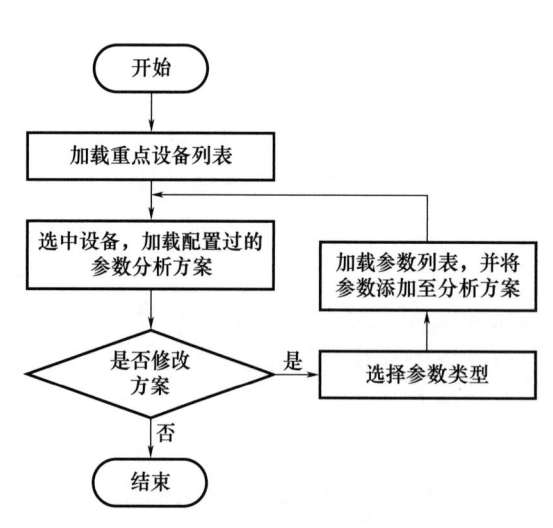

图7.52 设备参数方案配置流程

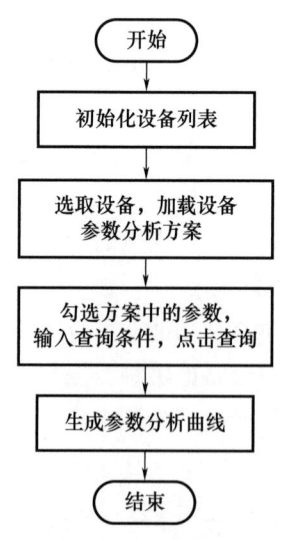

图7.53 设备参数分析流程

5. 设备报警模块

设备报警分为两类，一类为设备启停报警，另一类为设备运行参数报警。

1) 设备启停报警

对设备进行启停报警主要有两方面原因，一方面，生产线上设备需要保持24小时不间断运行，另一方面，高压设备特别是大功率高压设备，频繁启动不仅对设备本身造成不良影响，对电网也容易造成冲击，因此对频繁启动的大功率高压设备进行频繁启动监控，有效减少该现象的发生。

在过程信息数据库中，存储设备的实时运行状态信号，在DCS实时表中，设备的运行信号以bit数据类型存储，"0"表示停机状态，"1"表示运行状态，通过循环监测数据库中设备的运行状态信号，以此来生成报警记录。当检测到设备停机时，在设备报警信息记录表中生成新行，记录停机报警时间，当设备恢复运行，则完善设备报警信息表中的开机时间字段，由此继续循环，直至遍历需要监控的所有设备。

2) 设备运行参数报警

针对不同的生产设备，对运行参数范围进行对应范围设置，当采集到的设备运行参数值超出范围，即产生对应的报警记录。有些设备的运行参数需要维持在一个合理的区间，如各个大型设备的主电机电流、球磨机的转速等，当设备的运行参数超出合理的范围，往往表明该条生产线上的某些设备或者某些生产过程出现问题，此时需要对这些报警参数进行记录，并以短信形式发送到相关人员手机上。

7.6 能源管理子系统

阐述水泥企业能源管理的主要内容（基础数据管理、能源计划管理、能源统计、能效分析、能源预测、能源消耗异常事件分析、设备能源管理和能源综合报表等）。

7.6.1 水泥生产能耗的特点和指标

水泥企业属于高耗能企业，水泥生产能耗具有以下特点。

（1）我国水泥企业众多，各企业之间存在很大差异，如生产线规模大小不一、工艺流程不同、运行设备的选择不同、原料的配料成分不同、燃料的种类不同等。但在能源消耗方面，煤炭作为一次能源是最为常用的燃料，使用量巨大，同时还消耗了大量的二次能源及耗能工质，如电力、热力、水、氧气等。

（2）水泥企业从原料的开采到最终水泥的输送要经历一系列的变化，如化学变化和物理变化等，因此整个过程存在几种不同的物质流程。物料流是指原料、生料、熟料及水泥成品的流程，能量流和燃料流是指煤炭、电力及水等的流程，污染流是指生产过程中产生的各种污染气体的流程，气体流是指进入生产过程的空气的流动，例如在煅烧系统的气体流程就是指空气进入冷却器，一路通过三次风管进入分解炉为燃烧提供氧气，一路作为二次风进入回转窑为熟料煅烧提供氧气，从回转窑出来的高温废气与三次风在分解炉汇合进入预热器对物料进行预热，最后排出的过程。

（3）能源的消耗贯穿整个企业，是非线性的、结构高度复杂的大系统，它涉及多种实时的、动态的因素，对能源消耗模型的建立较难。

7.6.2　水泥生产能耗的指标

水泥工业是高能耗行业，电力和不可再生的煤炭是水泥生产过程中的主要能源，占水泥制造过程能源消耗总量的98.72%，其中煤炭消耗占88.96%，图7.54是综合能耗的构成图。耗煤环节主要是原料烘干、燃料烘干、熟料烧成、混合材烘干等，其中熟料烧成和分解炉处需要很高的温度，煤耗占总煤耗的75%。电能消耗主要是原料破碎、原料预均化、生料均化、废气处理、熟料烧成、水泥包装和输送、磨机（生料磨、水泥磨和煤磨）等。

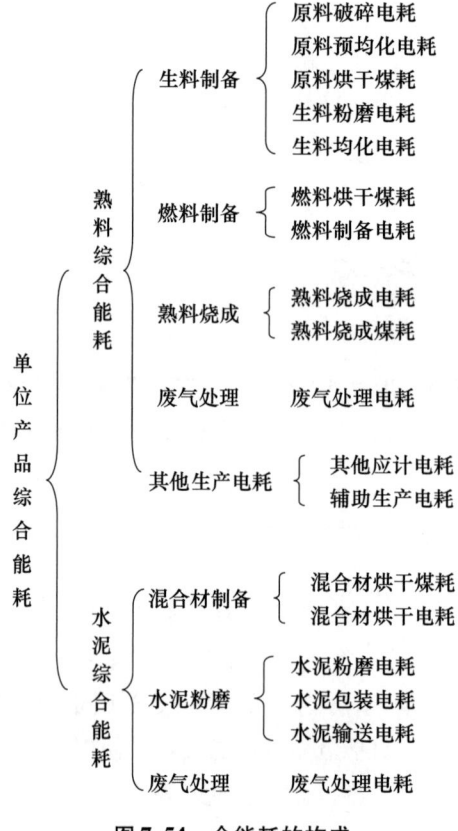

图7.54　合能耗的构成

我国水泥行业现阶段主要的能耗指标包括熟料综合煤耗、熟料综合电耗、水泥综合电耗和水泥综合能耗,熟料能耗的统计范围从矿山开采到熟料储存及输送整个过程,水泥能耗的统计范围从矿山开采到水泥包装及输送整个过程。

熟料综合煤耗是指在统计范围内每生产1t水泥熟料所消耗的燃料量,包括窑头窑尾燃料的消耗及生产过程中的烘干消耗,单位为千克标准煤每吨(kgce/t)。熟料综合电耗是指在统计范围内每生产1t水泥熟料所消耗的电量,包括从矿山开采、原料破碎到产生熟料整个过程的各环节,单位为千瓦时每吨(kW·h/t)。水泥综合电耗是指在统计范围每生产1t水泥所消耗的电量,包括从原料破碎到产生水泥成品整个过程的各环节,单位为千瓦时每吨(kW·h/t)。水泥综合能耗是指在统计范围内每生产1t水泥所消耗的各种能源量,并折合成标准煤计量,单位为千克标准煤每吨(kgce/t)。

7.6.3 能源管理主要功能

通过能源管理平台将公司现有能源介质作为公司级的资源,集中进行调配、平衡、考核、管理和优化,最终实现能源系统一体化运作和集中管理,并将能源过程管理精细化。将分散的生产和运行管理体制转变为相对集中的、高效经济的生产和运行管理体制。

实现能源管控系统优化,主要对煤、电、水、汽等能源物资消耗进行实时监测,生成报表,进行能源利用状态诊断评估。比如计算熟料生产的煤耗、电耗、余热发电指标、综合能耗、能源成本。

建立能效对标管理体系。建立KPI(Key Performance Indicator),即关键绩效指标模型,可按日、周、月、年等,也可按公司、工厂、车间、班组等记录KPI指标数据,进行KPI计算和图形化显示,评估和分析,形成报告。能够在线配置针对水泥行业的KPI计算公式。对标可以按照班与班之间、同规格生产线间、公司之间的关键参数对比,对比可进行灵活配置。

实现主要耗能设备的状态监测及能源分析管理,记录每台设备生产运行曲线,对设备各种运行状态如轻载、重载、停机等状态原因进行全面的统计分析,提供趋势图、饼状图等多种图形分析,同时要有报警提醒操作员进行处理。

信息在各产线汇集和使用,在公司对各产线以及工序的能源消耗以及KPI指标进行对比统计分析。

7.6.4 能源基础数据管理

能源基础信息管理包括:能源计量点定义、能源仪表定义等。

根据企业能源分布具体情况,将能源管理网络结构划分为公司级、分厂级、车间级等多级能源平衡关系,利用能源网络结构图,建立能源平衡关系网络(图7.55)。

图 7.55　能源计量点定义示意

能源仪表定义界面主要包括电表的名称、电表通信地址、电表支持的协议（MODBUS-RTU 和 DLT/646）、电表所接串口号、电表所接电流互感器和电压互感器的倍率以及电表所处的电气室（图 7.56）。

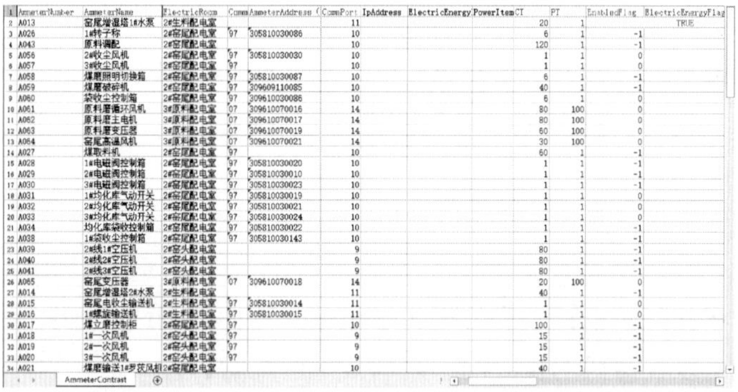

图 7.56　能源仪表定义示意

为提高工序电量计算的灵活性，定义工序电量计算公式（图 7.57）。

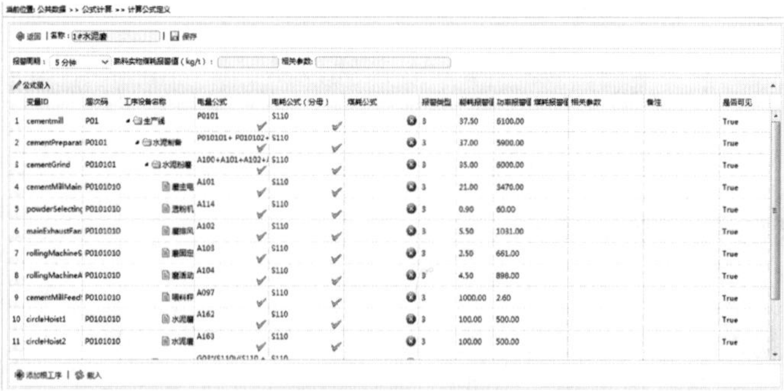

图 7.57　工序电量计算公式定义

7.6.5 能源计划管理

能源计划模块主要包括能源计划的编制、能源计划的查询,包括年计划、月计划、日计划;能源计划管理模块实现的功能是制定各个能源介质的供需计划,通过计算能源单耗,对能耗历史进行分析,给节能降耗管理提供指导性数据,实现公司级、分厂级的能源计划管理。

通过能源计划管理,帮助企业实时了解能源"需存量",为供应部门制定科学的采购计划提供数据支撑;对电能质量、原料煤和燃料煤的品质进行管理;在线管理能源库存;实现企业各部门信息共享。

(1) 计划编制

能源计划包括能源消耗计划、能源指标计划等(图7.58)。

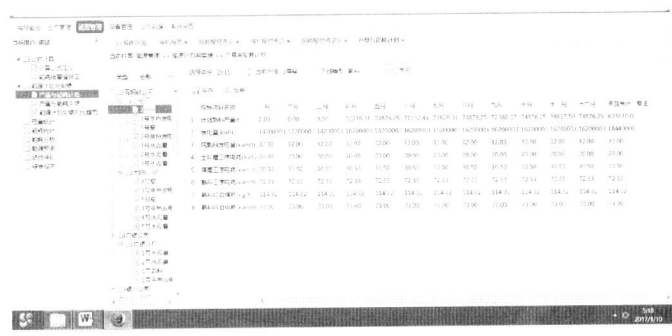

图 7.58 能源计划示意

(2) 计划查询

可根据不同的计量点、时间段、能源介质、工序等条件进行(日、月、年)计划查询。

7.6.6 能源实绩管理

能源实绩管理模块主要包括能源计量数据、手工录入数据、数据平衡、(日、月)能源平衡报表。

能源实绩管理模块实现的功能为根据从 DCS 系统中获取的电能、水、蒸汽,ERP 系统中的煤等各个能源介质的消耗量、发生量、回收量的实时计量数据,按工序、按成本中心等计算出各个能源介质的每日或月的消耗量/发生量/回收量的统计信息并形成日报或月报。系统提供能源供需计划与实际的比较功能。

1) 用电系数调整

供电公司供电到生产场所,再由生产场所供配电系统一级一级分配到每一台用电设备,因此所安装的电表有上下级关系。通过电表上下级关系(所有下级电表电量的和理论上等于该集合的上级电表的电量),计算出上下级电量差。分析电量差可以计算电力在传输中的损耗，还可以帮助用户发现电表倍率设置、电表精度等问题（图 7. 59）。

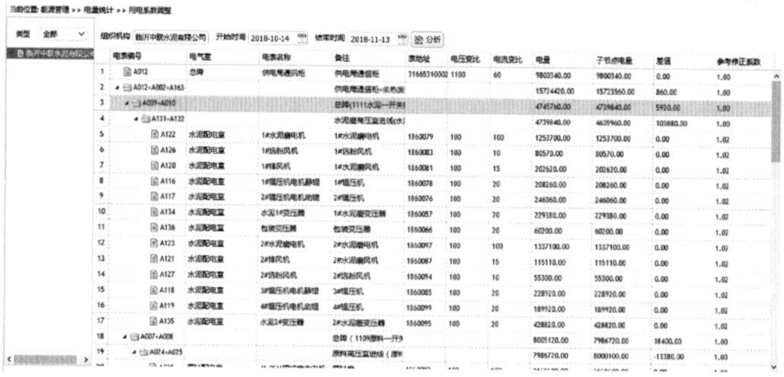

当前位置：能源管理 >> 电量统计 >> 用电系数调整

类型 全部

组织机构 临沂中联水泥有限公司 开始时间 2018-10-14 结束时间 2018-11-13 分析

	电表编号	电气室	电表名称	备注	表地址	电压变比	电流变比	电量	子节点电量	差值	参考修正系数
1	A012	总降	供电尾通讯柜	供电尾通信柜	31665310002	1100	60	9800340.00	9800340.00	0.00	1.00
2	A012+A002+A163			供电尾通信柜+余热发				15724420.00	15723560.00	860.00	1.00
3	A009+A010			总降(1111水泥一开关				4745760.00	4739840.00	5920.00	1.00
4	A131+A132			水泥磨高压室进线(水				4739840.00	4635960.00	103880.00	1.00
5	A122	水泥配电室	1#水泥磨电机	1#水泥磨电机	1860079	100	100	1253700.00	1253700.00	0.00	1.02
6	A126	水泥配电室	1#选粉风机	1#选粉风机	1860083	100	10	80570.00	80570.00	0.00	1.02
7	A120	水泥配电室	1#排风机	1#水泥磨风机	1860081	100	15	202620.00	202620.00	0.00	1.02
8	A116	水泥配电室	1#辊压机电机静辊	1#辊压机	1860078	100	20	208260.00	208260.00	0.00	1.02
9	A117	水泥配电室	2#辊压机电机动辊	2#辊压机	1860076	100	20	246060.00	246060.00	0.00	1.02
10	A134	水泥配电室	水泥1#变压器	1#水泥磨变压器	1860057	100	20	229380.00	229380.00	0.00	1.02
11	A136	水泥配电室	包装变压器	包装变压器	1860066	100	20	60200.00	60200.00	0.00	1.02
12	A123	水泥配电室	2#水泥磨电机	2#水泥磨电机	1860097	100	100	1337100.00	1337100.00	0.00	1.02
13	A121	水泥配电室	2#排风机	2#水泥磨风机	1860087	100	15	115110.00	115110.00	0.00	1.02
14	A127	水泥配电室	2#选粉风机	2#选粉风机	1860094	100	10	55300.00	55300.00	0.00	1.02
15	A118	水泥配电室	3#辊压机电机静辊	3#辊压机	1860085	100	20	228920.00	228920.00	0.00	1.02
16	A119	水泥配电室	4#辊压机电机动辊	4#辊压机	1860099	100	20	189920.00	189920.00	0.00	1.02
17	A135	水泥配电室	水泥2#变压器	2#水泥磨变压器	1860095	100	20	428820.00	428820.00	0.00	1.02
18	A007+A008			总降（1109原料一开				8005120.00	7986720.00	18400.00	1.00
19	A024+A025			原料高压室进线（原				7986720.00	8000100.00	-13380.00	1.00

图 7. 59 用电系数调整示意

2）电量统计

（1）工序用电量统计

根据用户自定义时间段，计算出此时间段内每个班组在工作期间各工序及每个工序中设备的用电量（图 7. 60）。

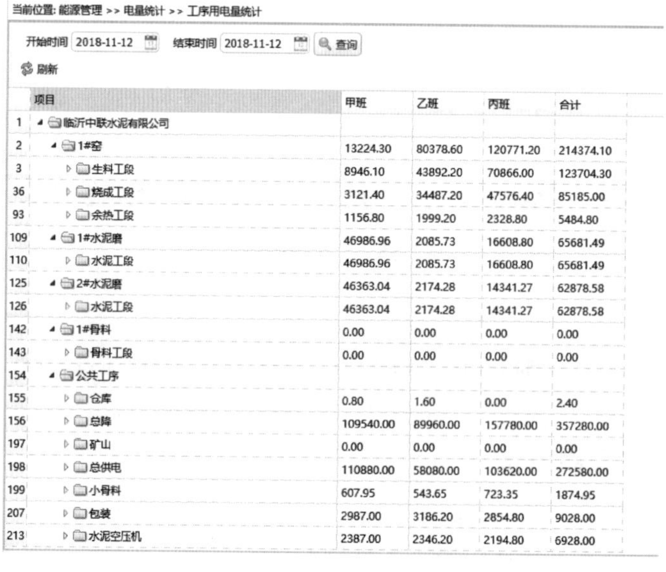

当前位置：能源管理 >> 电量统计 >> 工序用电量统计

开始时间 2018-11-12 结束时间 2018-11-12 查询

刷新

	项目	甲班	乙班	丙班	合计
1	临沂中联水泥有限公司				
2	1#窑	13224.30	80378.60	120771.20	214374.10
3	生料工段	8946.10	43892.20	70866.00	123704.30
36	烧成工段	3121.40	34487.20	47576.40	85185.00
93	余热工段	1156.80	1999.20	2328.80	5484.80
109	1#水泥磨	46986.96	2085.73	16608.80	65681.49
110	水泥工段	46986.96	2085.73	16608.80	65681.49
125	2#水泥磨	46363.04	2174.28	14341.27	62878.58
126	水泥工段	46363.04	2174.28	14341.27	62878.58
142	1#骨料	0.00	0.00	0.00	0.00
143	骨料工段	0.00	0.00	0.00	0.00
154	公共工序				
155	仓库	0.80	1.60	0.00	2.40
156	总降	109540.00	89960.00	157780.00	357280.00
197	矿山	0.00	0.00	0.00	0.00
198	总供电	110880.00	58080.00	103620.00	272580.00
199	小骨料	607.95	543.65	723.35	1874.95
207	包装	2987.00	3186.20	2854.80	9028.00
213	水泥空压机	2387.00	2346.20	2194.80	6928.00

图 7. 60 厂、生产线、工序和设备用电量（早中晚班）示意

（2）电量日报统计

根据用户自定义时间段，计算出此时间段内夜白中班、甲乙丙班、用电尖峰峰谷平时间段内每个生产工序及每个工序中设备的用电量。

（3）电表电量分时统计

根据用户自定义时间段，选择的电表号、分时统计周期（15 分钟、1 小时、8 小时、1 天、1 月、1 年，运行班组、时间班次、尖峰谷平）以及排列顺序，按照时间的正序或者倒序计算出此时间段内每个分时周期的电量。也可根据用户自定义时间段，计算出此时间段内指定电气室中每个电表的电量增长信息。（图 7. 61）

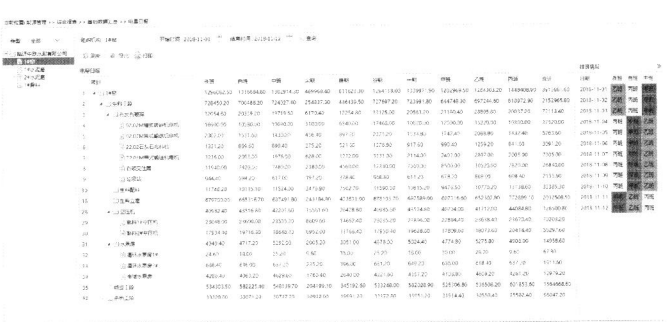

图 7.61　电量日报统计示意

（4）主机停机电量统计

根据用户自定义时间段，计算出此时间段内主机停机期间，每个工序中主机的用电量（图 7.62、图 7.63）。

当前位置：能源管理 >> 电量统计 >> 电表电量统计

类型　全部

临沂中联水泥有限公司

组织机构　临沂中联水泥有限公司　选择电气室　窑头配电室

开始时间　2018-10-13 00:00:00　结束时间　2018-11-13 14:11:59　查询

刷新　导出　打印

	电表名称	期初表码值电量	期末表码值电量	表码差值电量	电表增量电量	差值
1	窑头电厂AQC炉(A044)	0.0000	0.00	0.00	0.00	0.00
2	窑头至生活区低压柜(A045)	14.0000	22.80	8.80	8.80	0.00
3	窑头至办公楼(A046)	0.0000	0.00	0.00	0.00	0.00
4	煤磨G1柜(A047)	115179.6000	142403.40	27223.80	27223.80	0.00
5	熟料库底收尘控制柜(A048)	111934.2000	128230.20	16296.00	16296.00	0.00
6	窑头至地磅低压柜(A049)	30741.0000	33669.30	2928.30	2928.30	0.00
7	71.03原煤取料机(A050)	28030.5000	33287.40	5256.90	5256.90	0.00
8	71.02原煤布料机(A051)	6664.5000	7404.60	740.10	740.10	0.00
9	71.04皮带(A052)	7106.8000	8393.20	1286.40	1286.40	0.00
10	循环水泵房1#(A053)	191.4000	476.40	285.00	285.00	0.00
11	循环水泵房2#(A054)	378520.8000	383516.40	4995.60	4995.60	0.00
12	生活水泵房(A055)	267963.6000	306385.20	38421.60	38421.60	0.00
13	57.02b辊破碎机电机(A056)	80920.8000	94024.80	13104.00	13104.00	0.00
14	57.03M一次风机电机(A057)	467220.0000	550429.80	83209.80	83209.80	0.00
15	57.03bM新一次风机电机(A058)	1821.0000	2127.60	306.60	306.60	0.00
16	57.12M1Fg1冷却风机电机(A059)	229094.0000	282971.00	53877.00	53877.00	0.00

图 7.62　电表电量统计示意

组织机构　2号熟料　开始时间　2018-11-12 00:00:00　结束时间　2018-11-13 15:15:02　查询

	设备名称	停机时间	开机时间	停机时长	电量
1	2号煤磨			4时39分29秒	404.13
2	煤粉制备	2018/11/12 9:37:50	2018/11/12 11:33:58	1时56分8秒	221.93
3	煤磨通风机19_06M	2018/11/12 9:37:50	2018/11/12 11:33:58	1时56分8秒	100.00
4	2#煤磨配电室进线	2018/11/12 9:37:50	2018/11/12 11:33:58	1时56分8秒	25.00
5	煤破碎17_04AC	2018/11/12 9:37:50	2018/11/12 11:33:58	1时56分8秒	47.00
6	煤磨主电机19_04M1	2018/11/12 9:37:50	2018/11/12 11:33:58	1时56分8秒	0.00
7	胶带输送机05_03M	2018/11/12 9:37:50	2018/11/12 11:33:58	1时56分8秒	30.00
8	煤粉制备	2018/11/12 20:44:37	2018/11/12 22:18:12	1时33分35秒	135.20
9	煤磨通风机19_06M	2018/11/12 20:44:37	2018/11/12 22:18:12	1时33分35秒	60.00
10	2#煤磨配电室进线	2018/11/12 20:44:37	2018/11/12 22:18:12	1时33分35秒	43.00
11	煤破碎17_04AC	2018/11/12 20:44:37	2018/11/12 22:18:12	1时33分35秒	0.00
12	煤磨主电机19_04M1	2018/11/12 20:44:37	2018/11/12 22:18:12	1时33分35秒	0.00
13	胶带输送机05_03M	2018/11/12 20:44:37	2018/11/12 22:18:12	1时33分35秒	38.00
14	煤粉制备	2018/11/13 10:24:17	2018/11/13 11:34:03	1时9分46秒	47.00
15	煤磨通风机19_06M	2018/11/13 10:24:17	2018/11/13 11:34:03	1时9分46秒	10.00
16	2#煤磨配电室进线	2018/11/13 10:24:17	2018/11/13 11:34:03	1时9分46秒	13.00
17	煤破碎17_04AC	2018/11/13 10:24:17	2018/11/13 11:34:03	1时9分46秒	0.00
18	煤磨主电机19_04M1	2018/11/13 10:24:17	2018/11/13 11:34:03	1时9分46秒	0.00
19	胶带输送机05_03M	2018/11/13 10:24:17	2018/11/13 11:34:03	1时9分46秒	0.00

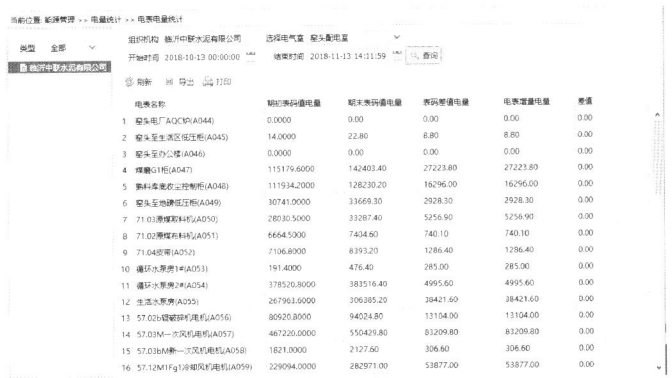

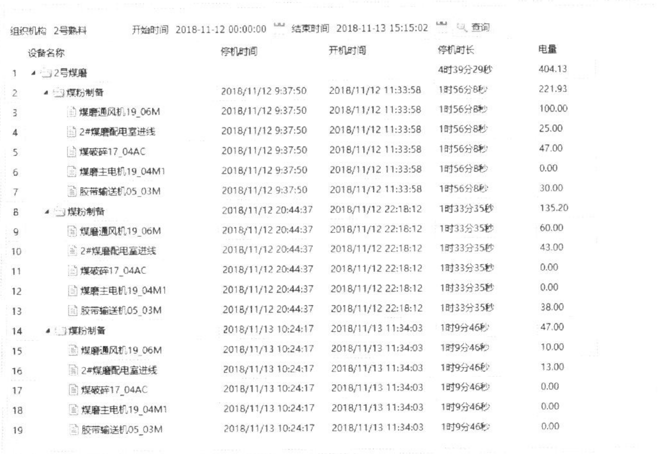

图 7.63　主机停机电量统计示意

(5) 峰谷平用电比例分析

根据用户选择年统计、月统计和自定义时间段统计，计算出此时间段内每个生产工序峰谷平的用电量统计和峰谷平用电量比例。通过红色或者绿色单元格底色，分别标识峰谷平用电比例最高的产线和最低的产线（图7.64、图7.65）。

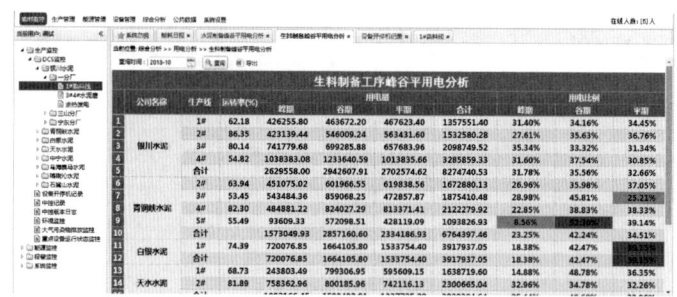

图7.64　生料制备工序峰谷平电量统计

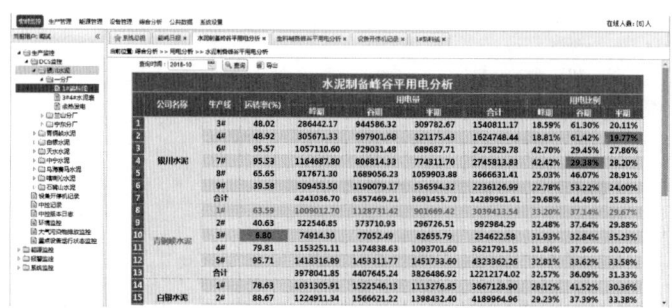

图7.65　水泥制备工序峰谷平电量统计

(6) 峰谷平用电分析

根据用户选择年统计、月统计和自定义时间段统计，计算出此时间段内每个生产工序峰谷平的用电量统计和用电的趋势变化图（图7.66）。

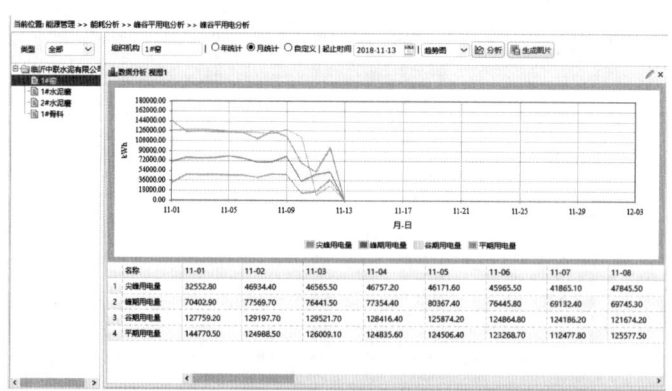

图7.66　峰谷平用电分析示意

（7）电耗统计

工序电耗分时统计，根据用户自定义时间段，选择的工序、分时统计周期（15 分钟、1 小时、8 小时、1 天、1 月、1 年，运行班组、时间班次、尖峰谷平）以及排列顺序，按照时间的正序或者倒序，计算出此时间段内每个分时周期的工序电量、产量和电耗。

水泥分品种电耗统计，根据用户自定义时间段，计算出此时间段内指定水泥磨生产线生产每个品种水泥的产量、熟料消耗量、电量、电耗等信息。

电耗分析（早中晚班），根据用户选择年统计、月统计、自定义时间段统计，计算出此时间段内早中晚班每个工序的电耗数据统计和电耗趋势变化图（图 7.67、图 7.68）。

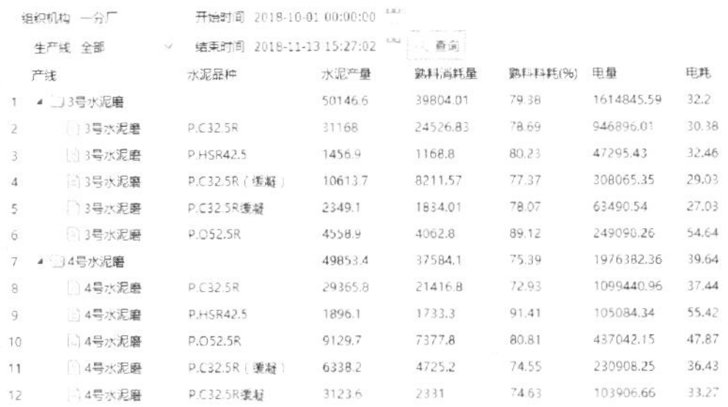

组织机构 一分厂　开始时间 2018-10-01 00:00:00

生产线 全部　结束时间 2018-11-13 15:27:02　查询

	产线	水泥品种	水泥产量	熟料消耗量	熟料料耗(%)	电量	电耗
1	3号水泥磨		50146.6	39804.01	79.38	1614845.59	32.2
2	3号水泥磨	P.C32.5R	31168	24526.83	78.69	946896.01	30.38
3	3号水泥磨	P.HSR42.5	1456.9	1168.8	80.23	47295.43	32.46
4	3号水泥磨	P.C32.5R（缓凝）	10613.7	8211.57	77.37	308065.35	29.03
5	3号水泥磨	P.C32.5R缓凝	2349.1	1834.01	78.07	63490.54	27.03
6	3号水泥磨	P.O52.5R	4558.9	4062.8	89.12	249090.26	54.64
7	4号水泥磨		49853.4	37584.1	75.39	1976382.36	39.64
8	4号水泥磨	P.C32.5R	29365.8	21416.8	72.93	1099440.96	37.44
9	4号水泥磨	P.HSR42.5	1896.1	1733.3	91.41	105084.34	55.42
10	4号水泥磨	P.O52.5R	9129.7	7377.8	80.81	437042.15	47.87
11	4号水泥磨	P.C32.5R（缓凝）	6338.2	4725.2	74.55	230908.25	36.43
12	4号水泥磨	P.C32.5R缓凝	3123.6	2331	74.63	103906.66	33.27

图 7.67　水泥分品种电耗统计示意

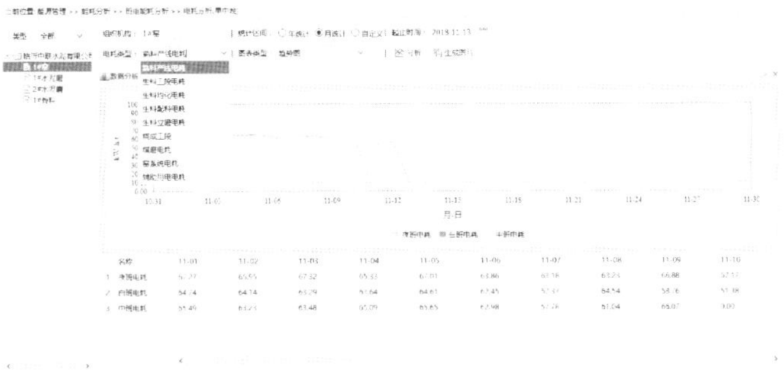

图 7.68　电耗分析（早中晚班）示意

班组电耗分析（实际工作班组），根据用户选择年统计、月统计、自定义时间段统计，计算出此时间段内 ABCD 班每个工序的电耗数据统计和电耗趋势变化图。

能耗日报统计，根据用户自定义时间段，计算出此时间段内夜白中班、甲乙丙班、用电尖峰峰谷平时间段内每个生产工序及每个工序中设备的电耗统计（图 7.69、图 7.70）。

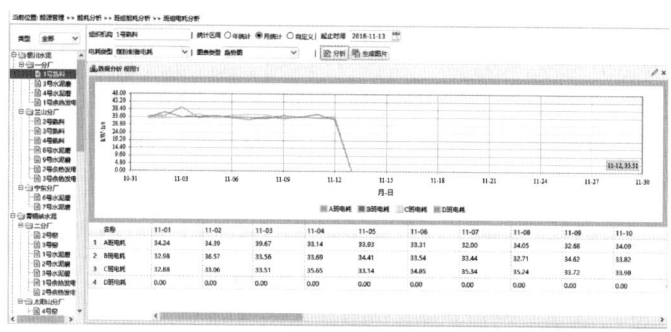

图 7.69　班组电耗分析（ABCD 班）示意

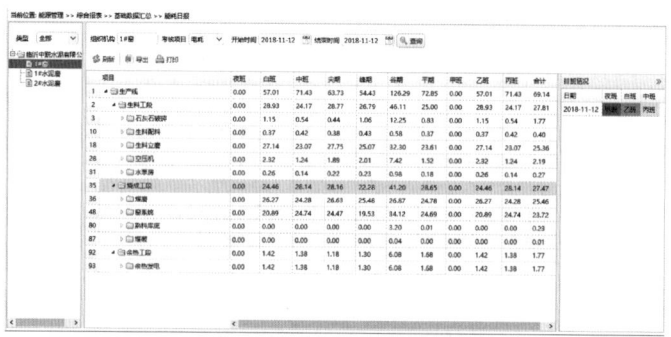

图 7.70　能耗日报示意

（8）吨熟料发电量统计

吨熟料发电量分时统计，根据用户自定义时间段，选择的余热发电、分时统计周期（15min、1h、8h、1d、1 月、1 年，运行班组、时间班次、尖峰谷平）以及排列顺序，按照时间的正序或者倒序，计算出此时间段内每个分时周期的工序电量、产量和电耗。

吨熟料发电量统计，根据用户自定义时间段，按照夜白中班以及尖峰谷平，计算出此事件段内的每个预热发电的吨熟料发电量。（在能耗日报中统计汇总）

（9）用煤量统计

用煤量统计，根据用户自定义时间段，按照夜白中班时间段，计算出此时间段内的每个熟料产线的煤粉消耗量（图 7.71）。

图 7.71　用煤量统计

(10) 煤耗统计

煤耗分时统计，根据用户自定义时间段，选择的熟料产线、分时统计周期（15min、1h、8h、1d、1月、1年，运行班组、时间班次）以及排列顺序，按照时间的正序或者倒序，计算出此时间段内每个分时周期的喷煤量、熟料产量和煤耗。

煤耗统计，根据用户自定义时间段，按照夜白中班时间段，计算出此时间段内的每个熟料产线的煤粉消耗量、熟料产量和煤耗。

(11) 用水量统计

用水量分时统计，根据用户自定义时间段，选择的水表、分时统计周期（15min、1h、8h、1d、1月、1年，运行班组、时间班次）以及排列顺序，按照时间的正序或者倒序，计算出此时间段内每个分时周期的用水量。

用水量统计，根据用户自定义时间段，按照夜白中班时间段，计算出此时间段内的每个熟料产线的用水量。

(12) 用风量统计

流量计风量分时统计，根据用户自定义时间段，选择的流量计、分时统计周期（15min、1h、8h、1d、1月、1年，运行班组、时间班次）以及排列顺序，按照时间的正序或者倒序，计算出此时间段内每个分时周期的风量。

流量计风量统计，根据用户自定义时间段，按照夜白中班时间段，计算出此时间段内的每个流量计的累计风量。

工序用风量分时统计，根据用户自定义时间段，选择的工序、分时统计周期（15min、1h、8h、1d、1月、1年，运行班组、时间班次）以及排列顺序，按照时间的正序或者倒序，计算出此时间段内每个分时周期工序分摊的用风量。

流量计用风量统计，根据用户自定义时间段，按照夜白中班时间段，计算出此时间段内的每个工序分摊的累计风量。

7.6.7 能源指标对比分析

能源指标对比分析模块包括公司总能耗、工序能耗、重点耗能设备能耗、单位产品能耗、万元产值能耗指标的同比、环比分析、行业的对标分析、计划与实绩的跟踪对比分析以及节能效果统计、节能措施辅助决策等，建立能效对标管理体系。可按任意时间段等，也可按公司、生产线、工序、班组和操作员等记录指标数据和对比分析。

功能：根据煤、电、水、气等各能源介质的消耗量、发生量、回收量的实时计量数据，按工序、成本中心等计算出各个能源介质的每日或月的消耗量/发生量/回收量的统计信息，形成日报或月报，并形成对公司的能耗进行同比、环比、跟踪分析，并可实现与同行业企业数据进行比对，为节能降耗提供指导性数据。主要包括以下功能：

(1) 能耗指标项维护

用于维护对比的国家、行业、本公司的经济指标项（文件导入方式并可以修正数据）。

(2) 能源业绩查询

每班能查询到每个操作员操作业绩（包括当班期间的煤耗、电耗）；能查询到每个操作员在设定时间段的煤电耗指标；能查询到设定时间段内每班的能耗，并以图表方式展示。例如实现工段、班组级的吨生料粉磨电耗统计、吨熟料的煅烧电耗（煅烧车间）统计、吨熟料热耗统计等。

(3) 能源对标和对比分析

对历史的不同时期的能源绩效数据进行查询、比较。可实现与行业对标、同行业企业之间对标，也可进行公司内部按生产线、工序、班组和操作员等的指标数据对比分析。各能耗指标形成日报或月报。

水泥行业关键性对标指标包括：
- 可比熟料综合电耗
- 可比水泥综合电耗
- 可比熟料综合煤耗
- 可比熟料综合能耗
- 可比水泥综合能耗

能耗 KPI 对标示意如图 7.72、图 7.73 所示。

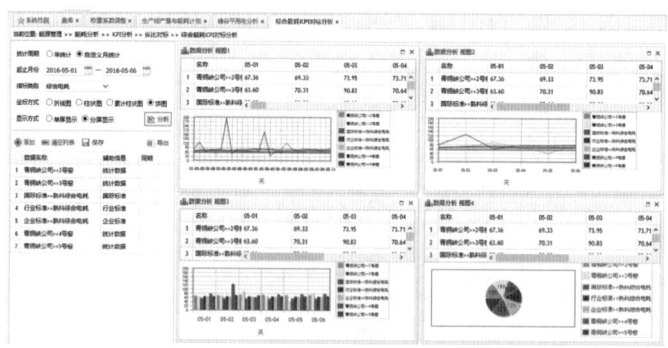

图 7.72　能耗 KPI 对标示意（一）

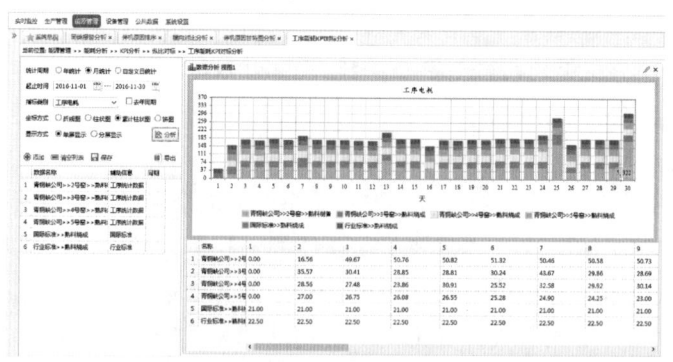

图 7.73　能耗 KPI 对标示意（二）

(4) 电耗分析

对历史的不同时期的能源单耗可按介质、工序、重点用能设备进行查询、比较。实现各工序的电耗分布统计分析（按照公司电能统计办法），公司、生产线级吨熟料综合电耗（kW·h/t）、煤耗统计分析，公司、生产线级吨水泥粉磨综合电耗（kW·h/t）统计分析，公司、生产线级吨水泥综合电耗统计分析，公司级综合能耗（煤、电、煤电综合）统计分析（分熟料、水泥），公司级余热发电吨熟料发电量及并网电量（kW·h/t）统计分析（图7.74、图7.75）。

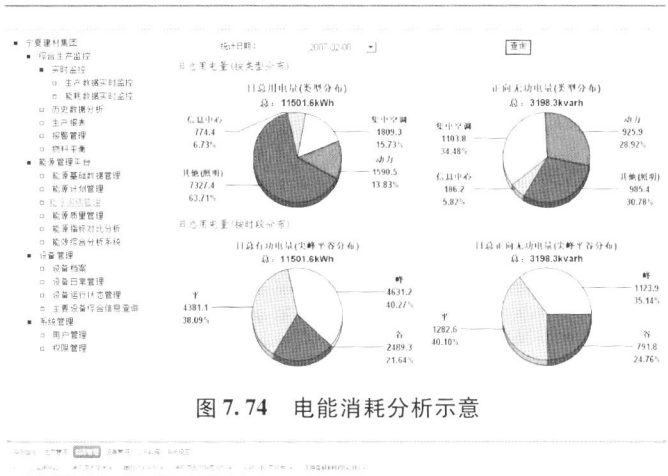

图 7.74　电能消耗分析示意

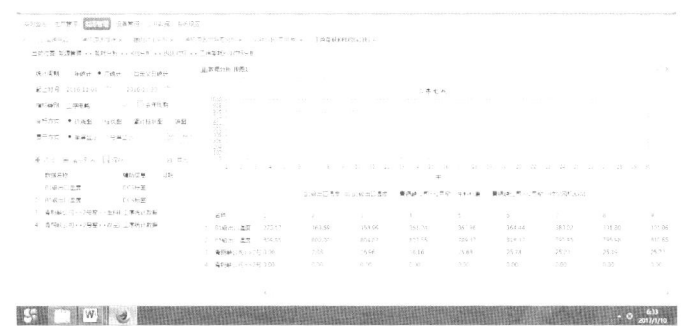

图 7.75　数据自由组合示意

（5）用水量消耗分析

通过计算进水量和回水量，分析在生产过程中用水消耗，通过对比发现消耗异常，及时采取措施，避免水资源浪费。

实现公司清水的分布利用情况统计功能，公司水井→水泵房清水池→各车间→各工段→回水，这个清水使用环节的用水流量和消耗情况。

公司自来水的分部利用情况，进厂自来水→自来水池→余热发电（生活用水）→中水回收（污水处理），这个自来水使用环节的用水流量和消耗情况。

7.6.8　能耗成本分析

（1）耗电量成本

统计各产线、工序峰谷平用电量，通过用电峰谷平采购价格，计算各产线、工序电耗成本。

计算出各个系统（生料磨系统，煤磨系统、回转窑系统、烧成系统、水泥磨系统）用电量、占总用电比例。统计班次和主要设备在峰、平、谷各个时期的用电量并计算出设备的谷平率及谷平利用率，并统计谷平开车节约的费用。包括日、月、季、年及与上一年同期对比（图 7.76、图 7.77）。

当前位置: 能源管理 >> 电量统计 >> 工序用电量统计

开始时间： 2017-09-20 结束时间： 2017-09-20 查询

刷新

	项目	峰段	谷段	平段	合计
1	青铜峡公司				
2	二分厂				
3	2#熟料线生产线	57522.78	62417.00	64439.09	184342.75
4	2#熟料线生料制备	25527.72	28261.71	30177.09	83966.52
5	2#熟料线原料调配	698.77	938.33	945.73	2582.82
6	2#熟料线辅助原料进料皮带电源	0.60	108.90	39.00	148.50
7	2#熟料线生料粉磨	24756.71	23834.02	24760.53	73351.26
8	2#熟料线生料磨循环风机852M	8520.00	8840.00	9160.00	26520.00
9	2#熟料线辊压机活动辊电机11AH	6200.00	5880.00	6120.00	18200.00
10	2#熟料线收尘风机A12M	78.30	76.05	75.15	229.50
11	2#熟料线胶带输送机A3M	20.25	19.65	19.95	59.85
12	2#熟料线收尘风机A2M	5.25	5.25	5.85	16.35
13	2#熟料线收尘风机A9M	0.00	0.00	0.00	0.00
14	2#熟料线2#胶带输送机	0.00	0.00	0.00	0.00
15	2#熟料线#1定量给料机控制箱电源A1AC	8.70	8.25	8.25	25.20
16	2#熟料线辊压机固定辊电机	6200.00	5680.00	5960.00	17840.00
17	2#熟料线选粉机	613.60	436.80	421.60	1472.00
18	2#熟料线斗提361.BE01	933.60	897.60	964.80	2796.00
19	2#熟料线斗提361.BE02	1236.00	1179.20	1258.40	3673.60
20	2#熟料线入辊压机皮带	169.10	153.50	161.80	484.40
21	2#熟料线矿山	72.25	3489.36	4470.84	8032.44
22	2#熟料线熟料制备	30703.82	32274.47	32124.06	95102.35

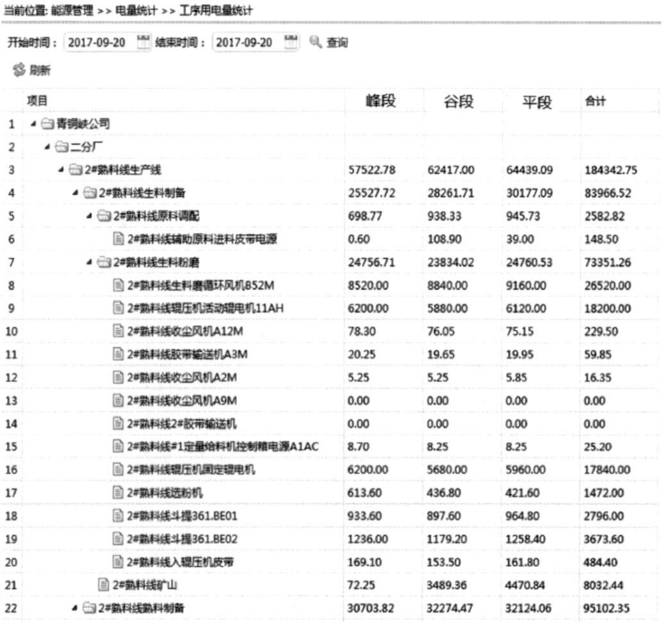

图 7.76　厂、生产线、工序和设备峰谷平用电量

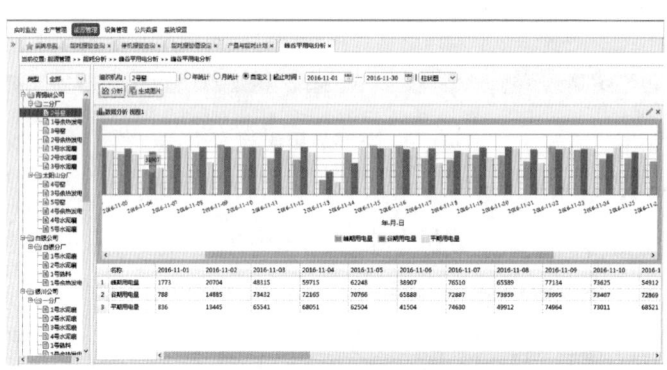

图 7.77　厂、生产线、工序和设备用电量成本对比分析示意

（2）耗煤量成本

统计熟料耗煤量，通过采购合同中采购价格计算耗煤量平均成本。

7.6.9　能源报警统计

对生产过程中能耗产生的报警信息进行统计与分析。

设定产线或工序的电耗报警值（上限）、煤耗报警值（上限）和功率报警值（上限）。

(1) 能源报警统计

能源报警统计包括能耗报警统计、主机停机从机运行报警统计、设备低负荷运行统计等。

能耗报警统计包括：电耗报警统计、煤耗报警统计和功率报警统计。系统根据用户设定的报警值进行比较计算，如果当前值超过报警值，产生报警信息，并记录报警开始时间和结束时间。

用户通过选择产线和能耗报警类型查询能耗报警统计信息（图7.78、图7.79）。

图 7.78　能耗产生报警信息统计与分析

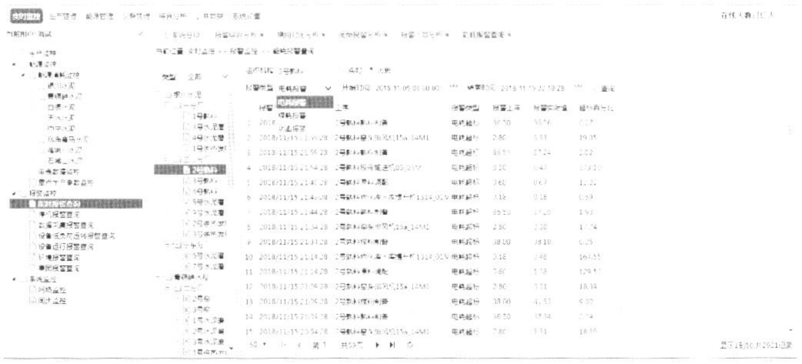

图 7.79　能耗报警统计

(2) 主机停机从机运行报警统计

当重点设备如：生料磨、煤磨、回转窑、水泥磨等主机设备停机后，从机需在规定的时间内停机，以免造成电量的浪费。当从机没有按照规定的时间内停机，系统自动记录报警信息，以及报警开始时间和结束时间（该辅机停机或者主机再一次启动）（图7.80）。

图 7.80　主机停机从机运行统计

(3) 设备低负荷报警统计

当主要耗能设备运转过程中，投料量过少，导致设备利用率降低、电耗的升高。系统根据用户对该设备设定的最低负荷值（电流或者功率），当低于该负荷时，系统记录报警信息，以及报警开始时间和结束时间（图7.87）。

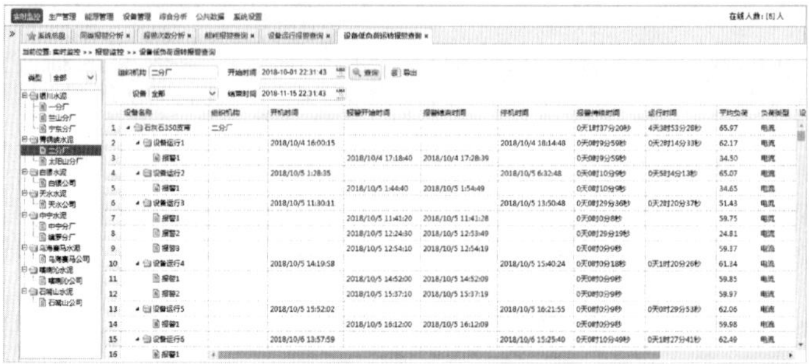

图7.81 设备运行低负荷运转报警统计

7.6.10 能源绩效

(1) 能源绩效评价

能源绩效评价对象是生产场所。系统根据用户设定的优秀值、良好值和及格值，为考核指标项进行打分，从而反映生产场所能耗总评价得分，为管理部门和人员提供考核依据（图7.82）。

生产线：白银分厂 时间：2015-09 查询

刷新

	项目指标	计划值	完成值	及格值	良好值	优秀值	得分
1	煤磨电耗	62.00	32.35	60.00	50.00	40.00	10
2	吨熟料发电量	64.00	5.24	20.00	30.00	40.00	0
3	熟料电耗	70.00	42.42	60.00	50.00	40.00	8
4	生料磨电耗	35.00	15.64	40.00	30.00	20.00	10
5	熟料煤耗	214.78	165.42	150.00	140.00	130.00	0
6	水泥电耗	174.10	20.85	25.00	20.00	15.00	5
7	水泥磨电耗	121.55	29.14	15.00	10.00	5.00	0
8	综合得分						47

图7.82 能源绩效考核

(2) 班组考核

系统显示ABCD班组运行考核时间内每天的电耗数据，并标出电耗最高值和电耗最低值。为班组考核提供依据（图7.83）。

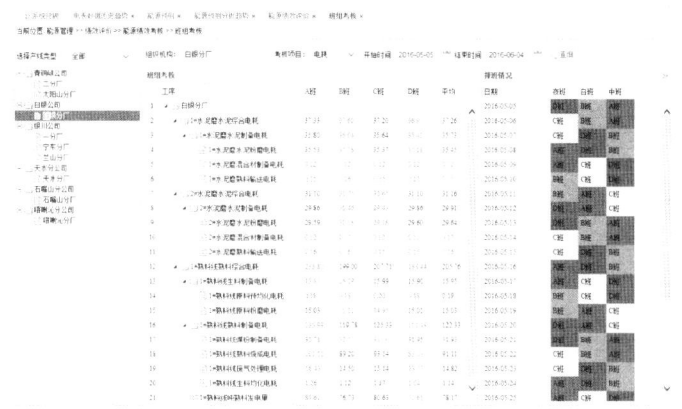

图 7.83　班组考核

（3）操作人员考核

系统按照操作岗位和操作员，列出其所在岗位的电耗数据，为操作员考核提供依据。

7.7　质量管理子系统

质量管理子系统通过对化验室系统中已有质量数据和 DCS 中与产品质量相关的参数进行集成，形成从原材料进厂到产品出厂全过程全方位的质量信息数据库，实现质量管理的信息化、精细化和智能化。

7.7.1　质量管理主要功能

水泥企业质量管理子系统主要功能包括质量数据收集与质量数据分析两大部分。

1. 质量数据收集

为实现质量管理的信息化、精细化和智能化目标，系统不仅要导入和汇总化验室系统中已有的质量数据，还要补录样品所对应产品的生产时间，以建立产品的质量分析数据与 DCS 质量相关的参数之间的联系，形成全方位的产品质量数据库。这些数据包括：

（1）原燃材料、半成品、成品质量控制标准和计划。

（2）原燃材料、半成品、成品质量化验数据。

（3）DCS 中关键工艺参数控制值。

① 生料粉磨过程

DCS 中与生料质量相关的数据主要包括各种原料的配比与流量（如石灰石配比和实际流量、砂岩配比和实际流量等）、入磨料量、入磨提升机电流、出磨提升机电流、选粉机转速和循环风量等。

②熟料煅烧过程

DCS 中与熟料质量相关的数据主要包括入窑生料量、窑头喂煤量、窑主电机速度、窑主电机电流、高温风机转速、二次风温、二次风压、窑尾烟室温度、窑尾烟室压力、窑三次风压、分解炉出温、五级筒出温、五级筒出压、一级筒出温、一级筒出压、篦冷二室风压等。

③水泥粉磨过程

水泥粉磨过程 DCS 中与水泥质量相关的数据主要包括各种原料的配比与流量（如熟料配比和实际流量、石膏配比和实际流量等）、入磨料量、入磨提升机电流、出磨提升机电流、选粉机转速和循环风量等。

2. 质量数据分析

质量数据分析主要包括：

（1）公司、生产线、班组间产品质量对比分析。

（2）综合分析。

借助纵向、横向和与生产数据的关联分析，找到生产过程中存在的质量问题，同时具有可追溯性。

例如，对出磨生料质量分析，出磨生料质量指标（如 LOSS、细度、SiO_2、Al_2O_3、Fe_2O_3、CaO、MgO、SO_3、KH、N、P、CaF_2、K_2O、Na_2O 和氯离子等），与对应时段的入磨物料质量数据（例如钙质物料、硅质物料和铁质物料的粒度，水分、SiO_2、Al_2O_3、Fe_2O_3、CaO、MgO、SO_3 含量等）、DCS 生产过程石灰石与质量相关的数据（例如石灰石配比与流量、砂岩配比与流量、铁粉配比与流量、页岩配比与流量、入磨生料量、入磨提升机电流、出磨提升机电流、选粉机转速和循环风量等）进行分析，如图 7.84 所示。

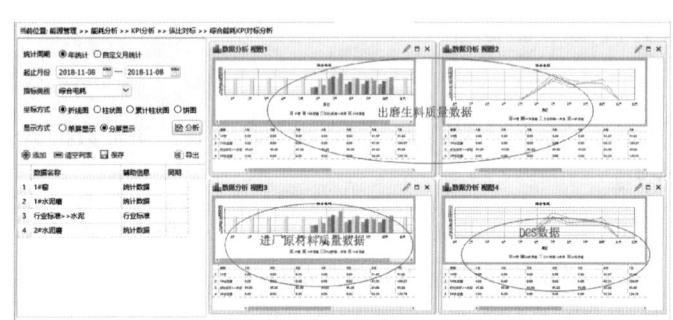

图 7.84　出磨生料质量数据关联分析示意

7.7.2　质量控制计划

质量控制计划包括矿山石灰石质量控制计划（表 7-3）、进厂原材料质量控制计划（表 7-4）、进厂原煤质量控制计划、入窑煤粉质量控制计划、出磨生料质量控制计划、入窑生料质量控制计划、出窑熟料质量控制计划、出磨水泥质量控制计划、出厂水泥质量控制计划。

表 7-3 矿山石灰石质量控制计划示例

公司	矿山	项目	国家/行业标准				内控标准			
			控制值	控制范围	合格率	检验频次	控制值	控制范围	合格率	检验频次
××甲分公司		石灰石 CaO	—	—	—	—	50	±1.0	≥80	1次/8h
		石灰石水分	—	—	—	—	≤1.5	—	≥80	1次/8h
		石灰石 R$_2$O	—	—	—	—	≤0.4	—	≥80	1次/8h
		石灰石 MgO	—	—	—	—	≤2.0	—	≥80	1次/8h
××乙分公司		石灰石 CaO	—	—	—	—	50	±1.0	≥80	1次/8h
		石灰石水分	—	—	—	—	≤1.5	—	≥80	1次/8h
		石灰石 R$_2$O	—	—	—	—	≤0.4	—	≥80	1次/8h
		石灰石 MgO	—	—	—	—	≤2.0	—	≥80	1次/8h

表 7-4 进厂原材料质量控制计划示例

公司	项目	国家/行业标准				内控标准			
		控制值	控制范围	合格率	检验频次	控制值	控制范围	合格率	检验频次
××甲分公司	进厂脱硫石膏 SO$_3$	—	—	—	—	≥40.0%	—	≥80	1次/批
	进厂脱硫石膏附着水分	—	—	—	—	≤12.0%	—	≥80	1次/批
	进厂天然石膏 SO$_3$	—	—	—	—	≥40.0%	—	≥80	1次/批
	进厂天然石膏附着水分	—	—	—	—	≤12.0%	—	≥80	1次/批
	进厂硫酸渣（低碱）Fe$_2$O$_3$	—	—	—	—	≥50.0%	—	≥80	1次/批
	进厂硫酸渣（低碱）水分	—	—	—	—	≤18.0%	—	≥80	1次/批
	进厂硫酸渣 Fe$_2$O$_3$	—	—	—	—	≥38.0%	—	≥80	1次/批
	进厂硫酸渣水分	—	—	—	—	≤5.0%	—	≥80	1次/批
	进厂湿粉煤灰渣 Al$_2$O$_3$	—	—	—	—	≥26.0%	—	≥80	1次/批

7.7.3 质量数据，收集

考虑到企业原有的质量管理功能，质量数据原则上从现有 ERP 系统导出或直接录入，并按照本节描述结构进行重组织。这些数据可以编辑、修改和存储，用于质量分析模块中的对比分析。

主要收集矿山石灰石质量数据（汇总表示例见表 7-5）、进场原材料化学分析数据（汇总表示例见表 7-6，处理示例如图 7.85 所示）、进场煤分析数据、入磨物料分析数据、入窑煤粉质量分析数据、出磨生料质量数据、入窑生料质量数据、熟料化学分析数据、熟料物理分析数据、出磨水泥质量数据、出厂水泥质量数据。

表 7-5 矿山石灰石质量数据汇总表示例

序号	数据项名称	备注
1	试样编号	
2	取样时间	
3	取样地点	坐标、深度
4	水分	
5	CaO	
6	MgO	
7	R_2O	

表 7-6 进厂原材料化学分析数据汇总表示例

序号	数据项名称	备注
1	试样编号	
2	进厂时间	
3	供应商	
4	产地	
5	存放堆场	
6	进厂数量	
7	分析日期	
8	水分	
9	LOSS	
10	SiO_2	
11	Al_2O_3	
12	Fe_2O_3	
13	CaO	
14	MgO	
15	SO_3	
⋮		

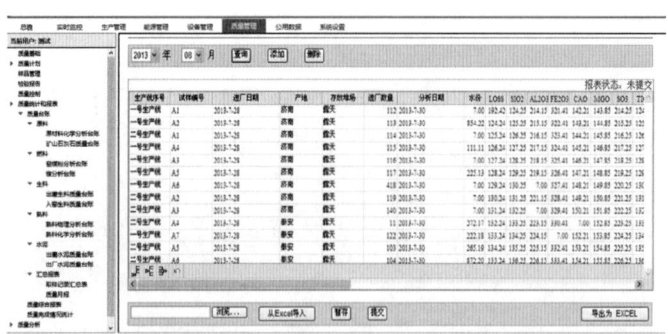

图 7.85 进场原材料化学分析数据处理示意

7.7.4 质量数据统计和报表

1. 质量台账

对 7.7.3 节收集的质量数据进行统计,得到矿山石灰石质量台账(示例见表 7-7)、进场原材料化学分析台账、进场煤分析台账、入磨物料分析台账、入窑煤粉质量分析台账、出磨生料质量台账、入窑生料质量台账(示例见表 7-8)、熟料化学分析台账、熟料物理分析台账、出磨水泥质量台账、出厂水泥质量台账。

表 7-7 矿山石灰石质量台账示例

试样编号	取样时间	取样地点	水分(%)	CaO(%)	MgO(%)	R_2O(%)
S20151201	2015/11/1	均化库取料机	8.0	51.6	2.7	2.0
S20151202	2015/11/3	均化库取料机	8.2	51.0	3.1	1.8
平均值			8.1	51.3	2.9	1.9
合格率			100.0	100.0	100.0	100.0

表 7-8 入窑生料质量台账示例

磨号:兰山 1 号窑

试样编号	分析日期	化学成分(%)								率值			单项分析(%)			
		Loss	SiO_2	Al_2O_3	Fe_2O_3	CaO	MgO	SO_3	Σ	KH	N	P	CaF_2	K_2O	Na_2O	Cl^-
平均值																
合格率																

2. 质量计划完成情况统计

类似生产管理中的生产计划完成情况，此处不再赘述。

7.7.5 数据综合分析和追溯

1. 矿山石灰石质量分析

采用曲线、直方图等方式，对具体某个矿山任意时间段（取样时间）内的质量指标（水分、CaO、MgO 和 R_2O 等）进行纵向对比分析。矿山石灰石质量数据分析示意如图 7.86 所示。

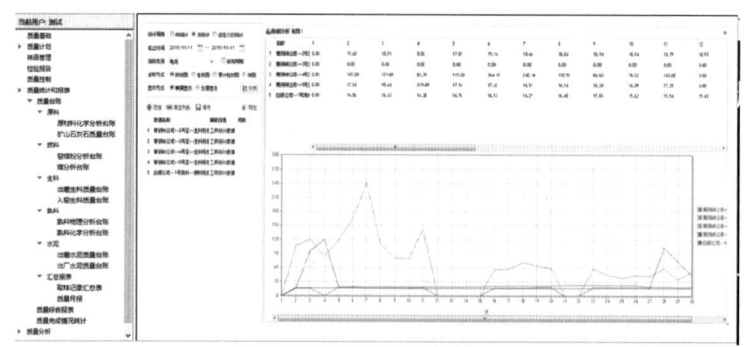

图 7.86　矿山石灰石质量数据分析示意

2. 原材料质量分析

原材料质量分析是对各分厂生产或所购原材料的质量进行分析与评估。

选择任意的时间段（进厂时间）作为 X 轴，选取任意的质量指标（如水分、LOSS、SiO_2、Al_2O_3、Fe_2O_3、CaO、MgO 和 SO_3 等）以及对应的国家、企业控制标准作为 Y 轴，采用曲线、直方图等方式进行对比分析。

3. 原煤质量分析

选择任意的时间段（进厂时间）作为 X 轴，选取任意的质量指标（如水分，热值指标 Mar、Mad、Aad、Vad、FCad、Qnet.ad、Qnet.ar，灰分指标 SiO_2、Al_2O_3、Fe_2O_3、CaO、MgO、SO_3 等）以及对应的企业控制标准作为 Y 轴，采用曲线、表格等方式进行对比分析。

4. 出磨生料质量分析

出磨生料质量分析包括两个方面：对生料磨按"生产时段"进行纵向分析；对生料磨生料质量与对应时段的 DCS 生产过程数据、石灰石等原材料质量数据进行关联分析。

（1）纵向分析

选择任意的时间段（生产时段）作为 X 轴，选取所关心的质量指标（如 LOSS、细度、SiO_2、Al_2O_3、Fe_2O_3、CaO、MgO、SO_3、KH、N、P、CaF_2、K_2O、Na_2O 和氯

离子等）以及对应的国家、企业控制标准作为 Y 轴，采用曲线、表格等方式进行对比分析。

（2）横向分析

在不同的生料磨、班组之间，选取所关心的质量指标（如 LOSS、细度、SO_3、KH、N、P 和 Cl^- 等）对出磨生料质量进行对比分析。X 轴方向为选择的生料磨。

（3）关联分析

对具体的生料磨，选择某个时段的用户所关心的质量指标（如 LOSS、细度、SiO_2、Al_2O_3、Fe_2O_3、CaO、MgO、SO_3、KH、N、P、CaF_2、K_2O、Na_2O 和 Cl^- 等），与对应时段的入磨物料质量数据（例如钙质物料、硅质物料和铁质物料的粒度、水分、SiO_2、Al_2O_3、Fe_2O_3、CaO、MgO、SO_3 含量等）、DCS 生产过程与生料质量相关的数据（例如石灰石配比与流量、砂岩配比与流量、铁粉配比与流量、页岩配比与流量、入磨生料量、入磨提升机电流、出磨提升机电流、选粉机转速和循环风量等）进行分析。出磨生料质量数据关联分析示意如图 7.87 所示。

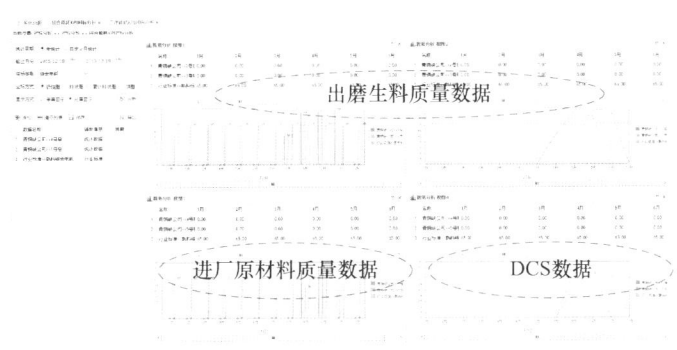

图 7.87　出磨生料质量数据关联分析示意

5. 熟料质量分析

熟料质量分析包括两个方面：对熟料按"生产时段"进行纵向分析，按班组进行横向分析；对熟料质量与对应时段的 DCS 生产过程数据、入窑生料质量、入窑煤粉质量等数据进行关联分析。

（1）纵向分析

选择任意的时间段（生产时段）作为 X 轴，选取所关心熟料的物理性能指标（如 $80\mu m$ 筛筛余、比表面积、标准稠度用水量、初凝时间、终凝时间、安定性、3d 抗折强度、28d 抗折强度、3d 抗压强度、28d 抗压强度等）和化学成分指标（LOSS、SiO_2、Al_2O_3、Fe_2O_3、CaO、MgO、SO_3、K_2O、Na_2O、Cl^-、f-CaO、KH、N、P、C_3S、C_2S、C_3A、C_4AF、C_3S+C_2S、质量比和水化热等），以及对应的国家、企业控制标准作为 Y 轴，采用曲线、表格等方式进行对比分析。熟料质量数据分析示意如图 7.88 所示。

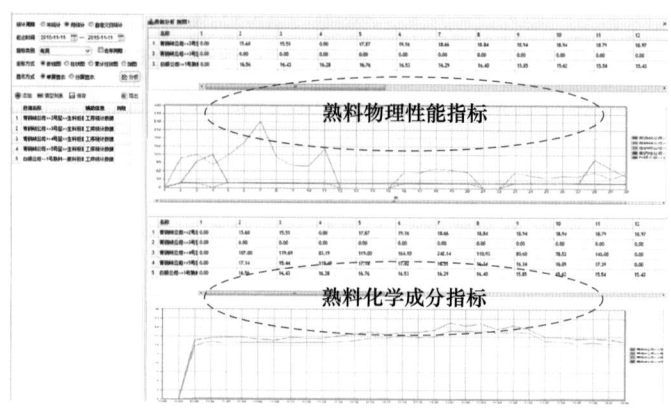

图 7.88 熟料质量数据分析示意

（2）横向分析

在不同的窑、班组之间，对所生产的熟料的物理性能指标和化学成分指标进行对比分析。

（3）关联分析

选择某个时段的用户所关心的熟料物理性能指标（例如，28d 抗折强度、28d 抗压强度）和化学成分指标（例如，f-CAO、KH、N、P），与对应时段的入窑生料质量数据、入窑煤粉质量和煤耗数据、DCS 生产过程熟料烧成环节的相关数据（例如入窑生料量、窑头喂煤量、窑主电机速度、窑主电机电流、高温风机转速、二次风温、二次风压、窑尾烟室温度、窑尾烟室压力、窑三次风压、分解炉出温、五级筒出温、五级筒出压、一级筒出温、一级筒出压、篦冷二室风压等）进行分析。熟料质量数据关联分析示意如图 7.89。

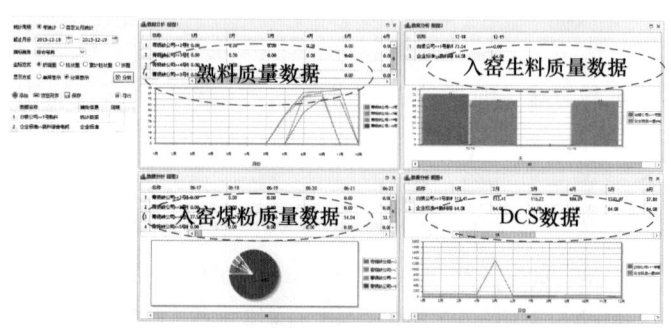

图 7.89 熟料质量数据关联分析示意

6. 出磨水泥质量分析

对出磨水泥质量（细度、强度等）与熟料、混合材质量数据，对应时段的 DCS 生产过程数据进行关联分析。出磨水泥质量数据关联分析示意如图 7.90 所示。

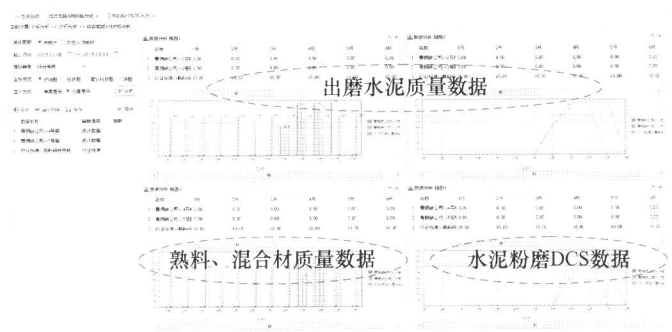

图 7.90　出磨水泥质量数据关联分析示意

7.8　水泥生产智能信息管理系统工程实例

7.8.1　设计原则

按照总体规划、分步实施的原则，结合某集团公司管理和运行要求，考虑到各部门工作的重点和相互之间的管理层级，实现涵盖分公司、运营区、集团三个层次的某集团智能信息管理系统。

项目设计原则和指导思想如下：

1. 先进性、成熟性和实用性

根据本行业能源管理的特点，选用当今成熟并具有良好发展前景的新技术、新设备、主流设备，使系统有较长的生命周期，既能满足当前的需求，又能适应未来的发展，建立一个技术先进、功能齐全、国内先进的水泥生产能源管理指挥中心。

2. 经济性

充分利用现有 DCS、远程监控系统、OA 办公系统、ERP 系统、装车一卡通、远程视频会议等现有资源，做到物尽其用，既保证系统完整性又兼顾系统的经济性。

3. 稳定性、可靠性

高效、稳定的系统，能提供全年 365d，全天 24h 的连续运作。

服务器终端设备、网络设备、控制设备与系统布线，必须能适应相应的工况条件，以确保系统稳定。

4. 可操作性

先进且易于使用的图形人机界面功能，提供信息共享与交流、信息资源查询与检索等有效工具。提供易于使用的数据库功能，让使用者能随时查询信息及制作所需的报表。

5. 高效性

注重各子系统的信息共享，提供整个系统高效率的传输与运行能力。

6. 实时性

设备和终端反应快速，充分配合能源和生产管理系统对实时性的需求。

7. 完整性

提供与各种外界系统的通信功能，并在整体系统的运作上确保信息的完整性。满足能源供需平衡、调度管理和能源、生产计量管理的需求。

8. 安全性

在系统部署相关安全措施，以有效地确保系统各个层次安全（包括系统、网络、应用、与工艺配套安全等）。

9. 可扩展性

考虑到能源和生产系统随主工艺系统不断扩展的特点，提供与各种外界系统的通信能力；随着集团公司的不断发展壮大，从系统设计、软件平台到网络结构都需要具有相应的扩展能力。

10. 可维护性

从应用系统的规划和设计、硬件设备的选型和应用软件系统的开发等方面整体考虑通用性、开放性，便于维护人员快速掌握设备使用；在系统局部发生故障时，运行维护人员能尽快发现并能及时处理，避免故障扩大并快速恢复正常运行。

7.8.2 实现目标

公司智能信息管理系统主要由数据采集子系统、远程监视子系统、生产管理子系统、能源管理子系统、设备管理子系统、质量管理子系统和绩效管理子系统等组成。

1. 数据采集子系统

实时采集各类 DCS 生产数据、能源消耗数据、质量数据、环保数据等，通过网络稳定地传输到系统服务器并完整保存。

2. 远程监视子系统

实时监测能源计量的各项参数，在中控室或任何有网络的地方均能通过计算机登录以实时了解整个企业现场的实际情况。借助设置的报警阈值，实现能源数据实时报警功能。

3. 生产管理子系统

生产管理主要记录、展示并分析生产相关的数据信息，主要包括生产计划管理、员工签到管理、交接班记录管理、盘库及库存信息查询、过磅信息查询、生产 KPI（关键绩效指标）对标分析、停机报警分析、知识管理。

4. 能源管理子系统

能源管理主要记录、展示并分析能源相关的数据信息，主要包括基础数据管理、电量统计、电耗统计、能效分析、能源预测、能源计划管理、能耗管理、能源消耗异常事件分析、设备能源管理、能效分析管理、能源综合报表。

5. 设备管理子系统

建立设备档案信息库、实现设备巡检、设备维护、设备检修、设备备件及消耗品管理及设备停机管理等功能。

6. 质量管理子系统

对 ERP 系统中已有质量数据和 DCS 中与产品质量相关的参数进行集成，形成从原材料进厂到产品出厂全过程全方位的质量信息数据库，实现质量管理的信息化、精细化和智能化。

7. 绩效管理子系统

绩效管理平台主要由生产绩效管理、能源绩效管理、设备运维绩效管理、质量绩效管理和综合绩效管理组成，包括对员工的绩效管理和对班组的绩效管理。

7.8.3 系统数据存储结构

考虑到集团管理的层级以及数据特点，系统数据存储采用以下方法：

1. 数据分布存储

兼顾数据库数据存储量、网络传输量和应用实时性等方面，系统存储结构采用分布存储的方式，如图 7.91 所示。

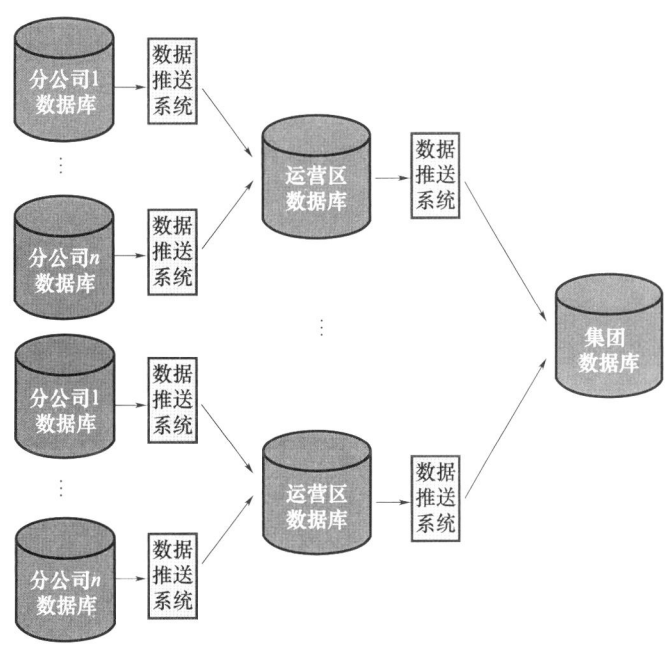

图 7.91　数据分布存储示意

系统通过 Web Service 实现数据的推送和接收实现数据的分布存放。

子公司数据库存放该公司的全部数据，并通过 Web Service 将子公司的数据实时（如主机停机报警、能耗超标、排放超标等）或定时（如审核过的产量、质量和设备运行报表等）推送到集团生产运营监控中心。

用户可在集团生产运营监控中心查看各子公司已推送或上报的数据，也可在集团生产运营监控中心通过数据服务子系统，实时调取子公司生产运营画面。

2. 时序数据存储规则

为减少子公司存储生产过程数据（巨量时序数据）所需的存储空间，应设计过程数据存储规则。

根据生产过程数据的实际情况，用户可根据不同数据的存储要求选择不同的存储规则，具体分为连续存储、变则存储、等距存储和等距特征存储。

1）连续存储

根据数据采集系统的采样周期进行存储。这种存储规则适用于数据的保真度要求较高时，能最大限度地还原历史生产过程的各项数据变化。但是，像设备的启停状态这样的开关量，变化的次数相对较少，如果采用连续存储的存储规则，将带来大量的冗余数据。

2）变则存储

"变则存，不变则不存"适合开关量存储，能节省大量数据存储空间。

3）等距存储

设定一个数据，每个周期只存储一个数据。

4）等距特征存储

等距特征存储是等距存储的补充，该规则除存储周期必须存储一个数据外，还根据幅值裕度，存储那些超过幅值裕度的数据。

某 DCS 数据存储规则配置示意如图 7.92 所示。

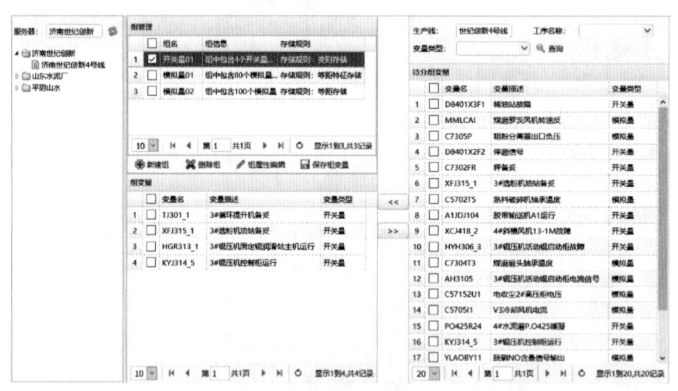

图 7.92　某 DCS 数据存储规则配置示意

图 7.92 中"待分组变量"显示生产线所有未分组的变量信息，同时"组管理"显示已存在的分组信息。单击"组属性编辑"按钮，可对组属性进行编辑，包括组名、组描述和存储规则的选择。

数据存储规则定义的基本思路是，将 DCS 数据根据其存储的粒度分组（如分成开关量组、累积量组和模拟量组等三个组），然后配置组的存储规则（如开关量组的存储规则是"变则存储"，累积量组的存储规则是时间间隔为 1min 的"等距存储"，而模拟量组的存储规则是时间间隔为 5min 的"等距特征存储"）。组数据存储规则选择示意如图 7.93 所示。

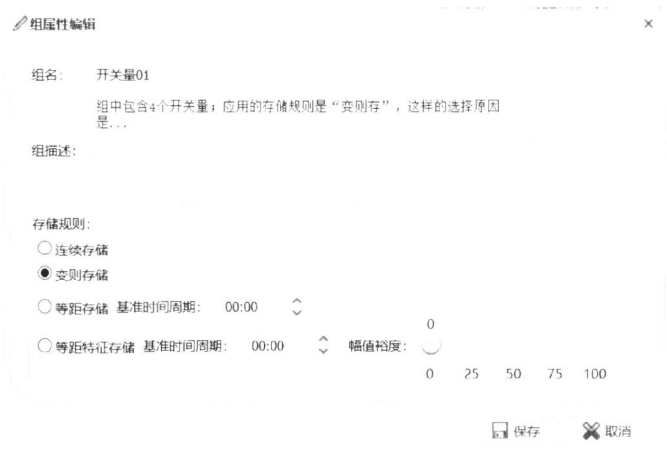

图 7.93　组数据存储规则选择示意

7.8.4　系统可靠性保障措施

1. 运行环境可靠性

1）中心机房

根据数据中心机房设计规范《数据中心设计规范》（GB 50174—2017），数据中心机房可按 C 级标准进行建设，子公司中心机房相对于集团中心机房可适当降低要求。

2）数据采集设备

数据采集设备安装在户外、低压/高压电气室、电缆沟等场所。需满足数据采集设备正常工作对温度、湿度、粉尘、电磁、振动、防雷等环境因素的要求。

2. 供电可靠性

1）中心机房

中心机房供电系统电压稳定可靠，为避免冲击电流或者电压过高造成服务器以及网络部分设备烧坏情况的发生，以及短时间停电对系统可用性造成的影响，需通过 UPS（不间断电源）为服务器、交换机等重要设备提供稳定可靠的电源；服务器采用双电源，保障服务器本身供电系统的冗余。

2）配电室数据采集终端

配电室数据采集终端以及网络节点供电，以取自 UPS 电源最为理想。

3. 硬件设备可靠性

1）服务器

为保证服务器不因个别硬件损坏，影响整个系统运行，可采用容错服务器、双机热备、虚拟化技术提高服务器的可靠性；数据存储空间可采用磁盘阵列（RAID）方式划分，也可以单独设计磁盘柜同一机型规划部署。

2）网络

数据采集网络建议采用工业环网进行架构设计，避免某网络节点造成整个网络瘫痪的故障发生。

当超 5 类线网络穿过变频器、高压电缆等电磁辐射强等地点时，注意电磁辐射对数据传输的干扰。此时可采用更换成光缆或屏蔽超 5 类线、绕开辐射区域、串管敷设等方式减轻电磁辐射对网络的干扰。

主要节点交换机采用吞吐量大、设备运行可靠的交换机。

4. 数据传输可靠性（断点续传）

1）数据采集计算机与子公司生产运营管理中心数据传输可靠性

数据采集软件除提供采集 DCS、电表以及其他数据功能外，还提供断点续传功能。数据采集软件将采集后的数据同时存入本地和子公司生产运营管理中心平台数据库中。当数据采集计算机与子公司生产运营管理中心机房网络不通或其他原因导致数据无法存入数据库时，数据采集软件自动记录数据存储资源失效时间节点。等到数据可正常存入子公司生产运营管理中心机房平台数据库时，数据采集软件自动将上传的数据上传到子公司生产运营管理中心机房平台数据库中。

2）子公司生产运营管理中心与集团生产运营中心数据传输可靠性

子公司生产运营管理中心平台可以实时、定时、事件触发的方式将数据上传到集团生产运营管理中心；集团生产运营管理中心接收到数据后，将数据保存到集团生产运营管理中心数据库，更新数据接收状态，并将状态传递给子公司生产运营管理中心平台；子公司生产运营管理中心平台根据回传的状态决定是否进行数据重传操作。

集团生产运营管理中心平台下发数据到子公司生产运营管理中心平台过程与上述过程相同。以子公司上传数据为例，具体流程如图 7.94 所示。

5. 系统诊断与报警

系统设定合适的时间间隔，定时检测数据采集、加工、传输、保存整个数据传输链各个关键节点。当电表、水表、数据采集终端设备、数据采集计算机、数据采集软件、网络、数据采集计算机、子公司生产运营管理中心平台服务器等节点出现问题时，子公司生产运营管理中心平台产生报警（只能涉及该服务器之前的网络及设备）信息，集团生产运营管理中心管理平台产生报警信息，提醒系统维护人员进行故障排查，从而缩短故障修复时间。

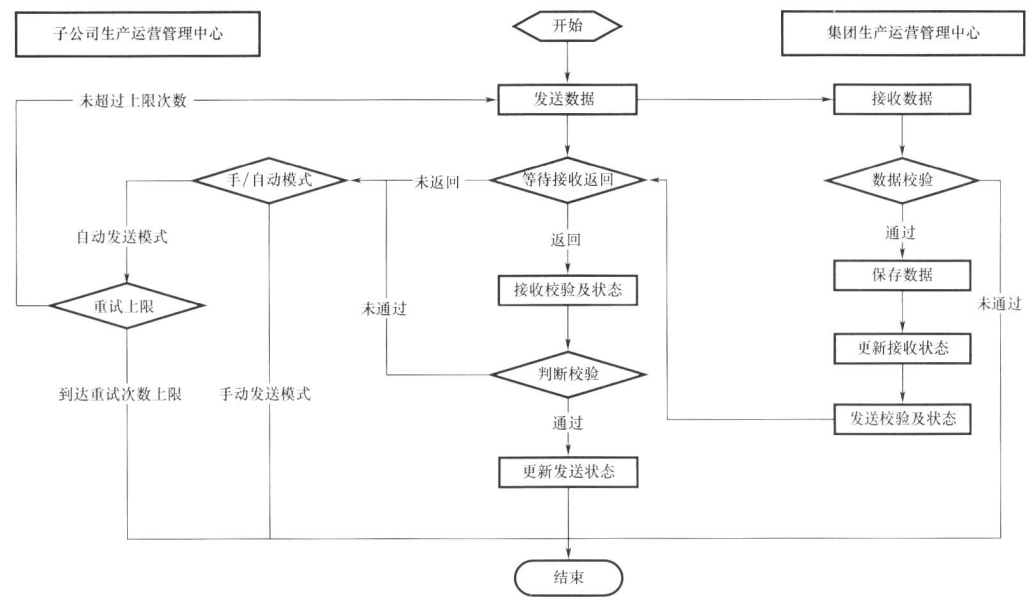

图 7.94　子公司/集团生产运营中心数据传输流程

7.8.5　系统安全性保障措施

1. 系统访问控制

用户填写正确的用户名与密码后，经过验证登录子公司生产运营管理系统或者集团生产运营管理系统。系统根据注册用户的角色权限和数据权限，自动匹配该用户可以访问的页面和访问该页面的数据范围。未经授权的用户无法访问系统。

用户登录后，系统自动记录登录的用户信息和操作信息（如有必要）。

2. 数据加密

企业敏感数据传输过程中，进行加密处理，通过 3DES、RSA 或 AES 等信息系统常用的、可靠的加密技术对敏感数据进行发送端加密、接收端解密，保障数据难以轻易被破解。

3. 数据校验

为防止数据在传输过程中被不法分子掉包，利用技术手段发送给接收方虚假信息，导致数据混乱的情况发生。为此，采用数据校验或数字签名等方式进行数据验证，保证系统数据来源真实有效。

4. 服务接口验证

采用基于面向服务的数据传输接口（SOA 架构），完成子公司运营管理中心和集团运营管理中心的数据交换和共享。该架构的优点是可以跨平台访问，跨服务器访问，有利于系统的开放性和可扩展性，增加了系统的灵活性。同时面向开放式网络，面临更大的访问风险。因此，采用服务接口验证技术，保证只有授权的用户能访问服务接口，获取需要的数据或者服务。

7.8.6 其他系统优化措施

1. 数据压缩技术

系统中存在大量的数据交换，特别是子公司生产运营中心与集团生产运营中心的数据交换，数据量庞大，对集团网络带宽产生更大的压力和提出更高的要求。为降低数据在传输过程中对网络带宽的占用，降低网络使用成本，增强网络稳定性，数据传输接口服务中，对大数据量的接口，系统采用数据压缩技术对数据进行压缩。

2. 数据库访问优化技术

采取合理设置主键、索引、分区等措施，提高数据检索速度，提升用户访问系统的体验，尽可能在最短的时间内响应用户所需要的数据和所需要的服务。

8 水泥生产智能制造案例

8.1 临沂中联水泥有限公司

8.1.1 公司系统架构

临沂中联水泥全流程数字化智能工厂围绕水泥生产核心业务，利用自身长期生产经营过程中积累的生产制造、设备运维和经营管理知识，基于移动通信网络、数据传感监测、信息交互集成及自适应控制等关键技术，创新应用了数字化矿山管理系统、专家智能控制系统、设备管理系统、能源管理系统、先进生产装备系统、智能质量控制系统、仓储物流包装系统、清洁能源发电系统、设备智能监测系统和危废处置设备系统等涵盖水泥生产全过程的智能化控制及管理系统，实现了工厂运行自动化、管理可视化、故障预控化、全要素协同化和决策智慧化，形成了"以智能生产为核心""以运行维护做保障""以智慧管理促经营"的水泥生产智能化模式。临沂中联水泥全流程数字化智能工厂业务模块如图 8.1 所示。

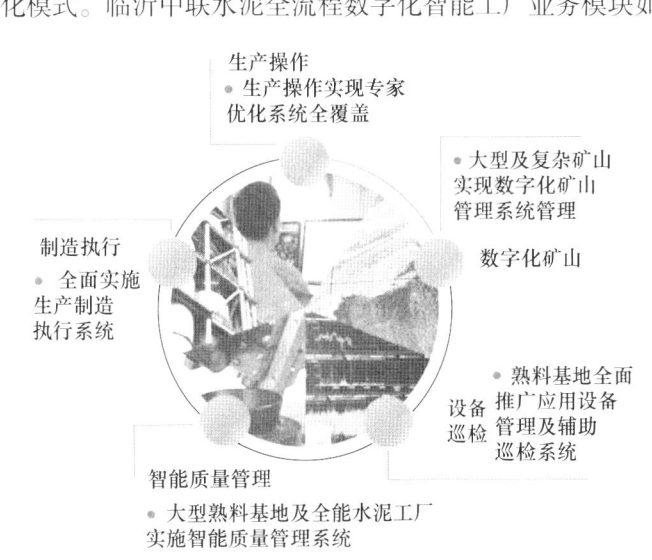

图 8.1 临沂中联水泥全流程数字化智能工厂业务模块

临沂中联水泥全流程数字化智能工厂全景如图 8.2 所示。

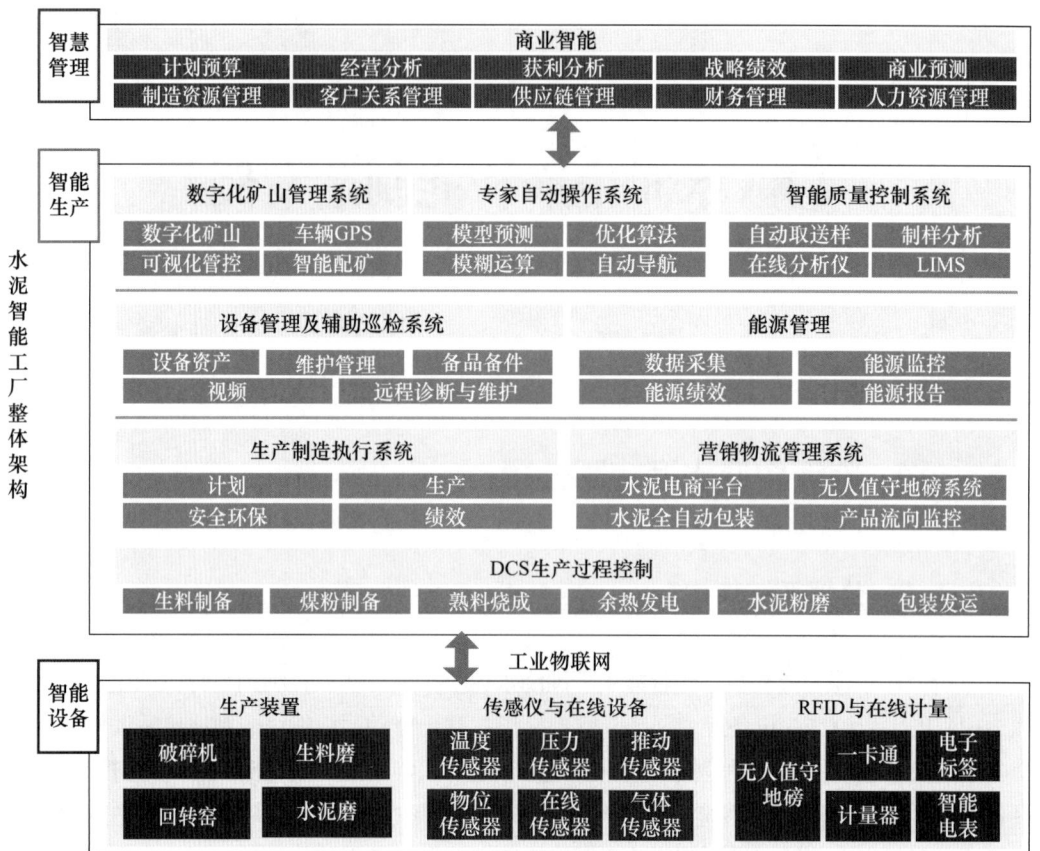

图 8.2　临沂中联水泥全流程数字化智能工厂全景

8.1.2　专家优化控制系统

临沂中联水泥全流程数字化智能工厂智能化运行围绕智能制造的主要环节，建设基于自适应控制、模糊控制、专家控制等先进技术的智能水泥熟料生产线，实现原料配备、窑炉控制和熟料粉磨的全系统智能优化，形成水泥熟料生产自动化、数字化、模型化、可视化、集成化、智能化生产工厂的生产智能制造与决策支持信息化平台。

专家优化控制系统作为智能工厂的控制执行部分，旨在大幅度降低操作人员的工作强度，使其把工作重心由繁杂的过程操作转移到工艺指标的优化、设备故障的及时预防与处理上，从而统一操作思想，优化资源配置；将人的信息综合及故障处理的快速性与软件的实时性完美结合，进一步提升生产的稳定性与连续性；最终实现保证产量、提升质量、降低能耗的目的。专家优化控制系统分为六个子系统，见表 8-1。

表 8-1 专家优化控制系统

子系统	控制分项
原料磨智能控制系统	喂料量控制
窑专家智能控制系统	高温风机控制
	小仓仓重控制
	入窑生料下料控制
	尾煤控制
	头煤控制
	窑转速控制
	箅冷机控制
	箅冷机风机控制
	窑头排风机控制
煤磨智能控制系统	喂料控制
	温度控制
脱硝系统智能控制系统	NO_x控制
水泥磨智能控制系统	喂料量控制
	循环风机控制
	选粉机控制
余热发电智能控制系统	水位控制
	压力控制

通过将新一代人工智能技术与先进制造技术融合,设计及建造集数字化、智能化、网络化、自动化、敏捷化、高效化、绿色化、安全化的技术平台,并形成智能协同控制及优化方案。

8.1.3 生产制造过程智能化

临沂中联水泥全流程数字化智能工厂内自动化、数字化、智能化设备联网数占自动化、数字化、智能化设备总数的比重达到95.3%,位居行业前列。

1. 智慧绿色矿山平台

智慧绿色矿山平台涵盖矿山三维模型、中长期采矿计划、爆破管理、取样化验、采矿日计划、精细化配矿、GPS(全球定位系统)车辆调度、卡车装载量监控、混矿品位在线分析、配矿自动调整、生产管理、司机考核等矿山管理的各领域,实现三维采矿的智能设计、配矿质量在线分析、矿车调度优化管理、矿山生产立体化管控,解决中联水泥在矿山生产方面存在的配矿、监督和管理问题,提高矿山生产效率、资源利用率和安全保障水平。矿山自动化集中管控平台建设基础设施,在矿山办公区建设控制室,安装矿山自动化集中管控平台大型LED(发光二极管)电子屏,配备信息储存处理计算机,预留智能系统接入的信息传输接口。

2. 3.5km 石灰石管状皮带输送系统

临沂中联水泥全流程数字化智能工厂在石灰石运输方面,投资 1.35 亿元建设 3.5km 石灰石管状皮带输送系统。石灰石通过汽车运输至破碎卸料平台,破碎卸料平台设置在矿区南侧较平缓处,卸料平台标高为 +124m,破碎后的石灰石储存至稳流库中,然后经 1#长皮带输送至厂区南侧 1#中转库;3#长皮带从厂区南侧 1#中转库输送至砂石骨料筛分机,筛上块石进入骨料生产系统,筛余石料则输送至 2# 长皮带;2#长皮带从厂区南侧 1#中转库输送至厂区北侧 2#中转库,然后分别输送至石灰石预均化堆场和制砂系统。

石灰石管状皮带输送系统配置有输送机智能巡检系统,它主要由输送机巡检机器人、充电桩、除尘装置、无线通信系统、轨道、运营平台和手机 App(机器人助手)组成,可实时采集状态信息与音视频信息,通过无线传输至管理后台,运营平台可实时显示输送机与巡检机器人状态信息。该系统能够代替人工巡检工作,通过对数据进行分析,可进行实时故障报警和潜在故障预警。采用红外线和电子束技术,在输送机正常工作状态下,不与胶带接触,全方位地实时探伤和监测,对输送带的内部钢丝绳锈蚀、断绳、接头抽动和输送带表面划伤、掉胶、纵撕实时监测,杜绝输送带的横断和纵撕事故;杜绝管状皮带输送机在运行中的反包、扭曲、胀管、塌管造成的恶性事故。

3. 设备运维综合管理系统

临沂中联水泥全流程数字化智能工厂设备运维综合管理系统是以"建设设备运维管理体系,提升企业竞争力"为核心,围绕"细化-量化-流程化-标准化-协作化"的管理思想,结合企业设备运维管理的主要工作,构建体系化的、灵活集成的、软硬件配合和动态响应的设备运维智能协同应用平台,从而提升和完善企业运维管理体系建设。

设备运维管理项目的应用立足于企业设备运维作业流程管理和体系建设,提供设备运行、检修和企管等部门的设备运维管理协同,实现企业现有信息化管理系统如 ERP、SIS、DCS 等系统设备管理功能在企业设备现场有效落实的延伸和闭环管控,使企业"精细化管理"和"两化融合"工作得到切实落实和设备运行维护质量与效率的提升。

4. 设备智能在线监测系统

1)设备智能在线监测系统。采用西马力智能在线检测系统,运用振动频谱分析、应力波等探伤、诊断技术,对减速机、辊压机等重要大型设备进行实时动态监测,可提前 1~2 个月发现故障隐患,提前做好配件供应和维修准备。

2)润滑油在线检测分析系统。由于水泥行业的特点、污染情况对设备的过度磨粉等造成配件与设备的故障,为了让到期更换模式变为提前预防模式,设备油液在线监测技术得到广泛应用,油品在线状态检测的首要目的是对油品劣化、污染和机械磨损的早期发现和预警,公司与北京西马力工业集团合作,共同研制开发润滑油在线分析系统,2019 年 2 月开发完毕。基于全面优化的油品管理系统实现全面上云,搭建设备健康管理平台,对全厂的油品润滑站、液压站进行全面的健康管控,配备 1 套油站健康管控系统和 5 个用户端。实现企业对润滑油品、润滑设备、润滑维护等相关工作过程信息集成与智能化管控的工作平台，核心优势是现场油品检测与在线油品净化技术。平台首次实现了企业油品管理与企业设备管理的全面对接，极大地提升了润滑管理在设备管理过程中的价值。

3）电机健康管理系统。公司引进西马力健康管理系统，使用仪器对电机检测后，根据设定的数据模型分析电机健康状态，电机健康状态通过 MCA AT5 软件实现检测。此软件是一个强大的分析软件，能分析交直流电机、变压器、发电机甚至伺服电机、步进电机等。它能分析交流异步鼠笼电机的转子细化过程，能创建一个强大的 MCA 专业数据库，用以分析电机运转的实时情况。通过它连接 AT5 仪器，可以很方便地把数据上传到软件上，然后可以很方便地分析、存储数据，得到电机的测试报告。

5. 生产管理平台

生产管理平台主要功能包括生产计划与实绩、生产调度、物料平衡、生产分析、绩效评价以及生产数据开发利用等功能。生产计划包括两方面内容——产品生产计划和设备利用计划。实绩是对生产计划的反馈，通过与计划的比较，用户可掌握当前生产的状态，有利于及时做出调整，更好地完成计划。生产调度包括交接班日志、排班计划编辑、工作安排、数据补录。根据公司内部所有原燃材料进厂数据、成品出厂数据、生产消耗、库存三方数据自动统计，实现物料平衡功能。生产分析主要针对生产过程中的数据进行纵比分析或者横比分析。纵比分析是指不同的生产数据按照时间的先后绘制成趋势图，通过趋势图分析生产过程中的经验和找出问题的所在；横比分析是指不同的生产数据在同一时刻进行横向比较，通过分析柱状图，总结经验或者找出问题。针对某项指标，系统根据用户选择的统计时间区间，检索各运行班组台时产量、运转率、故障停机次数、关键工序电耗、关键工序煤耗等主要生产及能耗指标，用以分析各班组每天的日绩效。

6. 产品质量信息追溯系统

质量管理系统收集各企业的原材料质量信息、产品质量信息等，实现全方位水泥质量信息管理和分析。原材料、半成品、产品质量数据主要从系统中获得。对熟料生产线，这些参数主要包括原材料（石灰石、页岩、砂岩、铁粉、原煤等）的化学成分、物理特性和热值，半成品（生料、煤粉）化学成分、物理特性和热值，产品（熟料）的化学成分和物理特性等。对粉磨站，参数主要包括原材料（熟料、石膏、混合材、添加剂等）和产品（水泥）的化学成分和物理特性等。

通过对化验室系统中已有质量数据和 DCS 中与产品质量相关的参数进行集成，形成从原材料进厂到产品出厂全过程全方位的质量信息数据库，实现质量管理的信息化、精细化和智能化。

7. 无人值守地磅系统

临沂中联水泥全流程数字化智能工厂建设有无人值守地磅系统，包含水泥、熟料、骨料营销业务的派车、司机自助办理进厂业务、车辆过磅自动称重、发货控制等。随着聊天软件微信的普及，财务软件实现了从微信小程序下单、查询和管理功能。产品提货使用一卡通提货方式，代替人工开单记账方式。提货司机进门前凭提货单号在自动柜员机获得一张内置提货信息的磁卡，进门后磁卡进入地磅，自动获取磁卡信息，自动计量。司机进入发货现场，通过磁卡刷卡，获得提货产品发货资格。货物装满后，进入地磅，完成自动计量，在门口将卡放回自动柜员机，获得出厂资格。

8. 自动包装装车系统

物料自动装车系统采用天津华通自动化控制有限公司的自动装车装置及红外、雷达、激光等感应系统，对敞口车辆进行自动测量和装车控制，实现物料的自动化装车，减少 6 名装车工。根据核心功能模块划分，系统主要包括门禁系统管理、自动充装、自动下料管理、客商管理、智能称重管理、视频监控、异常报警、数据采集及统计分析、数据可视化等功能。

9. 能源管理平台

通过能源管理中心平台将公司现有能源介质作为公司级的资源，集中进行调配、平衡、考核、管理和优化，最终实现能源系统一体化运作和集中管理，并将能源过程管理过程精细化。将分散的生产和运行管理体制转变为相对集中的、高效经济的生产和运行管理体制。

10. 数字化采购管理平台

临沂中联水泥依托中联集团，通过项目建设，打造具有竞争力的采购平台，构建集团采购管理体系，构建专业、高效的采购管理团队及优质的供应商团队，实现采购管理的标准化、流程化、数据化、规范化、体系化，改善采购过程中的集采管控能力、成本控制能力、精益采购能力、供应关系管理能力、战略采购能力。实现全品类、全组织范围的集约化采购管理、落地可控的管理能力。实现采购业务的规范化、标准化、透明化、数据化、共享化；过程可监管、可追溯。建立持续提升的供应商管理体系，由传统管理向建立持续供应协作关系转化。通过体系化、策略化方法流程集，获得持续降本的采购能力。持续改善采购专业能力，建立动态优化的专家队伍。提供及时、真实数据分析，加强决策支持。建立交易平台所需的基础业务结构环境，打造开放整合的系统，整合供应链资源。为采购向供应链整合服务发展，实现"互联网 + 水泥产业供应链"模式奠定平台基础。

11. 仓储库存优化管理系统

原料堆取料机无人值守系统，公司投资 60 万元，通过对原料堆取料机进行自动控制改造，实现自动布料、取料，减少 6 名岗位工作人员。取料机通过改造增加无线控制，用于传输中控及取料机之间的控制信号。取料机增加无线视频，用于传输无线视频信号。取料机增加摄像机，监控大车左、大车右、下料口、大臂与料堆高度、悬臂皮带、驾驶室。增加堆位接近开关，用于料堆分区及防撞。增加大臂角度传感器，用于测量大臂角度。取料机增加大臂防撞光电开关，防止碰撞。取料机增加行走编码器，测量行走距离。取料机增加触摸屏，更换原按钮控制面板，控制取料机运行。取料机增加电流传感器，用于刮板电流。PLC（可编程逻辑控制器）更换成西门子 1200 系列。程序重新设计调试。

平台实时采集生产线原燃料消耗,并与 ERP 建立通信,实现仓储的网络化管理。管理人员在办公室即可实时掌握原材料与产成品的库存情况,便于下达生产指令。

8.2 平阴山水水泥有限公司

8.2.1 公司系统架构

近几年,行业内已有很多企业在围绕绿色智能化进行相关的升级改造。山水集团作为全国性的大型水泥建材集团,在能源管理和绿色智能化建设方面有很好的基础,先在平阴山水水泥有限公司(以下简称平阴山水公司)建设一条绿色智能生产示范线,成熟后本着"先急后缓"的原则在集团内推广,力争 3～5 年,将集团所有企业都打造成为"绿色智能化工厂",并处于国内领先水平。

平阴山水公司是山水集团规模最大的企业,公司设备设施先进,各项经济指标及管理水平一直处于水泥行业前列,近几年在智能化、数字化建设方面有很好的基础,具有技术能力较强、专业水平较高的管理团队,先在平阴山水公司建设一条绿色智能生产示范线,具有很好的示范带动作用。

随着平阴山水公司绿色智能生产示范线建设的推进,对数据的提取及应用提出了更高的要求,平阴山水公司根据实际情况,将所有建成的系统统一汇聚到一个系统,系统再进行大数据的分析、存储及应用,提取有用数据建立数据中台指导生产,做到统一集中控制管理,如图 8.3～图 8.5 所示。

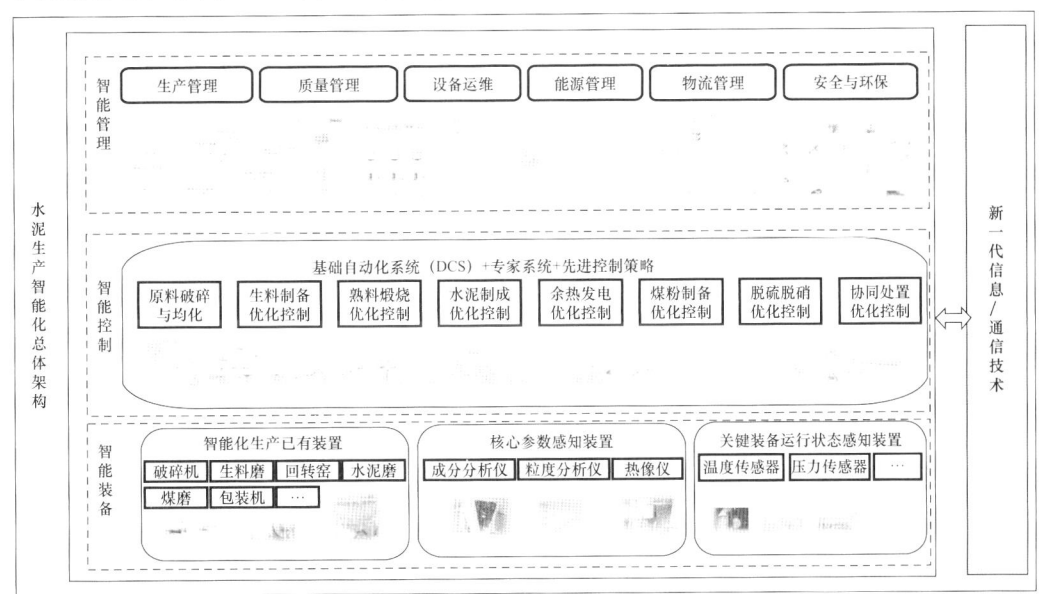

图 8.3 水泥生产智能化总体架构

图 8.4　智能化指挥中心数据中台

图 8.5　数字中心设施及环境

依托工业互联网平台理念，借助先进的信息化软件技术，以及先进的数据通信等各类信息采集技术，通过对工厂 DCS、智能装备、物流系统、MES、ERP 以及仓储管理系统的整合，实现对工厂生产经营数据的 100% 数据采集，构建工厂数据中心平台。在此基础上构建覆盖工厂工艺指标管理、生产关键指标管理、质量指标管理、能耗指标管理、设备运维管理、物资出入库管理等各种管控场景的企业生产智能制造创新平台，为企业推进智能制造打下坚实基础。

企业基于已有的装置，利用新型感知技术，补充水泥智能化生产厂区综合感知、重点关键设备感知、生产线流程各环节感知、水泥质量感知等，形成全方位、立体多参数、多信息感知，为生产、管理、监控等提供基础 PCS 感知信息。利用 MES 对感知信息与生产计划、管理、控制等环节的信息快速交换、传递、存储、处理和无缝智能化集成，提高生产过程可控性，实现从工艺、制造、检验、销售、物流各个环节的互联互通。

网络基础设施设备完善，建立了标准化模块机房以及网络设备档案、网络拓扑结构图，并且服务器进行虚拟化私有云存储。建立车间内部互联互通网络架构，实现设计、工艺、制造、检验、物流等制造过程各环节与生产管理系统（MES）和企业资源计划（ERP）系统的高效协同与集成。

水泥生产全流程智能制造工厂主干网络类型为千兆以太网，主干网络协议为 TCP/IP 网络，网络建设包含设备层网络、控制层网络、管理层网络。涵盖底层设备、DCS、化验室、智能视频系统、智能物流一卡通、办公网、业务室、能源管理系统、集团、互联网等，并设置了相应的访问权限。

网络方案支持多种技术（如 PROFIBUS、RS485、TCP/IP、Wi-Fi 等）的传输方式，制定了工业网络设备、数字化系统及网络安全性等措施，保证了网络安全及数据安全。建有工业信息安全管理制度和技术防护体系，具备网络防护、应急响应、信息系统应急预案等信息安全保障能力。建有功能齐全的保护系统，数据出口安装网络防火墙及工业隔离网闸，将办公网与控制网进行分开，防止病毒的入侵，同时采用全生命周期方法有效避免各个系统失效。

8.2.2 智能制造工厂建设

平阴山水公司针对水泥生产及企业运营特点，运用工业互联网、工业人工智能、工业大数据等先进技术，在工厂建设、生产作业、质量管控等环节开发了十个管控平台，建成了集泛在感知、智能控制及管理功能于一体的水泥生产智能制造工厂。

在产品全生命周期方面，建成了水泥生产质量管控平台以及智能化营销管理与售后服务平台，不仅可以稳定并提高产品质量，全程记录从原料到成品各个生产环节的质量信息，还可以及时对客户需求进行分析，及时对服务策略决策和服务响应做出调整。

在生产全过程方面，建成了基于数字孪生的工厂虚拟仿真操作教学平台、智能化水泥生产管理平台、水泥生产全流程智慧决策平台、水泥生产智慧物流管理平台、水泥生产全流程设备管理平台、AI 视频监控平台、智能化水泥生产能源管理平台以及超低排放一体化监控平台，上述平台可以监控并辅助工作人员统计分析水泥生产数据、设备运行数据、能源消耗数据、物流车辆数据和环境监测数据，也可以对生产线进行全流程智能化控制，诊断并预测设备及生产过程故障及运行状态的发展趋势，还可以帮助新入职员工完成水泥生产设备的认知、调试、生产操作和故障处理以及全流程自动控制。

1. 水泥生产质量管控平台

针对平阴山水公司新建成的 3 号生产线存在的生产物料成分波动性大、采样代表性差、检测周期长等问题，研发了水泥生产质量管控平台。研发了生料、熟料、水泥的自动取样、称重、制样、检测等一体化智能在线检测装备，并进行分布式检测，实现全局质量稳定控制、质量闭环管理；研发了与之配套的生料配比、原煤质量等分析软件，满足关键质量指标分析判断与追溯需求。

智能质量管控系统涵盖物料在线检测及质量控制，不仅实现减员增效，稳定并提高产品质量，而且全程记录从原料到成品各个生产环节的质量信息，使产品质量有更强的可追溯性。

2. 智能化营销管理与售后服务平台

在营销管理上，公司建立了智能化营销管理与售后服务平台，应用覆盖签约客户服务、各级经销商服务与管理、产品运输服务以及零售业务服务等业务，通过打通合同、订单、支付、发货等全业务流程数据，实现营销业务的闭环管理。相关方可以网页、App、微信等多种方式灵活应用，使合同签订、开具发票、对账等业务执行更加便捷，即时获取相关数据信息。同时，从营销管控业务角度，实现了低价管控、流向管理，有效规避业务风险。"一站式服务、一键化管理"，变革传统营销模式，夯实业务中轴线，也使各利益方获得最佳体验。

3. 基于数字孪生的工厂虚拟仿真操作教学平台

平阴山水公司针对回转窑、水泥生料粉磨系统开发了基于数字孪生的工厂虚拟仿真操作教学平台，以帮助新入职员工熟悉工厂配电、用电设备，电气控制、电机拖动、变频调速、电路原理等基础知识，同时结合现场实际生产所积累的水泥生产过程自动化控制与操作优化工作基础，开展新入职员工关于水泥生产设备的认知、调试、生产操作和故障处理以及全流程自动控制等方面的培训工作，为新入职员工提供一个安全可靠的试验认知环境，可降低培训成本和资源消耗。

4. 智能化水泥生产管理平台

平阴山水公司结合已建成的生产管理系统（MES）研发了智能化水泥生产管理平台，实现了水泥生产的分析与统计、绩效管理及控制优化、生产调度、生产管理以及智能预警等功能，并建成平阴山水公司计划调度指挥中心，对水泥生产过程中生产看板、质量看板以及能源看板进行统一管理；实现了生产数据、质量数据、设备运行数据、能耗数据的自动、精准统计，并提供了分析工具，为生产管理提供了数据支持；实现了整个生产过程的全方位监管，为生产数据统计、分析提供了依据，实现了整个生产过程产品质量信息的可追溯性。

5. 水泥生产全流程智慧决策平台

平阴山水公司针对水泥生产过程强非线性、强耦合、大滞后、工艺参数众多、测控点少等问题，针对性地研发了水泥生产全流程智慧决策平台，重点包括水泥生产全流程协同关系动态模型，并以全流程信息融合为基础，形成水泥生产过程智能化控制平台，实现水泥生产关键环节的先进过程控制。

在熟料烧成方面，首先建立以煅烧关键信息数字化为核心的煅烧信息智能感知网络，将煅烧过程的关键参数、信息、监测数据可视化；随后，运用数据挖掘技术来建立回转窑煅烧状态知识图谱，准确地判定回转窑的煅烧状态，同时综合数据驱动、机理驱动两种模式来对窑系统的异常工况进行监测与溯源；另外，设定以工厂运行效益最优为目标，运用多目标优化算法及信息融合技术求解当前工况条件约束下的燃料、原材料配比。将以上内容进行有机融合，构建回转窑系统智能体，实现煅烧环节的智能自主控制。

在水泥粉磨方面，将操作员经验、粉磨机理、现场运行数据相融合，构建基于极限学习机、最小二乘支持向量机的水泥粉磨过程动态模型，采用Bang-Bang控制和自适应PID控制相结合的水泥粉磨粒度预测控制方法构建水泥粉磨智能优化控制系统，在提升水泥产品质量的同时降低粉磨的单产电耗。

在智能化控制平台的基础上，确立以企业经济效益、资源消耗、能源消耗等多目标的目标函数及约束条件，研发实时可行的多目标智能一体化优化算法，采用"局部+整体"的方法，对生料制备、熟料煅烧和水泥制成等整个水泥生产工艺涉及的关键参数进行动态优化，获取复杂工况下全流程涉及的最优关键参数及最优指标。

6. 水泥生产智慧物流管理平台

平阴山水公司建成的水泥生产智慧物流管理平台，配有东方 GPS 调度管理信息系统、激光雷达车型识别系统、无人值守系统，从技术层面上解决了矿山石灰石拉运、水泥装运等存在的一些技术问题，堵住了存在的漏洞，缓解了进厂原燃材料及出厂水泥、熟料车辆拥堵的问题，减少了车辆在厂内停留时间，提高了工作效率，做到了车辆在厂内的全方面路径监管和可视化全面管理，对存在的问题及时进行处理，整个车辆从制卡、地磅检斤、收货、发货全部实现了无人操作，智能系统实现了物流全过程自动化、数据化、可视化，提升了物流速度，减少人为舞弊的可能，并且通过系统快速实现业务调整，使用互联网与合作方互通，提高了双方合作效率，提升了企业对外形象。

7. 水泥生产全流程设备管理平台

平阴山水公司为了解决水泥生产复杂环境下人工点巡检模式存在的潜在故障发现难、非计划停机损失大、维修费用高等问题，开发了重大装备故障诊断及预测性维护技术、复杂工况多尺度多源信息的水泥生产全流程设备管理平台，重点包括水泥窑、磨等关键设备的数据采集、监控及数据关联分析；基于大数据的设备故障分析、预测及维护；水泥生产过程工艺状态动态识别。

8. AI 视频监控平台

公司建立了 AI 视频监控平台，利用 AI 算法及大数据等进行人员行为分析，做到视频监控系统与现场联动，实时监控有无异常，发现异常立即进行报警提醒，并触发相应连锁，由原先的事后回看监控分析原因转变为实时监控提醒，并能实现远程语音喊话和对讲功能，推动企业安全管理更上一个台阶，大大提高工作效率，发挥系统最大功能。

9. 智能化水泥生产能源管理平台

平阴山水公司目前已建成智能化水泥生产能源管理平台，通过该平台将公司现有能源介质作为公司级的资源，主要对煤、电、水、汽等能源物资消耗进行实时监测，生成报表，进行能源利用状态诊断评估，最终实现能源系统一体化运作和集中管理，并将能源过程管理过程精细化。同时，建立能效对标管理体系。建立 KPI（Key Performance Indicator），可按日、周、月、年等进行统计分析，也可按公司、工厂、车间、班组等记录 KPI 数据，进行 KPI 计算和图形化显示、评估和分析，形成报告，能够在线配置针对水泥行业的 KPI 计算公式。对标可以按照班与班之间、同规格生产线之间、公司之间的关键参数对比，对比可进行灵活配置。目前该系统已成功接入山东省能耗在线监测平台。

10. 环保管控治一体化平台

根据山东省生态环境厅等八部门联合下发的《山东省水泥行业超低排放改造实施方案》要求，平阴山水公司率先实施了水泥行业超低排放改造，通过有组织、无组织、清洁运输等关键环节进行了升级治理，并建立了环保管控治一体化平台，所有环保数据在一体化平台进行集中展示，生产过程的关键设备与治污设施进行关联，通过现场建设空气微站、厂界颗粒物自动监测站等检测设备，能够及时对现场无组织扬尘进行监控，重点排放口安装了 CMES 时时对排放数据进行记录，环保排放数据直接对接中控 DCS 操作系统，根据排放数据自动调整工艺操作参数，做到自调整、自适应，确保达标排放。环保管控治一体化平台还包含无组织排放现场视频监控、车辆进出厂信息、洗车机数据、清扫车数据等。该平台的建设，使公司环保管理水平得到了很大的提升，现场人员提高了认识，治污设施实现自动化运行，不用去现场就可以快速预览全厂环保管控情况，存在异常及时进行报警提醒，做到环保信息实时在线全方位监控。

8.3 南方水泥有限公司

8.3.1 公司系统架构

根据业务需求，智能化系统架构统一规划（图 8.6），设计为集团级、区域级、工厂级，生产信息化在统一平台上规划建设。

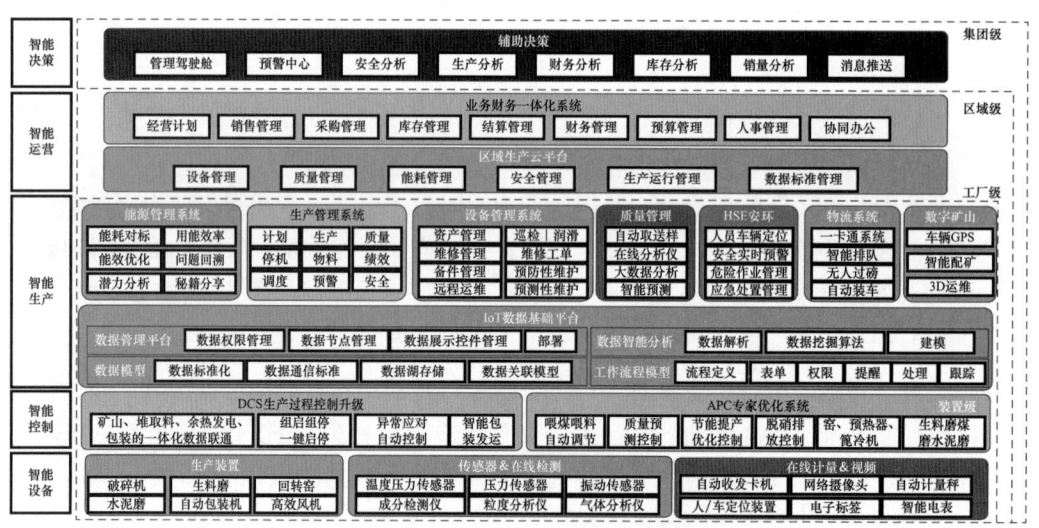

图 8.6 南方水泥有限公司智能化系统架构

集团级：集团生产报表系统，利用公司报表系统，抽调区域数据进行统计展现，同时考虑与集团统一部署的财务业务一体化系统对接，进行产销数据综合展现。

区域级：区域生产云平台作为重要管理中心，主要负责统一进行管理功能建设、生产数据的存储、标准化模型建立、数据综合展现和分析等功能，如图 8.7 所示。企业应用系统集成平台可以与区域生产云平台无缝对接。

图 8.7　南方水泥标准化部署

工厂级：企业应用系统集成平台。以数据中台技术为基础，在成员企业建立应用系统集成平台，作为云管理功能的底层轻量化载体，进行多源、多类型数据的整合和标准化处理，对不同专业管理功能进行底层定制化的组合运用，实现业务流程和数据流程一体化。最终达到生产数据全自动获取、数据全流程可追溯的管理要求，使其有能力向各类上层应用提供高效、准确、通用的数据服务，保证所有上层应用数据的一致性和可靠性。

8.3.2　智能化建设主要功能

智能化建设主要内容，包括智能优化控制、智能生产 & 能源、智能设备运维、智能质量管理、智能安环管理五大模块，如图 8.8 所示。

图 8.8　智能化建设主要内容

8.3.3 智能化建设关键技术应用

1. 智能优化控制及大数据 AI 算法协同平台

1）烧成系统加配大数据 AI 算法协同平台，部署 AI 预测辨识、质量智能预测、窑况辨识、看火电视视频量化识别、全局自动寻优、异常工况知识库等算法矩阵，实现烧成系统全工况智能控制。针对原料粉磨、煤粉制备、熟料发运、石灰石破碎、辅料破碎、水泥粉磨等粉磨工序采用一键启停控制，直到投料达到稳态、智能控制接管。全工序配套异常工况智能连锁，超限语音报警。

2）烧成系统自动驾驶采用 APC + AI + 大数据融合方式，采用数据挖掘、人工智能算法引擎，从历史数据中训练控制模型并不断优化，最终目标实现全局寻优、全局协同控制，自动更新模型参数，有效适应工况变化，保障烧成系统处于最优控制参数。引入看火电视视频亮度量化识别、游离氧化钙预测、熟料 28d 强度预测等算法辅助，充分利用在线检测仪器，准确识别窑况变化。建立异常工况知识库，基于工艺机理和大数据模型训练，通过人工标定与在线校正箅冷机风机群风量，优化风量分配策略，再平衡箅冷机热回收效率、余热发电及出箅冷机熟料温度三者关系等手段来进行箅冷机自动控制及自寻优；通过游离氧化钙的预测与回转窑热工状况评价的手段来优化窑头煤控制策略；通过分析分解炉出口温度来优化窑尾煤控制策略，提升智能控制投用率，降低窑操作员干预程度。

3）全局寻优智能控制，实现分解炉温度、烧成带温度、箅冷机风机群风量等控制目标值自设定、自寻优成熟应用，具备推广价值。

2. 全流程一体化质量管控系统

全流程一体化质量管控系统，依托全自动化验室及在线检测仪器、生料质量闭环控制建立全流程一体化质量管控平台，实现关键参数可测，过程质量数据高频检测。质量闭环控制算法实现智能配料，风、煤、料、窑速匹配，稳定和优化窑系统工况。实现质量控制从采样、分析到质量控制算法寻优控制的闭环链路。基于化验室质量数据，建立质量预测模型算法，借助大数据算法，实现水泥熟料游离氧化钙、熟料 28d 抗压强度等质量数据预测。

3. 生产运营全流程管控平台

生产运营全流程管控平台，涵盖生产、能源、设备、质量、安环、物流、绩效等。基于工业互联网、数据+业务双中台技术，标准化采集、深度融合多维数据，消除信息孤岛，实现数据100%互联互通。在统一数据管理平台上，围绕工艺机理依托大数据算法进行智能控制和辅助决策分析，实现能源生产消耗数据实时监测，全流程信息化、可视化、数字化，能效 KPI 指标实时计算、超标报警，提供能效、成本对标、绩效考核管理工具，能耗数据纵向横向对比、诊断，协助生产管理者形成最佳生产调度、能源消耗、工艺操作方案。

4. 精益生产辅助决策系统

1) 在线热工诊断系统，可视化展示烧成系统热工状态，包括窑热回收效率、冷却机热回收效率；自动推送热工诊断报告；指导对窑系统操作进行及时调整和优化，及时发现跑冒滴漏环节，为烧成系统技改提供决策依据，基于在线标定数据深入开展专家级诊断服务，指导技改和工艺操作，应用前景广阔。

2) 工序能耗分析及异常定位，从厂级、工序级、设备级进行异常能耗数据展示和逐层穿透定位。对标基准值按照台产、质量、发电量、电耗、煤耗等考核指标赋予权重通过后台大数据算法及时更新，找到最优生产数据和对标基准。对异常能耗数据、生产消耗数据、后台算法进行业务分析，在移动端进行初步原因分析统计，进行三层 AI 分析推送。

技术成熟度：该系统有效代替了人工电耗分析，正在持续攻关完善能耗分析知识库，基于历史数据深入开展能耗诊断服务，提升诊断定位的准确性。

应用前景广阔，具备较强的复制推广性，依托集团和行业，开放给用户参与编写规则，形成云端知识库。

3) 在线物料平衡管理，系统自动根据物料进厂数量、消耗数量、化验质量数据、出厂数据等进行计算，每天自动计算生料库存和熟料库存，在线物料平衡实现每天一次自动盘存，准确的库存数据为生产调度提供辅助决策依据。

4) 移动端 App，关键 KPI、报表自动生成，支持 PC、移动在线工作流程审批、消息、报表推送和自动预警，随时随地掌控工厂运行数据。

5. 智能安环管理系统

1) 全员隐患排查模块，发现隐患即拍照、快捷随手上报，对隐患整改进行数字化闭环管理。

2) 停送电作业票功能，实现在线审批、快捷验证防护措施到位，确保停送电作业安全合规。

3) 在线安全培训及考核功能，提供安全生产教育培训资料库的录入、下载、查看、更新功能，以期实现培训资料共享，支持历史培训记录的详情查询和统计。

6. 智能设备运维系统

1) 一体化视频巡检系统，在原有生产、安全监控摄像头基础上，依据巡检内容合理新增监控摄像头及视频监控系统，统一接入视频监控平台，集成视频系统数据、DCS 数据、现场测温测振数据、设备运维系统数据及其他传感器数据，统一展示，巡检人员在大屏前即可巡检，实现从常规人工巡检 1 次/d 到 1 次/7d，视频巡检覆盖该岗位 80% 以上巡检故障任务；自动发起工单、自动形成巡检记录，巡检效率、准确性、及时性明显提升。该应用场景技术成熟，一线员工接受度高，具备推广复制价值。

2) 集中自动润滑管理系统，实现自动润滑管理、精准润滑，在线监测，智能报警推送。通过自动智能润滑系统替代润滑岗位工人工润滑作业，工人仅需按照预警信息补充储油罐,大大减少工作量与安全风险;系统依据设备运转时间计算周期并自动注脂润滑,实现精准润滑,在线监测,智能报警推送,故障自动推送工单,有效减少漏加、少加、多加油对设备造成损害,润滑工作量明显降低。技术成熟,加油工作量有效代替,具备推广复制价值。

7. 运维台账管理系统

设备智能运维系统,根据公司日常设备管理经验和 TPM 管理方法,建立设备检查维修闭环管理系统。设备台账涵盖基础信息、辅机、零备件、作业基准书、技术参数、维护履历、相关指导文档,形成静态台账、动态履历。自动工单流转:通过工单管理将设备和其对应的点巡检、润滑保养、检修等工作串联起来,自动生成相关工单申请。全部移动 App 操作,全程点击完成管理流程,方便设备维护各级岗位人员使用,自动进行设备运维全维度统计。

8.4 吴忠赛马新型建材有限公司

8.4.1 公司系统框架

吴忠赛马新型建材有限公司是宁夏建材集团股份有限公司的全资子公司,于 2018 年 6 月成立,注册资本 31000 万元,总占地面积约 29.6264hm^2,员工总数 98 人。公司主要经营水泥、水泥熟料的制造与销售,现拥有 1 条日产 5000t 新型二代干法水泥熟料智能化生产线及配套 6MW 余热发电系统,年产熟料 150 万 t,水泥 100 万 t。公司运用工业互联网串起企业的生产制造、经营管理和对内对外的信息化服务与支持,将二代新型干法水泥技术和智能化技术集成创新应用于本项目,实现了质量控制自动化、生产控制智能化、设备巡检可视化。建设总体构架如图 8.9 所示。

生产线含矿山开采露天开采系统、原料封闭储存系统、辊压机生料粉磨系统、熟料烧成系统、窑尾烟气脱硝系统、6MW 纯低温余热发电系统、辊压机 + 管磨水泥联合粉磨系统、水泥自动插袋机器人装车系统、智能化实验室、窑磨专家系统、智慧物流管理系统、数字化智能矿山 DCS 中控视频巡检系统等智能生产一体化管控系统,MES、GS、e 仓储、e 安全、OA 网协办公等智能管理系统,初步集成融合应用了自动化实验室、窑磨专家系统和 MES 系统,实现了从在线产销业务办理、自动取样质检、生产窑磨专家自动控制、自动卸车、自动装车、车辆运输监控智慧物流等为一体化的智能化、无人化的综合管理。

智能化生产建设规划如图 8.10 所示,自动化应用优化工艺流程如图 8.11 所示。

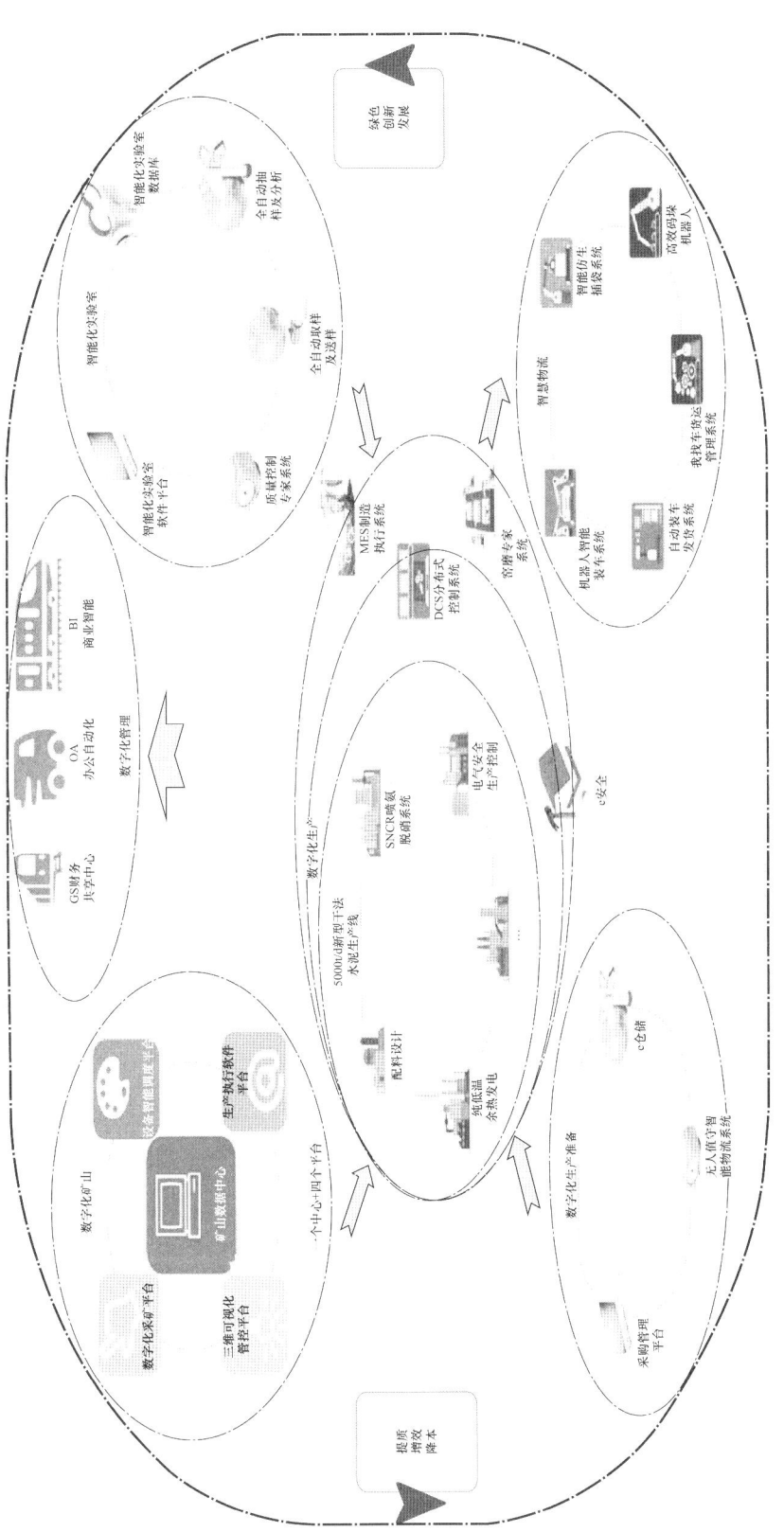

图 8.9 吴忠赛马智能工厂建设总体架构

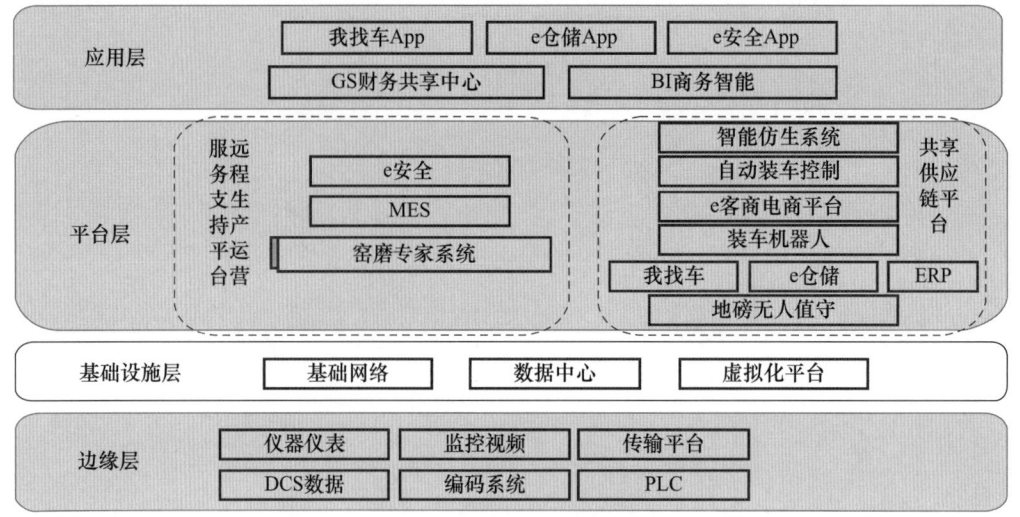

图 8.10 智能化生产建设规划

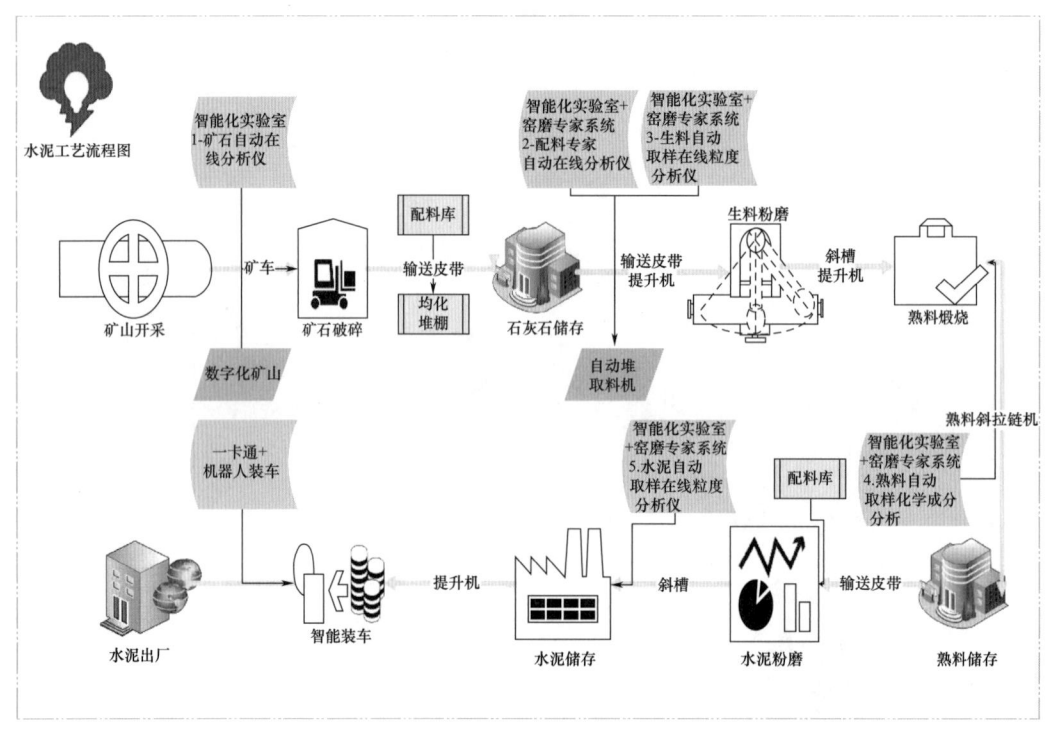

图 8.11 自动化应用优化工艺流程

8.4.2 数字智能生产系统

公司坚持做"三精管理的践行者、智能制造的示范者、三链融合的潜行者"的战略理念，持续在智能制造、资源综合利用、节能减排、安全环保等方面加大投入，不断提升精细化管理和安全生产水平，做优做强各项技术指标，构建和谐、创新、绿色、开放公司，努力打造自治区乃至西北地区利用第二代新型干法水泥技术改造提升传统水泥制造业的应用、提升示范基地。目前工作重点在业务线范围内，通过流程级数字化和传感网级网络化，以流程为驱动，实现关键业务流程及关键业务与设备设施、软硬件、行为活动等要素间的集成优化。着力打造以数字化、智能化、绿色化为主题的智能制造水泥工厂。

1. 数字智能矿山系统

建立完善数字化采矿系统、卡车智能调度系统、多元素在线分析仪系统、视频监控系统，以达到智能化指挥调度矿山开采、资源综合利用最大化、不排废和矿石质量稳定的目的。围绕"一个中心、两个平台、四套系统"开展工作。主要建设内容：一个中心即矿山调度中心，两个平台即三维可视化管控平台、智能管控平台；四套系统即数字化采矿系统、卡车智能调度系统、多元素在线分析仪系统、视频监控系统。在统一的时间坐标和空间框架下，由数字采矿软件进行统一管控，综合考虑生产、经营、管理、环境、资源、安全和效益等各种因素，将矿山信息资源进行全面、高效和有序的分析整合，科学、合理地组织搭配，提高资源综合利用率和矿山智能化水平，高效安全运行。采用地理信息系统、虚拟现实技术及物联网等技术，对矿山采场、建筑物、采运设备等进行建模，从而高度还原矿山采场地貌及环境；通过系统对接、数据集成，高度还原矿山实时生产现状，调度人员可通过电脑实时了解矿山生产现状指挥调度生产，同时实现生产数据的集中展示及预警、采矿生产的动态展示；利用监控视频系统，调度中心监控人员可以直接对矿山生产情况进行实时监控。实现全员全流程协同与智能化操作，从采矿设计、计划、生产、调度和决策全面实施智能化控制。

2. DCS、MES

公司 DCS 采用国际知名生产厂家产品，硬件采用最新 PM904F 主控，软件版本采用 V2019 最新版，在 DCS 中实现 DP 通信设备 120 台，PA 仪表设备 104 台，首条采用以通信控制为主的生产线。2020 年公司实施 MES，实现了生产管控精细化。将生产控制 DCS 与 MES 通过 OPC 数据共享方式集成到 MES 中，将现场用电设备电能计量表通过串口服务进行采集传输，通过 MES 平台数据处理。使管理人员、工艺技术人员能够实时查看生产运行情况、设备用电耗能情况，进行分析、总给归纳，找出设备运行过程中的节能提升空间，依靠 MES 能效管理平台提升设备运行效益与台时产量。实现对原材料进厂地磅数据、与生产消耗数据及库存数据进行数据对比，从而实时掌控原材料进厂量。借助大数据平台，各层级人员可以及时发现问题并精准施策。

3. 上线运行窑磨专家系统（NC-EOS V2.0）

窑磨专家系统是一种基于计算机运用的软件系统，以自动控制方式来完成过程操作，连续、高频、小幅地逼近最优参数，从而保持最佳的工艺状况，达到提产节能优化指标的目的。窑磨专家系统可以根据控制变量实现风、煤、料等调节变量的自动控制，设备的连锁和保护仍由 DCS 实现，在操作员将系统操作至正常状态后可切换至系统控制模式,主要调节工作由专家优化控制系统完成。优化控制系统能实现全闭环智能控制,在优化控制系统运行期间,不需要操作员输入任何控制目标值,所有被控目标值由系统自行设定并自主追踪,实现无人工干预自主操作;对游离氧化钙、二次风温等关键参数进行预测,并将预测值和实测值趋势图进行可视化呈现;公司目前配置180台高清摄像机,全覆盖矿山、生产、销售、安防以及道路所有环节,通过数据传输,实现运行的动态监控、集中监控、异地监控。

4. 智能包装装车发送系统

智能包装装车发送系统由自动灌装包装机、自动插袋机和智能装车机器人组成,以机器人模仿工人工作方法及方式完成插袋、灌装和装车的全过程,利用基于3D(三维)数字扫描技术,以机器人模仿工人工作方法及方式为核心进行自动装车,一体化解决水泥包装过程中,人工插袋、装车重复性动作、劳动强度大、配置作业人员多、包装装车质量差、效率低下,且存在现场粉尘对作业人员职业危害因素较大的安全风险。创造更加人性化的工作岗位和环境,有效避免人工包装、装车造成的职业病危害。用户从销售客商平台办理提货手续,过磅扫描车辆三维空间,设定装车模型,到装车现场刷卡开始装车作业至出厂,装车系统与现有公司管理系统、地磅和门禁系统实时数据交互,简化管理流程,实现一卡式装车管理。

5. 智能化实验室

借助引进集成美国赛默飞世尔公司中子活化化学成分分析技术、英国奥普泰克公司激光衍射粒度分析技术、荷兰思百吉公司的X光谱分析技术、丹麦史密斯公司多机协作、精准安全操控的智能机器人控制技术,实现了石灰石化学成分、入磨原料化学成分在线检测,出磨生料自动取样、送样、制样、分析及粒度在线检测,建立强大的数据库,并对接DCS,打通数据通道,实现信息共享。利用气力炮弹输送系统至化验室机器人取样分配系统,由在线X-Ray荧光分析仪(XRF)完成化学分析。借助在线X-Ray衍射分析仪(XRD),实现物料岩相分析在线检测石灰石化学成分、入生料磨原料化学成分,自动取样、送样、制样、分析及粒度在线检测,建立强大的数据库并共享信息,形成一套水泥生产智能化实验室整体解决方案。减少了取样、送样、制样等岗位定员,提高了质量控制效果。一体化解决了生产工艺设备控制人为经验化、习惯化、误操作,试验人员人工取样、制样、检测劳动强度大、配置人员多等问题。

8.4.3 数字智能物流系统

近年来,随着我国现代科技及信息技术的快速发展,物流行业在此背景下也越来越智能化。目前,智慧物流在我国已展现出良好的发展趋势。智慧物流是整合人工智能技术,使物流系统能模仿人的智能,具有思维、感知、学习、推理、判断和自行解决物资流通过程中的某些问题。采用数字化与互联网相融合,利用精细、动态、科学的管理方式,发挥智慧物流的自动化、可视化、可控化、智能化、网络化优势,推动协同物流、实时物流、单元化物流和程控化物流的四大物流模式创新。其具有运作管理更为高效、货物运输更为便捷的优势,具有极广的发展前景。

智慧物流的运用让平台数字化,让人、车、货跑得更快更精准,智慧物流的出现节约了人工成本,缩减了劳动力,更高效率地完成货物运输流程。平台运用大数据、物联网、区块链等前沿技术,依托互联网物流运行标准体系,完善了国内运输一站式互联网物流平台。以智慧物流供应链平台呈现形式,通过智能硬件、物联网、大数据等智慧化技术与手段,提高物流系统分析决策和智能执行的能力,提升了整个物流供应链体系的智能化、自动化水平。2020 年是我国"智慧物流"迎来了长足发展的一年,其主要驱动因素如下:一是我国内需的稳定增长,这给物流行业带来了广阔的市场潜在需求;二是物流业作为支撑国民经济发展的基础性、战略性、先导性产业,国家政策为"智慧物流"的发展保驾护航。2021 年传统物流领域智慧物流发展将加速,传统智慧物流发展先从数字化开始,通过物流订单标准化与电子化,打通物流各个流程,实现一切流程数字化,进一步推动传统物流全链路的信息互联互通,实现一切数据流程化,全面推动传统物流领域实现数字化发展。因此,在"内需" + "政策"的双轮驱动下,我国"智慧物流"行业迎来新的发展机遇。

基于以上大背景趋势,"我找车"智慧物流平台进行迭代升级,创建运行"我找车"网络货运平台、"一卡通"过磅计量无人值守系统,利用北斗定位及计量模拟数字传输等功能,与散装水泥自动装车控制系统、厂级调拨管理系统融合。实现客商手机自助办理供提货手续,一卡式原材料过磅卸车、产品装车过磅出厂及结算等管理。提高了原材料、工矿配件、产成品、运输交付结算等流程的运行速度,实现个性化定制和外部系统集成,与多样化的外部数据进行对接,实现了数据共享应用。

1. 地磅无人值守系统

升级完善"一卡通"地磅无人值守系统,司机不需要下车即可利用身份证自助办理进厂、提货、称重、打印票据和质量证明、离厂等一系列提货手续。提高了数据传输接口传输效率,优化了软件功能,与能管系统、我找车、智能仓储等系统数据共享、融合得更紧密,提高了工作效率。

2. "我找车"网络货运平台

该平台是针对公司原材料采购、产品销售、物资倒运、运输监控、自助服务、仓储管理等业务,通过不断升级优化"我找车"网络货运平台,优化 App 各项功能,改进地图应用,使车辆定位更加精准,运输路径细节更为完善;实现从在线业务办理、出入门禁、无人值守称重、取样质检、自动装卸车、车辆运输监控、仓储管理等一体化的智能化、无人化、可视化的综合管理平台。借助"我找车"物联网平台激活运力资源,以"车找人、人寻物"的需求进行功能定位,通过运价实时监控和比对,用新技术堵塞供销管控盲点,以北斗定位、智能锁应用等技术措施精准解决原料及产品等物资配送问题。物流平台与公司管理系统衔接,以大数据分析应用提升生产运营效率,降低物流成本。

3. 数字化"智能仓储"平台

拓展共享应用,完善"e 仓储"管理平台,库房可基本实现无人值守,在库房前装设可视对讲主机，主机通过后台网络与库房管理员的电脑和手机联动，支领人员可通过 IP 可视对讲设备与库房管理人员进行远程互动，在线办理材料支领业务，达到出入库智能化管理的目的。拓展供方寄存库功能，达到供方在线查询库存、监控物流，在线办理智能化入库、出库，提高采购及时率，实现零库存、减少货物资金积压等，实现库房无人值守、视频跟踪监控、远程实时查看入库、支领等，全面拓展共享应用，发挥管理型功能。

8.5 武汉港迪智能技术有限公司

8.5.1 智能抓斗起重机控制系统

智能抓斗起重机控制系统通过与生产管理（DCS）系统通信连接，建立数据交互，结合库区物料堆存区域电子地图信息和物料 3D 扫描点云信息，按照生产计划生成作业任务并自动下发到智能抓斗起重机设备执行。同时实时监控智能抓斗起重机设备的执行过程，通过智能抓斗起重机控制管理和调度，实现智能抓斗起重机设备的自动化作业。建立库区进料、出料、储存区域等一体化控制管理模式，精确定位智能抓斗起重机空间位置。智能抓斗起重机大车防碰撞系统、库区安全系统，能实现自动搬运抓取料作业、一套软件控制多个库区、库区电子地图管理、三机构联动作业、多机协同作业、抓斗自动防摇系统、DCS 系统任务联动、自动盘库、效率和能耗统计、手机 APP（应用）监控、3D 扫描云台自动校零和移动中角度旋转检测等功能。集中监控中心，实现库区三维可视化和数字孪生，相关设备需集中到一个三维画面显示，达到设备自动化、过程可视化、信息集成化、管理规范化、工作标准化的建设目标（图 8.12）。

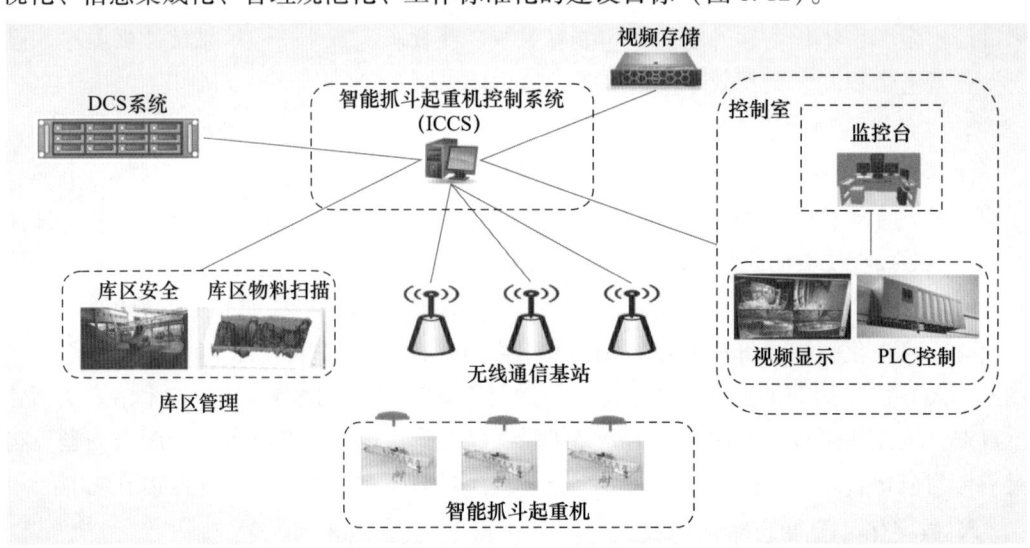

图 8.12 智能抓斗起重机控制系统

智能抓斗起重机系统稳定可靠，是保证整个库区安全高效作业的关键。采用自主研制的面向过程控制计算机系统的软件开发平台，能显示起重机、大小车设备状态，包括作业类型、作业步骤、大小车及抓斗位置自动完成作业流程，以及每台起重机的实时故障，对智能抓斗起重机作业及系统运行状态实时监控，提供作业指令查询、故障查询等。可以实现自动根据生产所需物料生产作业指令，操作人员在终端电脑上电机确认即可开始自动按指令，后续所有运行均由智能系统介入，可自动完成倒料、出料等作业任务，智能抓斗起重机控制系统能生成3D画面供相关人员直观地观察库区起重机的运行状态（图8.13）。

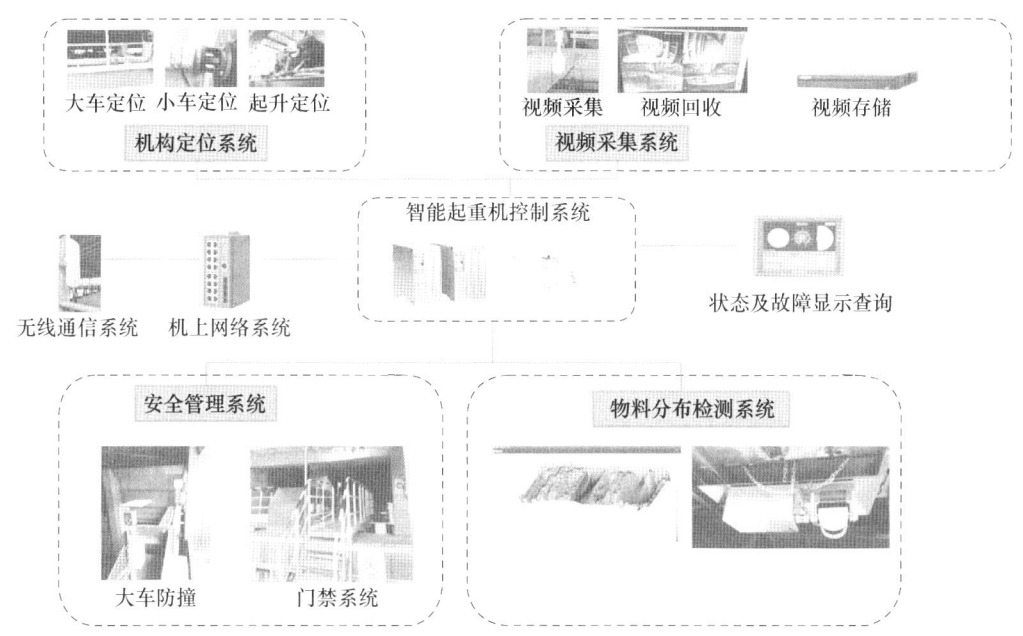

图8.13　智能起重机系统架构

智能化起重机系统可以节省人员成本，系统节省能耗，运行更加智能、安全，有效降低运行事故风险，减小安全风险方面的成本。

智能控制系统配备多项行业领先的技术方案，实施后可提升企业的整体技术先进性水平，提高企业行业技术领导能力。

传统操作方式的作业强度较高，环境较差，容易诱发职业病，职工的退休年龄早。智能起重机系统，作业人员不需要再登高进入司机室作业，仅需要在中控室内作业即可，工作环境更好。远控作业有各种传感器的辅助作业，作业简单，对操作人员要求低。

智能化自动作业的综合效率高于传统作业方式，高效率带来的即是更低的作业能耗，即可减小设备能源消耗，减少碳排放。

8.5.2 新建生产线项目中起重机应用案例

阳新娲石绿色建材有限公司 6200t/d 水泥熟料生产线电动抓斗桥式起重机（无人值守）项目，在联合储库设置 3 台电动抓斗桥式起重机，建立一套包括库区管理、智能调度、智能搬运等的自动化、信息化、智能化整体解决方案。通过先进的传感器、激光扫描仪、编码器等先进设备实时采集数据，经过系统计算进行智能决策，调度智能起重机精准作业，实现抓斗起重机无人化作业。

生产过程中根据需求，通过 ICCS（全自动起重机软件系统）客户端可人工下达作业任务，作业任务包含作业类型（进料、出料、移料）、所需作业的上下限、作业的优先级，也可通过 DCS 下发生产需求，ICCS 软件自动生成作业指令。

联合储库每个料池分为三个区域——进料区、储存区和出料区。进料，物料由进料口进入储存区；出料，物料由储存区移至出料区；移料，物料由进料区或储存区移至储存区指定位置。起升移动→放料→大小车移动→抓斗下降→抓料，一个工作循环时间为106s，每小时的工作循环次数 33 次。

8.5.3 生产线技术改造项目中起重机应用案例

1. 案例一

阳新某水泥公司联合储库和水泥配料库设原有 5 台智能抓斗起重机，RDF 协同处理库区配有 2 台智能抓斗起重机，为原来华新水泥建厂时设计，由人工操作移料、出料，设备使用中故障率较高。在 2018—2019 年由港迪智能技术有限公司进行电气智能改造。改造完毕后可实现无人值守全自动移料、出料，运行良好，智能抓斗根据化验室通知按照物料区不同物料的比例进行出料操作，运行准确。

智能控制中心、远程操作台、视频系统后台设置在中控室，提供人机界面，用来下达作业指令，调配起重机自动执行指令完成作业，配备设备监控和整个料场监控，随时了解设备的状态和库区的物料堆放情况，使现场作业更加直观、高效。中控室通信系统将远程操作站、视频系统、后台服务器等设备连接起来，通过光缆与库区和抓斗起重机通信。

现场区域实现无人化操作，各进料口安装卷帘门，由司机打开卷帘门方可卸料，卷帘门开关状态信息进入智能抓斗控制系统，保证人员的安全。在抓斗工作时，若有人员进入库区，抓斗停止作业，对安全性有保证。

起重机无人化改造后，车间内除了设备故障及检修需要人员参与外，无须人工操作设备，大幅度降低人工成本，安全性提高；运行过程中的状态信息均可以在中控室远程监控，作业记录实时进行存储，方便进行生产数据分析管理。

2. 案例二

滁州某水泥公司 4000t/d 新型干法水泥熟料协同处置污泥生产技术改造项目，在联合储库设置1台电动抓斗桥式起重机，污泥库设置1台电动抓斗桥式起重机，建立一套包括库区管理、智能调度、智能搬运等的自动化、信息化、智能化整体解决方案。通过先进的传感器、激光扫描仪、编码器等先进设备实时采集数据，经过系统计算做出智能决策，调度智能起重机作业并精准作业，实现抓斗起重机无人化。

联合储库的起重机作业任务包括进料作业（外来卡车将物料倾倒进料池，两个库区共5个卡车进料口）、倒料作业（将进料口的物料转移至料池存料区）、出料作业（将料池内物料抓至出料料斗供生产使用）。起重机自动运行时，单台工作运力满足200t/h的物料使用量需求。

3. 案例三

湖南某水泥公司4900t/d熟料水泥生产线异地搬迁改造项目，在联合储库设置3台电动抓斗桥式起重机，建立一套包括库区管理、智能调度、智能搬运等的自动化、信息化、智能化系统。通过先进的传感器、激光扫描仪、编码器等先进设备实时采集数据，经过系统计算做出智能决策，调度智能起重机作业并精准作业，实现抓斗起重机无人化作业。

联合储库长237m，大车轨距31.5m，最大起升高度18m。采用汽车卸料方式，7个汽车进料口设有卷帘门，库区共设有7个出料仓，库内设3台20t桥式抓斗起重机。

8.5.4 生产线升级项目中起重机应用案例

葛洲坝某水泥公司生产线的智能起重机原有原煤库行车1台，混合材库行车1台。

1. 原煤库（图8.14）

原煤库长135m，大车轨距31.5m，最大起升高度22m。采用汽车卸料方式，汽车进料口均为开放式，汽车进料口有较高挡墙，料池下沉深5m。共设有2个出料仓，库内有2台16t桥式抓斗起重机。

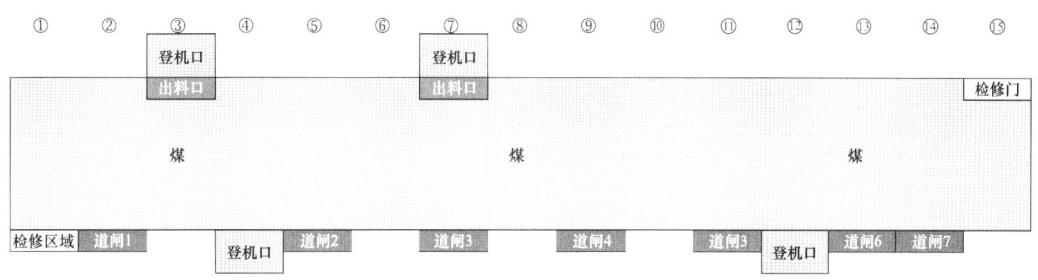

图8.14 原煤库布置

2. 混合材库（图8.15）

混合材库长135m，大车轨距31.5m，最大起升高度22m。采用汽车卸料方式，有3个出料仓。库内现2台16t桥式抓斗起重机。

在煤库和混合材库各设置1台智能起重机，实现一套包括库区管理、智能调度、智能搬运等的自动化、信息化、智能化整体解决方案。

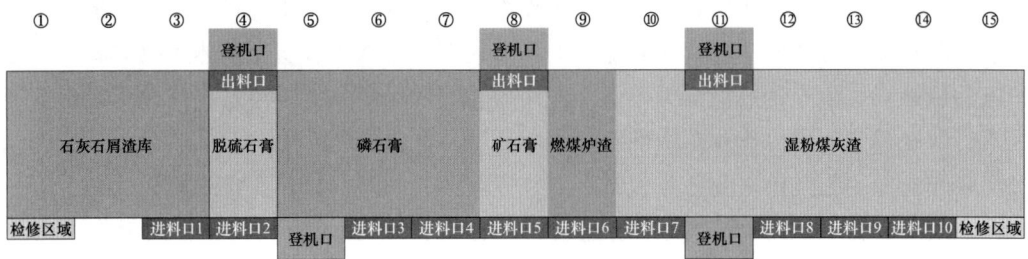

图 8.15　混合材库布置

全自动起重机控制中心（图 8.16）的布署，是保证煤库和混合材库整个库区稳定可靠的智能控制中心、安全高效作业的关键；全自动控制中心由全自动起重机软件系统、通信系统、远程监控台、视频系统后端、服务器柜、库区安全管理系统组成。

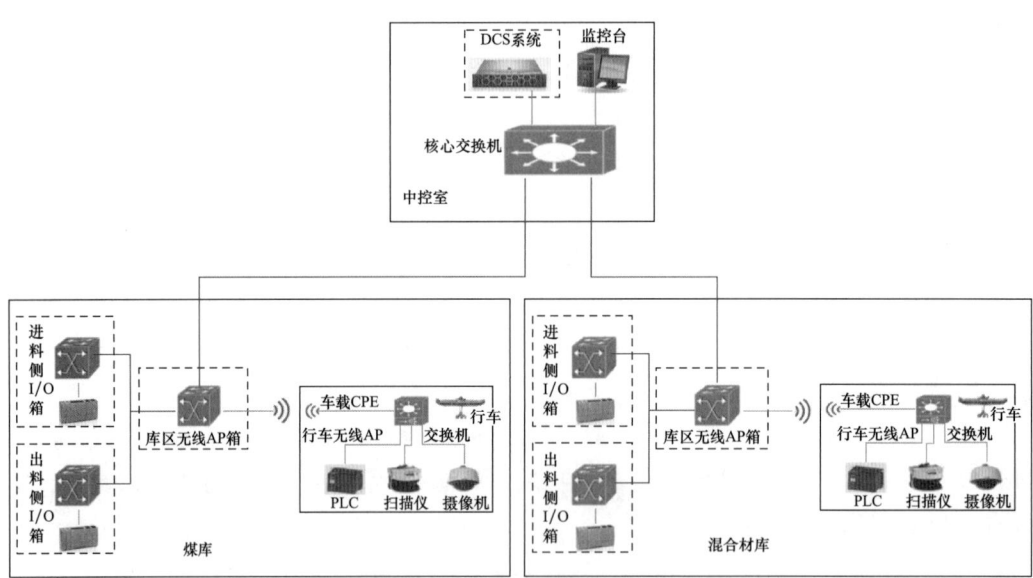

图 8.16　全自动起重机控制中心

9 水泥生产智能制造技术发展与展望

9.1 水泥生产智能制造前沿技术

水泥产业智能制造是基于新一代信息通信技术与先进制造技术深度融合，贯穿设计、生产、管理、服务等制造活动的各个环节，具有自感知、自学习、自控制、自决策、自执行等功能的新型生产方式。水泥产业智能制造具有以智能化水泥工厂为载体，以关键制造环节智能化为核心，以端到端数据流为基础，以网络互联为支撑等特征。水泥产业智能制造的核心技术、管理要求、主要功能和经济目标，体现了水泥产业智能制造对我国水泥产业转型升级和持续发展的重要作用。

数字化、自动化、信息化、网络化、智能化是水泥产业智能制造的核心技术，随着物联网技术、信息技术、智能感知技术、装备技术及先进制造技术等前沿技术的快速发展，在国家智能制造战略和建材工业数字化转型的双重驱动之下，水泥产业智能制造技术的广度和深度也不断提升，攻克工业现场感知与互联集成、应急大数据支持、安全运行监控预警等智能制造方面关键技术，研发智能化高端装备，旨在提高水泥生产运转率、安全运行能力、应急响应能力、风险防范能力和科学决策能力，实现水泥生产的网络化、数字化、模型化、可视化、智能化，在走向智能化方面快速布局和推广应用，争相打造智能制造行业标杆。

1. 智能感知技术

人工智能正走进我们的日常生活，比如智能设备的语音、人脸识别等，这些技术主要集中在"感知"层面，人工智能用于模拟人类感知，例如触摸、听觉和视觉。让机器做到在不同环境中模仿人的大脑对外部的信息进行采集、分析、筛选并进行推理，使机器理解现实世界，离不开智能感知技术。

人工智能感知技术主要包括三个方面：

1）传感器技术

传感器技术是现代发展的十大技术之一，大致分为三代。第一代是一种结构传感器，使用结构参数变化来检测和转换信号，例如热敏电阻；第二代是固态传感器，由半导体、磁性材料等固体元件组成，利用材料某些特性制成，如霍尔、超声波传感器等；第三代是智能传感器，是微电脑技术和检测技术的结合，对外界信息具有一定检测、自诊断、数据处理以及自适应能力。此外，该传感器还与生物仿生学相结合，可生产各种生物传感器。

2）无线传感网络感知技术

无线传感网络是将大量的无线传感网络节点随机放在被测区域中，构成自组织网络，这些节点按功能可分为感知节点、汇聚节点及管理节点。其工作过程是：在监测区域内将各节点传感器采集到的环境信息自组网的形式，以多种方式传送到汇聚节点，最后通过网络将传感信息传送到管理节点。无线传感器网络应用前景广泛，未来将充满我们的生活。

3）被动无线感知技术

被动无线感知技术利用生物体在无线网络中对无线信号的反射、折射、遮蔽等影响，构建无线信号和生物体状态间的函数关系，感知其被测环境中的状态，包括位置、手势、行为和运动轨迹等。被动无线感知技术不要求用户携带任何设备，无光照要求，具有穿透性，从而将用户从物理设备的束缚中解放出来，减小硬件设备开支，同时它覆盖面广，还能够保护用户的隐私，是非常有前景的一门智能感知技术。

借助以上这三种感知技术的分工合作，达到真实感知被测环境参数的目的，为人工智能的认知智能提供可靠依据，将人工智能转变成实际的生产力。当然，我们的智能感知技术还需要进一步的发展。

2. 工业人工智能技术

人工智能的最终目标，主要是实现人的智能行为的自动化和复制。从这个意义上来讲，人工智能不是单一的技术，而是用于特定任务的技术集合。那么，什么是工业人工智能？为什么要发展工业人工智能？工业人工智能在国际上开始被提出，包括美国提出的工业人工智能、德国提出的"与经济结合推动智能"。在我国，中国工程院编制的关于新一代人工智能的发展规划，也提及要研究如何用人工智能解决智能制造的问题。总结来说，工业人工智能目前在制造流程中主要完成三项工作：运行工况多元信息的感知和认知，工作经营层、生产层、运行层的协同决策，以企业综合生产指标优化为目标自动协同控制装备的控制系统。这三件事目前都是知识型工作者在做的，如何实现自动化和智能化将是工业人工智能的重要方向。

这里有几个关键技术要解决：一是关键技术复杂工业环境下运行工况多尺度、多元信息的智能感知和识别技术；二是复杂工业环境下基于5G多元信息的快速可靠的传输技术；三是系统辨识与深度学习相结合的智能建模、动态仿真和可视化的技术；四是关键工艺参数和生产指标的预测和追溯技术；五是人机合作的智能优化决策技术，特别是结果端、边、云协同实现智能算法的技术。只有攻克了这些技术，才有可能使工业发生革命性的改变。

3. 工业大数据技术

工业大数据是工业数据的总称，包括信息化数据、物联网数据以及跨界数据，是工业互联网的核心要素。新一代信息通信技术的发展驱动制造业迈向转型升级的新阶段——工业大数据驱动的新阶段，这是在新技术条件下制造业生产全流程、全产业链、产品全生命周期数据可获取、可分析、可执行的必然结果。

1）工业大数据背景

工业大数据是工业互联网的核心要素，是我国制造业转型升级的重要战略资源，需要针对我国工业自己的特点有效利用工业大数据推动工业升级。一方面，我国实体制造比重大，但技术含量低、劳动密集、高资源消耗制造的比重也大，实体工厂和实体制造升级迫在眉睫；另一方面，我国互联网产业发展具有领先优势，过去十多年消费互联网的高速发展使互联网技术得到长足发展，互联网思维深入人心，需要充分发挥这一优势，并将其与制造业紧密结合，促进制造业升级和生产性服务业的发展。

2）工业大数据的内涵

工业大数据即工业数据的总和，其来源主要包括企业信息化数据、工业物联网数据、"跨界"数据。企业信息系统存储了高价值密度的核心业务数据，积累的产品研发数据、生产制造数据、供应链数据以及客户服务数据存在于企业或产业链内部，是工业领域传统数据资产。人和机器是产生工业大数据的主体。人产生的数据是指由人输入计算机中的数据，例如设计数据、业务数据等；机器数据是指由传感器、仪器仪表和智能终端等采集的数据。近年来，由人产生的数据规模的比重正逐步降低，企业信息化和工业物联网中机器产生的海量时序数据是工业数据规模变大的主要来源，机器数据所占据的比重将越来越大。

3）工业大数据的特征

工业大数据具有大规模（volume）、速度快（velocity）、类型杂（variety）、低质量（veracity）的特征。相对于其他类型大数据，工业大数据还具有反映工业逻辑的多模态、强关联、高通量等新特征。

多模态是指工业大数据必须反映工业系统的系统化特征及其各方面要素，包括工业领域中"光、机、电、液、气"等多学科、多专业信息化软件产生的不同种类的非结构化数据。

强关联反映的是工业的系统性及其复杂动态关系，不是数据字段的关联，本质是指物理对象之间和过程的语义关联，包括产品部件之间的关联关系，生产过程的数据关联，产品生命周期设计、制造、服务等不同环节数据之间的关联以及在产品生命周期的统一阶段涉及的不同学科、不同专业的数据关联。

高通量即工业传感器要求瞬时写入超大规模数据。嵌入了传感器的智能互联产品已成为工业互联网时代的重要标志，用机器产生的数据代替人产生的数据，实现实时的感知。从工业大数据的组成体量来看，物联网数据已成为工业大数据的主体。

4）工业大数据与工业互联网

工业互联网可以从网络、数据和安全3个方面理解。其中，网络是基础，即通过工业全系统的互联互通，促进工业数据的无缝集成；数据是核心，即通过工业数据全周期的应用，实现机器弹性生产、运营管理优化、生产协同组织与商业模式创新，推动工业智能化发展；安全是保障，即通过构建涵盖工业全系统的安全防护体系，保障工业智能化的实现。工业互联网的发展体现了多个产业生态系统的融合，是构建工业生态系统、实现工业智能化发展的必由之路。

工业大数据是智能制造与工业互联网的核心，其本质是通过促进数据的自动流动解决控制和业务问题，减少决策过程带来的不确定性，并尽量克服人工决策的缺点。随着互联网与工业的深度融合，机器数据的传输方式由局域网络走向广域网络，从管理企业内部的机器拓展到管理企业外部的机器，支撑人类和机器边界的重构、企业和社会边界的重构，释放工业互联网的价值。

工业大数据在工业互联网中的应用可分为 4 个层次，即监视、控制、优化、自主。监视就是要能远程实时监测装备的运行状态；控制就是要实现操作者对机器的远程遥控，让机器能够执行操作者远程下达的操作指令；优化就是要基于海量工业大数据发现知识，提供在线运行调度、健康监测、故障诊断预警等装备在线运维服务；自主就是要实现装备的自主决策和装备集群的自主协同，通过"机器换人"实现生产运维的少人化和无人化。

工业大数据创造价值的过程才刚刚开始，工业大数据的价值不仅在于对现有业务的优化，更在于支撑企业、行业乃至全社会的创新、转型和发展。伴随着工业互联网的不断普及，工业大数据应用价值将逐步释放，智能制造也将得到长足发展。当前，工业大数据仍处在高速发展的历史阶段，其概念内涵、技术方法、价值创造模式还在不断创新演化之中，需要努力和大胆地创新实践。应该针对智能制造和工业互联网的创新需求，把工业大数据的应用与工业自身提高质量、降低成本、提升管理水平的需求结合起来，特别要与中国工业的发展阶段和结构特点结合起来，走出有中国特色的工业大数据技术与产业创新路线，助力中国工业弯道取直与加速腾飞。

9.2 水泥生产智能制造展望

1. 水泥生产智能制造发展愿景

水泥工业中的以高效化、绿色化和智能化为主题的智能制造，就是要在工程技术层面实现数字化、自动化、智能化、网络化，在企业生产制造运行层面也要实现敏捷化、高效化、绿色化、安全化。水泥工业智能制造特征如图 9.1 所示。

近年来，我国水泥工业在工艺装备、运行技术与管理决策方面都取得了长足的进步，但在全流程和全生命周期的数据感知、多系统协同优化控制、供应链敏捷管理、安全环保监控与溯源诊断等方面还存在很多亟待解决的难题。鉴于此，在"智能+"时代，水泥工业智能制造的愿景目标是：在已有的物理制造系统基础上，充分融合人的知

图 9.1 水泥工业智能制造特征

识，应用互联网、大数据、云计算、人工智能及虚拟制造等新一代信息通信技术，从生产、管理以及营销全过程优化出发，推进以高效化、绿色化和智能化为目标的水泥工业智能制造，不仅要实现制造过程的装备智能化，而且要实现制造流程、操作方式、管理模式的自适应智能优化，使企业经济效益和社会效益最大化。为实现水泥工业生产、管理和营销模式的变革，提升发展动能，应重视水泥工业的基础科学和关键工程技术研究，研发一批具有重大影响的智能感知、信息集成、知识型工作自动化、生产过程优化运行等核心技术，为水泥工业抢占国际先进制造领域技术的制高点提供技术支撑。水泥行业智能制造愿景如图 9.2 所示。

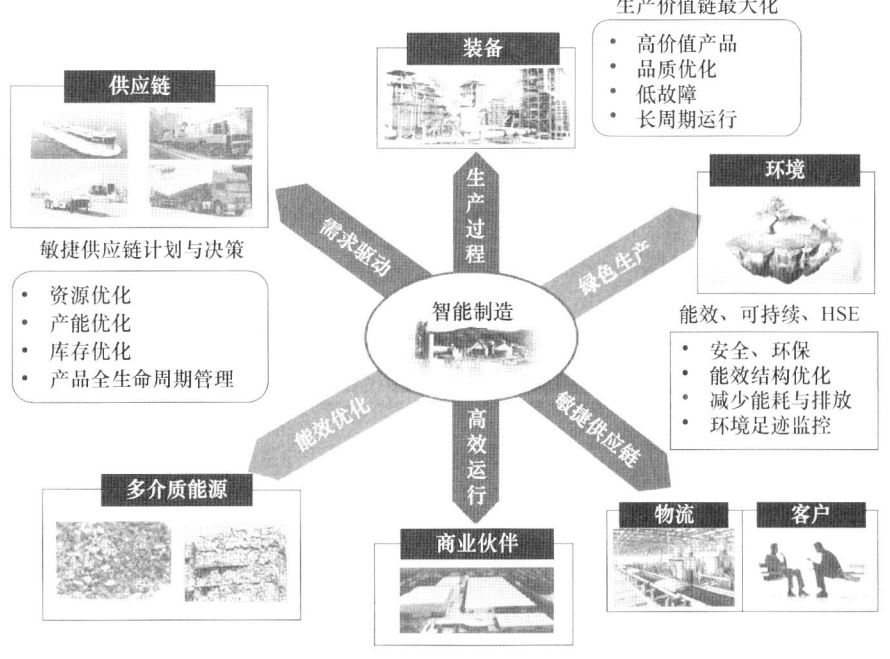

图 9.2 水泥行业智能制造愿景

2. 水泥生产智能制造面临的挑战

借助信息化和工业化深度融合，实现水泥工业智能制造仍存在着一些亟待解决的重大基础理论与工程科技问题。实现水泥工业智能制造的高效化和绿色化的关键是生产工艺优化和生产全流程的整体优化。由于我国水泥工业原料变化频繁，工况波动剧烈；生产过程涉及物理化学反应，机理复杂；生产过程连续，不能停顿，任何一道工序出现问题必然影响整个生产线和最终的产品质量；原料成分、设备状态、工艺参数和产品质量等无法实时或全面检测。此外，水泥工业系统的优化决策涉及多目标冲突、多冲突约束和多尺度的动态优化的世界性科学难题。

因此，上述生产经营计划与管理、生产过程的运行操作与管理系统的决策分析、资源与能源的结构配置以及生产计划调度与优化控制系统指令仍然依靠知识型工作者凭知识和经验来完成，远远没有实现生产全过程整体运行行为的优化。将工业大数据、人工智能驱动的知识型工作自动化、计算机和通信技术与流程工业的物理资源紧密融合与协同，攻克下面四项关键共性技术，才有可能实现水泥工业的智能化发展。

1）攻克具有综合复杂性的水泥工业过程智能优化控制技术，实现以综合生产指标优化控制为目标的生产全流程智能协同优化控制，研制水泥生产过程智能自主控制系统。

2）攻克人参与的CPS的物理机制建模、动态性能分析、关键工艺参数与生产指标的预测和多目标动态优化决策技术，研制水泥智能优化决策系统。

3）攻克以信息实时感知手段为核心的生产全流程运行工况感知与认知技术，研制运行工况识别与自优化控制系统。

4）攻克大数据与物理系统知识共同驱动的生产过程信息流、物质流、能源流交互作用的动态智能建模、仿真与可视化技术，研制用于水泥工业控制、决策和工艺研究试验的虚拟制造系统。

3. 水泥工业发展智能制造的建议

1）突出水泥工业的战略地位，提升水泥企业创新能力

在政策制定、国家发展战略制定中确立水泥工业在我国经济发展中的基础性、战略性地位和作用。加大研发投入力度，建立健全研发和服务体系。加快实施重点流程工业行业智能制造专项行动，切实构建企业主导的产业技术研发体系，着力促进政产学研组成的创新主体的协同创新，提高企业原始创新能力。

2）推进水泥工业智能制造标准制定

建立健全两化融合标准支撑体系，加快水泥行业智能制造标准体系的研究制定，通过研究水泥工业智能制造关键共性技术，加快水泥行业智能工厂评价体系、智能制造技术标准体系的研制。

3）水泥工业智能制造关键技术研发

借鉴德国工业4.0，促进水泥工业智能化的发展，建立产学研用协同机制，进一步开展智慧工场的研究工作，形成水泥工业智能制造的理论体系和系统框架，为水泥工业的低碳、高效、安全运行和可持续发展，提供成套的智能化解决方案。